司法解释理解与适用丛书

最高人民法院
民法典继承编司法解释（一）
理解与适用

最高人民法院民事审判第一庭 编著

人民法院出版社
PEOPLE'S COURT PRESS

图书在版编目（CIP）数据

最高人民法院民法典继承编司法解释（一）理解与适用 / 最高人民法院民事审判第一庭编著. -- 北京：人民法院出版社，2022.1
（司法解释理解与适用丛书）
ISBN 978-7-5109-3336-3

Ⅰ.①最… Ⅱ.①最… Ⅲ.①继承法－法律解释－中国②继承法－法律适用－中国 Ⅳ.①D923.05

中国版本图书馆CIP数据核字(2021)第231150号

最高人民法院民法典继承编司法解释（一）理解与适用

最高人民法院民事审判第一庭　编著

责任编辑	李安尼　巩　雪
出版发行	人民法院出版社
地　　址	北京市东城区东交民巷27号（100745）
电　　话	（010）67550658（责任编辑）　67550558（发行部查询）
	65223677（读者服务部）
客服QQ	2092078039
网　　址	http://www.courtbook.com.cn
E－mail	courtpress@sohu.com
印　　刷	天津嘉恒印务有限公司
经　　销	新华书店
开　　本	787毫米×1092毫米　1/16
字　　数	367千字
印　　张	29.25
版　　次	2022年1月第1版　2022年1月第1次印刷
书　　号	ISBN 978-7-5109-3336-3
定　　价	108.00元

版权所有　侵权必究

最高人民法院民法典继承编司法解释（一）理解与适用 编辑委员会

主　　编　贺小荣
副 主 编　郑学林　刘　敏　何　抒　张能宝
成　　员（以姓氏笔画为序）
　　　　　　王　丹　王楠楠　李赛敏　肖　峰
　　　　　　张　艳　陈　思　徐　上　唐　倩
执 行 编 辑　肖　峰

凡 例

1. 本书中法律、行政法规名称中的"中华人民共和国"省略，其余一般不省略，例如《中华人民共和国民法典》简称《民法典》。

2. 本书中下列司法解释及司法指导性文件使用简称：

文件名称	发文字号	简称
《最高人民法院关于适用〈中华人民共和国民法典〉继承编的解释（一）》	法释〔2020〕23号	《民法典继承编解释（一）》
《最高人民法院关于适用〈中华人民共和国民法典〉婚姻家庭编的解释（一）》	法释〔2020〕22号	《民法典婚姻家庭编解释（一）》
《最高人民法院关于适用〈中华人民共和国民事诉讼法〉的解释》	法释〔2015〕5号，法释〔2020〕20号修正	《民事诉讼法司法解释》
《最高人民法院关于适用〈中华人民共和国民法典〉时间效力的若干规定》	法释〔2020〕15号	《民法典时间效力规定》
《最高人民法院关于适用〈中华人民共和国婚姻法〉若干问题的解释（一）》	法释〔2001〕30号，法释〔2020〕16号废止	《婚姻法司法解释（一）》
《最高人民法院关于适用〈中华人民共和国婚姻法〉若干问题的解释（二）》	法释〔2003〕19号，法释〔2017〕6号修正，法释〔2020〕16号废止	《婚姻法司法解释（二）》

续表

文件名称	发文字号	简称
《最高人民法院关于贯彻执行〈中华人民共和国继承法〉若干问题的意见》	法（民）发〔1985〕22号，法释〔2020〕16号废止	《继承法意见》
《最高人民法院关于贯彻执行民事政策法律若干问题的意见》	法释〔2019〕11号废止	《民事政策法律若干问题的意见》
《最高人民法院关于贯彻执行〈中华人民共和国民法通则〉若干问题的意见（试行）》	法（办）发〔1988〕6号，法释〔2020〕16号废止	《民通意见》

目 录

第一部分 司法解释全文

最高人民法院
关于适用《中华人民共和国民法典》继承编的解释（一）............ 3

第二部分 重点问题理解与适用

《关于适用民法典继承编的解释（一）》若干重点问题的
理解与适用.. 11

第三部分 条文理解与适用

一、一般规定

第一条
【条文主旨】.. 29
　　本条是关于如何确定继承开始时间的规定。

第二条
【条文主旨】.. 36
　　本条是关于被继承人尚未取得承包收益时其对承包投入及增值和孳息如何继承的规定。

第三条

【条文主旨】……………………………………………… 43

本条是关于遗赠扶养协议与遗嘱并存时如何处理的规定。

第四条

【条文主旨】……………………………………………… 50

本条是关于遗嘱继承与法定继承并存时如何处理的规定。

第五条

【条文主旨】……………………………………………… 56

本条是关于司法确认继承权丧失的规定。

第六条

【条文主旨】……………………………………………… 66

本条是关于司法实践中如何认定继承人虐待被继承人是否构成情节严重以及是否追究刑事责任与丧失继承权之间关系的规定。

第七条

【条文主旨】……………………………………………… 77

本条是关于继承人故意杀害被继承人犯罪形态与丧失继承权关系的规定。

第八条

【条文主旨】……………………………………………… 88

本条是关于被继承人遗嘱指定由有绝对丧失继承权情形的继承人继承遗产时，应确认遗嘱无效以及该继承人丧失继承权的规定。

目 录

第九条
【条文主旨】……………………………………………… 99
本条是关于继承人伪造、篡改、隐匿或者销毁遗嘱行为情节严重认定情形的规定。

二、法定继承

第十条
【条文主旨】……………………………………………… 109
本条是关于养子女对生父母扶养较多时可分得生父母适当遗产的规定。

第十一条
【条文主旨】……………………………………………… 118
本条是关于继父母子女在法定继承中的双重继承权的规定。

第十二条
【条文主旨】……………………………………………… 130
本条是关于养子女与兄弟姐妹间的法定继承关系的规定。

第十三条
【条文主旨】……………………………………………… 137
本条是关于继子女与兄弟姐妹间的法定继承关系的规定。

第十四条
【条文主旨】……………………………………………… 143
本条是关于被继承人子女的直系晚辈血亲代位继承不受辈数限制的规定。

第十五条

【条文主旨】·················· 151

本条是关于养子女、继子女是否适用代位继承的规定。

第十六条

【条文主旨】·················· 160

本条是关于代位继承人可以多分遗产情形的规定。

第十七条

【条文主旨】·················· 167

本条是关于不能代位继承的直系晚辈血亲可以分得适当遗产的规定。

第十八条

【条文主旨】·················· 176

本条是关于无论丧偶儿媳、丧偶女婿是否再婚，均不影响其子女代位继承的规定。

第十九条

【条文主旨】·················· 181

本条是关于法定继承人多分遗产的认定标准的规定。

第二十条

【条文主旨】·················· 191

本条是关于继承人以外的人酌情分得遗产的规定。

第二十一条

【条文主旨】·················· 200

本条是关于适当分给遗产的人具有独立诉讼主体资格的规定。

第二十二条

【条文主旨】 ……………………………………………… 208

本条是关于有扶养能力和扶养条件的继承人未尽扶养义务时，继承份额一般不受影响的特别规定。

第二十三条

【条文主旨】 ……………………………………………… 220

本条是关于与被继承人共同生活但不尽扶养义务的继承人可以少分或不分遗产的规定。

三、遗嘱继承和遗赠

第二十四条

【条文主旨】 ……………………………………………… 229

本条是关于因与继承人、受遗赠人有利害关系，不能作为遗嘱的见证人的主体范围的规定。

第二十五条

【条文主旨】 ……………………………………………… 240

本条是关于遗产处理时，应为缺乏劳动能力又没有生活来源的继承人留下必要遗产的规定。

第二十六条

【条文主旨】 ……………………………………………… 250

本条是关于遗嘱处分他人财产部分无效的规定。

第二十七条

【条文主旨】 ……………………………………………… 262

本条是关于遗书按自书遗嘱对待的认定标准的规定。

第二十八条

【条文主旨】……………………………………………………… 272

本条是关于遗嘱人立遗嘱时的民事行为能力与遗嘱效力关系的规定。

第二十九条

【条文主旨】……………………………………………………… 282

本条是关于附义务遗嘱或遗赠无正当理由不履行该义务的法律后果的规定。

四、遗产的处理

第三十条

【条文主旨】……………………………………………………… 294

本条是关于人民法院审理继承案件时，知道有继承人而无法通知的，分割遗产时应保留其应继承遗产的规定。

第三十一条

【条文主旨】……………………………………………………… 302

本条是关于保留胎儿继承份额的规定。

第三十二条

【条文主旨】……………………………………………………… 311

本条是关于放弃继承权限制的规定。

第三十三条

【条文主旨】……………………………………………………… 322

本条是关于以书面形式放弃继承的规定。

第三十四条

【条文主旨】……………………………………………………… 329

本条是关于以口头方式放弃继承权的规定。

第三十五条

【条文主旨】……………………………………………………… 333

本条是关于放弃继承权期限的规定。

第三十六条

【条文主旨】……………………………………………………… 340

本条是关于放弃继承反悔的规定。

第三十七条

【条文主旨】……………………………………………………… 349

本条是关于放弃继承权效力的规定。

第三十八条

【条文主旨】……………………………………………………… 358

本条是关于受遗赠人在遗产分割前死亡的法律后果的规定。

第三十九条

【条文主旨】……………………………………………………… 368

本条是关于国家或者集体组织供给生活费用的烈属和享受社会救济的自然人遗产继承的规定。

第四十条

【条文主旨】……………………………………………………… 377

本条是关于解除遗赠扶养协议条件和法律后果的规定。

第四十一条

【条文主旨】……………………………………………………… 387

本条是关于遗产酌给请求权人有权适当取得无人继承又无人受遗赠遗产的规定。

第四十二条

【条文主旨】……………………………………………………… 398

本条是关于特殊遗产分割原则的规定。

第四十三条

【条文主旨】……………………………………………………… 405

本条是关于法定继承人少分遗产认定标准的规定。

第四十四条

【条文主旨】……………………………………………………… 410

本条是关于继承诉讼中追加共同诉讼当事人的规定。

五、附则

第四十五条

【条文主旨】……………………………………………………… 419

本条是关于本解释生效日期的规定。

第四部分　本解释新旧条文及关联条文对照表

一、本解释新旧条文对照表……………………………………… 427

二、与《民法典》继承编条文关联表…………………………… 438

三、《民法典》中其他涉及继承编的条文……………………… 450

后　记……………………………………………………………… 454

第一部分 司法解释全文

最高人民法院
关于适用《中华人民共和国民法典》继承编的解释（一）

法释〔2020〕23号

（2020年12月25日最高人民法院审判委员会第1825次会议通过　2020年12月29日最高人民法院公告公布　自2021年1月1日起施行）

为正确审理继承纠纷案件，根据《中华人民共和国民法典》等相关法律规定，结合审判实践，制定本解释。

一、一般规定

第一条　继承从被继承人生理死亡或者被宣告死亡时开始。

宣告死亡的，根据民法典第四十八条规定确定的死亡日期，为继承开始的时间。

第二条　承包人死亡时尚未取得承包收益的，可以将死者生前对承包所投入的资金和所付出的劳动及其增值和孳息，由发包单位或者接续承包合同的人合理折价、补偿。其价额作为遗产。

第三条　被继承人生前与他人订有遗赠扶养协议，同时又立有遗嘱的，继承开始后，如果遗赠扶养协议与遗嘱没有抵触，遗产分别按协议和遗嘱处理；如果有抵触，按协议处理，与协议抵触的遗嘱全部或者部分无效。

第四条　遗嘱继承人依遗嘱取得遗产后，仍有权依照民法典第一千一百三十条的规定取得遗嘱未处分的遗产。

第五条 在遗产继承中，继承人之间因是否丧失继承权发生纠纷，向人民法院提起诉讼的，由人民法院依据民法典第一千一百二十五条的规定，判决确认其是否丧失继承权。

第六条 继承人是否符合民法典第一千一百二十五条第一款第三项规定的"虐待被继承人情节严重"，可以从实施虐待行为的时间、手段、后果和社会影响等方面认定。

虐待被继承人情节严重的，不论是否追究刑事责任，均可确认其丧失继承权。

第七条 继承人故意杀害被继承人的，不论是既遂还是未遂，均应当确认其丧失继承权。

第八条 继承人有民法典第一千一百二十五条第一款第一项或者第二项所列之行为，而被继承人以遗嘱将遗产指定由该继承人继承的，可以确认遗嘱无效，并确认该继承人丧失继承权。

第九条 继承人伪造、篡改、隐匿或者销毁遗嘱，侵害了缺乏劳动能力又无生活来源的继承人的利益，并造成其生活困难的，应当认定为民法典第一千一百二十五条第一款第四项规定的"情节严重"。

二、法定继承

第十条 被收养人对养父母尽了赡养义务，同时又对生父母扶养较多的，除可以依照民法典第一千一百二十七条的规定继承养父母的遗产外，还可以依照民法典第一千一百三十一条的规定分得生父母适当的遗产。

第十一条 继子女继承了继父母遗产的，不影响其继承生父母的遗产。

继父母继承了继子女遗产的，不影响其继承生子女的遗产。

第十二条 养子女与生子女之间、养子女与养子女之间，系养兄弟姐妹，可以互为第二顺序继承人。

被收养人与其亲兄弟姐妹之间的权利义务关系，因收养关系的成立而消除，不能互为第二顺序继承人。

第十三条　继兄弟姐妹之间的继承权，因继兄弟姐妹之间的扶养关系而发生。没有扶养关系的，不能互为第二顺序继承人。

继兄弟姐妹之间相互继承了遗产的，不影响其继承亲兄弟姐妹的遗产。

第十四条　被继承人的孙子女、外孙子女、曾孙子女、外曾孙子女都可以代位继承，代位继承人不受辈数的限制。

第十五条　被继承人的养子女、已形成扶养关系的继子女的生子女可以代位继承；被继承人亲生子女的养子女可以代位继承；被继承人养子女的养子女可以代位继承；与被继承人已形成扶养关系的继子女的养子女也可以代位继承。

第十六条　代位继承人缺乏劳动能力又没有生活来源，或者对被继承人尽过主要赡养义务的，分配遗产时，可以多分。

第十七条　继承人丧失继承权的，其晚辈直系血亲不得代位继承。如该代位继承人缺乏劳动能力又没有生活来源，或者对被继承人尽赡养义务较多的，可以适当分给遗产。

第十八条　丧偶儿媳对公婆、丧偶女婿对岳父母，无论其是否再婚，依照民法典第一千一百二十九条规定作为第一顺序继承人时，不影响其子女代位继承。

第十九条　对被继承人生活提供了主要经济来源，或者在劳务等方面给予了主要扶助的，应当认定其尽了主要赡养义务或主要扶养义务。

第二十条　依照民法典第一千一百三十一条规定可以分给适当遗产的人，分给他们遗产时，按具体情况可以多于或者少于继承人。

第二十一条 依照民法典第一千一百三十一条规定可以分给适当遗产的人，在其依法取得被继承人遗产的权利受到侵犯时，本人有权以独立的诉讼主体资格向人民法院提起诉讼。

第二十二条 继承人有扶养能力和扶养条件，愿意尽扶养义务，但被继承人因有固定收入和劳动能力，明确表示不要求其扶养的，分配遗产时，一般不应因此而影响其继承份额。

第二十三条 有扶养能力和扶养条件的继承人虽然与被继承人共同生活，但对需要扶养的被继承人不尽扶养义务，分配遗产时，可以少分或者不分。

三、遗嘱继承和遗赠

第二十四条 继承人、受遗赠人的债权人、债务人，共同经营的合伙人，也应当视为与继承人、受遗赠人有利害关系，不能作为遗嘱的见证人。

第二十五条 遗嘱人未保留缺乏劳动能力又没有生活来源的继承人的遗产份额，遗产处理时，应当为该继承人留下必要的遗产，所剩余的部分，才可参照遗嘱确定的分配原则处理。

继承人是否缺乏劳动能力又没有生活来源，应当按遗嘱生效时该继承人的具体情况确定。

第二十六条 遗嘱人以遗嘱处分了国家、集体或者他人财产的，应当认定该部分遗嘱无效。

第二十七条 自然人在遗书中涉及死后个人财产处分的内容，确为死者的真实意思表示，有本人签名并注明了年、月、日，又无相反证据的，可以按自书遗嘱对待。

第二十八条 遗嘱人立遗嘱时必须具有完全民事行为能力。无民事行为能力人或者限制民事行为能力人所立的遗嘱，即使其本人后来具有完全民事行为能力，仍属无效遗嘱。遗嘱人立遗嘱时具有完全民事行为能力，后来成为无民事行为能力人或者限制民事行为能力人的，不影响遗嘱的效力。

第二十九条　附义务的遗嘱继承或者遗赠，如义务能够履行，而继承人、受遗赠人无正当理由不履行，经受益人或者其他继承人请求，人民法院可以取消其接受附义务部分遗产的权利，由提出请求的继承人或者受益人负责按遗嘱人的意愿履行义务，接受遗产。

四、遗产的处理

第三十条　人民法院在审理继承案件时，如果知道有继承人而无法通知的，分割遗产时，要保留其应继承的遗产，并确定该遗产的保管人或者保管单位。

第三十一条　应当为胎儿保留的遗产份额没有保留的，应从继承人所继承的遗产中扣回。

为胎儿保留的遗产份额，如胎儿出生后死亡的，由其继承人继承；如胎儿娩出时是死体的，由被继承人的继承人继承。

第三十二条　继承人因放弃继承权，致其不能履行法定义务的，放弃继承权的行为无效。

第三十三条　继承人放弃继承应当以书面形式向遗产管理人或者其他继承人表示。

第三十四条　在诉讼中，继承人向人民法院以口头方式表示放弃继承的，要制作笔录，由放弃继承的人签名。

第三十五条　继承人放弃继承的意思表示，应当在继承开始后、遗产分割前作出。遗产分割后表示放弃的不再是继承权，而是所有权。

第三十六条　遗产处理前或者在诉讼进行中，继承人对放弃继承反悔的，由人民法院根据其提出的具体理由，决定是否承认。遗产处理后，继承人对放弃继承反悔的，不予承认。

第三十七条　放弃继承的效力，追溯到继承开始的时间。

第三十八条　继承开始后，受遗赠人表示接受遗赠，并于遗产分割前死亡的，其接受遗赠的权利转移给他的继承人。

第三十九条　由国家或者集体组织供给生活费用的烈属和享受社会救济的自然人，其遗产仍应准许合法继承人继承。

第四十条　继承人以外的组织或者个人与自然人签订遗赠扶养协议后，无正当理由不履行，导致协议解除的，不能享有受遗赠的权利，其支付的供养费用一般不予补偿；遗赠人无正当理由不履行，导致协议解除的，则应当偿还继承人以外的组织或者个人已支付的供养费用。

第四十一条　遗产因无人继承又无人受遗赠归国家或者集体所有制组织所有时，按照民法典第一千一百三十一条规定可以分给适当遗产的人提出取得遗产的诉讼请求，人民法院应当视情况适当分给遗产。

第四十二条　人民法院在分割遗产中的房屋、生产资料和特定职业所需要的财产时，应当依据有利于发挥其使用效益和继承人的实际需要，兼顾各继承人的利益进行处理。

第四十三条　人民法院对故意隐匿、侵吞或者争抢遗产的继承人，可以酌情减少其应继承的遗产。

第四十四条　继承诉讼开始后，如继承人、受遗赠人中有既不愿参加诉讼，又不表示放弃实体权利的，应当追加为共同原告；继承人已书面表示放弃继承、受遗赠人在知道受遗赠后六十日内表示放弃受遗赠或者到期没有表示的，不再列为当事人。

五、附则

第四十五条　本解释自2021年1月1日起施行。

第二部分　重点问题理解与适用

《关于适用民法典继承编的解释（一）》若干重点问题的理解与适用

为贯彻落实习近平总书记在中央政治局第二十次集体学习时的重要讲话精神，更好地贯彻实施《民法典》，2020年，最高人民法院除完成591件司法解释及相关规范性文件的清理工作外，还新修改制定了与《民法典》配套的7件司法解释，其中之一即为《最高人民法院关于适用〈中华人民共和国民法典〉继承编的解释（一）》（以下简称《民法典继承编解释（一）》）。现就其制定背景和相关重要问题介绍如下。

一、《民法典继承编解释（一）》修改制定的背景

继承制度是关于自然人死亡后财富传承的基本制度。继承法制定于1985年，距今已有35年的时间。近年来，随着人民群众生活水平的不断提高，个人和家庭拥有的财富日益增多，因继承引发的纠纷也越来越多。《民法典》继承编以《继承法》为基础，根据我国社会家庭结构、继承观念等方面的发展变化，修改完善了继承制度，以满足人民群众处理遗产的现实需要。为配合《民法典》的实施，统一法律适用标准，最高人民法院在《民法典》通过后即着手继承编司法解释的修改制定工作。关于继承的司法解释主要是《最高人民法院关于贯彻执行继承法若干问题的意见》（以下简称《继承法意见》），《民法典继承编解释（一）》即主要以《继承法意见》为基础清理制定。其他涉及继承的司法解释还有三件，包括《最高人民法院关于保险金能否作为被保险人遗产的批复》（〔1987〕民他

字第52号)、《最高人民法院关于被继承人死亡后没有法定继承人分享遗产人能否分得全部遗产的复函》(〔1992〕民他字第25号)、《最高人民法院关于如何处理农村五保对象遗产问题的批复》(法释〔2000〕23号)。该三件司法解释或已经被其他法律吸收，或已经不适应当前经济社会发展需要，此次清理均予以废止。此外，最高人民法院《对国务院宗教事务局一司关于僧人遗产处理意见的复函》虽涉及遗产处理问题，但考虑到该复函性质上不属于司法解释，而且复函内容与《民法典》不冲突，故予以保留。

在结构体例上，《民法典继承编解释（一）》与《继承法意见》相比，没有大的变动，主要包括一般规定、法定继承、遗嘱继承和遗赠、遗产的处理以及附则五部分。清理制定的基本原则是：与《民法典》抵触的坚决予以废止，确保司法解释符合《民法典》规定，法律适用标准统一；对已经被《民法典》吸收的，如相互有继承关系的几个人在同一事件中死亡如何确定死亡时间、被继承人宽恕制度、转继承制度、遗产分割顺序等，因司法解释内容已经上升为法律，适用中直接引用法律规定即可，相关内容不再纳入《民法典继承编解释（一）》；对其他与《民法典》规定不抵触的，以保留为原则，整体思路是不作大的修改。对于近年来继承领域新出现的重大、疑难问题，鉴于司法解释的制定需要更加广泛充分地调研和论证，而且有争议的或者《民法典》新规定的内容仍需司法实践继续探索，故此次暂未作规定，留待以后专门立项制定新的司法解释。经征求全国人大常委会法工委、最高人民检察院、国务院妇女儿童工作委员会、民政部、司法部、全国妇联等单位以及各高级人民法院的意见后，《民法典继承编解释（一）》由最高人民法院审判委员会第1825次会议通过，于2021年1月1日起施行。

二、《民法典继承编解释（一）》中的几个主要问题

（一）关于死亡时间的确定

《民法典》第1121条第1款规定：继承从被继承人死亡时开始。继承的开始意味着继承法律关系的形成，故继承开始的时间非常重要，决定着继承人（受遗赠人）的范围、遗产的范围、遗产所有权的转移、遗嘱的效力和继承权放弃的时间等许多重要问题。死亡从法律上而言，包括自然死亡与宣告死亡。自然死亡就是生理意义上的死亡，即自然人生命的终结。《民法典继承编解释（一）》保留了《继承法意见》第1条第1款关于"继承从被继承人生理死亡或者被宣告死亡时开始"的规定。

1.关于生理死亡时间。实践中，确定生理死亡时间应当适用《民法典》第15条的规定，即自然人死亡时间，以死亡证明记载的时间为准；没有死亡证明的，以户籍登记或者其他有效身份登记记载的时间为准。当然，如果有其他证据足以推翻以上记载时间的，应当以该证据证明的时间为准。

2.关于宣告死亡时间。《继承法意见》第1条第2款规定："失踪人被宣告死亡的，以法院判决中确定的失踪人的死亡日期，为继承开始的时间。"其后的《最高人民法院关于贯彻执行〈中华人民共和国民法通则〉若干问题的意见（试行）》第36条规定，被宣告死亡的人，判决宣告之日为其死亡的日期。但《民法总则》第48条对此作了修改，区分一般下落不明和因意外事件下落不明分别确定了不同的死亡时间，即被宣告死亡的人，人民法院宣告死亡的判决作出之日视为其死亡的日期；因意外事件下落不明宣告死亡的，意外事件发生之日视为其死亡的日期。《民法典》对该条未作修改。考虑到《民法典》总则编对宣告死亡时间已经有明确规定，司法解释无须重复，故《民法典继承编解释（一）》第1条第2款

将此转引至总则编的规定，据此认定继承开始的时间。

（二）关于继承权丧失的确认

继承权丧失，是指继承人因对被继承人或者其他继承人实施了法律所禁止的行为，而依法被取消继承被继承人遗产的资格。一般认为，在出现可以导致继承权丧失的事由之后，继承人当然地丧失继承权。但是，考虑到司法实践中，当事人往往对继承权是否丧失发生争议，因此，《民法典继承编解释（一）》第5条基本沿用了原来的规定，即"在遗产继承中，继承人之间因是否丧失继承权发生纠纷，向人民法院提起诉讼的，由人民法院依据民法典第一千一百二十五条的规定，判决确认其是否丧失继承权"。该诉在性质上属于确认之诉。确认之诉不同于形成之诉，不引起民事法律关系的变动或消灭，只是对某种民事法律关系的确认或否认。因此，如果人民法院经过审理，认为该继承人符合《民法典》第1125条规定的某项情形而确认其丧失继承权的，则该继承人丧失继承权的时点不是判决生效之时，而是法律规定的继承开始之时。此外，《民法典》第1125条增加规定了受遗赠人丧失受遗赠权的规定，与继承人丧失继承权的情形相同。继承人与受遗赠人或者受遗赠人之间因是否丧失受遗赠权发生纠纷的，亦应当作同一理解，根据本条的处理思路进行处理。

（三）关于被继承人宽恕制度

《继承法》中针对继承人丧失继承权的情形，没有规定被继承人宽恕制度，但是《继承法意见》基于社会生活实践，确立了该项制度，其中第13条规定，继承人虐待被继承人情节严重的，或者遗弃被继承人的，如以后确有悔改表现，而且被虐待人、被遗弃人生前又表示宽恕，可不确认其丧失继承权。《民法典》第1125条吸收了该条司法解释的规定，并拓展至"伪造、篡改、隐匿或者销毁遗嘱，情节严重"以及"以欺诈、胁迫手段迫使或者妨碍被继承人设立、变更或者撤回遗嘱，情节严重"两种情形，同时，将"事后在遗嘱中将其列为继承人"也作为宽恕的一种形式，对继承权法定丧失制度予以完善，从而更好地尊重被继承人处分自己财产的自由意志，也进一步弘扬了尊老爱幼的中华传统美德。但是，从《民法典》第1125条规定看，如果继承人故意杀害被继承人或者为争夺遗产而杀害其他继承人的，属于继承权的绝对丧失，不适用被继承人宽恕制度。该继承权不仅包括法定继承的情形，也应当包括遗嘱继承的情形。因此，《民法典继承编解释（一）》第8条保留了《继承法意见》第12条规定精神，明确如果存在《民法典》第1125条规定的第1项和第2项情形，而被继承人立遗嘱将遗产指定由该继承人继承的，可以确认遗嘱无效，并确认该继承人丧失继承权。此处被继承人立遗嘱的行为包括上述法定情形发生之前，也包括相关情形发生之后。

（四）关于代位继承问题

代位继承是法定继承中的一项重要制度，对于保障遗产在各支系中合理分配、实现财产的传承、发挥遗产育幼功能等方面具有重要作用。代位继承也被称为"间接继承"，是相对于本位继承而言，指具有法定继承权的人因主客观原因不能继承时，由其直系晚辈血亲按照该继承人的继承地位和顺序，继承被继承人遗产的制度。关于代位继承制度，在理解中需要注意以下几点：

1.代位继承人范围。此次《民法典》编撰对代位继承制度作出了重大修改，增加了第2款即兄弟姐妹的子女可以代位继承。据此，代位继承人包括两类：一类是被继承人子女的直系晚辈血亲；另一类是被继承人兄弟姐妹的子女。《继承法意见》第25条基于代位继承的制度目的，明确被继承人的孙子女、外孙子女、曾孙子女、外曾孙子女都可以代位继承，代位继承人不受辈数的限制。《民法典继承编解释（一）》第14条保留了原来的规定。要特别强调的是，在被继承人子女直系晚辈血亲代位继承时，需要按照辈分依次代位，不能隔辈代位。例如，在儿子去世的情况下，孙子女可以代位继承，如果孙子女在世，曾孙子女不能代位继承，但如果孙子女也先于被继承人去世，则曾孙子女可以代位。在被继承人兄弟姐妹的子女代位继承时，从法条的文义解释看，应仅限于兄弟姐妹的子女，而不包括兄弟姐妹的其他直系晚辈。因此，在兄弟姐妹子女代位继承的情况下，代位继承人是受辈数限制的。还要注意的是，因兄弟姐妹是第二顺序继承人，只能在没有第一顺序继承人继承的情况下，被继承人的兄弟姐妹才有资格继承，其子女也才可能发生代位继承。如果被继承人的配偶或者父母、子女在世且未丧失或放弃继承权，则不发生兄弟姐妹子女代位继承的问题。此外，根据《民法典》第1127条规定，继承编所称子女，包括婚生子女、非婚生子女、养子女和有扶养关系的继子女。据此，从体系解释的角度，被继承人兄弟姐妹的子女应当与被继承人的子女作一体解释，即只要符合《民法典》第1127条规定的子女的范围，均可以代位继承。

2.代位继承人的分配原则。根据《民法典》第1128条第3款规定，代位继承人一般只能继承被代位继承人有权继承的遗产份额。但是，考虑到代位继承是法定继承制度的一部分，在法定继承中需要多分或少分的，应当同样适用代位继承情况。因此，《民法典继承编解释（一）》第16条保留了《继承法意见》第27条的规定，明确代位继承人缺乏劳动能力又没有生活来源或者对被继承人尽了主要赡养义务的，分配遗产时，可以多分。

3.代位继承的限制。关于代位继承的法律性质，存在两种学说：一种是代表权说，一种是固有权说。代表权说认为，代位继承是代位继承人代表被代位继承人参加继承，行使被代位继承人的权利。在被代位继承人丧失或者放弃继承权的情况下，不能再由他人代位继承。固有权说认为，代位继承权是法律赋予代位继承人的固有权利，并不是基于被代位继承人的继承权而继承。因此，只要被代位继承人不能继承，代位继承人就可以代位继承。根据全国人大法工委的解释，《民法典》最终没有采纳固有权说，而是采用代表权说，主要理由是：确定代位继承发生原因时，要综合考虑被继承人的意愿、遗产应发挥的功能和公序良俗等多方面因素，允许继承人在丧失继承权时可以由其直系晚辈血亲代位继承，违背丧失继承权制度的目的，容易引发道德风险，也不符合社会公众关于公平正义的期待。据此，《民法典继承编解释（一）》第17条保留了《继承法意见》第28条的规定，即采代表权说，在继承人丧失继承权的情况下，其晚辈直系血亲不得代位继承。当然，特殊情况下，代位继承人可以通过《民法典》第1131条规定的酌分遗产请求权以及被继承人立遗嘱的方式，分给其一定遗产。即，如果该代位继承人依靠被继承人抚养或者对被继承人赡养较多的，可以分给适当遗产。《民法典继承编解释（一）》第17条所称的"该代位继承人缺乏劳动能力又没有生活来源"，是指该代位继承人需要依靠被继承人扶养的情况。此外，虽然该条没有明确规定，但对于兄弟姐妹丧失继承权的情况应按照本条精神作一体理解，即兄弟姐妹如果丧失继承权的，其子女亦不得代位继承。对于继承人放弃继承的，《民法典》也采代表权说。立法者认为，在继承开始后，继承人放弃继承的，并不是客观上不能行使继承权，而是对自己权利的一种处分，法律应当尊重当事人的选择。如果允许代位继承，可能违背继承人的意愿，也容易产生纠纷。因此，当继承人放弃继承权的，也应参照《民法典继承编解释（一）》第17条的精神处理，即不论是其子女的直系晚辈血亲，还是其兄弟姐妹的子女，都不得代位继承。

4.代位继承人与特定法定继承人的关系。当被继承人的子女先于被继承人死亡，如果该子女已经结婚，儿媳、女婿作为姻亲，不享有法定继承权。但法律为弘扬中华民族传统家庭美德和优良家风，促进家庭内部互助友爱、团结和睦，使老年人能够老有所养，同时贯彻权利义务一致原则，保留了《继承法》关于对公婆或者岳父母尽了主要赡养义务的丧偶儿媳、丧偶女婿的第一顺序法定继承人身份。为此，《民法典继承编解释（一）》第18条也保留了《继承法意见》第29条的规定，即丧偶儿媳对公婆、丧偶女婿对岳父母，无论其是否再婚，依法作为第一顺序继承人时，不影响其子女代位继承。

（五）关于放弃继承权的问题

继承权是继承人依法享有的一种权利，继承人可以放弃，也可以不放弃，应当以尊重继承人的真实意愿为原则。理解此问题时需要重点关注以下几个方面：

1. 放弃继承权的具体形式。考虑到放弃继承关系继承人的重大利益，有必要以要式法律行为作出，《民法典》第1124条在《继承法》规定的基础上，增加规定放弃的意思表示必须以书面方式作出，以示慎重。基于法律的上述修改，相应地，《民法典继承编解释（一）》第33条删除了《继承法意见》第47条后半段"用口头方式表示放弃继承，本人承认，或有其他充分证据证明的，也应当认定其有效"的规定，以更加符合法律修改的精神。但是，考虑到继承人的各种特殊情况，有些继承人由于身体健康等方面的原因可能无法以书面方式提出，《民法典继承编解释（一）》保留了《继承法意见》第48条的规定，即在诉讼中，继承人向人民法院以口头方式表示放弃继承的，要制作笔录，由放弃继承的人签名。该种放弃继承的意思表示虽然是继承人以口头方式表达的，但是由于在诉讼中，通过制作笔录由放弃继承的人签名的方式，固定了证据，实质上已经转化为书面形式，能够保证放弃继承意思表示的真实性，不违背《民法典》第 1124 条的精神。而且，可以最大限度满足人民群众的司法需求。对于实践中如何认定书面形式，我们认为，可以参考《民法典》合同编第 469 条的规定，能够有形地表现所载内容的形式即可以认定为书面形式。除信件、电报、电传、传真等可以作为书面形式外，以电子数据交换、电子邮件等方式能够有形地表现所载内容，并可以随时调取查用的数据电文，也应可以视为书面形式。

2. 放弃继承的对象。《民法典》编撰过程中，有意见提出，应当明确规定放弃继承的意思表示须向遗产管理人作出。考虑到遗产管理人在继承开始后需要一段时间才能确定，所以《民法典》未予明确。《民法典》第 1145 条规定，继承开始后，遗嘱执行人为遗产管理人；没有遗嘱执行人的，继承人应当及时推选遗产管理人；继承人未推选的，由继承人共同担任遗产管理人；没有继承人或者继承人均放弃继承的，由被继承人生前住所地的民政部门或者村民委员会担任遗产管理人。从该条规定的文字表述看，确定遗产管理人应当是遗产处理的前提，因此，放弃继承的意思表示似乎只向遗产管理人作出即可。但是，考虑到实践中大多数普通家庭结构相对简单、财产并不复杂，可能并不存在名义上的遗产管理人。而且，即便明确遗产管理人，也需要在继承开始后一段时间才能确定。因此，《民法典继承编解释（一）》虽然为配套衔接《民法典》新增加的遗产管理人制度，在第 33 条增加规定放弃继承的可以向遗产管理人提出，但仍保留了"向其他继承人表示"的规定。此外，如果在遗产继承的诉讼中，当事人向人民法院表示放弃继承的，也应当认可该意思表示的合法性。

3. 放弃继承权的限制。继承人可以放弃继承权，这是继承人对自己权益处分意思自治的体现，应当充分予以尊重。但是，如果继承人因放弃继承权导致其不能履行法定义务的，则应当认定该放弃继承的行为无效。此处的法定义务主要是指依法负有的抚养、扶养或赡养义务。例如继承人原本生活困难，放弃继承后，导致无法履行对妻子的扶养义务，则该放弃继承的行为应认定无效。对于放弃继承导致不能履行合同义务的，是否因此认定放弃继承权的行为无效，存在争议。我们认为，继承权系源于血缘、婚姻等身份关系产生，放弃继承权可能基于情感利益或者其他家庭因素考量，会涉及其他继承人的利益，比如其他继承人尽了主要赡养义务或者其他继承人生活有特殊困难又缺乏劳动能力等，需要在其他继承人利益与债权人利益之间作出平衡。放弃继承权虽可能导致继承人责任财产不足以清偿债务，但不宜简单认定放弃继承权的行为无效。对于该行为，可以根据《民法典》第538条规定的精神予以处理。《民法典》第538条规定，债务人以放弃其债权、放弃债权担保、无偿转让财产等方式无偿处分财产权益，或者恶意延长其到期债权的履行期限，影响债权人债权实现的，债权人可以请求人民法院撤销债务人的行为。与《合同法》第74条相比，该条扩大了债权人撤销权的范围，能够最大限度保障债权人利益。因此，如果债权人能够证明作为继承人的债务人恶意放弃继承影响债权人债权实现的，可以通过行使撤销权保障其合法权益。

4. 放弃继承的时间要求。根据《民法典》第1124条规定，放弃继承必须在特定时间作出，即继承开始后、遗产处理前。根据《民法典》第1121条规定，继承是从被继承人死亡时开始，如果被继承人尚未死亡，继承人就作出放弃继承的意思表示，因继承还未开始，这种放弃继承自应当是无效的。如果遗产已经处理完毕，遗产的所有权已经转移给继承人，此时继承人放弃的不是继承权，而是所继承遗产的所有权。《民法典继承编解释（一）》第35条对此作出了规定。

5. 对放弃继承反悔的理解。根据禁止反言原则，放弃继承的，一般不应允许其反悔，但如果有特殊情况，人民法院可以根据其提出的具体理由决定是否承认。遗产处理后，遗产的所有权已经转移给各继承人或受遗赠人，为了维护社会秩序的稳定，则不宜再允许对放弃继承予以反悔。此处的反悔不包括欺诈、胁迫或者继承人无民事行为能力的情况，如果存在上述情形，根据《民法典》总则编的规定，应属于法定的撤销或者无效情形。

（六）关于转继承的问题

转继承，是指继承人在继承开始后、遗产分割前死亡，其所应继承的遗产份额转由其继承人承受的法律制度。继承法没有规定转继承制度，但《继承法意见》第52条对转继承问题作出了明确规定。《民法典》第1152条对此予以吸收并完善，规定："继承开始后，继承人于遗产分割前死亡，并没有放弃继承的，该继承人应当继承的遗产转给其继承人；但是遗嘱另有安排的除外。"该条理清了转继承的是"该继承人应当继承的遗产"，而不是"其继承遗产的权利"。同时，为最大限度尊重被继承人处分遗产的自由，增加了但书条款，即"遗嘱另有安排的除外"。所谓"遗嘱另有安排"，是指被继承人在其遗嘱中，特别说明所留遗产仅限于给继承人本人，不得转继承给其他人。由于转继承制度经过完善后已经上升为法律规定，故《民法典继承编解释（一）》删除了《继承法意见》第52条的规定。

《继承法意见》第53条还对受遗赠权转继承问题作出了规定，但是，此次民法典编撰并未将之上升为法律。对此，我们经研究认为，《继承法意见》第53条关于受遗赠权转继承的规定，不违背《民法典》规定的精神，可予以保留，即《民法典继承编解释（一）》第38条规定了"继承开始后，受遗赠人表示接受遗赠，并于遗产分割前死亡的，其接受遗赠的权利转移给他的继承人"。该条在征求全国人大常委会法工委意见时，全国人大常委会法工委亦未提出异议。

在理解该条时需要注意两点：

1. 根据《民法典》第1124条的规定，受遗赠人应当在知道受遗赠后60日内，作出接受或者放弃受遗赠的表示；到期没有表示的，视为放弃受遗赠。因此，该条所称的"受遗赠人表示接受遗赠"需要在法律规定的时间作出。如果受遗赠人在知道受遗赠后超过60日作出接受遗赠的表示，则该表示无效，应当视为其已经放弃受遗赠。如果其在遗产分割前死亡，亦不存在受遗赠的权利转移给其继承人的问题。

2. 《民法典》物权编第230条对《物权法》第29条进行重大修改，删去了受遗赠取得物权的，自受遗赠开始时发生效力的规定。可见，受遗赠的财产所有权已经从非法律行为的物权变动中剥离出来，应当遵循物权变动的一般原则，即使受遗赠人表示接受遗赠，遗产所有权亦不当然转移至受遗赠人。因此，《民法典继承编解释（一）》仍沿用了"接受遗赠的权利"的表述，而未采用"接受遗赠的遗产"之表述。

（七）关于农村"五保户"问题

根据《继承法意见》第55条规定，集体组织对"五保户"实行五保时，双方有扶养协议的，按协议处理；没有抚养协议，死者有遗嘱继承人或法定继承人要求继承的，按遗嘱继承或法定继承处理，但集体组织有权要求扣回五保费用。但是，1994年的《农村五保供养工作条例》改变了农村"五保户"遗产的归属。其中，第18条规定，五保对象的个人财产，其本人可以继续使用，但是不得自行处分；其需要代管的财产，可以由农村集体经济组织代管。第19条规定，五保对象死亡后，其遗产归所在的农村集体经济组织所有；有五保供养协议的，按照协议处理。可见，农村"五保户"死亡后，在没有五保供养协议的情况下，遗产由原来的可以由遗嘱继承人或法定继承人继承，变为归所在农村集体经济组织所有。为此，《最高人民法院关于如何处理农村五保对象遗产问题的批复》（法释〔2000〕23号）规定，农村五保对象死亡后，其遗产按照国务院《农村五保供养工作条例》第18条、第19条的有关规定处理。该批复基于当时生效的《农村五保供养工作条例》，改变了《继承法意见》第55条确立的继承规则。随后，2006年，新的《农村五保供养工作条例》出台，又废除了1994年《农村五保供养工作条例》第18条和第19条。依据《农村五保供养工作条例》（2006年）第11条规定，农村五保供养资金，在地方人民政府财政预算中安排。有农村集体经营等收入的地方，可以从农村集体经营等收入中安排资金，用于补助和改善农村五保供养对象的生活。可见，目前"五保户"的供养资金主要来源于地方政府预算。在此情况下，不仅五保对象遗产归农村集体经济组织所有失去了依据，集体组织要求扣回五保费用也失去了依据。考虑到农村"五保户"的相关政策发生多次变化，因此，清理中不仅废止了《最高人民法院关于如何处理农村五保对象遗产问题的批复》（法释〔2000〕23号），而且对《继承法意见》第55条也同时予以废止。本条在征求意见过程中，民政部无不同意见。司法实践中，如果存在"五保户"的遗产纠纷，可以根据《民法典继承编解释（一）》第39条规定的精神予以处理。

（八）关于遗嘱问题

立遗嘱，是指自然人生前依照法律规定预先处分其个人财产，安排与此有关的事务，并于其死亡后发生效力的单方民事法律行为。相较于法定继承由法律直接规定继承人的范围和继承顺序、继承遗产的份额等，依照遗嘱处分财产，可以由自然人自主决定在其死后如何对其个人财产进行分配与处置，充分体现了对自然人意思自治的尊重以及私有财产权利的保障。

遗嘱部分需要注意的问题有：

1. 遗嘱能力。遗嘱能力是否适用民事行为能力的一般规则，有不同的立法例。《民法典》第1143条第1款规定：无民事行为能力人或者限制民事行为能力人所立的遗嘱无效。可见，我国采取的是遗嘱能力与民事行为能力一致原则。但是，法律对于以何时为准来认定遗嘱能力未予明确，《继承法意见》确定以立遗嘱时为准。《民法典继承编解释（一）》继续采纳此立场。同时，根据《民法典》总则编对民事行为能力的表述，予以文字修改，明确遗嘱人立遗嘱时必须具有完全民事行为能力，无民事行为能力人或者限制民事行为能力人所立的遗嘱，即使其本人后来具有完全民事行为能力，仍属无效遗嘱。遗嘱人立遗嘱时具有完全民事行为能力，后来成为无民事行为能力人或者限制民事行为能力人的，不影响遗嘱的效力。这样，就比较全面地对遗嘱能力进行了规定。实践中，对遗嘱人立遗嘱时是否具有完全民事行为能力发生争议的，如果有条件，可以通过司法鉴定确定；如果无法判断何时丧失或者恢复完全民事行为能力，可以结合遗嘱人的病历资料、居民委员会（村民委员会）证明或者其他证人证言以及遗嘱的合理性等，运用日常生活经验法则，综合判断遗嘱人是否具有完全民事行为能力。

2. 公证遗嘱。《继承法》第20条第3款规定：自书、代书、录音、口头遗嘱，不得撤销、变更公证遗嘱。《继承法意见》第42条进一步规定为：遗嘱人以不同形式立有数份内容相抵触的遗嘱，其中有公证遗嘱的，以最后所立公证遗嘱为准；没有公证遗嘱的，以最后所立的遗嘱为准。上述规定突出强调了公证遗嘱的优先效力。从法理上而言，遗嘱以体现立遗嘱人的真实意愿为己任，遗嘱的效力本质上取决于其真实性，只要是按照法律规定的方式设立的遗嘱，均应具有法律效力。公证遗嘱与其他遗嘱相比，并不存在哪种遗嘱的效力更优先的问题。公证遗嘱与其他遗嘱的差异在于，当遗嘱的真实性发生争议时，由于公证遗嘱形式更严格、程序更严谨，更能保障遗嘱人意思表示的真实性，因而，在证据的证明力上强于其他遗嘱，但本质上与其他遗嘱并无不同，不当然具有优先效力；从近些年的司法实践看，该规则有些情况下并不利于充分保护遗嘱人的遗嘱自由。作为一种死因民事法律行为，遗嘱从设立到生效往往要经过一段较长的时间，在此期间，客观情况往往会发生一定的变化，而公证遗嘱程序相对复杂，当事人立有公证遗嘱后，紧急情况下如果不能通过其他形式遗嘱变更原遗嘱内容，则不利于保护其自由处分的意志；从世界范围的立法例看，也没有公证遗嘱优先效力的规定。此次《民法典》编撰取消了原来公证遗嘱的优先效力，其中第1142条第3款规定，立有数份遗嘱，内容相抵触的，以最后的遗嘱为准，即在存有数份遗嘱的情况下，完全按照先后顺序确定立遗嘱人的最后真实意思；立遗嘱人也可以自由通过其他形式改变公证遗嘱的内容。基于此，《民法典继承编解释（一）》删除了与《民法典》新规定不符的《继承法意见》第42条。

（九）关于继承纠纷的共同诉讼问题

根据《继承法意见》第40条规定，继承诉讼开始后，如继承人、受遗赠人中有既不愿参加诉讼，又不表示放弃实体权利的，应追加为共同原告；已明确表示放弃继承的，不再列为当事人。该条确定了继承纠纷作为必要共同诉讼的情形。《最高人民法院关于适用〈中华人民共和国民事诉讼法〉的解释》第70条也规定，在继承遗产的诉讼中，部分继承人起诉的，人民法院应通知其他继承人作为共同原告参加诉讼；被通知的继承人不愿意参加诉讼又未明确表示放弃实体权利的，人民法院仍应将其列为共同原告。我们认为，将继承纠纷作为必要共同诉讼，对于查清事实，更好地保护所有继承人利益，妥善解决继承纠纷具有重要意义。因此，《民法典继承编解释（一）》对原规定的精神予以保留。考虑到《民法典》对继承的制度设计是采当然继承主义,只要不明确表示放弃继承的,即视为接受继承;但受遗赠不同,自然人以遗嘱方式作出遗赠虽然是单方行为,但从法律的本质上而言,遗赠行为在某种程度上应当视为一种双方法律行为,遗赠人作出赠与的意思表示,受遗赠人需要接受方可,这就需要双方意思表示达成一致方能成立,如果受遗赠人在法定期限内不做任何意思表示,赠与的合意难以形成,因此,法律规定接受遗赠必须以明示的方式作出意思表示,受遗赠人如果在法定期限内不作出意思表示的,即视为放弃。故《民法典继承编解释(一)》第44条区分继承与受遗赠两种不同的制度设计,将原规定中的"已明确表示放弃继承的,不再列为当事人",修改为"继承人已书面表示放弃继承、受遗赠人在知道受遗赠后六十日内表示放弃受遗赠或者到期没有表示的,不再列为当事人",进一步完善了相关程序设计。

(十)其他问题

此次司法解释清理还尤其注重弘扬社会主义核心价值观,如虽然《民法典》第1160条规定了无人继承又无人受遗赠的遗产归国家所有,用于公益事业;死者生前是集体所有制组织成员的,归所在集体所有制组织所有。但是,考虑到此情况下,如果在死者生前有对其扶养较多的人,可以适用《民法典》第1131条规定的酌给遗产制度,使其获得一定数额的遗产,不仅在继承中贯彻了正义、扶助的理念,也有助于发扬我国养老育幼、互助互爱的传统美德,因此,《民法典继承编解释(一)》第41条规定,遗产因无人继承又无人受遗赠归国家或集体所有制组织所有时,按照《民法典》第1131条规定可以分给适当遗产的人提出取得遗产的诉讼请求,人民法院应当视情况适当分给遗产。

此外,由于民事行为能力、法定代理以及诉讼时效制度在《民法典》总则编中已均有明确规定,故《民法典继承编解释(一)》删除了《继承法意见》相应的第7条、第8条以及第15条至第18条。

第三部分 条文理解与适用

一、一般规定

> **第一条** 继承从被继承人生理死亡或者被宣告死亡时开始。
>
> 宣告死亡的,根据民法典第四十八条规定确定的死亡日期,为继承开始的时间。

【条文主旨】

本条是关于如何确定继承开始时间的规定。

【条文理解】

继承开始的时间,关系到遗产和继承人的范围、遗嘱的效力、确定继承权诉讼时效的起算点等问题,具有重要意义。《民法典》第1121条对继承开始的时间及相互有继承关系的数人在同一事件中死亡先后的推定作出了规定,即:"继承从被继承人死亡时开始。相互有继承关系的数人在同一事件中死亡,难以确定死亡时间的,推定没有其他继承人的人先死亡。都有其他继承人,辈份不同的,推定长辈先死亡;辈份相同的,推定同时死亡,相互不发生继承。"然而,作为导致继承法律关系发生的法律事实,被继承人"死亡"不仅包括生理死亡,也包括宣告死亡,故本条对《民法典》

第1121条第1款进行解释，同时明确被继承人被宣告死亡时继承开始的时间如何确定。

本条系在《继承法意见》第1条的基础上修改而成。与原有规定相比，本条的变化主要体现在第2款：一是将被继承人被宣告死亡的情况下继承开始的时间从"法院判决中确定的失踪人的死亡日期"修改为"根据民法典第四十八条规定确定的死亡日期"；二是不再采用"失踪人"一词，因为宣告失踪并非宣告死亡的必经程序。

一、继承从被继承人死亡时开始

古代社会的继承包含身份继承和财产继承，我国古代"宗祧继承"中的"立嗣"、"过继"、爵位继承、家长地位的继承就属于身份继承，韩国至今仍保留的"户主继承"，是现今最为典型的身份继承，户主丧失国籍、离婚、女户主复籍、入他家籍、男子入赘等均属于继承开始的原因。但总体而言，现代各国的继承制度，几乎都是专指财产继承（Succession of Property）。我国民法上的继承，也专指财产继承，即生者对死者的财产权利和义务的承受，被继承人死亡是导致继承法律关系发生的法律事实，继承从被继承人死亡时开始。

被继承人死亡对继承法律关系的影响，既涉及继承法律关系的主体、客体，也涉及继承法律关系的内容及继承相关制度，故继承开始的时间在法律上具有重要意义。第一，继承开始的时间决定继承人的范围。继承开始时已与被继承人解除婚姻关系或收养关系的人、已因法定原因丧失继承权的人、已死亡的继承人，都不能成为继承人。第二，继承开始的时间决定遗产的范围。遗产是被继承人死亡时所遗留的个人合法财产。这些财产可能处于时时变动之中，其形态、价值、状态等都可能会发生变化，具有不确定性。只有确定继承开始的时间，才能明确遗产的范围。第三，继承开始的时间是继承期待权转变为继承既得权的时间。继承尚未开始时，具有继承资格的继承人仅具有继承期待权，这种权利本身不具有直接的财产内容，仅仅是一种将来具有实现可能性的财产权利，即继承人有将来参加继承取得遗产的可能性。继承开始后，如果继承人没有丧失或放弃继承权，继承期待权才能转化为继承既得权，才有可能实际参加继承并获得被继承人的遗产。第四，继承开始的时间决定遗嘱和遗赠发生效力的时间。遗嘱虽然是遗嘱人生前的意思表示，但在继承开始之前，尚不发生法律效力，遗嘱人可以变更或撤回遗嘱。继承开始之后，遗嘱发生法律效力。遗赠虽不属继承范围，但遗赠发生法律效力的时间也需要按照继承开始的时间确定。第五，继承开始的时间决定遗产所有权的转移时间。被继承人死亡，其民事法律主体资格同时失去，故不再是其死亡时所留遗产的所有权人，其遗产的所有权发生转移。继承人为一人的，遗产自继承开始由其单独所有；继承人为数人的，则遗产首先转移至数人共有。第六，继承开始的时间决定继承权纠纷的最长诉讼时效的起算点。如继承权受到侵害，继承人享有继承回复请求权。根据《民法典》第188条的规定，除法律另有规定外，向人民法院请求保护民事权利的诉讼时效期间为3年，诉讼时效期间自权利人知道或者应当知道权利受到损害以及义务人之日起计算，但自权利受到损害之日起超过20年的，人民法院不予保护。因此，继承权保护的最长诉讼时效自继承开始时起算。

二、被继承人生理死亡时继承开始的时间

生理死亡，指自然人生命的终结。关于如何认定生理死亡的时间，有心脏跳动停止说、呼吸停止说、脑电波消失说等多种观点。在不同情况下，死亡时间的认定标准也不尽相同，例如《中国心脏

死亡器官捐献分类标准》就分别采用了脑死亡、心脏死亡（循环死亡）及脑—心双死亡三种标准。

死亡是一种自然事件，一般认为死亡时间应由自然科学来确定，由法律尝试定义死亡显然是一种冒险：医学发展日新月异，法律则保守而稳定。但自然人死亡的时间在民法上具有一定的法律意义，故《民法典》第15条规定，自然人的死亡时间，以死亡证明记载的时间为准；没有死亡证明的，以户籍登记或者其他有效身份登记记载的时间为准。有其他证据足以推翻以上记载时间的，以该证据证明的时间为准。需要注意的是，该条中的死亡，仅指生理死亡，不包括宣告死亡。

死亡证明，是指证明自然人已经死亡的文件或证书，主要包括：（1）自然人死于医疗单位的，由医疗单位出具死亡医学证明书；（2）自然人正常死亡但无法取得医院出具的死亡医学证明书的，由社区、村（居）委会或者基层卫生医疗机构出具证明；（3）自然人非正常死亡或者卫生部门不能确定是否属于正常死亡的，由公安司法部门出具死亡证明；（4）死亡的自然人已经火化的，殡葬部门出具火化证明。死亡证明是记载死亡时间的原始凭证，具有证明死亡时间的准确性和规范性，因此本条将死亡证明记载的时间作为判断自然人死亡时间的最基本的依据。

死亡登记，是指自然人死亡后，户主、亲属等在规定的时间内向公安机关申报死亡登记，注销户口。根据《户口登记条例》第8条的规定，自然人死亡，城市在葬前，农村在一个月以内，由户主、亲属、抚养人或者邻居向户口登记机关申报死亡登记，注销户口。死亡登记需遵循严格的法定程序，户籍登记记载的死亡时间因此具有较强的法律效力，故《民法典》第15条规定，在没有死亡证明的情况下，自然人生理死亡以户籍登记或者其他有效身份登记记载的时间为准。

自然人生理死亡为事实问题，如果死亡证明书中记载的时间与自然人死亡的真实时间有出入，则应以事实为准。

三、被继承人被宣告死亡时继承开始的时间

自然人的宣告死亡是指自然人失踪达到法定期间，经利害关系人申请，由法院依法定程序宣告其死亡，从而在法律上结束其生前的人身关系与财产关系的制度。根据《民法典》第46条的规定："自然人有下列情形之一的，利害关系人可以向人民法院申请宣告该自然人死亡：（一）下落不明满四年；（二）因意外事件，下落不明满二年。因意外事件下落不明，经有关机关证明该自然人不可能生存的，申请宣告死亡不受二年时间的限制。"宣告死亡仅仅是在法律上的死亡，而实际是否死亡并不能确定，所以又称为拟制死亡或者推定死亡。当自然人失踪期间达到一定长度时，依社会共同生活经验判断，其生还的可能性已经微乎其微。此时相对人的利益，尤其是配偶的再婚利益、继承人的继承利益，应优先于失踪人的利益保护。故民法设定宣告死亡制度，在法律上拟制自然人的死亡，同时又对宣告死亡的条件作出严格限制，并规定当被宣告死亡的自然人并未死亡时，允许撤销死亡宣告。需要注意的是，宣告失踪并非宣告死亡的必经程序。

宣告死亡毕竟是一种法律拟制，此种情形下对被宣告死亡人具体死亡时间的认定有多种可能的标准，不同国家和地区做法也不尽相同。瑞士民法以最后音信或灾难发生之日为死亡日期；法国民法以可得推定死亡的情形发生之日为死亡日期，没有此日期的，以失踪之日为死亡日期；日本民法与我国台湾地区"民法"类似，以法定期间届满之日为死亡日期；《魁北克民法典》以法定期间届满之日为死亡日期，可得推定死亡之情形发生于法定期间届满之日前

的,以该情形发生之日为死亡日期。①

由于《民法通则》未明确被宣告死亡人的死亡时间,我国实践中对于该问题的认识不一。《继承法意见》第1条第2款规定:"失踪人被宣告死亡的,以法院判决中确定的失踪人的死亡日期,为继承开始的时间。"但对于"法院判决中确定的失踪人的死亡日期"也存在不同理解:有的以寻找失踪人届满之日作为被宣告失踪人死亡的日期;有的以判决作出之日作为被宣告死亡人死亡的日期;还有的以判决文书中直接确定的日期为死亡日期。针对上述实践中的不同做法,《民通意见》第36条进一步规定:"被宣告死亡的人,判决宣告之日为其死亡的日期。"然而,"判决宣告之日"也可作多种理解:一是判决书落款部分标明的制作完成日期;二是判决书中由法官直接根据具体情况确定的死亡日期;三是法院制作的判决书公开宣判之日。此外,以"判决宣告之日"作为失踪人死亡的日期,在被保险人因意外事故下落不明的情况下,根据该条规定确定的死亡日期往往已经超过了保险期间,导致保险受益人无法获得保险理赔。因此,《最高人民共和国关于适用〈中华人民共和国保险法〉若干问题的解释(三)》(2020年修正)第24条规定:"投保人为被保险人订立以死亡为给付保险金条件的保险合同,被保险人被宣告死亡后,当事人要求保险人按照保险合同约定给付保险金的,人民法院应予支持。被保险人被宣告死亡之日在保险责任期间之外,但有证据证明下落不明之日在保险责任期间之内,当事人要求保险人按照保险合同约定给付保险金的,人民法院应予支持。"

为消弭分歧,统一认识,《民法典》第48条进一步明确:"被宣告死亡的人,人民法院宣告死亡的判决作出之日视为其死亡的日期;因意外事件下落不明宣告死亡的,意外事件发生之日视为其死

---

① 参见梁慧星:《民法总论》(第四版),法律出版社2011年版,第113页。

亡的日期。"故本解释与《民法典》保持一致，规定被继承人被宣告死亡的，根据《民法典》第48条规定确定的死亡日期，为继承开始的时间。

【审判实践中应注意的问题】

第一，继承开始的时间不同于遗产分割时间。继承开始的时间，是指被继承人死亡的时间，它具有确定性，不能任意变更。而遗产分割的时间，则是指继承人实际获得遗产的时间，它具有协议性，可由继承人协议确定。在现实生活中，继承开始的时间与遗产分割的时间往往具有一定的间隔性，即继承开始的时间在前，遗产分割的时间在后，且遗产分割的时间只能在继承开始的时间之后。如继承人在继承开始之后、遗产分割之前死亡，则可能发生转继承。根据《民法典》第1152条规定，继承开始后，继承人于遗产分割前死亡，并没有放弃继承的，该继承人应当继承的遗产转给其继承人，但是遗嘱另有安排的除外。换言之，转继承实质上是先后发生的两个独立的继承关系。

第二，相互有继承关系的数人在同一事件中死亡时继承开始时间的推定。《民法典》第1121条第2款的规定，相互有继承关系的数人在同一事件中死亡，难以确定死亡时间的，推定没有其他继承人的人先死亡。都有其他继承人，辈份不同的，推定长辈先死亡；辈份相同的，推定同时死亡，相互不发生继承。如相互有继承关系的数人因同一事件下落不明而被宣告死亡，根据《民法典》第48条的规定，其死亡日期均为意外事件发生之日，此时各被宣告死亡人的死亡时间先后也应根据《民法典》第1121条第2款的规则认定。

> **第二条** 承包人死亡时尚未取得承包收益的,可以将死者生前对承包所投入的资金和所付出的劳动及其增值和孳息,由发包单位或者接续承包合同的人合理折价、补偿。其价额作为遗产。

【条文主旨】

本条是关于被继承人尚未取得承包收益时其对承包投入及增值和孳息如何继承的规定。

【条文理解】

本条源于《继承法意见》第4条,仅有一处文字调整。

改革开放以来,我国出现了各种形式的个人承包经营。结合《民事案件案由规定》,按承包经营的对象不同,个人承包经营大致可分为土地承包经营、海上及通海水域运输船舶承包经营、渔船承包经营和企业承包经营等。收取承包收益是承包者的最基本权利。所谓承包收益,是指承包者按照承包合同的约定,开展承包经营活动所获得的利益。承包经营具有一定周期性,如果承包人在尚未取得承包收益时死亡,其继承人能否当然接续承包、承包人对承包的投入及其增值和孳息如何处理,理应明确。但在个人承包经营主要体现为土地承包经营的现状下,这是个颇为复杂的问题。

土地承包经营是我国特有制度,土地承包经营权是我国农村土地法律制度中特有的概念。《民法典》第11章在"用益物权"分编下用14个条文专章规定了土地承包经营权相关制度。土地承包经营权的独特性根源于两项基本制度：一是农村土地属集体成员集体所有的集体所有权制度；二是农业用地实行所有与使用相分离的土地承包经营制度，即农民集体所有和国家所有由农民集体使用的耕地、林地、草地以及其他用于农业的土地，依法实行土地承包经营制度。我国农村土地承包方式包括"家庭承包"和"其他方式的承包"两种，其中"其他方式"具体是指招标、拍卖、公开协商等方式。两种承包方式存在以下不同：一是在承包对象上，大部分的耕地、林地、草地都应采取家庭承包方式承包；其他方式承包的主要是荒山、荒沟、荒丘、荒滩等不适宜采用家庭承包的农村土地（以下简称"四荒地"）。二是在承包主体上，家庭承包的承包方是本集体经济组织的农户，其他方式承包的承包方，既可以是本集体经济组织成员，也可以是本集体经济组织成员以外的单位和个人，但前者在相同条件下有优先承包权，后者承包须事先经本集体经济组织成员的村民会议三分之二以上成员或者三分之二以上村民代表的同意，并报乡（镇）人民政府批准。三是在权利流转方式上，以家庭承包方式取得的土地经营权流转要受到更多的限制和保护。家庭承包土地经营权可通过出租（转包）、入股或者其他方式向他人流转，并向发包方备案；通过招标、拍卖、公开协商等方式承包农村土地，经依法登记取得权属证书的，可以依法采取出租、入股、抵押或者其他方式流转土地经营权。

一般认为，土地承包经营权为用益物权，但这种用益物权又以享有农村集体经济组织成员身份为前提，具有一定的人身专属性。对于土地承包经营权能否继承，主要存在否定说、肯定说和辩证分析说三种代表性观点。否定说多强调土地承包经营权取得上的集体成员身份性及其所具有的福利性和承担的社会保障功能，认为土地承包经营权的权利主体是农户，以家庭承包方式取得的土地承包经营权原则上应在本集体经济组织成员内部流转。① 目前司法实践中多采该观点。肯定说认为，土地承包经营权是一种独立的用益物权，作为财产权类型的土地承包经营权当然可以继承，土地承包经营权取得上的身份性并不影响其流通性，承认土地承包经营权的可继承性符合国家对土地承包经营关系"长久不变"政策等。② 目前理论界多采该观点。辩证分析说则将农村集体经济组织上的继承机制称为"概括继承"，认为实现土地承包经营权继承机制完备化的具体措施，就是将土地承包经营权继承置于民法体系下的继承法机制中。③ 目前该观点影响力较为有限，但其提供的解决方式似更为务实可行。鉴于争议较大，《物权法》、《农村土地承包法》（2018年修正）和《民法典》均未明确土地承包经营权是否能够继承。

实践中与承包人身份密切相关的另一种承包经营方式是企业内部承包，其法律依据是《全民所有制工业企业承包经营责任制暂行条例》（2011年修订）第41条。该条规定："承包经营企业应当按照责权利相结合的原则，建立和健全企业内部经济责任制，搞好企业内部承包。"企业内部承包落实的是建立和健全企业内部经济责任制，发包方是对企业国有资产享有管理、使用经营权的企业，承包人是与企业具有隶属关系的企业内部职能部门或者职工。例如，企业将食堂、车队等适合独立经营的部门承包给职工，并事先约定一定的考核及奖励指标。承包人具有企业内部职工身份，是企业内

---

① 刘保玉、李运扬：《农村土地承包经营权的继承问题探析》，载《北方法学》2014年第2期。

② 郭明瑞：《也谈农村土地承包经营权的继承问题——兼与刘保玉教授商榷》，载《北方法学》2014年第2期；郭明瑞：《关于农村土地权利的几个问题》，载《法学论坛》2010年第1期。

③ 陈甦：《土地承包经营权继承机制及其阐释辨证》，载《清华法学》2016年第3期。

部承包有别于一般企业承包经营的重要标志之一。

承包经营权能否继承之所以具有争议，很大程度上是因为该权利在一定程度上兼具财产和人身双重属性，有别于传统民法上纯粹的财产权。但承包收益，即承包人按照承包合同的约定，开展承包经营活动所获得的利益，属于承包人所取得的合法财产，与其通过其他方式取得的合法财产并无本质不同，在承包者死亡时，自然应纳入其遗产范围。故《继承法》第4条规定："个人承包应得的个人收益，依照本法规定继承。个人承包，依照法律允许由继承人继续承包的，按照承包合同办理。"《民法典》虽未沿用该条，但个人承包应得的收益当然属于自然人死亡时遗留的个人合法财产，也当然应纳入《民法典》第1122条所指"遗产"范围。

然而，在承包经营中，从承包人投入资金、付出劳动，到取得承包收益往往需要经过较长时间，林地承包、"四荒地"承包经营中这一特点更为明显。在被继承人尚未取得承包收益就已身故的情况下，发包单位或者接续承包合同的人对被继承人生前对承包所投入的资金和所付出的劳动及其增值和孳息理应折价、补偿，且该折价、补偿并不涉及人身专属性问题，当然属于被继承人死亡时遗留的合法财产。故本条沿用了《继承法意见》第4条的规定："承包人死亡时尚未取得承包收益的，可以将死者生前对承包所投入的资金和所付出的劳动及其增值和孳息，由发包单位或者接续承包合同的人合理折价、补偿。其价额作为遗产。"需要注意的是，本条规定由发包单位或者接续承包的人合理折价、补偿，并不意味着二者都必然负有相应义务或者二者应当对折价、补偿承担连带责任。在没有其他人接续承包的情况下，承包人生前所投入的资金及其孳息、物化在承包标的物中的劳务以及承包标的物的增值实际都由发包单位所取得，发包单位获得利益且缺乏法律根据，构成不当得利，因此发包单位应当予以合理折价、补偿。在有其他人接续承包的情况下，如果发包单位与接续承包人约定由接续承包人折价、补偿，则接续承包人亦负有相应义务；如果发包单位与接续承包人对此无明确约定，由于死者投入的资金和所付出的劳动及其增值和孳息由接续承包人实际享有，由接续承包人折价、补偿也具有合理性。

【审判实践中应注意的问题】

以家庭承包为基础的经营方式是我国农村集体经济的基本经营制度。根据《农村土地承包法》第16条规定，家庭承包，即以农户家庭全体人员为单位承包农村土地。农户是农村中以血缘和婚姻关系为基础组成的农村最基层的社会单位，也就是《民法典》第55条所称农村集体经济组织的成员，即"依法取得农村土地承包经营权，从事家庭承包经营的，为农村承包经营户"。虽然发包人将农村土地发包给农户时是按照每户成员的人数来确定承包土地的份额，即"按户承包，按人分地"，但是在签订土地承包合同的时候，是由家庭全体成员的代表以户的名义与发包人签订合同的。如果被继承人是作为家庭全体成员的代表承包经营，则死者生前以其个人名义对承包所投入的资金和所付出的劳动及其增值和孳息所获得的折价、补偿，与承包收益一样，也属于家庭共有财产。此种情形下，被继承人死亡的，应当先分割共有财产，属于被继承人的那一部分财产，即为遗产，由其继承人继承。

对于林地承包经营权和通过招标、拍卖、公开协商等方式取得的土地承包经营权（实践中多为"四荒地"承包经营权），作为承包人的被继承人死亡的，在承包期内，其继承人可以继续承包。《农村土地承包法》第32条第2款规定："林地承包的承包人死亡，其继承人可以在承包期内继续承包。"《最高人民法院关于审理涉及农村土地承包纠纷案件适用法律问题的解释》（2020年修正）第23条也规定："林地家庭承包中，承包方的继承人请求在承包期内继续承包的，应予支持。其他方式承包中，承包方的继承人或者权利义务承受者请求在承包期内继续承包的，应予支持。"这主要是由林地承包经营的特点所决定的。首先，林地承包经营具有长期性。根据《农村土地承包法》第21条，林地的承包期为30年至70年，承包期届满后依照前述规定相应延长。因此，在林地承包合同履行期限内，承包方死亡的情况是现实存在的。林业生产经营周期和承包期长，投资大，收益获得慢，风险大。如果不允许承包方的继承人享有继续承包权，很可能损害承包方基于合同履行取得的收益，不利于鼓励林地承包经营形式。其次，林木所有权的继承与林地不能分离，如果不允许林地继承，不利于调动承包人的积极性，还可能出现滥砍滥伐，破坏生态环境的情况。故前述法律和司法解释规定林地承包人死亡的，其继承人可以在承包期内继续承包。此外，通过招标、拍卖、公开协商等方式取得的土地承包经营权（多为"四荒地"承包经营权），作为承包人的被继承人死亡的，在承包期内，其继承人也可以继续承包。《农村土地承包法》第54条还规定，对于通过招标、拍卖、公开协商等方式取得土地经营权的，如果该承包人死亡，在承包期内，其继承人可以继续承包。根据《农村土地承包法》第48条的规定，通过前述方式承包的土地，指不宜采取家庭承包方式的荒山、荒沟、荒丘、荒滩等农村土地，往往统称为"四荒地"。林地的继承也应当按照《民法典》有关继承的规定继承。无论继承人另有林地承包经营权，或是在另一农村集体经济组织落户，还是取得城市户口、在城市就业，在承包期内，都有权继承。①通过招标、拍卖、公开协商等方式取得的"四荒地"承包经营权继承也同理。

对于林地和通过招标、拍卖、公开协商等方式取得的"四荒地"承包经营权之外的土地承包经营权，继承人只有对承包收益的继承权。所谓通过个人承包得到的收益，是指自然人个人承包集体所有的土地、森林、山岭、草原等，依照法律或合同的约定所取得的合法收入，既包括其生前个人承包已取得的合法收益，也包括由于承包经营周期较长，承包人死亡时尚未取得的收益，即承包人生前对承包所投入的资金和所付出的劳动及其增值和孳息。

---

① 胡康生主编：《中华人民共和国农村土地承包法释义》，法律出版社2002年版，第88页。

> 第三条 被继承人生前与他人订有遗赠扶养协议，同时又立有遗嘱的，继承开始后，如果遗赠扶养协议与遗嘱没有抵触，遗产分别按协议和遗嘱处理；如果有抵触，按协议处理，与协议抵触的遗嘱全部或者部分无效。

【条文主旨】

本条是关于遗赠扶养协议与遗嘱并存时如何处理的规定。

【条文理解】

本条源于《继承法意见》第5条，未作修改。

关于遗产的继承方式，依据《民法典》第1123条的规定，可分为法定继承和遗嘱继承。前者是按照法律的直接规定继承，后者是依照被继承人生前的遗嘱继承。遗赠虽不属于继承的方式，但作为解决遗产分配问题的方式与遗嘱继承具有类似性，所以立法上将其列为继承方式之一并与遗嘱并列。根据《民法典》规定，继承开始后，按照法定继承办理；有遗嘱的，按照遗嘱继承或者遗赠办理；有遗赠扶养协议的，按照协议办理。但如果被继承人生前既订有遗赠扶养协议，又立有遗嘱，其遗产应如何处理，《民法典》未作细化规定，故本条加以明确。

一、遗嘱继承

所谓遗嘱继承,是指继承人按照被继承人生前所立的合法有效的遗嘱进行继承的一种方式。在遗嘱继承中,订立遗嘱的人为遗嘱人,遗嘱指定的继承遗产的人为遗嘱继承人。因遗嘱人在遗嘱中可能指定继承人,指定继承遗产的种类、数额等,故遗嘱继承又称为指定继承。遗嘱继承有两个特点:第一,遗嘱继承的发生必须满足被继承人(遗嘱人)死亡和所立遗嘱合法这两个法律事实,缺少任何一项,遗嘱继承即不能发生。相较而言,法定继承只需被继承人死亡即可发生。第二,遗嘱继承中有关继承人的选择,继承遗产的份额、多少,继承的顺序等都是遗嘱人自己意思的表示,反映了个人意志,这与法定继承的相关内容由法律直接规定,有很大差异。

关于遗嘱继承,需要注意的问题:(1)遗嘱继承人只能在法定继承人之中选择。《民法典》第1133条第2款规定:"自然人可以立遗嘱将个人财产指定由法定继承人中的一人或者数人继承。"也即可以作为遗嘱继承人的,只能是法定继承人范围内的一人或数人。(2)遗嘱继承人为数人的,数个继承人不再受法定继承顺序的限制,即不存在各遗嘱继承人之间继承先后顺序的问题。遗嘱对数人的遗产份额有明确意思表示的,按遗嘱份额继承;没有遗嘱份额的,在遗嘱的财产范围内,各遗嘱继承人均等分配。(3)如果遗嘱继承人先于遗嘱人死亡,遗嘱又未变更的,遗嘱继承人的晚辈直系血亲主张代位继承的,因无法律根据,人民法院不予支持,也即这种情况下遗产只能转为法定继承进行处理。

二、遗赠扶养协议

遗赠扶养协议,是指遗赠人生前与扶养人订立的关于扶养人承担遗赠人生养死葬义务,并于遗赠人死亡后享有按约取得其遗产权利的协议。遗赠扶养协议是一种平等、双务、有偿双方民事法律行为。《民法典》第1158条规定："自然人可以与继承人以外的组织或者个人签订遗赠扶养协议。按照协议，该组织或者个人承担该自然人生养死葬的义务，享有受遗赠的权利。"遗赠扶养协议作为自然人生前对其死亡后遗产的一种处置方式，是一种独具特色的遗产转移方式，是对我国民间长期存在的遗赠扶养协议实践经验的总结和肯定。遗赠扶养协议是在我国农村"五保"制度基础上形成和发展起来的。根据《农村五保供养工作条例》的相关规定，"五保"制度是指对老年、残疾或者未满16周岁的村民，无劳动能力、无生活来源又无法定赡养、抚养、扶养义务人，或者法定赡养、抚养、扶养义务人无赡养、抚养、扶养能力的，在吃、穿、住、医、葬方面给予生活照顾和物质帮助的制度。遗赠扶养协议性质上虽属于合同，但具有新型的社会保障制度之功能。在社会保障不够充分的情况下，遗赠扶养协议起到了必要的补充作用。

遗赠扶养协议具有以下特点：（1）遗赠扶养协议是双方法律行为，只有在遗赠人与扶养人意思表示一致时方可成立。（2）遗赠扶养协议是诺成性民事法律行为，需要扶养人和受扶养人双方意思表示一致才能成立。而正因为是诺成性民事法律行为，双方一经达成一致意思表示时即可发生法律效力。遗赠人须履行约定的义务并待遗赠人死亡时才能实现约定的权利，但遗赠扶养协议并非须于遗赠人死亡时才发生法律效力，其于签订时即生效。（3）遗赠扶养协议是双务民事法律行为，双方当事人互享权利、互担义务。扶养人负有对遗赠人生养死葬的义务，享有接受遗赠人遗赠财产的权利；遗赠人享有接受扶养的权利，负有将其遗产遗赠给扶养人的义务。权利义务的相互性决定了当事人一方在没有尽到相应义务的同时，也就失去了相应的权利。（4）遗赠扶养协议是生前民事法律行为与死后民事法律行为的结合。遗赠扶养协议在遗赠人生前经签订即发生法律效力，扶养人必须按协议履行扶养遗赠人的义务。但扶养人的权利只能在遗赠人死亡时才能实现，也即扶养人在受扶养人生前只有扶养的义务，而不能接受财产。

三、遗嘱与遗赠扶养协议的区别

遗赠扶养协议与遗嘱都是权利人对自己的财产在生前作出处分，在死后实现财产权利转移的行为，但是两者有以下区别：（1）遗赠扶养协议是双方法律行为，只有在遗赠方和扶养方双方自愿协商一致的基础上才能成立。凡不违反国家法律规定、不损害公共利益、不违反社会主义道德准则的遗赠扶养协议即具有法律约束力，任何一方都不能随意变更或解除。如果一方要变更或解除，必须取得另一方的同意。而遗嘱是立遗嘱人单方的法律行为，不需要他人的同意即可发生法律效力。立遗嘱人不仅可以单方面订立遗嘱，而且还可以随时变更遗嘱的内容，或者撤销原遗嘱，另立新遗嘱。（2）遗赠扶养协议是有偿的、相互附有条件的，它体现了权利义务相一致的原则。而遗嘱是财产所有人生前以遗嘱的方式将其财产遗赠给个人的行为，它不以受遗赠人为其尽扶养义务为条件。（3）遗赠扶养协议从协议成立之日起开始发生法律效力，是死后生效行为与生前生效行为的结合。遗赠扶养协议的特殊性在于扶养人和遗赠人权利产生的异时性：遗赠人在生前享有接受扶养的权利，但不负担义务；扶养人须先依约履行扶养义务甚至安葬义务，才能在遗赠人死后取得对其继承人的遗赠请求权。而遗嘱是从遗赠人死亡之日起发生法律效力，属于死后生效的行为。

四、遗嘱与遗赠扶养协议并存时的处理

根据《民法典》第1123条规定，相较于法定继承、遗嘱继承和遗赠等方式，遗赠扶养协议效力最高。这是由遗赠扶养协议的性

质决定的。遗赠扶养协议就其本质而言是一种有偿的双务合同，体现了双方当事人的意思，对双方当事人都具有约束力。根据遗赠扶养协议，扶养人承担遗赠人生养死葬的义务并享有受遗赠的权利，遗赠人享有被扶养权利的同时负有将遗产赠给扶养人的义务，二者互为对价。对于扶养人而言，在遗赠人（即被扶养人）死亡后基于遗赠扶养协议而取得遗赠人相应遗产，是基于权利与义务相一致原则有偿取得的权利。而遗嘱是被继承人的单方意思表示，且法定继承人和遗嘱继承人或者受遗赠人取得遗产是无偿的。因此，如果在遗赠扶养协议成立后，遗赠人就同一财产以遗嘱设定遗赠的，扶养人的遗赠请求权优先。一方面，遗赠无法实现的结果，只是受遗赠人的财产应增加而未增加，受遗赠人的法律地位不会因此而恶化。另一方面，扶养人的遗赠请求权是双方、有偿法律行为的效果，系生养死葬义务的对价。倘若扶养人的遗赠请求权因遗嘱所设遗赠无法实现，在限定继承的背景下，扶养人的履约成本可能无法从剩余遗产得到补偿，其法律地位可能低于遗赠扶养协议订立前的法律地位。因此，在后遗赠与遗赠扶养协议的内容发生抵触的，遗赠扶养协议效力优先，在后遗赠在与遗赠扶养协议抵触的范围内不生效力。① 如果在先遗嘱与在后形成的遗赠扶养协议相抵触，依据《民法典》第1142条第2款规定，遗赠人以遗嘱设定遗赠后又针对同一财产订立遗赠扶养协议的，即实施了与遗嘱内容相反的民事法律行为，则构成对遗嘱相关内容的撤回，当然也应以遗赠扶养协议为准。所以在遗产分配上，遗赠扶养协议具有优先于法定继承和遗嘱继承的效力。

但遗赠扶养协议的这种效力只能在被继承人分别通过遗赠和遗赠扶养协议处分同一遗产时才具有意义：如果遗赠扶养协议与遗嘱

---

① 缪宇：《遗赠扶养协议中的利益失衡及其矫治》，载《环球法律评论》2020年第5期。

并存，且二者相互没有抵触的，则遗产分别按遗赠扶养协议和遗嘱处理；如果遗赠扶养协议与遗嘱并存，且二者相互抵触，则遗赠扶养协议的效力优先，即优先按遗赠扶养协议处理，与协议相抵触的遗嘱全部或部分无效。例如，甲在遗嘱中将其个人财产中的一处房屋指定由继承人乙继承。同时，甲还和扶养人丙另有遗赠扶养协议，约定丙对甲尽生养死葬义务，甲死亡后将该房屋赠给丙。如果遗嘱和遗赠扶养协议均有效，二者对于同一房屋的处分相互冲突，由于遗赠扶养协议的效力优先于遗嘱，无论遗赠扶养协议与遗嘱成立时间孰先孰后，该房屋均由丙取得。

【审判实践中应注意的问题】

本条适用的前提是"被继承人生前与他人订有遗赠扶养协议，同时又立有遗嘱"，此处的"同时"并非要求二者成立或生效时间一致，而是指被继承人死亡后，同时存在有效的遗赠扶养协议和遗嘱。

相较《继承法》第31条规定，《民法典》第1158条扩大了遗赠扶养人的范围。根据《继承法》第31条规定，遗赠扶养人仅限于自然人或集体所有制组织，而《民法典》规定的遗赠扶养人包括自然人继承人以外的组织和个人。我国城镇虽建立了养老保险制度，但由于子女异地工作或意外身故等原因，城镇老人也可能需要通过与非集体所有制养老机构订立遗赠扶养协议以解决养老问题，《民法典》的这一修改更有利于满足养老形式多样化需求。遗赠扶养协议中的遗赠系双方法律行为的内容，不同于以遗嘱这一单方法律行为设定的遗赠。取得遗赠财产是扶养人订立遗赠扶养协议、承担生养死葬义务的目的。因此，遗赠人死后，扶养人自然无须按照《民法典》第1124条第2款作出接受遗赠的表示。

根据《民法典》1159条的规定，分割遗产时，应当为缺乏劳动能力又没有生活来源的继承人保留必要的遗产。必留份的设置是基于法定继承人的亲属身份关系，目前在于维护亲属身份的伦理价值，保护一定范围的近亲属的继承期待权，从而维护家庭的稳定，实现家庭养老育幼的职能[①]。因此，如果遗赠扶养协议约定将全部遗产都交由扶养人，仍应为缺乏劳动能力又没有生活来源的继承人保留必要的份额。

---

① 夏吟兰：《特留份制度之伦理价值分析》，载《现代法学》2012年第5期。

> **第四条** 遗嘱继承人依遗嘱取得遗产后，仍有权依照民法典第一千一百三十条的规定取得遗嘱未处分的遗产。

【条文主旨】

本条是关于遗嘱继承与法定继承并存时如何处理的规定。

【条文理解】

本条源于《继承法意见》第6条，除将相关法律依据由"继承法第十三条"修改为"民法典第一千一百三十条"外，未作修改。

《民法典》第1123条规定："继承开始后，按照法定继承办理；有遗嘱的，按照遗嘱继承或者遗赠办理；有遗赠扶养协议的，按照协议办理。"该条确立了"遗嘱在先原则"，体现了对死者意志的尊重。但如果被继承人虽立有遗嘱，但遗嘱仅处分了部分遗产，遗嘱继承人是否还能参与法定继承，如果能参与法定继承，其分得的份额是否受其是否已经通过遗嘱取得遗产的影响？《民法典》对此未作具体规定，故本条加以明确。

法定继承是由法律直接规定继承人的范围、继承的先后顺序以及遗产分配原则的一种继承方式。法定继承是我国目前遗产继承最主要的方式。法定继承具有法定性和强行性，最能体现一个国家的伦理亲缘观念。法定继承具有以下特征：（1）法定继承人的范围以特定的人身关系为前提。法定继承人的范围，是指在适用法定继承方式时，哪些人能够作为被继承人遗产的继承人。法定继承人的范围是由法律直接规定的，而不是被继承人生前作出的决定。各个国家和地区关于法定继承人范围的规定也不尽相同。根据《民法典》的规定，法定继承人包括被继承人的配偶、子女、父母；兄弟姐妹、祖父母、外祖父母。其中，"子女"包括婚生子女、非婚生子女、养子女和有扶养关系的继子女；"父母"包括生父母、养父母和有扶养关系的继父母；"兄弟姐妹"包括同父母的兄弟姐妹、同父异母或者同母异父的兄弟姐妹、养兄弟姐妹、有扶养关系的继兄弟姐妹。对公婆尽了主要赡养义务的丧偶儿媳和对岳父母尽了主要赡养义务的丧偶女婿，也应作为第一顺序继承人。从《民法典》对于法定继承人的规定可以看出，法定继承人仅限于与被继承人存在婚姻关系、血缘关系及抚育、扶养和赡养关系的近亲属。（2）法定继承人的范围、顺序和遗产分配原则均由法律直接规定，除法律另有规定外，不允许变更。法定继承人的继承顺序，是指继承开始后，各个法定继承人继承遗产的先后次序。由于法定继承是以一定的人身关系为前提的，依据继承人和被继承人之间的血缘、姻亲关系的亲疏及生活关系的依赖程度，《民法典》继承编将六类法定继承人划分为两种继承顺序，第一顺序为配偶、子女和父母，第二顺序为兄弟姐妹、祖父母、外祖父母。法定继承应按照法律规定的顺序进行，当被继承人有第一顺序继承人时，先由第一顺序继承人继承，只有在没有第一顺序继承人或者第一顺序继承人全部放弃或丧失继承权时，第二顺序继承人方能继承。同一顺序内各继承人的继承权原则上应平等。（3）法定继承的适用受到遗嘱继承的限制。只有在被继承人未立遗嘱或者所立遗嘱因法定原因不能执行或不能全部执行时，才能全部或部分地适用法定继承方式。法定继承中的遗产，通常是未受遗嘱或遗赠扶养协议处分的财产。

除被继承人生前未设立有效遗嘱或遗赠扶养协议的情况外，依据《民法典》1154条的规定，有下列情形之一的，遗产中的相关部分也按照法定继承办理：（1）遗嘱继承人放弃继承或者受遗赠人放弃受遗赠；（2）遗嘱继承人丧失继承权或者受遗赠人丧失受遗赠权；（3）遗嘱继承人、受遗赠人先于遗嘱人死亡或者终止；（4）遗嘱无效部分所涉及的遗产；（5）遗嘱未处分的遗产。因此，如果遗嘱仅处分了部分遗产，对被继承人遗嘱未处分的遗产应按照法定继承。遗嘱继承人作为法定继承人之一，有权参与对遗嘱未处分财产的法定继承。

遗嘱继承人对于遗嘱未处分的遗产应分得的份额，应按照《民法典》第1130条的规定确定，不受其是否已通过遗嘱取得遗产的影响。《民法典》第1130条第1款规定了遗产分配的基本原则是"同一顺序继承人继承遗产的份额，一般应当均等"。一般情况下，同一顺序的各个法定继承人，在生活状况、劳动能力和对被继承人所尽的赡养义务等方面条件基本相同或相近时，所应继承的份额应当均等，即平均分配遗产，这是对同一顺序继承人继承权的平等保护。该条第2款至第5款又分别规定了四种遗产可以不平均分配的情形：一是对生活有特殊困难又缺乏劳动能力的继承人，分配遗产时，应当予以照顾。这是照顾型的不均等。属于这种特殊情况的继承人，必须要同时具备"生活有特殊困难"和"缺乏劳动能力"两个条件。"生活有特殊困难"，是指继承人没有独立生活来源或其经济收入难以维持最起码的生活水平。"缺乏劳动能力"，是指继承人尚无劳动能力或因年迈、病残等原因，丧失或部分丧失劳动能力的情况。照顾的界限和具体的份额应根据其生活特殊困难和缺乏劳动能力的程度来决定。需要注意的是，继承人是否有特殊困难，是否缺乏劳动能力，应以遗产分割时的情况为判断标准。例如，死者的父母年事已高，没有劳动能力且生活困难，分配遗产时就应当予以照顾。二是对被继承人尽了主要扶养义务或者与被继承人共同生活的继承人，分配遗产时，可以多分。这是鼓励型的不均等。对尽了主要扶养义务或者与被继承人共同生活的继承人给予鼓励，主要目的是弘扬中华民族的优良传统，保护老人的合法权益。尽"主要扶养义务"，是指继承人对被继承人在生活方面承担了主要劳务，或主要负担其生活费用，给予经济扶持。本款规定的分配原则仅为"可以多分"，不具有强制性，对尽了主要扶养义务或者与被继承人共同生活的继承人是否多分，应视情而定。如尽了主要扶养义务的继承人收入明显高于其他继承人，或者其他继承人中有生活有特殊困难又缺乏劳动能力的人，也可以不多分。三是有扶养能力和有扶养条件的继承人，不尽扶养义务的，分配遗产时，应当不分或者少分。这是惩罚性的不均等。针对的是继承人有扶养能力和扶养条件，且被继承人又需要接受继承人的扶养，而继承人却不尽扶养义务的情况。这里的"不尽扶养义务"，指其主观上拒不履行或不愿履行扶养义务。如果被继承人生前需要继承人扶养（既包括需要经济上的扶助，也包括需要劳务上的帮助），继承人有扶养能力和有扶养条件但不尽扶养义务，在分配遗产时则应当不分或者少分。四是继承人协商同意的，可以不均等分配遗产。这是协商型的不均等，体现了继承人之间互谅互让、团结和睦的精神。同一顺序的继承人在不违背法律和道德的前提下，可以自行协商，确定各个继承人的遗产继承份额。《民法典》第1132条规定：继承人应当本着互谅互让、和睦团结的精神，协商处理继承问题。遗产分割的时间、办法和份额，由继承人协商确定；协商不成的，可以由人民调解委员会调解或者向人民法院提起诉讼。

【审判实践中应注意的问题】

关于被继承人的遗产分配，应当注意：

第一，被继承人的遗产，应先用于支付遗产管理人报酬、为管理遗产而支付的必要费用、为缺乏劳动能力又没有生活来源的继承人保留必要的遗产、清偿被继承人依法应当缴纳的税款和债务，然后再按照遗赠扶养协议、遗赠或遗嘱继承、法定继承等顺序进行分配。一是自然人死亡与企业破产，本质上都是民事主体消灭，故自然人死亡后以清理遗产事务、清查遗产、清偿遗产债务及分割遗产为内容的遗产管理制度，与企业破产清算制度具有诸多相似之处。与企业破产清算类似，被继承人的遗产首先应用于支付继承费用，即为了债务清偿与遗产分割的顺利进行以及为遗产管理、处分等必须随时支付的费用。一般而言，继承费用包括：遗产管理人报酬；为管理遗产而支付的必要费用，如为实现债权而支付的诉讼费、为管理变价和分配遗产的费用等。二是根据《民法典》第1141条的规定，应当为缺乏劳动能力又没有生活来源的继承人保留必要的遗产份额，即必留份。必留份制度的立法初衷不在于限制遗嘱自由，而是为了减轻社会负担，因为目前社会保障囿于其覆盖面与水准尚无法完全取代家庭担负起养老育幼的职责。[①] 必留份保障的是特定继承人的生存权，相较于其他权利类型而言，生存权位阶更高，因此《民法典》第1159条规定，分割遗产前，应当先保留必留份。对于必留份的数额，应根据案件的具体情况，结合被继承人遗产价值情况、该继承人的实际生活需要以及当地的基本生活水平等因素来确定。三是被继承人遗产在分割前应当先清偿被继承人依法应当缴纳的税款和债务。除继承人自愿偿还外，继承人以所得遗产实际

---

① 汪洋：《遗产债务的类型与清偿顺序》，载《法学》2018年第12期。

价值为限清偿被继承人依法应当缴纳的税款和债务。继承人放弃继承的，对被继承人依法应当缴纳的税款和债务可以不负清偿责任。执行遗赠亦不得妨碍清偿遗赠人依法应当缴纳的税款和债务。

第二，多种继承方式并存时，应分情况处理：（1）遗赠扶养协议与遗嘱并存的，两种方式所涉遗产的内容没有抵触的，遗产分别按协议和遗嘱处理；有抵触的，优先按遗赠扶养协议处理，与协议相抵触的遗嘱全部或部分无效。（2）遗赠扶养协议与遗赠并存的，同上述遗赠扶养协议与遗嘱继承的处理方式，即：如果两种方式所涉遗产的内容没有抵触的，遗产分别按遗赠扶养协议与遗赠处理；有抵触的，优先按遗赠扶养协议处理，与遗赠扶养协议相抵触的遗嘱全部或部分无效。（3）遗嘱继承和遗赠并存的，两种方式均有效，并无哪种方式优先的问题；一旦发生冲突，如对同一财产既有遗嘱继承也有遗赠，则要从被继承人所立遗嘱或遗赠的时间、证据的形式判断其真实意思表示。如数份真实有效的遗嘱或遗赠内容相抵触，根据《民法典》第1142条，应以最后的遗嘱为准。

第三，被继承人无遗赠扶养协议、无遗嘱或遗赠以及出现上述继承方式无效的情形，则应该按照法定继承处理遗产。根据《民法典》第1154条规定，有下列情形之一的，遗产中的有关部分也按照法定继承办理：（1）遗嘱继承人放弃继承或者受遗赠人放弃受遗赠；（2）遗嘱继承人丧失继承权或者受遗赠人丧失受遗赠权；（3）遗嘱继承人、受遗赠人先于遗嘱人死亡或者终止；（4）遗嘱无效部分所涉及的遗产；（5）遗嘱未处分的遗产。

> **第五条** 在遗产继承中,继承人之间因是否丧失继承权发生纠纷,向人民法院提起诉讼的,由人民法院依据民法典第一千一百二十五条的规定,判决确认其是否丧失继承权。

【条文主旨】

本条是关于司法确认继承权丧失的规定。

【条文理解】

现实生活中,不乏继承人因各种原因故意杀害被继承人,为争夺遗产杀害其他继承人,遗弃、虐待被继承人以及以欺诈、胁迫手段对被继承人设立、变更、撤回遗嘱等行为进行干扰,侵害被继承人遗嘱自由的情形。对此,各国从维护社会道德伦理、保障遗产正常继承顺序以及遗嘱自由出发,多通过立法方式予以强制规范。其中,最主要的表现是,规定了继承权丧失制度。就我国而言,早在1984年《民事政策法律若干问题的意见》第52条就规定了"继承人对被继承人生前有虐待、遗弃、杀害等行为的,应剥夺继承权"。随后,1985年《继承法》第7条则细化了继承人丧失继承权的法定行为情形:(1)故意杀害被继承人的;(2)为争夺遗产而杀害其他继承人的;(3)遗弃被继承人的,或者虐待被继承人情节严重的;(4)伪造、篡改或者销毁遗嘱,情节严重的。由于《继承法》并未明确继承人丧失继承权的认定方式,故1985年《继承法意见》

第9条规定："在遗产继承中，继承人之间因是否丧失继承权发生纠纷，诉讼到人民法院的，由人民法院根据继承法第七条的规定，判决确认其是否丧失继承权。"该条明确了对于继承人是否丧失继承权的认定，应通过人民法院判决的方式予以确认。虽然《民法典》第1125条增加了"隐匿遗嘱，情节严重"和"以欺诈、胁迫手段迫使或者妨碍被继承人设立、变更或者撤回遗嘱，情节严重"等法定继承权丧失情形和因被继承人宽宥而不丧失继承权的范围以及将受遗赠人有上述情形明确为丧失受遗赠权的规定，但这些新规定对继承权丧失的认定方式并不会产生实质影响。从本解释制定过程中了解的情况看，1985年《继承法意见》第9条在适用中并未产生明显争议，故本条原则上保留了《继承法意见》第9条的基本精神，只是从《民法典》条文变动和用语规范角度，对其作了文字修改。主要表现为：（1）将"诉讼到人民法院的"改为"向人民法院提起诉讼的"；（2）将"根据继承法第7条的规定"修改为"依据民法典第一千一百二十五条的规定"。在具体适用本条过程中，可以重点把握以下几个方面。

一、如何理解本条中"在遗产继承中，继承人之间因是否丧失继承权发生纠纷，向人民法院提起诉讼的"

继承权丧失又称继承权剥夺，一般是指在继承人出现法定事由时，依法剥夺其继承被继承人遗产的资格，从而丧失继承权。继承权的丧失是依据强制性法律规范而剥夺继承权，不以当事人的主观意志为转移。广义上的继承权丧失包括"继承人缺格"和"继承人废除"。所谓继承人缺格，是指基于一定的法定事由，继承人不再具有继承人资格，当然丧失继承权。从国外立法来看，具体又可细分为两类：一种是发生法定的缺格事由，继承人当然丧失继承权，例如《法国民法典》第727条和《日本民法典》第891条的规定;另一种则规定,是否丧失继承权应以丧失继承权人为被告提起继承财产取得撤销诉讼,通过司法判决方式予以确认,例如《德国民法典》第2340条至第2343条的规定。而继承人废除制度,则是基于法定事由,被继承人可剥夺继承人的继承权。例如《日本民法典》第892条的规定。就我国《民法典》规定的继承权丧失而言,仅指继承人缺格,而不包括上述继承人废除制度。从文义角度而言,继承权丧失的前提是继承人已经取得继承权。至于继承人何时取得继承权,则与继承权的性质有关。关于继承权的性质,存在观点分歧:第一种观点认为,继承权是物权,如继承权受到侵害或有受到侵害的危险,继承人享有类似物权请求权的继承恢复请求权,采用该观点的有《奥地利民法典》;第二种观点认为,继承权是债权,继承人享有继承权时,可以主张债权请求权,要求保管遗产的人给付,采用该观点的有《法国民法典》;第三种观点认为,继承权既不是物权,也不是债权,而是一种独立的民事权利,采用该观点的有《德国民法典》《日本民法典》等。在我国,主流观点认可上述第三种观点,即继承权是与物权、债权并列的独立民事权利。从《民法典》第五章在第114条和第118条分别规定了民事主体依法享有物权、债权后,又在第124条单独规定了"自然人依法享有继承权"可知,我国立法是将继承权作为与物权、债权并列的民事权利。在此前提下,学界主流观点还将继承权细分为客观意义上的继承权(继承开始前的继承权)和主观意义上的继承权(继承开始后的继承权),抑或分别表述为继承期待权和继承既得权。按照该分法,继承权丧失也可分为继承期待权丧失和继承既得权丧失两大类。但我们更倾向于继承权仅指继承既得权,而不包括继承期待权。换言之,不存在客观意义上的继承权(继承期待权),理由在于:首先,所谓继承期待权不具备期待权的特征。民法上的期待权,是指已经具备取得权利的部分要件,将来有实现该权利可能性的权利。虽然构成权利的要件尚未全部满足，但已经可以像既得权一样转让、设定负担或被继承等。而继承期待权具有人身性，不得以转让、赠与等方式进行处分，不具有独立权利功能。其次，继承期待权没有权利标的。继承开始前，所谓继承期待权指向的财产，均归被继承人所有，继承法律关系尚未形成，继承人也不能基于继承法律关系对该财产主张权利。再次，继承人作为继承期待权的主体具有不确定性。按照我国《民法典》的规定，遗嘱继承优先于法定继承，在后的遗嘱优先于在先的遗嘱，遗赠扶养协议又优先于遗嘱继承，而继承人的死亡及其继承权的丧失又对于继承权以及继承顺序必然产生影响，故在被继承人尚未死亡的情形下，谁是继承人、谁有继承权以及谁继承谁均无法确定。进而，权利主体无法确定的继承期待权也无法存在。既然被继承人死亡前，不存在所谓继承期待权性质的继承权，故此时也不存在继承权丧失的问题。因此，本条通过"在遗产继承中"的表述，将适用本条提起的继承权丧失诉讼限定在被继承人死亡后这一时间节点。至于被继承人死亡前，继承人之间就继承权丧失提起的诉讼，原则上可不予受理。因为继承开始前继承关系尚处于不确定之中，被诉"丧失继承权"的人有可能先于被继承人死亡，夫妻关系可能因离婚而终止，亲子关系可能因收养而不复存在，被继承人也可以通过遗嘱或遗赠方式把依法应该"丧失继承权"的人排除在继承人之外，被继承人还可能通过宽宥应该"丧失继承权"的人而使其复得继承权，等等。无论如何，在继承开始前即以司法判决剥夺一项尚不存在的权利都有可能因不合时宜而陷入自相尴尬的境地，并且造成司法资源的浪费。[①] 因此，在被继承人死亡后，继承开始。此时，与遗产有关的遗产利害关系人主要包括继承人、受遗赠人、遗赠扶养人、遗

---

① 章正璋：《继承权法律保护的六个疑难问题探析》，载《现代法学》2012年第4期。

产酌分请求权人、遗产债权人、遗产债务人以及上述人员的债权人等。由于上述人等或多或少均与遗产存在直接或间接的利害关系，相应地，都可能就继承权丧失与否问题与他人产生争议。是否都允许这些主体作为当事人参加继承权丧失诉讼，一方面涉及民事主体民事权益保护；另一方面也与继承权丧失诉讼的适用范围、司法成本甚至遗产处理效率有关。因此，我们将继承权丧失诉讼的当事人限定在继承人之间。换言之，受遗赠人、遗赠扶养人、遗产酌分请求权人、遗产债权人、遗产债务人以及上述人员的债权人等均不能作为继承权丧失诉讼的原告和被告。这是因为，在法定继承或遗嘱继承中，继承人丧失继承权即意味着同顺序或次顺序的继承人将因此能多分遗产而受益。而其他遗产利害关系人则情况有所不同：受遗赠人、遗赠扶养人享有的是对特定遗产或遗产价值的权利，该权利不受继承人是否丧失继承权的影响；遗产债权人对遗产的权利本来就优于继承人的继承权，而遗产债务人是否清偿该债务与继承人是否丧失继承权也无关；至于上述人员的债权人，则本身与遗产没有直接利害关系。既然上述人员都不能主张丧失继承权，则其债权人也没有代位主张继承权丧失的可能。实务中，可能有争议的是遗产酌分请求权人以及继承人的债权人。根据《民法典》第1131条规定，遗产酌分请求权人可以主张分给适当的遗产。但该主张应限定在法定继承中，不包括遗嘱继承，也不能排斥遗赠扶养协议和遗赠。由于该条用的是"可以"而非"应当"，故遗产酌分请求权人能否分得遗产及遗产的价值大小取决于法院根据其与被继承人之间扶养关系的紧密程度、遗产数额以及法定继承人的具体情况等自由裁量。鉴于遗产酌分请求权人能否得到适当的遗产，受制因素较多，与法定继承人是否丧失继承权没有必然联系，故本条未将其纳入诉讼主体范围。至于继承人的债权人，即使特定继承人丧失继承权，可能让作为债务人的其他继承人因获得更多遗产而让其他继承人的债权人的合法权益更有保障，但该继承人的债权人与遗产也没有直接关系，其即便想代位该继承人提起继承权丧失诉讼，也不符合《民法典》第535条规定的"因债务人怠于行使其债权或者与该债权有关的从权利，影响债权人的到期债权实现"这一代位权行使条件。基于上述考虑，我们将本条丧失继承权诉讼的诉讼主体限定在继承人之间。实务中对哪些继承人可以参加本条所指诉讼，存在分歧意见：一种观点认为，本条所指继承人应包括所有继承人。因为继承权丧失情形是《民法典》第1125条的强制性规定，涉及公序良俗、公共利益，除了法定宽宥情形外，只要满足《民法典》第1125条规定的法定丧失情形，任何继承人都可以提起诉讼，请求人民法院确认特定继承人的继承权丧失。第二种观点认为，本条所指继承人应限定在能通过继承权丧失诉讼受益的继承人的范围。理由在于，从诉讼法理角度，具备诉讼当事人资格的前提是具有诉的利益。《民事诉讼法》第119条也要求原告与本案有直接利害关系。而《民法典》第1127条将继承人区分为两个顺序，并明确规定继承开始后，由第一顺序继承人继承，只有在没有第一顺序继承人的情形下，才由第二顺序继承人继承。因此，在有第一顺序继承人的情形下，不管继承权是否丧失，第二顺序继承人都原则上不能通过该诉讼获得利益。我们倾向于第二种观点，原则上第二顺序继承人不能提起继承权诉讼，除非没有第一顺序继承人或第一顺序继承人都放弃继承权或丧失继承权。在此前提下，由于继承权丧失与否关涉其他所有有权继承的继承人的合法权益，故除非放弃继承权，其他所有有权继承的继承人原则上都应参加本条规定的诉讼。对此，2015年《民事诉讼法司法解释》第70条也规定，在继承遗产的诉讼中，部分继承人起诉的，人民法院应通知其他继承人作为共同原告参加诉讼；被通知的继承人不愿意参加诉讼又未明确表示放弃实体权利的，人民法院仍应将其列为共同原告。本司法解释第44条也规定，继承诉讼开始后，如继承人、受遗赠人中有既不愿参加诉讼，又不表示放弃实体权利的，应当追加为共同原告；继承人已书面表示放弃继承、受遗赠人在知道受遗赠后60日内表示放弃受遗赠或者到期没有表示的，不再列为当事人。

二、如何理解本条中的"由人民法院依据民法典第一千一百二十五条的规定，判决确认其是否丧失继承权"

由前所述，一旦继承人丧失继承权，即意味着其因无法参加遗产分配而利益受损，同时其他继承人则可能因此而增加可得遗产价值，甚至所有继承人的债权人也会受此影响。司法实践中，继承人等遗产利害关系人之间经常就特定继承人是否具备法定继承权丧失情形以及继承权丧失的认定方式等产生争议。从各国和地区的法律规定情况来看，可根据继承权丧失是否需要经过司法程序的标准分为以下几类：（1）继承权当然丧失。继承权当然丧失，是指继承人符合法定继承权丧失情形后，不需经过任何程序，就直接当然地丧失继承权。即便遗产利害关系人之间就继承权是否已经丧失产生争议引发诉讼，法院也仅是通过裁判对继承权是否丧失作出司法确认，而不是自认定继承权丧失裁判生效时，继承人才丧失继承权，典型如瑞士立法。（2）继承权司法丧失。所谓继承权司法丧失，是指继承人符合法定继承权丧失情形后，需由遗产利害关系人向法院申请宣告其继承权丧失或撤销其继承权。也即，在没有经过司法程序处理前，即便该继承人具有法定继承权丧失情形，也不必然丧失继承权。典型如德国、俄罗斯立法。（3）继承权当然丧失为主，司法丧失为辅。典型如法国、日本以及我国台湾地区规定等。就我国继承权丧失立法沿革来看，不管是1985年《继承法》抑或现在的《民法典》都没有明确继承权丧失是否必须通过司法宣告或撤销方式作出。但从《民法典》第1125条"继承人有下列行为之一的,丧失继承权"和第1154条第2项中"有下列情形之一的,遗产中的有关部分按照法定继承办理:(二)遗嘱继承人丧失继承权或者受遗赠人丧失受遗赠权"的相关表述看,这里的丧失继承权并未要求必须通过司法程序这一前提,故可文义解释为继承权的当然丧失。相应地,1985年《继承法意见》第11条、第12条,对应本解释的第7条、第8条则对丧失继承权使用的表述为"确认其丧失继承权"。在继承权的当然丧失框架下,我国法上的继承权丧失,只要满足《民法典》第1125条规定的法定丧失继承权情形,该继承人就已经丧失了继承权,无须通过司法宣告或司法撤销方式进行。至于本条所指"判决确认其是否丧失继承权",则是对继承人是否符合《民法典》第1125条规定的法定丧失继承权情形作出认定,从而确认继承权是否已经丧失,而非通过司法裁判剥夺其继承权。也即,本条适用于因特定继承人的继承权是否已经丧失而产生争议向人民法院提起的继承权丧失确认之诉。所谓确认之诉,是指原告请求法院确认其主张的民事法律关系、民事权益、特定法律事实是否存在或有效的诉讼。其诉讼标的是原告拥有的支配权。确认之诉可分为积极确认之诉和消极确认之诉。积极确认之诉是原告请求法院确认其主张的法律关系、民事权益或特定法律事实存在或有效的诉讼。而消极确认之诉,则是原告请求法院确认其主张的法律关系、民事权益或特定法律事实不存在或无效之诉。确认之诉与给付之诉的区别在于,确认之诉中所涉及的民事法律关系、民事权益等应是民事纠纷的核心法律关系或诉讼目的,而不能成为判决的前提事项,否则就可能属于给付之诉而非确认之诉。比如,在给付财产之诉中,原告对该财产拥有所有权则不能提起独立的确认所有权之诉,即作为给付前提的确认事项缺乏诉的利益。因为在给付之诉中,当事人的诉讼目的是获得给付判决,而确认民事法律关系或民事权益之存在只是作出给付判决的前提,若允许就确认关系提起确认之诉则意味着为获得给付判决而需要提起两个诉，其结果则是造成诉讼浪费。事实上，法院对给付之诉和形成之诉作出本案判决前，均需确认作为本案判决先决事项的某项民事法律关系（或民事权益）是否合法有效。① 由此，在丧失继承权的继承人恶意占有遗产，拒不返还给其他继承人的情形下，其他继承人可以直接提起遗产返还之诉，而无须单独主张适用本条先行确认继承权丧失。由于确认特定继承人是否丧失继承权是对当事人民事实体权益有无的司法裁决，故本条规定应以判决而非裁定方式确认当事人是否丧失继承权。最后需要注意的是，不管确认丧失继承权的判决何时生效，继承权的丧失效力都应溯及至被继承人死亡时。

【审判实践中应注意的问题】

从司法实践情况看，就本条所指继承权丧失诉讼，除了存在是否具有诉讼主体资格、是否符合继承权丧失法定情形等争议之外，当事人之间还经常就继承权丧失是否受诉讼时效限制产生争议。有的观点认为，为尽快明确遗产归属，有效利用遗产，避免继承法律关系长期处于不确定状态，应当让继承权丧失的请求受诉讼时效限制。根据《民法典》第188条的规定，当事人应自知道或者应当知道继承权丧失法定事由之日起3年内提起本条规定的诉讼，否则被告方可以提出诉讼时效已经经过的抗辩。我们认为，当事人请求确认继承权丧失，不应受诉讼时效的限制：首先，确认继承权丧失适用诉讼时效有违诉讼时效的制度价值。诉讼时效制度设立的目的是督促当事人积极行使权利，从而尽快稳定民事法律关系。而继承权丧失则涉及公序良俗，属于《民法典》第1125条的强制规定，人

---

① 江伟主编：《民事诉讼法》（第六版），中国人民大学出版社2013年版，第31页。

民法院可以依职权主动确认。其次，继承权丧失是法律对继承人特定行为的否定性评价，只要相应强制性法律规范没有变动，该特定行为的违法性不受时间经过影响，将始终持续。如让继承权的丧失受诉讼时效影响，将实质性导致该行为由违法转为合法，从而与上述法律规范冲突。再次，继承权丧失的确认是对既有客观事实的确认，而诉讼时效则是对民事权利保护的限度，两者在功能指向上也有区别。人民法院作出确认继承权丧失的生效判决后，当事人基于该继承权丧失的司法确认，可以要求该继承人将已经分得或占有的遗产返还。虽然《最高人民法院关于民法典继承编的立法建议稿》中曾就遗产返还问题主张规定继承回复请求权，但《民法典》最终定稿时，并未对此作出明确规定。就现行法而言，目前可以通过《民法典》第20章占有制度和第29章不当得利制度等相关规定予以间接解决。

> 第六条　继承人是否符合民法典第一千一百二十五条第一款第三项规定的"虐待被继承人情节严重",可以从实施虐待行为的时间、手段、后果和社会影响等方面认定。
>
> 虐待被继承人情节严重的,不论是否追究刑事责任,均可确认其丧失继承权。

【条文主旨】

本条是关于司法实践中如何认定继承人虐待被继承人是否构成情节严重以及是否追究刑事责任与丧失继承权之间关系的规定。

【条文理解】

一般而言,所谓虐待,是指行为人以作为或者不作为的方式,通过打骂、冻饿、限制人身自由、强迫过度劳动以及有病不给治疗等方式折磨、摧残家庭成员的行为。持续性、经常性的家庭暴力构成虐待。[①] 按不同标准,可将虐待作不同分类:从虐待行为方式角度,虐待既包括积极的作为,如对他人进行殴打、捆绑、禁闭、侮辱、讽刺、谩骂、强迫劳动等;也包括消极的不作为,如违反法定义务,不为他人提供日常生活条件等。从虐待行为对象而言,既包括肉体的摧残,如冻饿、殴打、禁闭、体罚、强迫劳动、有病不给

---

① 肖峰编著:《民法典婚姻家庭编条文精释与案例实务》,法律出版社2020年版,第14页。

治疗等；也包括精神上的伤害，如讽刺、谩骂、挖苦、凌辱人格等。这里要注意的是，应当将日常生活中偶发的打骂行为与虐待行为相区分。虐待行为具有经常性、一贯性。无论是肉体虐待行为，还是精神虐待行为，行为都是经常的，具有一贯性。如果不具有经常性、一贯性，而是偶尔发生的打骂等行为，不是虐待行为。对此，《民法典婚姻家庭编解释（一）》第 1 条也规定，家庭暴力具有持续性、经常性特征时，可以认定为虐待。至于家庭暴力的定义，《反家庭暴力法》第 2 条规定，家庭暴力，是指家庭成员之间以殴打、捆绑、残害、限制人身自由以及经常性谩骂、恐吓等方式实施的身体、精神等侵害行为。

　　从现实生活情况看，大多数的虐待情形发生在具有密切人身关系的家庭成员之间，尤其是共同生活的家庭成员之间。这是因为家庭特有的相对封闭性和亲密性，使得家庭成员之间关系最为密切，彼此间的物质帮助和精神慰藉也实为常态。家庭成员之间正是因为这种人身关系和密切往来，难免滋生各种矛盾，从而诱发虐待行为。为了有效约束家庭成员中处于主导地位一方的行为，建立和维护平等、和睦、文明的婚姻家庭关系，《民法典》第 1042 条、第 1072 条、第 1079 条、第 1114 条、第 1118 条就分别规制了家庭成员间的虐待行为：禁止家庭成员间的虐待；继父母与继子女间，不得虐待；虐待家庭成员，调解无效的，应当准予离婚，且无过错方有权请求损害赔偿；收养人不履行抚养义务，有虐待未成年养子女行为的，送养人有权要求解除养父母与养子女间的收养关系；因养子女成年后虐待养父母而解除收养关系的，养父母可以要求养子女补偿收养期间支出的抚养费，因养父母虐待、遗弃养子女而解除收养关系的。养父母不可以要求生父母适当补偿收养期间支出的抚养费。除民事领域的立法规范之外，在刑事领域，《刑法》也通过规定虐待罪和虐待被监护、看护人罪，将虐待行为中的情节恶劣情形，纳入刑事制裁范畴。① 至于家庭成员的范围，《民法典》第1045条第一次明确规定为，配偶、父母、子女和其他共同生活的近亲属。这里的近亲属包括配偶、父母、子女、兄弟姐妹、祖父母、外祖父母、孙子女、外孙子女。具体到继承领域，根据《民法典》第1127条规定，作为第一顺序法定继承人的配偶、子女、父母均属于被继承人的家庭成员，而作为第二顺序法定继承人的兄弟姐妹、祖父母、外祖父母如与被继承人共同生活，则也属于被继承人的家庭成员。由此，继承人对被继承人实施的虐待行为，也多为家庭成员之间的虐待行为范畴。从比较法角度而言，德国、法国、日本等大陆法系国家都未将继承人虐待被继承人作为其丧失继承权的法定情形。但在我国的传统家庭伦理道德中，父慈子孝、夫妻和睦等观念深入人心，并且有强大的社会民意基础。而继承人虐待被继承人的行为有违我国基本的家庭伦理道德，不符合社会的主流价值观，如让施虐人还能继承取得被虐人的财产，则更是有违社情民意。故早在1952年颁布的《最高人民法院关于高春荣虐待其妻致死高妻的财产应由何人继承的问题的解答》（法办字第3686号）中就规定"高春荣虐待其妻致死，不但要负刑事责任，同时也应剥夺他继承其妻财产的权利"。在其后颁布的1979年《刑法》第182条就已经规定"虐待家庭成员，情节恶劣的"可构成虐待罪。就继承人对被继承人实施虐待行为是否绝对丧失继承权的问题，我国司法实践也经历了一个认识逐步深化的过程。早在1979年实行的

---

① 《刑法》第260条规定："虐待家庭成员，情节恶劣的，处二年以下有期徒刑、拘役或者管制。犯前款罪，致使被害人重伤、死亡的，处二年以上七年以下有期徒刑。第一款罪，告诉的才处理，但被害人没有能力告诉，或者因受到强制、威吓无法告诉的除外。"第二百六十条之一规定："对未成年人、老年人、患病的人、残疾人等负有监护、看护职责的人虐待被监护、看护的人，情节恶劣的，处三年以下有期徒刑或者拘役。单位犯前款罪的，对单位判处罚金，并对其直接负责的主管人员和其他直接责任人员，依照前款的规定处罚。有第一款行为，同时构成其他犯罪的，依照处罚较重的规定定罪处罚。"

《最高人民法院关于贯彻执行民事政策法律的意见》中就明确"对虐待或遗弃被继承人的,也可不准其继承"。而1984年公布的《民事政策法律若干问题的意见》第52条规定,继承人对被继承人生前有虐待行为的,应剥夺继承权。该条规定的虐待行为并未区分行为的严重与否,而是只要有虐待行为,就当然丧失继承权。但1985年《继承法》第7条则规定,只有虐待被继承人情节严重的,才丧失继承权。1985年《继承法意见》第13条更是在此基础上,进一步规定了该继承人以后确有悔改表现,而且被虐待人生前又表示宽恕,可不确认其丧失继承权。而《民法典》第1125条则进一步增加"被继承人表示宽恕或者事后在遗嘱中将其列为继承人"规定,扩大继承人宽恕的范围。之所以在继承人对被继承人实施虐待行为与继承权丧失之间加入行为严重、继承人悔改以及被继承人宽恕等变量因素,主要是基于对被继承人财产处分自由、家庭共同生活的复杂性、被继承人与继承人之间亲密性以及促进家庭和睦等因素的考量。在上述影响施虐继承人是否取得继承权的因素中,继承人虐待行为是否严重在司法实践中争议最大。为统一司法裁量权,1985年《继承法意见》第10条专门规定:"继承人虐待被继承人情节是否严重,可以从实施虐待行为的时间、手段、后果和社会影响等方面认定。虐待被继承人情节严重的,不论是否追究刑事责任,均可确认其丧失继承权。"从本次司法解释起草了解情况看,该条在实务中适用效果良好,并未出现大的问题,故本条将该条内容基本保留,只是将"继承人虐待被继承人情节是否严重"替换为"继承人是否符合民法典第一千一百二十五条第一款第三项规定的'虐待被继承人情节严重'"。就本条在司法实务中的理解和适用,可重点把握以下几个方面。

一、如何理解本条中的"'虐待被继承人情节严重',可以从实施虐待行为的时间、手段、后果和社会影响等方面认定"

由于《民法典》第1125条规定只有虐待被继承人情节严重的才丧失继承权,而现实生活中继承人对被继承人实施虐待行为又有多种表现,因此,是否严重,往往见仁见智。为尽量促成司法裁量标准的统一,本条第1款规定了可供认定虐待被继承人情节严重与否的实务考量因素:首先,虐待行为的时间因素。一般而言,继承人的行为构成虐待本身就要求行为在时间方面具有持续性、经常性特征。而由一般虐待行为上升为严重虐待行为在时间方面则有更进一步要求。具体而言,虐待被继承人时间可细分为单次虐待持续时间和虐待频率高低。继承人单次虐待被继承人持续时间以及在一段时间内继承人对被继承人虐待次数与被继承人所受伤害均呈正比关系。例如,单次殴打时间越长或殴打次数越多,被继承人所受肉体伤害往往越大。反过来,如果继承人只是因日常琐事,出于一时气愤而对被继承人实施了偶尔、短时间的虐待行为,一般就不属于"情节严重"。其次,虐待行为的手段因素。现实生活中,继承人可能实施的虐待行为多种多样,只有那些虐待手段恶劣甚至残忍的,才可作为认定虐待情节严重的考量因素。因为残忍手段极易造成被继承人伤残和死亡。至于轻微的扇耳光、拧耳朵等虐待行为,便不能认为是手段残忍、情节恶劣。再次,虐待行为的后果因素。从实际情况来看,继承人对被继承人实施虐待行为一般都会不同程度地给被继承人造成肉体上和精神上的痛苦和损害,其中有的后果还相当严重。例如,有的因虐待而致使被继承人身体瘫痪、肢体伤残甚至死亡;有的因长期受虐待而精神失常;有的不堪忍受折磨而自杀等。发生上述严重后果,如果还让继承人继承被继承人遗产,显然有违被继承人的真实意愿。最后,虐待行为的社会影响。由于虐待行为多发生在有血缘或姻亲等紧密人身关系的人员之间且实施地点多在个人居所内，而被虐待人基于各种考虑也大多不愿将受虐事实公之于众，故他人一般也不了解有无虐待行为及其具体情况，因此也就谈不上对社会产生多大影响的问题。但现实中也不排除因为个别知情人对特定虐待行为传播，导致在一定范围内公众均对该虐待行为进行议论、批评甚至因媒体介入而放大社会影响的情形。之所以能产生社会影响，多是因为该虐待行为已经突破了社会公众的道德底线，甚至挑战了法律底线。这也从侧面证明了该虐待行为属于情节严重的行为。

对本条第1款的理解还应注意两点：第一，本条第1款对情节严重具体考量因素的列举是不完全列举，其中"等等"的表述，为人民法院审理案件时参考其他因素预留了空间。由于现实生活的复杂性，人民法院在认定是否构成情节严重时，除了本条第1款列举的典型严重情形外，还可根据具体案情参酌其他因素。例如，可以考虑继承人实施虐待行为的内在动因是否恶劣。例如，有的后母为了让自己的亲生子女生活好，对有扶养关系的继子女进行虐待。又如，可以考虑被继承人的个人情况。对虐待病残无行为能力、年幼、年老无独立生活能力、伤残者、精神病患者、处于特殊时期的人（如怀孕期、哺乳期的妇女）等，也可作为情节严重的考量因素。第二，应尽量综合上述因素认定情节是否严重。司法实践中，虽然极端的虐待行为通过行为手段、后果等单一因素评价即可认定是否满足本条所指虐待行为的严重情形，但现实中囿于虐待行为的复杂性、私密性，大多数虐待行为依靠上述单一因素往往不能对该行为是否具有严重情节予以确认。例如，继承人长期对被继承人实施言语辱骂虐待行为，但最后一次虐待行为则是殴打被继承人，致使被继承人身体和精神受到严重损害，以致其自杀，在当地造成负面舆情。对此，虽然从时间因素角度，继承人对被继承人实施的虐待行为很难认定是严重，但综合其行为手段和法律后果、社会影响等，即可依据本条认定已经符合情节严重的标准。

二、如何理解本条中"虐待被继承人情节严重的，不论是否追究刑事责任，均可确认其丧失继承权"

由于严重的虐待行为，侵犯了共同生活的家庭成员在家庭生活中享有的合法权益，也侵犯了被害人的身心健康。故《刑法》第260条规定，虐待家庭成员，情节恶劣的，构成虐待罪。但与一般刑事犯罪由司法机关主动处理不同的是，鉴于家庭成员之间的特殊关系，从尊重被害人的意思出发，《刑法》第260条规定虐待罪原则上是被害人主动告诉的才处理，除非被害人没有能力告诉，或者因受到强制、威吓无法告诉。而《刑事诉讼法》第210条、第19条则将告诉才处理的案件定性为自诉案件，并明确规定了，自诉案件由人民法院直接受理。又根据《刑事诉讼法》第16条规定，对于虐待家庭成员，情节恶劣的，如没有告诉或者撤回告诉的，不追究刑事责任，已经追究的，应当撤销案件，或者不起诉，或者终止审理，或者宣告无罪。也即，对于是否追究虐待罪的刑事责任，很大程度上取决于被害人是否告诉或撤回告诉。退一步而言，即便施害人虐待行为情节严重且被害人没有撤回告诉，施害人也未必被追究刑事责任。这是因为，根据《刑事诉讼法》第16条规定，至少还有三种情形：（1）虐待罪已过追诉时效期限的。所谓追诉是就起诉而言，既包括公诉，也包括自诉。进而，追诉时效就是提起诉讼的有效期限。虐待犯罪没有经过追诉时效期限，被害人就有权提起刑事自诉，惩罚犯罪人。反过来，如果虐待犯罪经过了追诉时效期限，就不能再起诉犯罪人追究其刑事责任。根据《刑法》第87条规定，虐待犯罪经过下列期限不再追诉：第一，法定最高刑为不满5年有期徒刑的，经过5年；第二，法定最高刑为5年以上不满10

年有期徒刑的，经过10年；第三，法定最高刑为10年以上有期徒刑的，经过15年；第四，法定最高刑为无期徒刑、死刑的，经过20年。如果20年以后认为必须追诉的，须报请最高人民检察院核准。《刑法》第89条规定，追诉期限从犯罪之日起计算；犯罪行为有连续或者继续状态的，从犯罪行为终了之日起计算。在追诉期限以内又犯罪的，前罪追诉的期限从犯后罪之日起计算。由于《刑法》第260规定虐待罪的刑期分别为2年以下有期徒刑或2年以上7年以下有期徒刑，故被虐待的被继承人如果在虐待犯罪终止之日起超过法定追诉时效提起自诉，则依法也不再追究继承人的刑事责任。值得注意的是，如果被害人因病重、年幼、智力缺陷、精神障碍等没有能力向人民法院告诉，或者因受到强制、威吓无法告诉的，不适用告诉才处理的规定，而应作为公诉案件处理。被虐待人的亲属、朋友、邻居等任何人发现其被虐待，却没有能力告诉或者因受到强制、威吓无法告诉的，都可以向公安机关报案。公安机关应当立案进行侦查，由检察机关依法向人民法院提起公诉。这属于《刑法》第98条规定的代为告诉的情形。（2）虐待罪经特赦令免除刑罚的。特赦令是指根据我国《宪法》规定，由国家主席根据全国人民代表大会常务委员会的决定发布，以免除特定的正在服刑的罪犯全部或部分刑罚的特赦命令。在这种情况下，如果对虐待罪尚未追究或者正在追究刑事责任的，就可以根据特赦令不再追究。（3）虐待罪嫌疑人、被告人死亡的。根据我国《刑法》规定，只能对实施犯罪的人予以治罪，不能株连他人。犯罪嫌疑人、被告人既然死亡了，就没有了科刑的对象，再追究其刑事责任就没有实际意义，所以就不必继续追究。可见，司法实务中确实存在不少继承人对被继承人实施虐待行为情节严重，但基于种种原因，最终并没有被追究刑事责任的情形。由此引发出司法实务中一个争议问题，即如果继承人对被继承人实施了严重的虐待行为，但依法不追究其虐待罪的刑事责任，其是否丧失对被继承人的遗产继承权的问题。一种观点认为，既然继承人最终不被追究虐待罪的刑事责任，那么就说明被继承人认为该虐待行为并未达到严重程度或者已经不具备社会危害性。举重以明轻，在民事领域，也没有必要干预私法自治，强制剥夺其对特定被继承人的继承权。另一种观点则认为，对继承人的虐待行为，不追究刑事责任并不等于继承人实施的虐待行为并不严重。对继承人的虐待行为是否达到严重程度的认定，既不取决于被继承人的主观感受，也不应受制于是否应被追究刑事责任。我们认为，第二种观点更为合理。理由在于：首先，被继承人对被虐待行为严重与否的感受，易受情感、文化程度、地方习俗等因素的影响，未必符合社会公众对虐待行为达到严重程度的客观评价；其次，虐待行为不被追究刑事责任与虐待行为本身是否严重并无必然联系。在上述罗列的四种不被追究刑事责任的情形中，犯罪已过追诉时效期限的、被虐待被继承人没有告诉或者撤回告诉以及虐待犯罪嫌疑人、被告人死亡等三种情形，只能说明虐待行为是否因情节恶劣构成虐待罪处于不确定状态，只是因特定事由出现而不追究刑事责任。而经特赦令免除虐待罪刑罚的情形则说明，虐待行为已经构成虐待罪，但出现法定事由而不再继续执行刑罚。因此，虐待被继承人情节严重与追究继承人刑事责任的关系为：虐待被继承人情节严重未必追究继承人虐待罪刑事责任，而追究继承人虐待罪刑事责任必有虐待被继承人情节严重。为避免司法实践中出现将是否追究继承人虐待罪刑事责任作为认定虐待被继承人情节严重与否的机械标准，本条第2款通过"虐待被继承人情节严重的，不论是否追究刑事责任"的表述，将虐待被继承人情节严重与追究刑事责任的关系明确为，虐待被继承人情节严重是追究继承人刑事责任的必要条件之一，而不是充分条件。进而，司法实践中，关于虐待被继承人情节是否严重的认定，仍应主要以本条第1款所列因素作为考量因素。须注意的是，如果继承人已经被追究刑事责任，说明刑事判决中已经认定继承人虐待被继承人情节严重，那么根据《最高人民法院关于民事诉讼证据的若干规定》（2019年修正）第10条规定，已为人民法院发生法律效力的裁判所确认的基本事实，当事人无须举证证明，但另一方当事人有相反证据足以推翻的除外。因此，在审理继承人是否丧失继承权的民事案件中，当事人一般已无须再就虐待被继承人情节严重举证证明。

【审判实践中应注意的问题】

司法实践中，由于虐待罪的构成要件之一"虐待情节恶劣"与本条中的"虐待情节严重"在表现形式上经常重合，故不排除实施虐待行为的继承人出现同时涉及虐待罪的刑事程序和继承权纠纷的民事程序情形。此时，可能存在以下争议：继承权是否丧失的民事诉讼是否因刑事程序而终结或中止。实务中有观点认为，继承人因虐待被继承人同时涉及继承权丧失民事诉讼和虐待罪刑事诉讼的，因该虐待行为涉嫌犯罪，故应先刑后民，人民法院可按《最高人民法院关于在审理经济纠纷中涉及经济犯罪嫌疑若干问题的规定》（2020年修正）第11条规定，裁定驳回继承权丧失案件的起诉。还有观点认为，由于虐待罪刑事裁判将对虐待被继承人行为是否恶劣作出认定，而虐待被继承人行为是否严重，直接关涉继承人的特定继承权是否丧失，故法院可按照《民事诉讼法》第150条规定，以继承权丧失民事案件的处理必须以刑事案件的审理结果为依据，而刑事案件尚未审结为由，裁定中止继承权丧失民事案件的审理。我们认为，虐待罪原则上属于自诉案件，在被继承人没有向人民法院提起自诉的情形下，不存在移送公诉的问题。故，如果裁定驳回继承权案件的起诉，则可能因被继承人已死亡而无法启动刑事程序，从而导致纠纷仍将处于悬而未决状态，不利于当事人的权益保护。另外，虐待罪构成要件中的虐待情节恶劣属于本条所指虐待被继承人情节严重，当无疑义，但鉴于刑事和民事立法目的不同，在虐待行为评价尺度上，两者也有不一致之处。故现实中还存在尚未达到情节恶劣程度，但足以符合本条所指虐待被继承人情节严重的情形。故虐待行为是否达到刑事上的恶劣程度与在民事领域认定虐待被继承人情节严重没有必然联系，即便虐待罪的刑事案件中没有认定虐待情节恶劣，也不等于民事案件中不能认定虐待情节严重。故没有必要中止继承权丧失民事案件的审理。故，即便在被继承人生前已经就虐待罪向人民法院提起自诉的情形下，原则上也可对继承权丧失纠纷案件受理或继续审理，两者并行不悖。

第七条　继承人故意杀害被继承人的，不论是既遂还是未遂，均应当确认其丧失继承权。

【条文主旨】

本条是关于继承人故意杀害被继承人犯罪形态与丧失继承权关系的规定。

【条文理解】

基于"当事人不能因违法行为而获得利益"原则，国外继承立法大多都将继承人故意杀害被继承人的情形，作为法定丧失继承权情形。对此，我国早在1984年《民事政策法律若干问题的意见》第52条就有相同表述。后又在1985年《继承法》第7条以及《民法典》第1125条中得以延续。《民法典》第1125条规定：继承人故意杀害被继承人的，丧失继承权。所谓故意杀害就是故意剥夺他人生命。根据我国《刑法》规定，这种行为构成故意杀人犯罪。《刑法》第232条规定："故意杀人的，处死刑、无期徒刑或者十年以上有期徒刑；情节较轻的，处三年以上十年以下有期徒刑。"首先，在主观上，继承人存在杀人的故意。因此，故意杀害被继承人既不包括过失犯罪，也不包括过失或者因正当防卫致被继承人死亡。[①]但《民法典》第1125条没有进一步说明，这里所称"故意杀害被继承人"是否将故意杀人犯罪形态中的犯罪预备、犯罪中止、犯罪未遂以及直接故意抑或间接故意杀人等均涵括在内。这就导致司法实务中就如何理解"故意杀害被继承人"产生争议，主要表现为，这里所指"故意杀害被继承人"是否包括故意杀害被继承人的未遂状态：一种观点认为，故意杀害被继承人未遂说明被继承人人身权益并未受到致命侵害，该犯罪行为的危害性相对既遂时较低。此时，如果被继承人并未表示剥夺该继承人继承权，则可考虑将"故意杀害被继承人"仅限定在既遂状态，而不将故意杀害被继承人未遂作为法定丧失继承权事由。另一种观点则认为，鉴于故意杀害被继承人的犯罪目的是非法剥夺被继承人的生命，属于故意杀人犯罪，无论从犯罪动机、行为性质、社会危害性以及对被继承人的影响等角度，都应不区分是否既遂而予以严惩。即便故意杀害被继承人未遂，这也是客观原因所致，并不表明继承人主观恶意的减轻。而且，如果将故意杀害被继承人未遂不作为丧失继承权的情形，则可能变相激励更多的故意杀害被继承人的情况发生。为统一裁判尺度，1985年《继承法意见》第11条就规定："继承人故意杀害被继承人的，不论是既遂还是未遂，均应确认其丧失继承权。"该条显然是采纳了上述第二种观点。从本次司法解释起草调研反馈情况看，多数意见认为，该条符合社情民意，适用效果明显。故本条保留了该条基本内容，只是从表述规范角度，作了个别文字修改，将原条文中"应"改为"应当"。

具体到本条所指"继承人故意杀害被继承人"，首先要明确的是，这里的故意是否包括间接故意。所谓间接故意，是指明知自己的行为会发生危害社会的结果，并且放任这种危害结果发生的心理

[①] 黄薇主编：《中华人民共和国民法典释义》，法律出版社2020年版，第2149页。

态度。直接故意与间接故意作为故意责任形式的具体体现，既有联系，又有区别。就联系来说，两者都属于认识到了危害结果的发生，并且结果的发生都不违背行为人的本意。这也使得故意的这两种具体表现形式区别于过失。两者的主要区别在于：（1）从认识因素来说，虽然都是明知自己的行为会发生危害社会的结果，但是在直接故意的情况下，行为人认识到危害结果发生的可能性或者必然性，而在间接故意的情况下，行为人只认识到危害结果发生的可能性。（2）从意志因素上说，直接故意的意志因素，是希望这种危害社会结果的发生，间接故意则是放任这种危害社会结果的发生。就对危害结果的发生而言，如果说直接故意投了赞成票，则间接故意投了弃权票。需要说明的是，直接故意与间接故意的区别，虽然不影响定罪（比如无论是直接故意的杀人，还是间接故意的杀人，其罪名都是故意杀人罪），但却可能影响量刑。这是因为，直接故意是希望并积极追求危害结果的发生，所以表现出了行为人更大的人身危险性，因而其非难可能性也就大于间接故意。在司法实践之中，出于间接故意的故意杀人罪通常不判处死刑，就表明了两种不同的故意责任形式对于量刑的直观影响。[①] 虽然间接故意相对直接故意量刑较轻，但这并不意味着如果继承人基于间接故意而杀害被继承人，可以不剥夺其继承权。其理由在于：第一，继承人纵容被继承人死亡后果的发生，主观上存在严重恶意。虽然间接故意恶意相较直接故意恶意较轻，但如果从结果上已经造成被继承人死亡后果，则是对被继承人最严重的人身侵害，故剥夺该继承人的继承权，符合对被继承人真实意愿的一般预期。第二，继承人间接故意杀害被继承人严重破坏了我国传统人伦道德观念与和睦家庭秩序。在中国传统人伦家庭观念、秩序中，继承人与被继承人之间因存在

[①] 陈兴良主编：《刑法总论精释》（第三版），人民法院出版社2016年版，第323页。

血亲或姻亲等关系，相较他人，关系应更为紧密。彼此间的养老抚幼、夫妻扶助等互相关心、帮助应为常态。而继承人明知自己行为会导致被继承人死亡，而放任被继承人死亡后果的发生，不仅与彼此间应具有的亲密关系产生剧烈冲突，也与社会主流价值观产生根本背离。第三，任何人都不能从自己的违法行为中受益。如果允许继承人间接故意杀害被继承人后仍享有对被继承人遗产的继承权，则不管其是否为获得遗产而杀害被继承人，都客观上使其因该杀害行为而受益。这明显有违基本的法理念。第四，从条文文义解释而言，《民法典》第1125条规定的是"故意杀害被继承人"，这里的故意并未再区分直接故意和间接故意，故剥夺间接故意杀害被继承人的继承人的继承权，与该条文义解读并不冲突。

其次，本条中的"故意杀害被继承人"未遂抑或既遂，不能等同于故意杀人罪的犯罪未遂或既遂。学理上，继承人故意杀害被继承人的未遂或既遂与故意犯罪的停止形态有关。故意犯罪的停止形态是指故意犯罪在其产生、发展和完成犯罪的过程中，因受制于主客观原因而停止下来的各种犯罪状态。按其停止下来时犯罪是否已经完成为标准，可将故意犯罪的停止状态区分为两种基本类型：一是犯罪完成形态，即犯罪的既遂形态，是指故意犯罪进行到终点，行为人完成了犯罪的情形；二是犯罪未完成形态，是指故意犯罪未进行到终点，中途因故停止，行为人没有完成犯罪的情形。具体到犯罪未完成形态，又可根据犯罪停止的原因等进一步细化为犯罪预备形态、未遂形态和中止形态。关于犯罪预备，《刑法》第22条规定："为了犯罪，准备工具、制造条件的，是犯罪预备。对于预备犯，可以比照既遂犯从轻、减轻处罚或者免除处罚。"关于犯罪未遂，从比较法角度看，其定义主要有两类：一类通过明确指出犯罪未遂是因行为人意志以外的原因的方式予以定义，例如1992年《法国刑法典》第121-5条规定：已着手实行犯罪，仅仅由于犯罪行为人意志之外的情事而中止或未能得逞，构成犯罪未遂；另一类则以不指明犯罪未遂的原因方式进行定义，例如2002年修订的《德国刑法典》第22条规定：行为人已直接实施犯罪，而未发生行为人所预期的结果的，是未遂犯。第一类定义将由于行为人基于自己的意志而中止犯罪的情况排除在犯罪未遂之外，第二类定义则将犯罪未遂细分为障碍未遂和中止未遂。《刑法》第23条规定："已经着手实行犯罪，由于犯罪分子意志以外的原因而未得逞的，是犯罪未遂。对于未遂犯，可以比照既遂犯从轻或者减轻处罚。"可见，我国《刑法》采第一类定义方式，明确将犯罪未遂限定在障碍未遂范围内，而将基于行为人意志而中止犯罪的情况规定为犯罪中止。犯罪未遂应同时具有以下特征：（1）犯罪分子已经着手实行犯罪。已经着手实行犯罪，表明行为人已经从犯罪预备阶段进入犯罪实行阶段，其犯罪意图已经可以通过着手实行的犯罪行为体现出来。本特征是犯罪未遂与犯罪预备相区别的主要标志。（2）犯罪未得逞，即犯罪分子没有实现具体犯罪的犯罪构成。一般认为，实现具体犯罪的犯罪构成，也称犯罪既遂，可分为三种情况：一是要求有犯罪分子所追求的损害后果，如故意杀人罪的既遂，必须有被害人死亡的后果；二是要求犯罪行为导致了发生特定损害后果的危险状态，如破坏交通设施罪，只要行为人的行为造成了足以使交通工具发生倾覆、毁坏危险状态的，就构成犯罪既遂；三是要求完成了法定的犯罪行为，如叛国罪，只要实施了法定的危害行为，就构成犯罪既遂。因此，本特征是犯罪未遂与犯罪既遂相区别的主要标志。（3）犯罪未得逞是由于犯罪分子意志以外的原因。这里的"犯罪分子意志以外的原因"，是指不以犯罪分子的主观意志为转移的原因。具体而言，既包括犯罪分子本人以外原因，如被害人的反抗、第三人的阻止、自然力的障碍等，也包括犯罪分子自己的原因，如对自己实施犯罪的能力、方法估计不足，对事实判断错误等。犯罪未得逞违背了犯罪分子的意志，而如果犯罪分子改变了实施犯罪的意志，主动放弃继续犯罪，或者自动有效地防止犯罪结果的发生，则属于犯罪中止，而不是犯罪未遂。本特征是犯罪未遂与犯罪中止相区别的主要标志。关于犯罪中止，《刑法》第24条规定："在犯罪过程中，自动放弃犯罪或者自动有效地防止犯罪结果发生的，是犯罪中止。对于中止犯，没有造成损害的，应当免除处罚；造成损害的，应当减轻处罚。"学理上，对犯罪未遂可以按照不同的标准进行划分：（1）根据犯罪行为实际上能否既遂为标准，可以分为能犯未遂与不能犯未遂。所谓能犯未遂，是指犯罪分子有可能达到犯罪既遂，但由于犯罪分子意志以外的原因，未能得逞。例如，以刀杀人，将人砍伤后被闻讯赶来的警察控制。所谓不能犯未遂，是指犯罪分子因认识错误，不能完成犯罪，不能达到既遂。又可以分为两种情况：一是工具不能犯的未遂，即犯罪分子使用了不能导致犯罪结果的工具，以致犯罪未得逞。例如，将白糖当作砒霜投毒杀人。二是客体不能犯的未遂，即犯罪分子行为所指向的客体当时并不存在，或因具有某种属性而不能达到犯罪既遂。例如，误以为野兽为人而开枪射击。（2）根据犯罪行为实行终了与否为标准，可以分为实行终了的未遂与未实行终了的未遂。所谓实行终了的未遂，是指犯罪分子已将其认为构成犯罪的全部行为实行完毕，但由于犯罪分子意志以外的原因而未得逞。例如，甲为了毒死乙，在其水杯投放了毒药。但乙不小心将水杯打翻在地，幸免于难。而未实行终了的未遂是指犯罪分子还未将其认为实现犯罪意图的全部行为实行终了，故尚未发生其预期的犯罪结果。例如，甲正持枪瞄准要杀人，结果被他人将手腕抓住。由上，犯罪的预备、未遂、中止和既遂形态，都是在故意犯罪发展过程中，在犯罪的某个阶段，由于犯罪主客观原因的变化和作用，而使犯罪停止下来不再发展变化的不同状态。就四种形态相互关系而言，可细分如下：（1）犯罪预备阶段,可能出现犯罪的预备和中止这两种形态。其中,由于行为人意志以外的原因而被迫停止犯罪预备行为或者未能着手犯罪实行行为的,是犯罪的预备形态;行为人此时自动中止犯罪预备行为的继续进行或者放弃着手实行犯罪的,是犯罪的中止形态。(2)犯罪实行阶段,可能出现犯罪的未遂和中止这两种形态。其中,由于行为人意志以外的原因,而使犯罪停止未完成的,是犯罪的未遂形态;行为人自动中止继续实施犯罪行为或者自动阻止犯罪的完成的,是犯罪的中止形态。(3)犯罪完成之时,则出现犯罪的既遂形态。我国《刑法》没有规定犯罪既遂的概念,只是在对未遂犯处罚原则中涉及了既遂犯。关于未遂与既遂之间的关系问题,存在对立观点:一种观点认为,犯罪既遂与未遂相互依存,没有犯罪未遂,就没有犯罪既遂,不存在没有犯罪未遂的犯罪既遂;另一种观点则认为,犯罪既遂与犯罪未遂彼此独立。例如,间接故意犯罪中间接故意的行为人仅仅放任而非希望危害结果发生,其对结果发生与否持无所谓的态度,所以危害结果没有发生不能认为是犯罪未得逞,就难以成立犯罪未遂。在此情形下,既遂犯也没有对应的未遂犯,是以既遂犯的犯罪形态而独立存在。对此,间接故意是放任结果发生,"放任"从表面上看是结果发生或者不发生都可以,都无所谓,但就行为人来讲,如果结果发生了,其完全可以接受该结果,所以,就放任的结果发生和不发生这两极而言,行为人的心态更接近"愿意接受结果的发生"这一极。换言之,"放任结果发生"和"放任结果不发生"之间不是半斤八两的关系,行为人内心天平的一端偏向"结果发生"。因此,单纯从理论上讲,在放任危害结果发生的情况下,未发生危害结果,在一定程度上是违背行为人本意的,自然就存在着手实行犯罪后,犯罪目的未实现,因而违背其意志,从而构成犯罪未遂的问题。因此,第二种观点在理论上也并非完全讲不通。当然,在实务中,在结果尚未发生的场合,间接故意行为的危害事实上没有造成，要证明行为人的犯罪心态、证明行为的犯罪性存在现实困难，从这个意义上讲，认为间接故意犯罪只有成立与否的问题，而不存在预备、未遂和中止形态，也是一种务实的态度。①

对于故意杀害被继承人未遂，是否构成丧失继承权的原因，各国主要有两种立法例：一是只有在被法院宣告有罪时，才丧失继承权。例如《法国民法典》第726条规定，因故意致被继承人死亡未遂，作为正犯或共犯被判处轻罪之刑罚的，可以宣告该继承人无继承资格。又如《日本民法典》第891条规定，因故意致被继承人死亡而被判刑的不得成为继承人。二是不管是否被法院宣告有罪，都丧失继承权。例如《德国民法典》第2339条规定，故意杀害被继承人或杀害未遂的继承人，继承不适格。又如《意大利民法典》第463条规定，虽然由于某种原因根据刑法的规定被免于处罚，但是故意杀害或试图杀害被继承人的人，无继承资格。实务中，还有一种观点认为，由于犯罪未遂的结果是犯罪未能得逞，其社会危害性要小于犯罪既遂，既然《刑法》都规定对未遂犯可以比照既遂犯从轻或者减轻处罚，那么在继承权丧失问题上，对继承人杀害被继承人未遂时，就没有必要一定剥夺其继承权，而是基于继承人与被继承人之间的紧密关系，将其能否取得被继承人遗产交由被继承人自行决定，这也是尊重被继承人对财产处分意思自治的表现。但我们认为，是否强制剥夺继承人的继承权，不应局限于继承人与被继承人之间的私益考量，还应考虑继承人杀害被继承人行为本身的社会危害性和不剥夺其继承权可能的后果。虽然继承人杀害被继承人未遂，但该未遂行为所蕴含的犯罪故意和已着手实施犯罪的行为，说明继承人既有剥夺被

---

① 周光权：《刑法总论（第三版）》，中国人民大学出版社2016年版，第265页。

继承人生命的主观恶意又为达成该犯罪目的而实施犯罪行为，只不过非因继承人主观原因未得逞。由于现实生活的复杂性，特定情形下，犯罪未遂的后果未必轻于既遂后果，故《刑法》规定的是"可以"从轻或减轻，不是一律必须从轻或减轻，而应当根据案件的具体情况决定是否从轻或减轻。具体到本条所指，故意杀害被继承人所涉故意杀人罪，由于故意杀人罪是最严重的刑事犯罪之一，即便故意杀人未遂也危害性极大。故意杀害被继承人行为发生在家庭领域，性质更为恶劣，根本上违反了我国家庭领域传统美德。在此情形下，如果还不剥夺继承人继承权，则既可能伤害其他遗产利害关系人的权益和情感，也与主流社情民意背道而驰。甚至还可能刺激继承人为早日取得遗产而铤而走险，从自己的违法行为中受益。综合各种因素，我们仍坚持了故意杀害被继承人未遂，也应确认丧失继承权的立场，至于被继承人的财产处分自由也可通过其生前赠与继承人等方式得到充分尊重。需要注意的是，在继承人故意杀害被继承人未遂的情形中，至少存在以下几种不追究刑事责任的情形：犯罪已过追诉时效期限的；经特赦令免除刑罚的；犯罪嫌疑人、被告人死亡的等。对此，本条与本司法解释第6条相比，并没有将是否追究继承人刑事责任作为是否丧失继承权的考量因素。从条文体系解释可以得出，不管是否追究故意杀害被继承人未遂的继承人的刑事责任，一般都应当确认其丧失继承权的结论。换言之，不管人民法院是否宣告特定继承人因故意杀人未遂有罪，只要构成故意杀人未遂，都"应确认"其丧失继承权，而非本司法解释第6条所表述的"可确认"其丧失继承权。需要补充说明的是，继承人杀害被继承人不负刑事责任的，至少还包括继承人为12岁以下、不能辨认或者不能控制自己行为的精神病人和正当防卫情形。根据我国《刑法》第17条、第18条规定，不满12周岁的人，犯故意杀人罪，不负刑事责任。患精神病的继承人在不能辨认或者不能控制自己行为的时候杀害被继承人，不负刑事责任。至于正当防卫，《刑法》第20条规定，为了使国家、公共利益、本人或者他人的人身、财产和其他权利免受正在进行的不法侵害，而采取的制止不法侵害的行为，对不法侵害人造成损害的，属于正当防卫，不负刑事责任。以上几种情形下，继承人因为不能正确认识自己行为性质和后果，故其即便有杀人行为，一般也不丧失继承权。

【审判实践中应注意的问题】

司法实务中，在涉及故意杀害被继承人，丧失继承权纠纷案件中，除了直接故意与间接故意、既遂与未遂争议外，还可能出现继承人故意杀害被继承人犯罪预备、犯罪中止以及过失杀害被继承人、故意伤害被继承人等情形下，是否丧失继承权的争议。就本条文义解释而言，只对故意杀害被继承人既遂与未遂两种犯罪形态，确认丧失继承权。就犯罪预备而言，由于继承人尚未着手实施故意杀害被继承人的犯罪，社会危害性较小，故《刑法》第22条规定，对于预备犯，可以比照既遂犯从轻、减轻处罚或者免除处罚。鉴于《刑法》都已规定可以免除处罚，故在被继承人生前未表示不让该继承人继承遗产的情形下，原则上可以不确认其丧失继承权。至于犯罪中止，《刑法》第24条也规定，对于中止犯，没有造成损害的，应当免除处罚；造成损害的，应当减轻处罚。故在没有造成被继承人人身伤害情形且被继承人生前未表示不让该继承人继承遗产的情形下，原则上也可以不确认其丧失继承权。至于过失杀害被继承人、故意伤害被继承人的情形，则由于《民法典》第1125条只将杀害被继承人、丧失继承权的法定情形限定为故意，并不包括过失；且该条关于继承权丧失所列的 5 种情形为完全列举，故如以过失杀害被继承人、故意伤害被继承人为由，确认丧失继承权，则与该条的列举产生冲突。对此，本司法解释第 5 条也规定，继承人之间是否丧失继承权发生纠纷，向人民法院提起诉讼的，由人民法院依据《民法典》第 1125 条的规定，判决确认其是否丧失继承权。

> **第八条** 继承人有民法典第一千一百二十五条第一款第一项或者第二项所列之行为,而被继承人以遗嘱将遗产指定由该继承人继承的,可以确认遗嘱无效,并确认该继承人丧失继承权。

【条文主旨】

本条是关于被继承人遗嘱指定由有绝对丧失继承权情形的继承人继承遗产时,应确认遗嘱无效以及该继承人丧失继承权的规定。

【条文理解】

从法条溯源看,虽然1985年《继承法》第7条中已规定"故意杀害被继承人"和"为争夺遗产而杀害其他继承人"等四种情形为法定丧失继承权情形,但其并未明确出现上述情形时,是否可以有不丧失继承权的例外情形。对此,1985年《继承法意见》第13条对虐待被继承人情节严重或者遗弃被继承人的情形规定了不确认丧失继承权的例外情形,也即所谓继承权相对丧失。但其他三种情形是否也可以通过"确有悔改表现,而且被继承人生前又表示宽恕"的方式不确认继承人丧失继承权,则语焉不详。但是在被继承人是否可以通过立遗嘱方式指定有"故意杀害被继承人"和"为争夺遗产而杀害其他继承人"行为的继承人继承其遗产的问题上,《继承法意见》第12条规定"继承人有继承法第七条第(一)项或第（二）项所列之行为，而被继承人以遗嘱将遗产指定由该继承人继承的，可确认遗嘱无效，并按继承法第七条的规定处理"。一般认为，该条通过否认遗嘱效力的方式，事实上明确了"故意杀害被继承人"和"为争夺遗产而杀害其他继承人"两种情形下，继承权绝对丧失。至于该条中"伪造、篡改或者销毁遗嘱，情节严重的"情形下，继承权是否绝对丧失，则没有涉及。《民法典》第1125条在整合1985年《继承法》第7条和1985年《继承法意见》第13条规定的基础上，第一次从法律层面明确区分了继承权绝对丧失和相对丧失两类情形。所谓继承权绝对丧失，是指因发生某种使某继承人丧失继承权的法定事由时，该继承人的继承权便终局地消灭，该继承人再也不能享有对特定被继承人已丧失的继承权。继承权相对丧失又称非终局丧失，是指虽因发生某种法定事由使某继承人的继承权丧失，但在具备一定条件时，继承人的继承权也可最终不丧失。[①] 具体而言，该条将"遗弃被继承人，或者虐待被继承人情节严重""伪造、篡改、隐匿或者销毁遗嘱，情节严重""以欺诈、胁迫手段迫使或者妨碍被继承人设立、变更或者撤回遗嘱，情节严重"三种情形规定为继承权相对丧失情形。只要继承人确有悔改表现，被继承人表示宽恕或者事后在遗嘱中将其列为继承人的，该继承人不丧失继承权。反向解释可知，"故意杀害被继承人"和"为争夺遗产而杀害其他继承人"两种情形下，继承人应为绝对丧失继承权。可见，《民法典》在继承权绝对丧失情形的问题上，沿袭了1985年《继承法》的立法精神，将继承权绝对丧失情形严格限定在上述两种情形。相应地，我们在起草本司法解释时，也保留了1985年《继承法意见》第12条的内容，只是根据《民法典》的条文表述，将"继承法第七条第（一）项或第（二）项"修改为"民

[①] 郭明瑞、房绍坤、关涛：《继承法研究》，中国人民大学出版社2003年版，第29页。

法典第一千一百二十五条第一款第一项或者第二项",并将"按继承法第七条的规定处理"进一步明确为"确认该继承人丧失继承权"。司法实务中,在具体理解和适用本条时,可从以下几个方面把握。

一、如何理解本条中"继承人有民法典第一千一百二十五条第一款第一项或者第二项所列之行为,而被继承人以遗嘱将遗产指定由该继承人继承"

《民法典》第1125条第1款第1项规定:继承人有故意杀害被继承人的行为,丧失继承权。继承人故意杀害被继承人,其行为目的必须是剥夺被继承人的生命,以此与过失致被继承人死亡以及故意伤害被继承人等相区分。无论继承人是否出于图谋被继承人遗产的犯罪动机、是否犯罪既遂抑或未遂以及是否被追究刑事责任,只要其以故意剥夺被继承人之生命为目的而实施加害行为,一般都应确认其丧失继承权。至于其为正犯、从犯抑或教唆犯则均非所问。当然,如果继承人杀害被继承人乃因实施正当防卫所致,则不应使其丧失继承权,但如果继承人因防卫过当,超过必要的限度而杀害被继承人,则属于"故意杀害",应当剥夺其继承权;如果继承人误杀或故意伤害被继承人致死而无杀人故意,不应因此而剥夺其继承权。此外,继承人因故意杀害被继承人被宣告缓刑,并不影响其犯罪事实的构成。故,无论其是否被宣告适用缓刑,均丧失继承权。《民法典》第1125条第1款第2项规定,继承人有为争夺遗产而杀害其他继承人的行为,丧失继承权。该行为一般是指出于争夺遗产的动机,至于被杀害的继承人是否能实际继承遗产则在所不问。至于继承人本人为正犯、从犯抑或教唆犯,既遂或未遂均不影响本项的适用。实务中,关于本项规定,主要有如下争议:首先,故意伤害其他继承人致死是否丧失继承权?一种观点认为,本项所指杀害仅指故意杀害，而不包括故意伤害致死；另一种观点则认为，故意伤害致死也应导致继承权丧失。我们认为，继承人故意伤害其他继承人致死不构成继承权丧失。理由在于，本项"为争夺遗产"就表明了继承人杀害其他被继承人的犯罪行为目的是追求其他继承人死亡的结果，只有这样才能争取更多遗产，而如果犯罪行为目的是追求其他继承人人身伤害结果，则其可得遗产并不会因该犯罪行为而增加，也就与本项中"为争夺遗产"不符。其次，如何界定本项中"其他继承人"的范围？一种观点认为，被杀害的其他继承人应仅限于先顺序或同顺序的其他继承人，至于后顺序继承人，是否被杀害，都不影响该继承人可得遗产份额，则不宜包括在内，如《日本民法典》第891条规定了，因故意致被继承人或继承在先顺序或同一顺序继承人死亡或过失致其死亡，而被判刑的，丧失继承权。另一种观点认为，只要继承人为争夺遗产而杀害其他继承人的，不论被害人是否应参与继承，都不影响该行为的成立，亦即后顺序继承人亦包括在内。[1] 我们认为，在法定继承中，因顺序在后者不得超越其顺序而为继承，因而在先顺序或同顺序的其他继承人，当然属于本项中的"其他继承人"。而在遗嘱继承中，因后顺位遗嘱继承人被杀害死亡，则可能使实施杀害行为的继承人在遗产上受益，故也应将被继承人在遗嘱中指定的后顺位遗嘱继承人纳入本项中的"其他继承人"。至于未被遗嘱指定继承的后顺序继承人，则因不涉及实际继承遗产，一般不存在因争夺遗产而被杀害的问题。再次，继承人为争夺遗产杀害其他后顺位继承人或丧失继承权的继承人是否丧失继承权？实务中这种情形常表现为，继承人误认为后顺位继承人或丧失继承权的继承人将与其共同继承遗产，而为

---

[1] 郭明瑞、房绍坤、关涛：《继承法研究》，中国人民大学出版社2003年版，第24~25页。

争夺遗产将其杀害。对此,一种观点认为,继承人杀害其他后顺位继承人或丧失继承权的继承人的犯罪动机就是争夺遗产,至于对象错误,不影响其社会危害性,故也应认定丧失继承权;另一种观点则认为,其他后顺位继承人或丧失继承权的继承人不属于本项"其他继承人"范围,故不应适用本条确认其丧失继承权。我们认为,从该继承人犯罪动机仍是争夺遗产角度,第一种观点更符合立法本意。最后,继承人实施杀害行为时,尚未取得继承人身份,其后成为被继承人的继承人时,其继承权应不受影响,例如杀害继承人后,与被继承人结婚,或为被继承人所收养,并不丧失其对被继承人的继承权。[①] 司法实务中,根据被继承人以遗嘱将遗产指定给本条规定丧失继承权的继承人继承情形与继承人实施上述丧失继承权行为的先后顺序,可分为:(1)被继承人立遗嘱在先,继承人实施本条规定的丧失继承权行为在后。此时,如果继承人实施本条规定的丧失继承权行为后,被继承人生前不知该丧失继承权行为或没有能力撤回、变更自己所立的遗嘱,则从对被继承人意思的一般推定和社会公序良俗出发,应认定该遗嘱无效;而如果被继承人知道或应当知道该丧失继承权行为且有能力撤回、变更自己所立的遗嘱,而生前未撤回、变更甚至表示宽恕该继承人的,该遗嘱是否有效?一种观点认为,既然被继承人在明知该继承人实施上述行为后,并未撤回、变更其遗嘱,则说明该遗嘱内容仍符合其意思,应予尊重。我们认为,遗嘱效力有无,不但要尊重被继承人财产处分的意思自治,还要考虑社会公序良俗要求、遗产利害关系人权益保护等诸多因素。就本条所指两类丧失继承权行为而言,都是严重侵害遗产法律关系中利害关系人重大人身权益的行为,具有很强的社会危害性,如果允许被继承人单方面恢复其继承权,则会伤害更大、

[①] 林秀雄:《继承法讲义》,我国台湾地区元照图书出版公司2008年版,第35页。

更多的法益。故应认定该遗嘱无效。这也可从《民法典》第1125条只规定其他三种情形可以不丧失继承权，反向解释得出该结论。（2）继承人实施本条规定的丧失继承权行为在先，被继承人立遗嘱在后。对此，不管被继承人立遗嘱时是否知道或应当知道继承人存在上述丧失继承权行为，所立遗嘱都应为无效。

二、如何理解本条中"可以确认遗嘱无效，并确认该继承人丧失继承权"

前面已述，根据《民法典》第1125条规定，继承人实施"故意杀害被继承人"或"为争夺遗产而杀害其他继承人"的行为，都会导致其对特定被继承人的继承权绝对丧失。相应地，当被继承人以遗嘱将全部遗产指定由该继承人继承时，则遗嘱将因违反立法强制性规定而无效。但本条的相应表述，用的是"可以确认遗嘱无效"，而非如本司法解释第26条所表述的"遗嘱人以遗嘱处分了国家、集体或者他人财产的，应当认定该部分遗嘱无效"。显然，本条中的"可以确认"的表述，赋予了法院就此情形下确认遗嘱效力的自由裁量权。这貌似与前面因继承权绝对丧失导致遗嘱无效的结论之间存在不一致。本条中之所以不用"应当确认"而采"可以确认"的表述，主要是因为司法实践中碰到的遗嘱情况非常复杂：对于被继承人立遗嘱将所有遗产都让特定继承人继承的情形，此时直接确认该遗嘱全部无效，虽只会让因实施"故意杀害被继承人"或"为争夺遗产而杀害其他继承人"的行为而丧失继承权的继承人利益受损，符合《民法典》第1125条的立法精神。但实务中更为常见的是，被继承人在遗嘱中明确由多个继承人或由继承人与受遗赠人、遗赠扶养协议受遗赠人等利害关系人各自取得特定遗产份额的情形。在此情形下，被继承人在遗嘱中对其遗产的整体安排既体现了其自主意思，又牵涉多个利害关系人的切身利益。此时，如果一概认定遗嘱无效，则根据《民法典》第1154条规定，所有遗产将按照法定继承处理。这种结果既可能有违被继承人真实意愿，也可能损害其他利害关系人的合法权益。例如，遗嘱人自幼父母双亡，由祖父母养大且与配偶感情不好，故立遗嘱将遗产分别由法定第一顺序继承人中的子女继承和第二顺序中祖父母继承。如果认定因该子女杀害被继承人而导致遗嘱整体无效，则遗产只能按法定继承顺序由配偶继承，而其祖父母因作为第二顺序继承人事实上不能继承遗产。这明显有违被继承人的真实意愿。

学理上，遗嘱是自然人生前作出的对其财产处分及与此相关的事务安排而于死亡后发生效力的单方民事法律行为。遗嘱属于无相对人的单方意思表示，不以该意思表示到达相对人而以遗嘱人死亡为生效时间。既然遗嘱属于单方民事法律行为，则应受民事法律行为效力基本规则调整。根据遗嘱内容是否可分，各自独立存在，遗嘱这一单方民事法律行为包括可分性遗嘱和不可分性遗嘱。不可分性遗嘱内容相互关联，密不可分，实行整体原则。要么整体有效，要么整体无效。而当具备可分性的遗嘱出现部分无效情形时，其他部分效力该当如何？有两种不同观点：一种观点认为，以部分无效为原则，全部无效为例外。遗嘱一部分无效，并不导致该遗嘱全部无效，其他部分仍应有效；另一种观点则认为，以全部无效为原则，部分无效为例外。这里的例外，是指有证据证明即便该部分无效，该遗嘱剩余部分仍会被遗嘱人实施的情形。两种观点的共同之处在于，如果无效部分对剩余部分实施有直接影响，则该遗嘱全部无效，否则，剩余部分仍为有效。两者的区别在于，当出现无效部分对剩余部分实施是否有直接影响不能确定时，第一种观点认为应认定剩余部分有效，第二种观点则认为应认定剩余部分无效。就我国实证法而言，《民法典》在第一编总则部分的第六章第三节"民事法律行为的效力"中，将民事法律行为的效力区分为有效、无效、可撤销、部分无效等几种情形。其中，第156条明确规定"民事法律行为部分无效，不影响其他部分效力的，其他部分仍然有效"。从该条文义及行文逻辑看，似更倾向于第一种观点。这种观点站在尽量维持民事法律行为效力的角度看，具有其合理性，但在无法判断当事人对无效部分是否影响剩余部分效力态度的情形下，如果仍认定剩余部分有效，就可能不当干预当事人的意思自治。因为，在无法判断部分无效对剩余部分的影响时，判认法律行为全部无效，然后留待当事人再次去建立新的关系，更加符合意思自治的理念。当然，在死因行为中，由于当事人无法在行为无效后重新做成法律行为，而且，遗嘱部分无效在通常情况下都是在被继承人死亡后才发现的，因此，对于诸如遗嘱之类的死因行为应采罗马法的处理原则，即死因行为在除去无效部分后，原则上仍属有效。[①] 故为避免其他遗嘱继承人、受遗赠人等利害关系人因特定遗嘱继承人实施本条所指两项丧失继承权行为而遭受不利影响，人民法院可通过确认遗嘱部分无效的方式来处理。此外，现实生活中，还有一些被继承人在立遗嘱时，已经意识到特定继承人可能实施《民法典》第1125条规定的"故意杀害被继承人"和"为争夺遗产而杀害其他继承人"两类绝对丧失继承权的行为，为避免原打算留给该继承人继承的遗产因法定继承被他人取得，专门在遗嘱中明确如果因继承人丧失继承权而不能取得遗产，该遗产另行处理的方式和对象。对此，可以认为被继承人已经将遗产是否由特定继承人继承，附加了不丧失继承权这一条件，该条件设定与《民法典》第1125条规定并不冲突，故此时也没有必要确认遗嘱无效。基于上述考虑，本条并未用"应当确认"的表述，让遗嘱一律无效。而是用"可以确认遗嘱无效"的表述，法院根据具体案情可以确认遗嘱有效、全部

---

① 黄忠：《法律行为部分无效的处理规则研究》，载《当代法学》2010年第3期。

无效，或遗嘱部分无效，剩余部分有效。但不管最终如何确定遗嘱效力，只要已查明该继承人存在《民法典》第1125条第1款第1项或者第2项所列之行为，人民法院都应确认该继承人丧失继承权。至于本条中"可以确认遗嘱无效"与"并确认该继承人丧失继承权"两者之间的关系，一种观点认为，人民法院只有在已经确认遗嘱无效的前提下，才可以一并确认该继承人丧失继承权。特别是在遗嘱继承纠纷中，当事人并未提出确认有关继承权丧失的诉讼请求的情形下，则人民法院不应作出继承权丧失的认定。我们认为，两者之间不是因果关系，不管遗嘱是否被确认全部或部分无效，都不影响人民法院依职权对特定继承人因实施《民法典》第1125条第1款第1~2项规定行为作出的丧失继承权确认。当然，对于当事人未在遗嘱继承诉讼中提出确认继承权丧失的诉讼请求时，人民法院可以从提高诉讼效率、节约司法成本角度，对其作出必要释明，告知其可以增加确认继承权丧失的诉讼请求，从而可以在遗产继承诉讼中一并解决继承权丧失与否的争议。

【审判实践中应注意的问题】

司法实务中，被继承人所立遗嘱除了少数明确表述遗嘱内容各部分各自独立、互不影响的外，更常见的是，遗嘱各部分内容之间存在文义关联，很难认定无效部分是否影响其他部分效力。对此，可从以下几个方面着手：首先，应主要从被继承人立场出发，评价遗嘱各部分之间是否存在效力影响。与合同等双方民事法律行为中双方当事人实施民事法律行为的互为因果性不同，遗嘱作为单方民事法律行为，只体现被继承人单方意思，不受其他民事主体是否实施以及实施何种民事法律行为的影响，故在探究遗嘱内容所代表的被继承人意思时，不宜以法官或"理性第三人"立场居中评价各部分内容之间的关系。而应站在被继承人角度,分析在遗嘱部分内容无效的情形下,被继承人会对剩余部分作出何种处理。其次,在就被继承人可推测的意思进行认定时,可综合被继承人与各遗产利害关系人之间关系亲密程度、遗产利害关系人依赖遗产的程度、当地风俗习惯、无效部分与剩余部分各自遗产占比、各自遗产类型与特定遗产利害关系人关系等个案因素认定被继承人在遗嘱部分内容无效的情形下是否还愿保持剩余部分的效力。例如,被继承人甲立遗嘱将其名下所有法律专业书籍由其身为成功律师的长子乙继承,将其名下的一台车交给游手好闲的次子丙继承,将其名下银行存款和房屋交由其未成年幼子丁继承。后次子丙知道该遗嘱内容后,对其父怀恨在心,故意杀害被继承人甲。显然,遗嘱中涉及次子丙继承的部分应当认定无效,但如果对于遗嘱中其他部分一并认定无效,则将导致其名下银行存款和房屋由乙和丁共同继承,从而有违甲通过遗嘱安排让没有生活来源和劳动能力的幼子丁得到更多物质保障的意愿。又如,被继承人甲立遗嘱将名下主要财产由其弟弟乙继承,少量财产由其配偶丙和其父母继承。并约定由其弟弟负责照顾其与前妻所生子丁长大成人。后其配偶为争夺遗产杀害了丁。此时,如果仍维持其弟弟乙继承主要遗产部分的效力,明显有违被继承人的真意,故可认定该遗嘱全部无效,按法定继承处理。再次,认定剩余部分效力时,还应考虑是否违反其他法律强制性规定和公序良俗。现实中,还经常出现被继承人误将他人财产作为自己财产立遗嘱进行处分的情形。这构成无权处分,因不涉及相对方信赖利益保护和交易安全秩序维持,应当认定无效。对此,本司法解释第26条明确规定:"遗嘱人以遗嘱处分了国家、集体或者他人财产的,应当认定该部分遗嘱无效。"进而,如果遗嘱剩余部分构成无权处分,则不管与无效部分有无关联,都应认定为无效。至于公序良俗,根据《民法典》第153条第2款的规定:"违背公序良俗的民事法律行为无效。"故遗嘱剩余部分如违背公序良俗，则不管与无效部分是否有关联，都应认定为无效。例如，遗嘱人在遗嘱剩余部分载明将特定遗产赠与婚外第三者。最后，如果经过综合多因素考量都得不出遗嘱剩余部分效力的结论，则可回归《民法典》第156条立法精神，认定遗嘱剩余部分有效。

> 第九条 继承人伪造、篡改、隐匿或者销毁遗嘱,侵害了缺乏劳动能力又无生活来源的继承人的利益,并造成其生活困难的,应当认定为民法典第一千一百二十五条第一款第四项规定的"情节严重"。

【条文主旨】

本条是关于继承人伪造、篡改、隐匿或者销毁遗嘱行为情节严重认定情形的规定。

【条文理解】

财产所有权是自然人的基本权利,而继承制度则是财产所有权延伸的产物。继承制度中的遗嘱自由可以保证自然人基于财产所有权而享有的自由权利在死后得以实现。当有继承人以不法行为侵害被继承人的遗嘱自由,如伪造、篡改、隐匿或销毁遗嘱,被继承人的遗嘱自由将受到侵害,从而实质侵害了被继承人的财产所有权和由此产生的行为自由。从司法实务情况看,继承人之所以实施伪造、篡改、隐匿或者销毁遗嘱行为,大多数都是为了争夺或者侵占遗产。很显然,这些行为都违背了被继承人立遗嘱的真实意愿。但违背被继承人立遗嘱的真实意愿是否必然导致实施上述行为的继承人丧失继承权则有不同观点:一种观点认为,只要继承人实施了上述行为,就应认定其丧失继承权。理由在于,这些行为本身就已经严重违反了被继承人的遗嘱自由，破坏了继承秩序，也伤害了亲属之间的情感，有违社会基本伦理道德观念。另一种观点则认为，继承人针对遗嘱实施的上述不法行为，未必会造成对遗嘱自由、继承秩序和伦理道德的严重侵害。例如，继承人实施伪造、篡改、隐匿或销毁遗嘱行为发生在被继承人生前，则被继承人发现后完全可以通过作出不认可该行为的意思表示或重新立遗嘱等方式确保其遗嘱自由。至于篡改遗嘱也可能通过技术处理恢复原状，而隐匿遗嘱则可通过要求继承人提供真实原件得到补救，而不会破坏继承秩序和社会伦理。就此而言，我国早在1985年《继承法》第7条就规定"伪造、篡改或者销毁遗嘱，情节严重的"才丧失继承权。也即，我国并未采第一种无条件丧失继承权的观点，而是对该类行为加以"情节严重的"作为条件限定。至于何为情节严重，立法则没有进一步明确，而只是在1985年《继承法意见》第14条中规定"继承人伪造、篡改或者销毁遗嘱，侵害了缺乏劳动能力又无生活来源的继承人的利益，并造成其生活困难的，应认定其行为情节严重"。由于《民法典》第1125条基本沿袭了将"情节严重的"作为继承人丧失继承权的条件限定的立法思路，相应的，本条也基本维持了1985年《继承法意见》第14条规定内容，而只是根据《民法典》第1125条新增了"隐匿遗嘱"的情形，并明确认定"情节严重"的法条依据为"民法典第一千一百二十五条第一款第四项"。司法实务中，可从以下几个方面着重把握本条内容。

一、如何理解本条中"继承人伪造、篡改、隐匿或者销毁遗嘱"

所谓伪造遗嘱，就是继承人假冒被继承人的名义制作遗嘱。而篡改遗嘱，是指继承人修改被继承人所立遗嘱。销毁遗嘱是继承人通过各种方式将被继承人所立遗嘱予以毁损，从而导致遗嘱灭失。

至于隐匿遗嘱则在 1985 年《继承法》第 7 条中没有规定，是本次《民法典》新增内容，是指继承人将被继承人的遗嘱予以藏匿，不告知其他继承人、受遗赠人、遗产管理人等利害关系人。虽然继承人实施伪造、篡改、隐匿或者销毁行为的直接对象为遗嘱，但考虑到遗嘱既关涉被继承人财产处分自由，又涉及继承人、受遗赠人等遗产利害关系人切身利益，还与家庭伦理、秩序相关，故不少国家立法将该类行为与故意杀害被继承人或其他继承人作类似处理，作为继承人丧失继承权的法定情形。也即，一旦出现此类情形，该继承人就丧失继承权。例如《意大利民法典》第 463 条规定："下列人为无继承资格的人，不得参加继承：（五）销毁、隐匿、伪造规范继承的遗嘱的人。"又如《日本民法典》第 891 条规定"下列人不得成为继承人：（五）伪造、变造、破弃或隐匿被继承人关于继承的遗嘱的"等。而我国立法则将此类行为导致继承人丧失继承权的情形作了严格限定，早在 1985 年《继承法》第 7 条就规定，此类行为只有情节严重的，才导致继承人丧失继承权，而《民法典》第 1125 条第 2 款又在此基础上增加规定，继承人有此类行为，确有悔改表现，被继承人表示宽恕或者事后在遗嘱中将其列为继承人的，该继承人不丧失继承权。可见，目前我国立法对此类行为导致继承权丧失采审慎态度，轻易不认定该类行为导致继承权丧失。这一方面是为尊重被继承人的意愿，毕竟继承人实施上述行为直接针对的是遗嘱而非被继承人人身，而被继承人如知悉该情形，完全可以通过重新立遗嘱等意思表示方式让该继承人的行为目的不能实现。进而，也就谈不上妨碍被继承人遗嘱自由或损害其他财产利害关系人的利益问题。另一方面，即便被继承人生前因不知悉该类行为而未采取相应举措，基于现实情况的复杂性，该继承人实施的上述行为也未必会损害他人利益。现实生活中，继承人伪造、篡改、隐匿或者销毁遗嘱的情形非常复杂，按不同标准可以作不同分类：按实施伪造、篡改、隐匿或者销毁遗嘱行为的时间节点可分为被继承人死亡前实施的行为和被继承人死亡后实施的行为；按实施伪造、篡改、隐匿或者销毁遗嘱行为状态可分为未完成行为（包括主动中止实施和被动停止实施）和已完成行为；按继承人实施伪造、篡改、隐匿或者销毁遗嘱行为时的主观心态可分为故意实施行为和过失实施行为；按实施伪造、篡改、隐匿或者销毁遗嘱行为目的是否违背被继承人遗嘱真实意愿分为违背被继承人遗嘱真实意思表示行为和符合被继承人立遗嘱时真实意愿行为等。从上述分类情况看，如果继承人虽然着手实施上述行为，但未实施完毕，或者实施完毕，但事后并无人依据该伪造遗嘱、篡改遗嘱内容主张权利，又或者被继承人已经通过新立遗嘱代替了隐匿或销毁的遗嘱，则说明继承人实施该类行为虽然违背了被继承人遗嘱真实意愿，但从结果看，遗产处理并不违反被继承人意愿且客观上并未损害他人在继承中的合法权益。故规定只要继承人有实施伪造、篡改、隐匿或者销毁遗嘱行为，就一律丧失继承权难免有失偏颇，而增加"情节严重"则可赋予法院综合各种案情因素来认定其行为是否构成情节严重，从而对继承权丧失与否作出相应判断的裁量权。

二、如何理解本条中"侵害了缺乏劳动能力又无生活来源的继承人的利益，并造成其生活困难的"

早在1984年《民事政策法律若干问题的意见》中就明确了坚持"养老育幼""互助互让"的继承原则。该原则在《民法典》中得到承继。由于现实生活中，生活有特殊困难或没有生活来源又缺乏劳动能力的继承人多为年迈老人或年幼未成年人。故《民法典》基于上述原则，对该类特殊继承人的权益保护作了专门规定。例如《民法典》第1130条规定，对生活有特殊困难又缺乏劳动能力的继承人，分配遗产时，应当予以照顾。又如《民法典》第1141条规定，遗嘱应当为缺乏劳动能力又没有生活来源的继承人保留必要的遗产份额。法定继承人在遗嘱继承中要获得必要的遗产份额必须满足两个条件：一为缺乏劳动能力；二为没有（即缺乏）生活来源，即实行"双缺乏"原则。所谓"缺乏劳动能力"，是指的是尚不具备劳动能力（例如未成年人）和因年老、疾病或残疾等原因丧失体力生产行为能力。而所谓"没有生活来源"，是指继承人本身不具备独立维持个人最低物质生活水平的经济条件，自身并无任何生活来源或是有其他扶养人的存在，在被继承人生前依靠被继承人生活。例如《民法典》第1067条规定的"不能独立生活的成年子女"（是指尚在校接受高中及以下学历教育，或者丧失或未完全丧失劳动能力等非因主观原因而无法维持正常生活的成年子女）。从实务情况看，基于家庭成员之间的人伦亲情以及被继承人对该继承人的法定赡养义务、扶养义务或抚养义务，多数被继承人在遗嘱中都会考虑该继承人的特殊情况，而在遗产分配上作出适当倾斜。即便少数被继承人基于各种主客观原因未在遗嘱中为该继承人保留必要遗产份额，根据本解释第25条第1款规定，遗产处理时，也应当为该继承人留下必要的遗产。进而，如果其他继承人通过伪造、篡改、隐匿或者销毁遗嘱行为事实上剥夺或减少了缺乏劳动能力又没有生活来源的继承人可得遗产权益，不但违反了被继承人遗嘱自由原则，而且侵害了需要特别保护的缺乏劳动能力又无生活来源的继承人合法权益，甚至直接危及其生存权这一根本权益。有鉴于此，本条规定明确将其解释为《民法典》第1125条规定的"情节严重"情形，从而达到让实施本条规定行为的继承人丧失继承权的民事制裁目的。具体适用时，应注意以下几点：

首先，本条仅是明确"情节严重"中的一种情形，而非完全列举。对于本条，有观点认为，如果继承人中没有既缺乏劳动能力又无生活来源的继承人或者即使存在此类继承人，但继承人实施本条规定行为并没有侵害其利益或者即使侵害了此类继承人的利益但并没有导致其生活困难，可否认为继承人就可以随意实施伪造、篡改或者销毁遗嘱的行为，而不受任何制裁呢？① 我们认为，答案是否定的。本条只是对实务中常见的伪造、篡改、隐匿或者销毁遗嘱诸多情形中一种情节严重情况的规定，并不能反向排除其他构成"情节严重"的行为。

其次，适用本条认定情节严重，针对的缺乏劳动能力又无生活来源的继承人应以被继承人死亡时为准。根据本解释第25条第2款规定，继承人是否缺乏劳动能力又没有生活来源，应按遗嘱生效时该继承人的具体情况确定，即应以继承开始时继承人是否为缺乏劳动能力又无生活来源的人为准，而不能以遗嘱人订立遗嘱时的继承人状况为准。遗嘱人订立遗嘱时继承人虽为缺乏劳动能力又无生活来源的人，但于继承开始时已具有劳动能力或有生活来源，则不应为其保留必要的遗产份额；反之，遗嘱人订立遗嘱时继承人虽有劳动能力或生活来源，但于继承开始时缺乏劳动能力又无生活来源的，仍属于应为其保留必要遗产份额的继承人。相应的，继承人实施伪造、篡改、隐匿或者销毁遗嘱时，如果侵害的继承人虽为缺乏劳动能力又无生活来源的人，但于被继承人死亡时已具有劳动能力或有生活来源，则不属于本条所指缺乏劳动能力又无生活来源的人。而继承人实施伪造、篡改、隐匿或者销毁遗嘱时，如果侵害的继承人虽有劳动能力或生活来源，但于继承开始时缺乏劳动能力又无生活来源的，则仍属于本条适用对象范围。这里需要注意的是，根据《民法典》第16条规定，涉及遗产继承、接受赠与等胎儿利益保护的，胎儿视为具有民事权利能力。但是，胎儿娩出时为死体的，其民事权利能力自始不存在。故即使被继承人的子女在被继承

---

① 陈苇主编：《中国继承法修改热点难点问题研究》，群众出版社2013年版，第46页。

人死亡时还处于胎儿状态，也可能属于本条所指缺乏劳动能力又无生活来源的继承人。对此，2015年最高人民法院发布的第十批指导性案例之指导案例50号"李某、郭某阳诉郭某和、童某某继承纠纷案"的裁判要点中明确指出，如果夫妻一方所订立的遗嘱中没有为胎儿保留遗产份额，因违反《继承法》第19条规定，该部分遗嘱内容无效。分割遗产时，应当依照1985年《继承法》第28条规定，为胎儿保留继承份额。当然这里的胎儿也应限定在没有生活来源的范围，对于因接受赠与或法定抚养义务人具有抚养能力的则另当别论。

再次，侵害了缺乏劳动能力又无生活来源的继承人的利益的行为表现不限于导致该继承人遗产份额的减少。从现实情况看，伪造、篡改、隐匿或者销毁遗嘱损害缺乏劳动能力又无生活来源的继承人利益主要表现为阻止或减少该继承人通过继承依法取得相应遗产份额。但在遗嘱继承而言，被继承人可能不会直接在遗嘱中明确该继承人可继承的遗产份额或特定遗产，而是以对其生活作出保障性安排作为替代。此时，如果其他继承人为让该保障性安排落空，实施了伪造、篡改、隐匿或销毁遗嘱的行为，同样可能导致缺乏劳动能力又无生活来源的继承人的生活困难。

最后，适用本条认定情节严重，还应造成了缺乏劳动能力又无生活来源的继承人生活困难的后果。仅有通过伪造、篡改、隐匿或者销毁遗嘱行为侵害缺乏劳动能力又无生活来源的继承人继承权益的可能，但因被继承人事后采取补救措施或遗嘱因伪造或篡改被认定为无效或部分无效等情形出现，并未给缺乏劳动能力又无生活来源的继承人造成生活困难的实际后果，则不属于本条适用对象。

【审判实践中应注意的问题】

司法实践中,针对本条所涉及的继承人伪造、篡改、销毁、隐匿遗嘱行为与其丧失继承权之间的关系问题,还可考虑结合以下因素,认定是否属于本条所指"情节严重":

第一,继承人实施伪造、篡改、隐匿或销毁遗嘱行为时的主观心态。如果继承人实施本条行为时主观状态为过失,即继承人主观上并无通过上述行为改变被继承人遗嘱内容、破坏继承秩序的意图,则没有必要将该过失行为纳入情节严重范畴。例如,被继承人将遗嘱和其他文件书报放置在一起,事后某继承人在清理文件书报时,因粗心大意而将遗嘱和过时的文件书报一起销毁的,不应被认定为丧失继承权。①

第二,继承人实施伪造、篡改、销毁、隐匿遗嘱行为的动机或目的。如果继承人实施上述行为的目的不是为自己或他人争夺遗产,则一般不属于本条所指情节严重。例如,被继承人所立遗嘱不符合法定形式,继承人为让该被继承人真实意思表示受到法律保护,而另行伪造一份内容一致且符合法定形式要求的遗嘱,或通过在该遗嘱上增加见证人签名,增添年、月、日等符合遗嘱法定形式要求的方式篡改遗嘱。上述行为并未违背被继承人生前通过遗嘱进行财产处分的真实意愿。而且,将《民法典》第1125条第1款中"为争夺遗产而杀害其他继承人"与"伪造、篡改、隐匿或者销毁遗嘱,情节严重"两者体系解读可知,虽然立法对后者未作动机或目的的限定,但就危害性而言,遵循被继承人意愿实施上述行为比为争夺遗产而实施上述行为危害性更小,情节更轻。又如继承人实施本条规定行为时不知自己是继承人或者实施上述行为后才成为继

---

① 刘春茂:《中国民法学·财产继承》,人民法院出版社2008年版,第109页。

承人的情形。这两种情况一般都可排除其具有为自己争夺遗产的主观动机或目的，如果还能排除为他人争夺遗产的可能，则可考虑不认定为情节严重。

第三，继承人实施伪造、篡改、隐匿或者销毁行为针对的遗嘱性质。根据《民法典》第1142条的规定，遗嘱存在被撤回、无效的情形。在遗嘱被撤回或无效遗嘱的情形下，即便继承人对其实施了篡改、隐匿或销毁行为，也没有违背被继承人的真实意愿，一般不会对遗产处理造成不利影响，故此时也不属于本条所指情节严重情形。

第四，继承人是否已经将本条规定行为实施完毕。现实中，继承人虽已着手实施上述行为，但基于各种主客观原因，未将本条规定行为实施完毕的情形并不罕见。具体而言，如果继承人虽然已着手实施伪造、篡改、隐匿或者销毁遗嘱行为，但因突生悔意，随即主动放弃继续实施该类行为，并未给后续的遗产处理造成不利影响，更不会给缺乏劳动能力又无生活来源的继承人造成生活困难的后果。故没有必要认定其行为情节严重。又如，继承人虽然已着手实施伪造、篡改、隐匿或者销毁遗嘱行为，但因他人干预、不可抗力等外在原因而被迫停止继续实施该行为，且也未给后续的遗产处理造成不利影响，虽然其行为情节相对前述主动放弃情形为重，但从未导致严重后果角度，也可考虑认定其行为情节并不严重。对此，从文义解释角度看，《民法典》第1125条中"继承人有下列行为之一的，丧失继承权：……（四）伪造、篡改、隐匿或者销毁遗嘱"的表述，确实并未区分行为是否实施完毕，但结合后面"情节严重"的限定表述，可知单有该类行为实施并不满足继承权丧失条件。也即，将行为是否实施完毕作为认定是否构成"情节严重"并不违反立法本意。

第五，继承人是否利用其已经实施完毕的伪造、篡改、隐匿或者销毁遗嘱行为，在遗产处理中为自己或他人争夺遗产。从司法实务情况看，也有继承人虽然已经将上述行为实施完毕，但事后并未在遗产处理中，利用上述行为为自己或他人争夺遗产。一般而言，继承人实施上述行为仅为实现争夺遗产目的的手段，而非目的本身。而继承人要实现争夺遗产目的，还需要在后续遗产处理中基于其上述行为，提出具体主张。如果继承人事后未依据其行为提出具体主张，则谈不上其行为干扰正常继承秩序的问题。就此而言，也可考虑认定不属于本条所指"情节严重"。

二、法定继承

> **第十条** 被收养人对养父母尽了赡养义务，同时又对生父母扶养较多的，除可以依照民法典第一千一百二十七条的规定继承养父母的遗产外，还可以依照民法典第一千一百三十一条的规定分得生父母适当的遗产。

【条文主旨】

本条是关于养子女对生父母扶养较多时可分得生父母适当遗产的规定。

【条文理解】

所谓收养，指自然人领养他人的子女为己之子女，依法创设拟制血亲的亲子关系的民事法律行为。[①] 本质而言，收养是在自然人与他人子女之间创设亲子关系的法律事实。收养关系的建立必须以收养行为这个事实基础的存在为前提，按照收养行为是否合法可以将收养分为两类，即事实收养和法定收养。事实收养是指收养行为不完全符合收养法定要求的形式要件或实质要件，没有依法办理收养登记，但被收养人与收养人长期共同生活，周围亲邻也公认其父

---

① 杨大文：《亲属法》（第五版），法律出版社2012年版，第244页。

母子女身份关系。但是处理此类案件时，要注意把握收养行为发生的时间点，目的在于确定收养是否发生在《收养法》实施之前。具体操作上，可以从当事人陈述、被收养子女的有关证明、其他书证上考量，如果双方当事人陈述的时间一致，与被收养子女的有关证明、其他书证相互印证，可以确认收养行为发生在《收养法》实施之前。[1] 亲子关系的创设将导致自然人与养子女之间在法律上拟制产生父母子女关系并进而形成子女与父母的近亲属关系。对此，我国《民法典》第 1111 条第 1 款就规定："自收养关系成立之日起，养父母与养子女间的权利义务关系，适用本法关于父母子女关系的规定；养子女与养父母的近亲属间的权利义务关系，适用本法关于子女与父母的近亲属关系的规定。"也即，尽管收养形成的是拟制血亲关系，但在法律适用方面，与自然血亲保持一致。这里的法律适用除了《民法典》婚姻家庭编中父母子女之间的抚养、赡养义务等有关规定之外，主要涉及的就是《民法典》继承编适用。进一步说，《民法典》继承编中涉及父母子女的规定，都包括养父母子女。例如，《民法典》第 1127 条第 3 款、第 4 款就分别规定子女包括养子女、父母包括养父母。也即《民法典》第 1127 条认可子女作为第一顺序法定继承人继承父母遗产，就包括养子女继承养父母的遗产。反过来，当然也包括养父母作为第一顺序法定继承人继承养子女的遗产。子女因收养产生与他人之间的法律拟制父母子女关系后，其与生父母之间还是否继续保持父母子女之间的权利义务关系，则在学理上有不同观点。学理上，可根据收养的效力不同，将收养分为完全收养与不完全收养。完全收养，是指收养关系成立后，养子女与生父母及其近亲属间的权利义务关系完全消灭；而不完全收养，是指收养关系成立后，养子女不但与养父母之间建立亲

---

[1] 肖峰、田源主编：《婚姻家庭纠纷裁判思路与裁判规则》，法律出版社 2017 年版，第 571 页。

子关系，而且与其生父母之间仍保留一定的权利义务关系。从比较法角度而言，大多数国家或地区立法都采用完全收养模式。其理由在于，通过完全收养，养子女与其生父母间的权利义务关系彻底消除，可以更好地保护收养人的利益。否则，如果养子女与其生父母仍然保持亲子关系，那么收养人将会担忧养子女原生家庭成员的干扰，进而担心其财产经由养子女的继承而流入养子女的原生家庭，甚至泄露收养的秘密。因此，多数收养人均希望收养关系成立后，养子女能与其原生家庭彻底断绝。从我国情况看，既往《收养法》《民法典》的相应规定，也都只承认完全收养。例如，我国《民法典》第1111条第2款就规定："养子女与生父母以及其他近亲属间的权利义务关系，因收养关系的成立而消除。"换言之，收养关系一旦有效成立，即意味着养子女与生父母之间原有基于父母子女关系的权利义务关系即行终止。进而，双方均不能再基于父母子女关系主张继承对方遗产。但现实生活中，养子女除了对养父母履行赡养义务外，基于血缘人伦亲情对生父母进行扶养的情形也时有发生。在此前提下，一旦生父母死亡，被他人收养的子女能否从生父母的遗产中分取遗产则存有争议：一种观点认为，既然在法律上养子女与生父母已无权利义务关系，那么就不能仅依据其扶养事实继承遗产，否则将对生父母的其他继承人等利害关系人不公；另一种观点则认为，虽然养子女与其生父母在法律上没有父母子女关系，不能依据子女身份主张继承遗产，但从鼓励民间扶养，发扬养老育幼、互助互爱传统美德，尊重被继承人意愿出发，应允许其从生父母遗产中分取适当部分。为统一裁判标准，早在1985年《继承法意见》第19条就规定，"被收养人对养父母尽了赡养义务，同时又对生父母扶养较多的，除可依继承法第十条的规定继承养父母的遗产外，还可依继承法第十四条的规定分得生父母的适当的遗产"。该条适用以来，效果明显，争议不大。故本条司法解释保留了其基本内容,只是根据《民法典》的相关规定,作了较小修改。主要表现为:将"可依继承法第十条"修改为"可以依照民法典第一千一百二十七条";将"可依继承法第十四条"修改为"可以依照民法典第一千一百三十一条"。在具体理解与适用本条时,可从以下几个方面着手:

一、如何理解本条中"被收养人对养父母尽了赡养义务,同时又对生父母扶养较多的"

《宪法》第49条第3款规定:"父母有抚养教育未成年子女的义务,成年子女有赡养扶助父母的义务。"《民法典》第1067条也规定:"父母不履行抚养义务的,未成年子女或者不能独立生活的成年子女,有要求父母给付抚养费的权利。成年子女不履行赡养义务的,缺乏劳动能力或者生活困难的父母,有要求成年子女给付赡养费的权利。"可见,父母对未成年子女或者不能独立生活的成年子女有抚养义务,而成年子女对缺乏劳动能力或者生活困难的父母有赡养义务。赡养是指子女在物质、经济等方面为父母提供必要的生活费用和条件,主要包括对老年人经济上的供养、生活上的照料和精神上的慰藉三个部分。因此,成年子女对父母的赡养义务是无期限的,只要父母需要赡养,成年子女就应当履行这一义务,不因父母婚姻关系的变化而终止。有赡养能力的成年子女不履行赡养义务时,无劳动能力或生活困难的父母,有要求成年子女给付赡养费的权利。父母可以直接向成年子女索要赡养费,也可以请求有关组织,如成年子女所在单位、居民委员会、村民委员会调解,还可以直接向人民法院起诉要求给付赡养费。[①] 正如前文所述,收养关系

[①] 肖峰编著:《民法典婚姻家庭编条文精释与案例实务》,法律出版社2020年版,第169页。

一经有效成立,则在自然人与他人之间产生法律拟制上的父母子女关系。进而,《民法典》婚姻家庭编中对父母子女权利义务的规定都适用于养父母子女。

司法实践中,有观点认为,只要有成年子女与父母共同生活的相关证据,就可证明成年子女履行了对父母的赡养义务。我们认为,该观点较为片面。虽然成年子女与父母共同生活是子女履行赡养义务的外观表现之一,但并不等于有共同生活就一定履行了赡养义务。本条所指赡养义务包括但不限于给付赡养费的义务。根据《老年人权益保障法》第14条规定,养子女作为赡养人应当履行对养父母经济上供养、生活上照料、精神上慰藉、照顾老年人的特殊需要等义务。根据《老年人权益保障法》第15条至第18条规定,经济上供养,除了要向养父母给付日常赡养费之外,还包括对经济困难的养父母提供医疗费用等。生活上照料,则包括使患病的养父母及时得到治疗和护理;对生活不能自理的养父母,养子女应当承担照料责任;不能亲自照料的,可以按照养父母的意愿委托他人或者养老机构等照料。养子女还应妥善安排养父母的住房,不得强迫养父母居住或者迁居条件低劣的房屋。对养父母自有的住房,养子女有维修的义务。养子女有义务耕种或者委托他人耕种养父母承包的田地,照管或者委托他人照管养父母的林木和牲畜等。精神上慰藉,主要表现为养子女应当关心养父母的精神需求,不得忽视、冷落养父母。养子女与养父母分开居住的,应当经常看望或者问候养父母。只有履行了上述法定义务,才满足本条所规定的"被收养人对养父母尽了赡养义务"。至于被收养人与生父母之间,根据《民法典》第1093条规定,以下三种情形,未成年人可以被收养:(1)丧失父母;(2)查找不到生父母;(3)生父母有特殊困难无力抚养。其中,丧失父母意味着被收养人与生父母之间的权利义务关系已经事实上消灭。至于查找不到生父母也可能存在生父母已经死亡而导致被收养人与生父母之间的权利义务关系已经消灭的情况。这两种情况下，不管法律上是否规定完全收养，都不再存在被收养子女对生父母的后续扶养可能。只有被收养人成年后，生父母仍健在的情形下，才可能发生本条所规定的"被收养人对生父母扶养较多的"情形。这主要表现为两种情形：查找不到生父母、生父母有特殊困难无力抚养。对于生父母有特殊困难无力抚养的情形，多为生父母存在经济上没有能力抚养的困难、精神或身体上的缺陷导致的没有能力抚养的困难。这种困难可能会一直延续到子女成年后。至于查找不到的生父母也可能在子女成年后出现且出现生活困难。由于上述两种情形下的子女被收养，生父母主观上未必有过错，子女与父母之间的血缘亲情未必消灭，故现实生活中，一些养子女除了对养父母履行法定赡养义务外，还与生父母之间保持来往，甚至事实上对生父母进行了经济上的供养、生活上的照料和精神上的慰藉。对此，虽然我国立法规定的是完全收养，但在不影响与养父母关系的前提下，并不排斥养子女对生父母进行扶养。而且，养子女对生父母扶养符合养老育幼、互助互爱的中华传统美德。这里需要注意的是，司法实务中，关于"扶养较多"的认定往往结合是否共同生活、扶养时间长短等来判断。我们认为，在子女被他人收养情形中，一般不存在和生父母共同生活的情形（继父或继母收养除外），而扶养时间长短只是扶养较多的一个考量因素。事实上，在扶养期间，扶养的质量可能更为重要。例如，虽然对生父母有经济上的供养，但供养明显不能满足生父母基本生活需要，或者虽然经济上提供了充分供养，但对生父母日常生活所需漠不关心，甚至对其进行打骂、冷落等，让其精神上得不到慰藉，这些都是扶养没有质量的表现，都可作为酌定是否扶养较多的考量因素。

二、如何理解本条中"除可以依照民法典第一千一百二十七条的规定继承养父母的遗产外,还可以依照民法典第一千一百三十一条的规定分得生父母适当的遗产"

一般认为,法定继承在某种意义上是基于对被继承人生前遗产处分意愿的推定,而推定的基础为血缘和姻亲关系。故《民法典》第 1127 条根据与被继承人血缘远近和关系亲疏将配偶、子女、父母作为第一顺序的法定继承人。就该条表述而言,并未将子女对父母履行了赡养义务作为子女继承父母遗产的前提。事实上,父母对遗产处理的意愿更多受到血缘、个人情感等非物质因素影响,很少夹杂等价有偿、权利义务对等等商业考虑。因此,在法定继承中,养子女作为第一顺序法定继承人继承养父母遗产原则上不应有限定条件。但从树立优良家风、弘扬家庭美德、鼓励互相扶持、确保继承人之间实质公平等出发,《民法典》第 1130 条又规定了同一顺序继承人多分、少分甚至不分遗产的情形。其中第 4 款就规定,有扶养能力和扶养条件的继承人,不尽扶养义务的,分配遗产时,应当不分或者少分。理由在于,如果被继承人生前需要继承人扶养,继承人有扶养能力和扶养条件却不尽扶养义务,不仅违背公序良俗原则,而且还违反法律的规定,情节严重的甚至可能构成遗弃、虐待被继承人的刑事犯罪。对这部分继承人,应当不分或者少分遗产,情节严重的还应当丧失继承权。[①] 为与《民法典》第 1130 条立法精神保持一致,本条对被收养人继承养父母遗产限定了前提:"被收养人对养父母尽了赡养义务。"需要注意的是,这里所指的"被收养人"在理解上应与《民法典》第 1130 条保持一致,即特指有赡养能力和赡养条件的被收养人。此外,根据本司法解释第 22 条"继承人有扶养

---

① 黄薇主编:《中华人民共和国民法典释义》,法律出版社 2020 年版,第 2169 页。

能力和扶养条件，愿意尽扶养义务，但被继承人因有固定收入和劳动能力，明确表示不要求其扶养的，分配遗产时，一般不应因此而影响其继承份额"的规定，即便有赡养能力和赡养条件的养子女没有履行本条规定的赡养义务，只要其能证明养父母"因有固定收入和劳动能力，明确表示不要求其扶养的"，适用本条主张继承遗产时，也不需要以履行赡养义务为前提。另一方面，根据日常生活经验，在被继承人没有遗嘱的情形下，由子女、配偶等关系亲密的人继承其遗产一般都不违背其意愿。子女因故被他人收养虽然将从法律上消除与生父母的父母子女关系，但血缘关系依然存在，生父母对已被他人收养的子女情感寄托尚存。在此基础上，让该子女分得自己的部分遗产，一般也不违背其真意。当然，已被他人收养的子女也不能仅依据血缘关系，就主张有权分得遗产。否则，就取得遗产的结果而言，将与其在没有被收养情况下作为法定继承人的子女取得遗产没有本质区别，更会产生与不完全收养类似的弊端。为了协调该矛盾，通常将子女对生父母的遗产主张权利根据子女是否有对生父母的扶养付出作出区分。如果子女因被收养，与生父母没有往来或扶养较少，则应不支持其分得遗产的主张；如果子女虽被收养，但因扶养生父母付出较多，则从权利义务平衡出发，可以将其认定为遗产酌分请求权人，适当分给其生父母的遗产。故此，本条对子女主张分得生父母的遗产限定为"对生父母扶养较多"的情形，从而让子女能作为遗产酌给请求权人，依据《民法典》第1131条规定适当分得生父母的遗产。关于这里的适当，《最高人民法院关于民法典继承编的立法建议稿》中曾提出应将遗产酌分请求权人从生父母处受赠取得的财产纳入确定其可得遗产份额考量因素的立法建议，虽然该立法建议最终并未被写入《民法典》，但实务操作中，仍可考虑子女是否已从生父母处受赠取得财产这一因素。

【审判实践中应注意的问题】

司法实践中，对于继父母收养子女的情形下，如何适用本条存在认识的分歧。这主要集中在继父母收养继子女时，继子女与生父或生母一方（特指继母或继父的配偶）之间是否因长期共同生活而应被视为对该生父或生母进行了较多扶养，从而可以适用本条，提出遗产酌分请求：一种观点认为，继子女和与其共同生活的生父（或母）之间的原有父母子女权利义务关系并不消除，故其仍是生父或生母的法定继承人，不能提出遗产酌分请求。主要理由在于，如果完全消除继子女与其生父母之间的权利义务关系，就会造成在一个再婚家庭中，一方面养父或养母与养子女间具有父母子女关系，而另一方面该养子女和与其共同生活的生父或生母间不存在法律上的父母子女关系。这既不符合法理也不符合生活实际，且易于滋生不必要的纷争。另一种观点则认为，我国《民法典》第1111条第2款已经明确规定，养子女与生父母以及其他近亲属间的权利义务关系，因收养关系的成立而消除。既然立法已经明确养子女与生父母之间不存在父母子女关系，那么与生父母一方长期共同生活的养子女对该生父母一方也只能提出遗产酌给请求，而不能主张继承遗产。我们认为，虽然我国《民法典》第1111条第2款采完全收养模式，让养子女与生父母双方之间基于血缘关系产生的父母子女关系消除，但根据《民法典》第1097条"生父母送养子女，应当双方共同送养。生父母一方不明或者查找不到的，可以单方送养"和第1101条"有配偶者收养子女，应当夫妻共同收养"的规定，一方面，养子女的生父母因收养关系的成立而消除其与养子女之间基于血缘关系的父母子女关系；另一方面，养子女则可以在共同收养关系成立的同时，与生父母一方（特指养母或养父的配偶）形成养父母子女关系。在此情形下，其对生父母一方只能基于法定继承人身份主张继承遗产，而不能提出遗产酌分请求。

> **第十一条** 继子女继承了继父母遗产的，不影响其继承生父母的遗产。
>
> 继父母继承了继子女遗产的，不影响其继承生子女的遗产。

【条文主旨】

本条是关于继父母子女在法定继承中的双重继承权的规定。

【条文理解】

和大多数国家一样，我国的继承法律制度也规定了法定继承和遗嘱继承两种基本继承类型。其中，法定继承人的范围是由法律直接规定的，非由被继承人生前决定。从比较法的角度看，各个国家和地区规定法定继承人的范围不尽相同，但都认可法定继承人应当以婚姻、血缘和家庭关系为基本考虑因素。因父母与子女是最近的直系血亲关系，父母与子女之间存在着最为特殊的人身关系和财产关系，不论在任何国家、任何时代，父母、子女都互为最基本的法定继承人。我国《民法典》第1070条也明确规定："父母和子女有相互继承遗产的权利。"

而随着我国婚姻制度的发展与完善，生父母一方死亡或双方离婚后，生父或生母又再婚的情形越来越常见，继父母与继子女之间的继承关系也必然受到法律的重视和调整。《民法典》出台以前，我国原《婚姻法》第21条就已经规定，继父或继母和受其抚养教育的继子女间的权利和义务，适用原《婚姻法》对父母子女关系的有关规定。相应地，原《继承法》第10条也对有抚养关系的继父母子女间互为第一顺序法定继承人作出了明确规定。《民法典》出台后，在我国《民法典》规定的继承制度下，依据其第1127条之规定，继父母与继子女依据扶养关系，互为第一顺序的法定继承人的内容得到再次重申。

但在实践中，对于继父或继母已经继承了继子女遗产，或者继子女已经继承了继父或继母遗产的情形下，该继父或继母对其生子女，以及该继子女对其生父母的遗产是否享有继承权，《民法典》并未作出明确规定，适用中可能产生疑问。因此，本条规定以继承权的本质为基础，对继父母或者继子女在法定继承中的双重继承权作出了明确规定。

理解本条规定，应当注意把握以下几个方面。

一、继父母或者继子女享有双重继承权的法理依据

（一）法定继承中继承权的发生根据

继承权，是指继承人依法取得被继承人遗产的权利，通常包括两方面的含义：一是客观意义上的继承权，指继承开始前，自然人依照法律的规定或者遗嘱的指定而接受被继承人遗产的资格，即继承人所具有的继承遗产的权利能力。二是主观意义上的继承权，具体是指当法定条件具备时，继承人对被继承人留下的遗产已经拥有的事实上的财产权利，即已经属于继承人并给他带来实际财产利益的继承权。这种继承权同继承人的主观意志相联系，不仅可以接受、行使，而且还可以放弃，是具有现实性、财产性的继承权。作为《民法典》的重要组成部分，我国继承法律制度是以继承权为核心展开的，对于继承权的本质即发生根据的探究，关系到继承法律

关系中各主体及其权利义务的具体内容，也关系到法定继承人的范围。

受到社会生产力发展水平、家庭结构功能以及法律文化和意识形态的影响，有关继承权的本质，在理论上先后形成了"无主财产说""家族协同说""死后抚养说""被继承人意思说"等学说。其中，"无主财产说"以罗马法中的"继承人时效"制度为著例，该学说认为，自然人死亡以后其财产就成为无主财产，具体归属应全凭立法政策来决定。这一学说因将继承制度产生的历史根源和社会基础完全剥离，已不被立法所采纳。"家族协同说"认为，继承是由于家族协同生活而发生，继承制度在产生之初只是为家族财产的延续，继承人不过是财产管理人的更换。遗产虽为个人的私产，但对它的处分仍然受到种种限制，继承权的功能应是尽量使被继承人的财产保留在一定的家族或亲属集团内部。[①] "死后抚养说"则将被继承人的遗产视为"家庭抚养金"，将继承权的依据归结为一种相互间扶养关系。该学说认为，对于一定范围内的宗族或者亲属，负有扶养义务的人在生存期间和死亡之后都应该扶养，这种在扶养义务人死后接受扶养的权利在实质上就是一种继承权。因此，立法上扶养权利人应该与继承人一致，如果是不需要扶养的家族或亲属，无论与被继承人如何密切，都不能享有继承权，而且遗产继承的范围应该以扶养所必要者为限。[②] "死后抚养说"体现了基本的人情道义，符合养老育幼的社会观念，不仅成为许多国家法律规定被继承人遗产支付抚养费的制度依据，在部分国家的法律中甚至成为获得继承权的直接依据。但是，随着社会保障体系的完善、普遍福利政策的实行以及遗嘱继承的迅速推行，"死后扶养说"显然已

[①] 参见史尚宽：《继承法论》，中国政法大学出版社2000年版，第4页。
[②] 参见史尚宽：《继承法论》，中国政法大学出版社2000年版，第5页。

不足以作为现代继承制度下发生继承权的全部根据,"被继承人意思说"开始兴起并获得广泛支持。"被继承人意思说"认为,被继承人有设立遗嘱的自由,因此继承的根据在于被继承人的意愿。该学说源于自然法关于"凡有权利与权利变动,其根据均应求诸个人意思"的思想,继承权亦是如此。^①在个人意志凸显的近现代社会,"被继承人意思说"对遗嘱继承中的继承权发生具有较强的说服力。但是,在法定继承中,继承制度与生俱来的深刻伦理性决定了立法在继承权的配置上,不可能对家庭关系置若罔闻。

根据继承法理论,继承开始后,遗产的继承方式可分为法定继承和遗嘱继承。法定继承又称无遗嘱继承,即在被继承人无遗嘱的情况下,按照法律规定的继承人范围、继承人顺序、遗产分配原则等进行继承的遗产继承方式。从继承制度的起源看,法定继承源自家族共同体的需要,在早期的家族共同体时代,继承的目的在于维持宗族家庭的存续,建立在家族共同体的基础之上,家族协同是继承权配置的基本依据。到了近现代社会,随着家庭的生产和保障职能不断弱化以及个人主义的兴起,遗嘱继承从法定继承中分化出来并逐步盛行,在有的理论中,法定继承甚至被认为是对死者意愿的推定。[2]但我们认为,法定继承以本民族的传统风俗和生活习惯为基础,是对长期习惯规则的认可和升华,体现的是人们共同的价值观念,在法定继承中,不能将普遍意愿等同于个体意愿,更不能否定家本位的观念,现代社会的法定继承仍是以家庭维持为基本目的,法定继承中的继承权也是以此为依据。[3]当然,由于家庭本

---

① 参见陈棋炎、黄宗乐、郭振恭:《民法继承新论》,我国台湾地区三民书局2006年版,第2页。

② [英]F.H.劳登、B.拉登:《财产法》,施天涛等译,中国大百科全书出版社1998年版,第207页。

③ 参见陈英:《继承权本质的分析与展开》,载《法学杂志》2017年第6期。

身的演变，家庭维持的价值基础和法定继承人的确定标准都在不断发生变化，已经由早期宗法社会延续和转移宗法家族的权力，逐渐转变成为近现代社会维护自然家庭和亲属之间的伦理情感，血缘和婚姻关系也据此成为确定法定继承人的直接依据，法定继承人要依据继承人和被继承人之间的身份关系加以确定，通常是依据婚姻关系、血缘关系或者扶养关系。

（二）继父母子女间可能成立拟制血亲的关系

我国继承法律制度将亲属关系的远近作为发生法定继承的决定性因素，但同时也将扶养关系作为取得继承权、分得遗产的重要依据，甚至是影响遗产分配的重要因素。在《民法典》出台以前，我国原《继承法》中第一、第二顺位的法定继承人就与原《婚姻法》中规定的扶养义务人在范围上几乎完全一致。与绝大多数国家将姻亲排除在继承人之外的做法不尽一致的是，在我国继承法律制度下，存在扶养关系的继父母与继子女之间，可以基于相互扶养成立的拟制血亲关系，彼此成为法定继承人。

所谓继子女，是指妻与前夫或夫与前妻所生的子女，以及妻或夫在缔结婚姻关系之前与他人所生之非婚生子女。继父母与继子女之间的关系是由于生父母一方死亡，另一方与他人再婚，或者生父母离婚、解除非婚同居关系后，一方或者双方与他人再行结婚而形成的。妻与前夫或夫与前妻所生的子女叫作继子女；子女对生母的后夫或生父的后妻称作继父、继母。诚然，从本质上看，继父母和继子女之间属于姻亲关系，继父母是继子女的血亲的配偶，继子女是继父母的配偶的血亲。

现实生活中，继父母和继子女之间的关系通常表现为以下三种：一是直系姻亲关系。生父或者生母与继母或者继父再婚时，继子女已经独立生活，或者继子女虽未成年但是由其生父母抚养，继父母没有尽过抚养的义务，继子女也没有对继父母尽到赡养义务的，双方仅存在直系姻亲的关系。二是收养型继父母子女关系。继父或者继母在经继子女的生父母同意的情况下，依法正式办理了收养手续，可以将继子女收养为养子女。随着收养关系的确立，该子女与不在一起共同生活的生父或者生母一方的父母子女关系随之消灭。三是共同生活型继父母子女关系。生父母一方与继父或者继母再婚时，继子女尚未成年，该继父或者继母也并未依法收养继子女，但他们随生父母一方与继父或者继母共同生活时，继父或者继母对其承担了部分或者全部的抚养义务，又或者成年继子女在事实上对继父母长期承担了赡养义务的，属于共同生活型继父母子女关系。①通常认为，依据《民法典》第1072条第2款关于"继父或继母和受其抚养教育的继子女间的权利义务关系，适用本法关于父母子女关系的规定"之规定，共同生活继父母与继子女，因扶养关系而形成法律上的拟制血亲，在他们之间产生与自然血亲的父母子女相同的权利和义务。

但是，依据《民法典》第1084条之规定，父母与子女间的关系，不因父母离婚而消除。离婚后，子女无论由父方或母方抚养，仍是父母双方的子女。离婚后，父母对于子女仍有抚养和教育的权利和义务。继父母子女间因扶养成立的关系，和继父母依法收养继子女有所不同，法律在拟制赋予具有扶养关系的继父母子女以父母子女关系时，并未同时阻断继父母子女与生父母子女间的法律联系，并不能消灭继父母与其生子女，或者继子女与其生父母间的血缘关系，亲生父母子女之间的自然血亲关系并不能够因为父母的离婚、再婚而解除。由此，在继父母子女形成扶养关系的情况下，继父母或继子女具有特殊的双重法律地位：一方面，继父或母与自己的生子女，或者继子女与自己的生父或母保持着基于血缘而产生的

---

① 参见王洪：《婚姻家庭法》，法律出版社2003年版，第44页。

父母子女间的权利义务关系；另一方面，继父母子女间因相互扶养而成立拟制血亲的关系，也享有与生父母子女同等的权利义务关系。表现在继承法律制度中，继父母子女享有的继承权也是双重的，继子女继承了继父母遗产的，不影响其继承生父母的遗产；继父母继承了继子女遗产的，不影响其继承生子女的遗产。

二、继父母或继子女享有双重继承权的条件

（一）继父母子女间形成扶养关系

依据《民法典》第1127条之规定，并不是所有继父母或者继子女都能够进入法定继承人的范围，能够成为法定继承人的继父母或者继子女应符合"形成扶养关系"的条件。

一般认为，继父母子女之间是否形成了扶养关系，可以从以下几个方面考虑：一是继父母对未成年的继子女履行了抚养义务，具体包括继子女受继父母经济上的供养，或者继子女受继父母生活上的抚养、教育。二是继父母对不能独立生活的成年继子女履行了扶养义务。三是继子女对继父母履行了赡养义务，继子女在经济上持续供养继父母，或者继子女在生活上扶助继父母。值得注意的是，若继子女的生父或者生母再婚时，继子女已经长大成人，分居另过的；或者未成年继子女的生父、生母再婚后，继子女未与继父或继母共同生活，而由祖父母或外祖父母抚养教育成人，继子女对继父或继母也未尽过赡养扶助义务的，则不能视为继子女与继父母之间形成了扶养关系，继父母子女间不享有遗产继承权。[①]

在《民法典》的制定过程中，曾有学者建议应取消继子女的双重继承权，其理由主要有二：一是因为继父母对继子女的抚养教育

[①] 参见倪金龙主编：《农村婚姻家庭纠纷审理指引》，人民法院出版社2014年版，第300页。

关系不易认定，司法实践中掌握的标准也较难统一；二是关于继子女享有双重继承权的规定，往往容易造成带有子女的一方再婚困难，这在实际上损害了亲生子女的利益，因此继子女要保留双重身份也几乎是不可能的。据此，支持该学者的观点认为，《民法典》应明确规定属于法定继承人的"父母"仅包括生父母、养父母，将继父母排除在外；"子女"则仅包括婚生子女、非婚生子女和养子女，将继子女排除在外。我们认为，形成扶养关系的继父母子女与生父母子女具有同等的权利义务，既符合权利义务一致原则，也有利于提倡社会主义道德。同时，承认继父母子女享有双重继承权，并不等于他们在继承中的份额必须与其他继承人均等，在继承生父母子女的遗产时，可以结合对生父母子女另一方所尽扶养义务的具体情况来确定。而从扶养关系的内容看，主要包括继父或母对继子女的抚养教育以及继子女对继父或母的赡养两个方面，现分别阐述如下：

1. 继父或母对继子女的抚养教育。抚养，通常是指父母对未成年子女提供衣食住行，进行生活照料，给予精神关爱，从而保障其健康成长。在特定情况下，也包括父母对不能独立生活的成年子女提供经济或者精神上的帮助和照顾。因我国立法对"抚养教育"的认定标准并未作出明确规定，理论和实务中对此确有不同观点：第一种观点认为，只有继父母和继子女共同生活，并且继父母负担了继子女全部或部分的抚养费，才能算作抚养教育；第二种观点认为，只要继父母和继子女共同生活，对继子女进行了生活上的照料，即可认定他们之间形成了事实上的抚养关系；第三种观点认为，即便继父母与继子女未共同生活，只要继父母负担了抚养的费用，就应认为履行了抚养教育义务。我们认为，父母对子女的抚养教育可以表现为给付抚养的费用，但这并非意味着抚养教育义务即是纯粹的金钱给付义务，抚养同时也应是被抚养人和抚养义务人之间亲情纽带的体现,判断是否履行抚养教育义务,不能简单以是否给付金钱来作出评价,一般要求继子女应和继父母共同生活,继父母对继子女进行了生活上的照料、教育和经济上的供养。当然,对于没有和继子女共同生活的继父母,认定其对继子女的抚养教育关系时,应当从严把握:其配偶作为继子女的生父或母,对继子女履行抚养教育义务的,不能等同于继父或母的抚养教育。但是,继父或母对继子女进行了持续的、较大数额的经济供养的,一般也可以认定为继父母对继子女进行了抚养教育。

2. 继子女对继父母的赡养。广义上的扶养,不仅包括父母对子女的抚养教育,也包括子女对父母的赡养。依据条件和程度不同,扶养可以分为生活保持之扶养和生活扶助之扶养。其中,生活保持之扶养是无条件的,要求在扶养人与被扶养人之间保持同一生活水平,即"最后的一片肉、一粒米也要分而食之"。在我国,赡养父母不仅是中华民族的传统美德,与父母对子女的抚养教育相对应的是,赡养父母也是子女的法定义务,要求达到生活保持之扶养的标准。[①] 在生父母子女之间,子女对父母的赡养义务是基于血缘关系,但在继父母子女间,继子女对继父或母的赡养义务,是基于继父或母与继子女之间成立的拟制血亲关系,否则继父母和继子女之间为姻亲关系,彼此间不产生父母子女间的权利义务,继父母对继子女不享有抚养、教育、保护的权利义务,继子女对继父母亦无赡养的义务。

值得注意的是,关于继父母与继子女间形成扶养关系是否需要经过一定期间的问题,实践中存有争议。有观点认为,只要父母再婚时继父或母表示愿意抚养继子女或继子女已经赡养继父母,那么不论时间长短,均应认可对方的继承权。我们认为,继父母与继子

---

① 参见余延满:《亲属法原论》,法律出版社 2007 年版,第 514 页。

女间的继承权，同生父母子女间的继承权不同，不是基于血缘关系而产生，同养父母子女间的继承权也不同，养父母子女间的继承权只要收养关系一经建立即可获得，而继父母子女间的继承权只有形成"扶养关系"才能成立，同意"建立"扶养关系显然不能直接等同于已经"形成"抚养关系，应当有一个期间。实践中，具体有应经历3年、5年甚至10年的不同观点，对此法律未作明确规定，可以结合个案作出考察认定。此外，对形成扶养关系的期间要求，并不意味着继父母对继子女的抚养教育，以及继子女对继父母的赡养需要经历一个完整不间断的过程，从权利义务平衡的角度作出考虑即可。

（二）对生父母或者生子女仍享有继承权

继承法律制度下，父母和子女之间相互享有法定继承权，体现的是亲子关系中的财产关系。基于"死后抚养说"的理论，法定继承作为一种财产转移制度安排，必须担负起保障种族繁衍、维系家庭伦理道德、稳定社会经济秩序的责任，综观各国继承法律制度，除配偶外其他血亲继承顺序的确定主要依据的就是血缘关系的远近。我国《民法典》第1070条规定："父母和子女有相互继承遗产的权利。"在生父母子女之间，因成立以血缘为基础的自然血亲关系，必然互相享有继承权。自然血亲的父母子女关系是基于子女出生的事实而产生的，且不能通过法律程序或其他方式人为地解除，只能因父母子女一方的死亡而终止。

但是，从继承法律制度的角度，自然血亲的生父母子女之间，仍可能因为以下原因丧失继承权：第一，子女与他人形成了收养关系。依据我国《民法典》第1093条之规定，丧失父母的孤儿、查找不到生父母的未成年人，以及生父母有特殊困难无力抚养的子女情形下的未成年人，可以被收养。《民法典》第1103条之规定，继父或者继母经继子女的生父母同意的，也可以收养继子女。并且，在继父母收养继子女的情况下，为鼓励继父母收养继子女的行为，《民法典》专门对继父母子女间的收养放宽了条件限制，具体包括：一是不受生父母有特殊困难无力抚养子女的条件限制；二是不受收养人的条件限制；三是不受收养子女人数的限制。在子女与他人成立收养关系的情况下，依据《民法典》第1111条第2款关于"养子女与生父母以及其他近亲属间的权利义务关系，因收养关系的成立而消除"之规定，该子女与生父母间的权利义务归于消灭，该子女与不直接抚养自己的生父或生母之间彼此都不再享有对对方遗产的继承权。第二，依法被剥夺继承权。依据《民法典》第1125条之规定，继承人实施故意杀害被继承人或者为争夺遗产而杀害其他继承人行为的，丧失继承权。继承人遗弃被继承人，或者虐待被继承人情节严重、伪造、篡改、隐匿或者销毁遗嘱，情节严重，或者以欺诈、胁迫手段迫使或者妨碍被继承人设立、变更或者撤回遗嘱，情节严重的，除非确有悔改表现，被继承人表示宽恕或者事后在遗嘱中将其列为继承人的，该继承人也丧失继承权。子女实施上述行为的，可能导致其丧失对生父母遗产的继承权，从而丧失享有双重继承权的基础。

【审判实践中应注意的问题】

扶养关系终止并不必然导致继父母子女间丧失继承权

实践中，有观点认为，因为继父母子女间在本质上属于姻亲关系，他们之间产生继承权利义务关系是基于形成了事实上的扶养关系，那么在继父或母与继子女之间虽已形成了扶养关系，但因继父或母与生父或母离婚等原因又终止了相互间的扶养关系的，继父母子女间继承遗产的权利也应随之丧失。也有观点认为，依据《民法典婚姻家庭编解释（一）》第54条"生父与继母离婚或者生母与继父离婚时，对曾受其抚养教育的继子女，继父或者继母不同意继续抚养的，仍应由生父或者生母抚养"的规定，继子女在继父或母与生父或母离婚后，其与继父或母的抚养关系并不必然解除。继父母子女间的遗产继承问题，也应当区别以下两种不同情况：在继父或母与生父或母离婚后，继子女愿意继续同继父或母一起生活，继父或母也愿意继续抚养继子女，那么他们之间仍存在着权利义务关系，相互享有继承权。在继父或母与生父或母离婚后，继子女不再与继父或母共同生活，或者继父或母放弃继续抚养该继子女的，应当认为他们之间的权利义务关系已经解除，继父母子女间的继承权相应消灭。实际上，这种观点也是赞同扶养关系一旦终止，继父母子女间的继承权也随之丧失。

我们认为，基于继父或母与生父或母离婚等原因，继父母之间的婚姻关系已经消灭，继父或母对于未成年继子女的抚养教育可能因继父或母的个人意愿而终止，相互不再作为法定继承人的范围。但是，根据权利义务相一致的基本原则，以及对社会主义扶老育幼道德价值的提倡，继父母子女之间已经形成的扶养关系并不当然消灭，继父母子女间仍相互享有遗产酌分请求权人。但是，在考虑其应继承的份额时，应当依据继父母子女间履行扶养义务的具体情况加以确定。

> **第十二条** 养子女与生子女之间、养子女与养子女之间，系养兄弟姐妹，可以互为第二顺序继承人。
>
> 被收养人与其亲兄弟姐妹之间的权利义务关系，因收养关系的成立而消除，不能互为第二顺序继承人。

【条文主旨】

本条是关于养子女与兄弟姐妹间的法定继承关系的规定。

【条文理解】

兄弟姐妹是最近的旁系亲属，实际生活中，兄弟姐妹一般都共同生活多年，生活上互相照顾，经济上互相帮助，精神上互相慰藉。在《民法典》出台以前，我国原《婚姻法》第29条就对"有负担能力的兄、姐，对于父母已经死亡或父母无力抚养的弟妹，有抚养的义务"作出规定，据此，原《继承法》第10条也明确规定，兄弟姐妹间相互享有继承权，且互为第二顺序继承人。《民法典》出台以后，其第1127条沿用了原《继承法》第10条的相关规定，规定了同父母的兄弟姐妹、同父异母或同母异父的兄弟姐妹均为亲兄弟姐妹，他们之间基于血缘关系而相互享有继承权；养兄弟姐妹和有扶养关系的继兄弟姐妹，因立法赋予他们等同于亲兄弟姐妹关系的法律地位，相互间也发生等同于亲兄弟姐妹间的权利义务关系，相互享有继承权。并且，兄弟姐妹互为第二顺序的法定继承人。

但需注意的是，尽管都是基于法律取得与亲兄弟姐妹同等的权利义务，与形成扶养关系的继兄弟姐妹不同的是，依据《民法典》第 1111 条第 2 款关于收养效力之规定，"养子女与生父母以及其他近亲属间的权利义务关系，因收养关系的成立而消除"，养子女与其亲兄弟姐妹间的权利义务关系，将因该子女与他人成立收养关系而消灭，相互不再具有兄弟姐妹间的权利义务关系。因此，本条规定也从继承法律制度的角度，明确规定了收养关系成立后，被收养人与养兄弟姐妹间相互享有继承权且互为第二顺序继承人，而与其亲兄弟姐妹间，相互不再属于法定继承人的范围。

理解本条规定，应注意把握以下几个方面。

一、收养关系的法律效力

收养亦称收养关系，谓收养人与被收养人之间，以发生亲子关系为目的之要式的法律行为。[①] 从民事法律行为理论的角度，法律行为依当事人的意思表示发生法律效力，收养的法律效力则是指法律赋予收养行为的强制性法律后果。收养属于要式法律行为，需要在符合一定条件的情形下，依法办理收养手续。现实生活中，有的未成年人因父母死亡或家庭生活困难等原因被寄养在亲戚朋友家里，虽然被寄养人与寄养人可能长期在一起共同生活，有些甚至以父子、母子相称，但只要没有办理手续，双方之间就不能成立收养关系，但成立事实收养关系的除外。

从比较法的角度看，大陆法系国家民法中完全收养、未成年人收养的法律效力主要包括拟制效力和解销效力。《法国民法典》第 356 条规定，收养赋予儿童以亲子关系，替代其原有的亲子关系；收养成立后，被收养人不再属于和其有血缘关系的家庭。根据《德

---

① 参见史尚宽：《亲属法论》，中国政法大学出版社 2000 年版，第 584 页。

国民法典》第1755条规定，被收养人及其晚辈直系血亲与原血亲的血统关系和由该血统关系产生的权利和义务，随收养而消灭。英美法系国家，对收养效力的规定也基本相同。根据《美国统一收养法》规定，收养令一旦生效，收养人与被收养人之间形成法定的父母子女关系，相互之间产生并承担亲子关系的全部权利义务。除继子女收养外，收养令一旦生效，收养前所有涉及被收养人探望权的法定裁定终止；被收养人与其原生父母的亲子关系全部终止，不过被收养人的原父母拖欠儿童抚养费的必须继续支付。英国现行收养法采取完全收养制，成立收养关系的，也产生拟制和消除两种效果。由此可见，收养的拟制效力和解销效力作为收养关系法律效力的基本内涵，已为各国立法例普遍接受。

从我国法的角度，依据《民法典》第1111条"自收养关系成立之日起，养父母与养子女间的权利义务关系，适用本法关于父母子女关系的规定；养子女与养父母的近亲属间的权利义务关系，适用本法关于子女与父母的近亲属关系的规定。养子女与生父母以及其他近亲属间的权利义务关系，因收养关系的成立而消除"之规定，我国民法规定成立收养关系的，也具有拟制和解消两方面的法律效力：收养关系成立后，一方面，被收养人取得与收养人及其近亲属同等的法律地位；另一方面，养子女与其生父母及近亲属之间的权利义务关系归于消灭。反映到继承法律制度上，则主要表现为：（1）收养关系成立后，被收养人与养父母及其近亲属间互为法定继承人；（2）被收养人与生父母以及其他近亲属之间丧失法定继承人的关系。

二、收养关系成立对兄弟姐妹间继承关系的效力

（一）被收养人与养兄弟姐妹间互为第二顺序法定继承人

1.养兄弟姐妹之间属于法律拟制的近亲属范围。"亲属"的概

念在我国已具有悠久历史，早在《礼记》中就有记载：具有血缘或者婚姻关系的人是为"亲"，而"属"则为亲之间的相互关系。法律上的亲属，则是指以自然的或法律拟制的血亲及以婚姻关系为桥梁而产生的社会系的统称。根据产生的原因不同，亲属主要分为血亲、姻亲和配偶三类。其中，血亲是亲属中最重要也是最基本的类别。按照来源不同，血亲可以分为自然血亲和拟制血亲两种类型。自然血亲主要是基于血缘关系而产生的亲属关系，自然血亲之间同出一个祖先，是自出生就建立起的亲属关系，因此法律并不允许解除自然血亲之间的关系。血亲产生的另外一大原因则是基于法律的拟制。通俗而言，拟制血亲是对于本身并没有血缘联系，但是因契合一定的条件，通过某一法律行为确认的，同自然血亲具有同等权利义务关系的亲属。此类血亲并非自然而形成，而是基于法律的拟制，故又被称为"准血亲""法定血亲"等。拟制血亲一般因收养而产生，在养父母与养子女之间产生父母子女关系，在养子女与养父母的子女间发生拟制旁系血亲关系，即兄弟姐妹关系。在收养人与被收养人因收养行为而形成拟制直系血亲关系后，依据我国《民法典》第 1111 条之规定，养子女与养父母的近亲属发生子女与生父母的近亲属同等的权利义务关系。而依据《民法典》第 1045 条第 2 款规定："配偶、父母、子女、兄弟姐妹、祖父母、外祖父母、孙子女、外孙子女为近亲属。"由此，养兄弟姐妹属于法律拟制的近亲属关系，与亲兄弟姐妹具有同等权利，包括法律规定的继承权。

2. 养兄弟姐妹间互为第二顺序法定继承人。法定继承人的继承顺序，是指继承开始后，各个法定继承人继承遗产的先后次序。由于法定继承是以一定的人身关系为前提的，依据继承人和被继承人之间的血缘、姻亲关系的亲疏远近，以及相互生活的依赖程度，《民法典》继承编将六类法定继承人划分为两种继承顺序：第一顺序为配偶、子女和父母,第二顺序为兄弟姐妹、祖父母、外祖父母。规定两种继承顺序,是要求继承人严格按照继承顺序继承:同一顺序内,各继承人的继承权平等。不同顺序的继承人不能同时继承,当被继承人有第一顺序继承人时,先由第一顺序继承人继承,只有在没有第一顺序继承人或者第一顺序继承人全部放弃或丧失继承权时,第二顺序继承人方能继承。据此,《民法典》第1127条第1款第2项之规定,养子女与养父母的其他子女之间彼此为第二顺位的法定继承人,在没有第一顺位的继承人或第一顺序继承人全部放弃或丧失继承权时,可以相互继承遗产。

值得注意的是,养父母的子女,也就是被收养人的养兄弟姐妹,并不仅仅是指养父母的婚生子女,同时也包括其非婚生子女、其他养子女或形成抚养教育关系的继子女。概括而言,应当是指与收养人存在血亲关系(包括自然血亲与拟制血亲)的子女。

(二)被收养人与亲兄弟姐妹间丧失法定继承人地位

1. 被收养人与亲兄弟姐妹不能互为第二顺序继承人。依据《民法典》第1111条之规定,自收养关系成立之日起,养子女与生父母以及其他近亲属间的权利义务关系,因收养关系的成立而消除。但从理论上讲,被收养人与其生父母之间具有自然血亲关系,自然血亲之间生理上天然具有血缘关系,该血缘关系无法基于法律的规定切断。法律只能消除养子女与生父母之间法律上的权利义务关系,生父母不再对已送养他人的子女承担抚养、教育和保护的义务,不再作为子女的监护人,互相之间也不再享有相互继承遗产的权利。此外,养子女与生父母的其他近亲属之间的权利义务关系也相应消除,被收养人与亲兄弟姐妹间丧失法定继承的地位。

2. 被收养人与亲兄弟姐妹间取得遗产的权利并不必然丧失。需要注意的是,本条规定仅明确了被收养人与亲兄弟姐妹间不能互为第二顺序继承人,并不意味着被收养人与亲兄弟姐妹间不能取得对方遗产，或者不能分得对方的遗产。因法定继承只是民法规定的遗产继承的方式之一，依据《民法典》第1133条之规定，自然人可以设立遗嘱，将其个人财产赠与法定继承人以外的个人。被收养人或者其亲兄弟姐妹通过有效的遗嘱将个人财产赠与对方的，被收养人或其亲兄弟姐妹可以取得对方遗产，甚至优先于养兄弟姐妹间之类的法定继承人。此外，依据《民法典》第1131条之规定，对继承人以外的依靠被继承人扶养的人，或者继承人以外的对被继承人扶养较多的人，可以分给适当的遗产。其中，按照体系的解释，即便被收养人或者其亲兄弟姐妹没有设立遗嘱将个人财产赠与对方，在符合该条规定的情形下，被收养人或者其亲兄弟姐妹仍可分得适当的遗产。

【审判实践中应注意的问题】

一、收养关系解除后，被收养人与亲兄弟姐妹间并不一定恢复法定继承关系

依据《民法典》第1117条之规定，收养关系解除后，养子女与养父母以及其他近亲属间的权利义务关系即行消除，与生父母以及其他近亲属间的权利义务关系自行恢复。但是，成年养子女与生父母以及其他近亲属间的权利义务关系是否恢复，可以协商确定。

为了保证未成年养子女在收养关系解除之后，能有人继续承担抚养教育和保护的义务，确保未成年人的生活不因收养关系的解除而陷入困顿，法律规定在养子女未成年时解除收养关系的，养子女与生父母的血亲关系自然恢复，养子女与生父母及其近亲属恢复法定继承的关系。但是，养子女成年之后，因其已具有完全行为能力和意思能力，能够判断、辨识社会关系及其意义，决定自己的身

份，法律上为尊重养子女的独立人格及其意愿，赋予养子女以身份选择权，养子女可以选择恢复与生父母的血亲关系，也可以选择不与生父母恢复父母子女关系，则养子女与生父母及其近亲属之间的权利义务关系不能自然恢复，养子女与亲兄弟姐妹间不能互为第二顺序继承人。

二、解除收养不具有溯及的效力

收养解除对收养各方当事人身份和财产的法律效果不具有溯及力，而是自收养解除生效时产生向后解除的法律效果。对于收养期间，基于收养人和被收养人的父母子女关系而从事的法律行为和取得的财产，不受收养解除法律效果的影响。具体而言，在收养解除之前，生父或生母死亡，并发生遗产继承事实，收养关系解除后，养子女不得以收养关系已解除，其与生父母的血亲关系已恢复为由，要求生父或生母的继承人，包括兄弟姐妹等近亲属，返还其应当分得的份额。

> 第十三条 继兄弟姐妹之间的继承权,因继兄弟姐妹之间的扶养关系而发生。没有扶养关系的,不能互为第二顺序继承人。
>
> 继兄弟姐妹之间相互继承了遗产的,不影响其继承亲兄弟姐妹的遗产。

【条文主旨】

本条是关于继子女与兄弟姐妹间的法定继承关系的规定。

【条文理解】

依据我国《民法典》的相关规定,法定继承中的继承权是以婚姻关系、血缘关系和扶养关系作为发生依据。兄弟姐妹作为最近的旁系血亲,一般都在家庭中共同生活,相互照顾。并且,依据我国《民法典》第1075条第1款关于"有负担能力的兄、姐,对于父母已经死亡或者父母无力抚养的未成年弟、妹,有扶养的义务"之规定,兄弟姐妹之间除了有血亲关系以外,在一定条件下还有扶养的义务。因此,兄弟姐妹间理应享有继承权,法律赋予兄弟姐妹之间相互继承遗产的权利,是现代各国继承法律制度的通例。在《民法典》出台以前,我国原《继承法》第10条就已经对兄弟姐妹作为第二顺序的继承人,相互享有继承遗产的权利作出了明确规定。

继兄弟姐妹作为异父异母的兄弟姐妹,他们之间并无血缘关系,而是由于其父母两次婚姻而形成的法律拟制的旁系血亲。因此,继兄弟姐妹之间并不当然地有相互继承遗产的权利,无论是依据《民法典》出台之前的原《继承法》,还是依据《民法典》第1127条之规定,仅在"有扶养关系"的继兄弟姐妹间,才可以相互作为第二顺序的法定继承人。

本条规定即是对继子女可能享有对形成扶养关系的继兄弟姐妹和亲兄弟姐妹遗产的双重继承权作出的明确规定。

理解本条规定,应当注意把握以下几个方面问题。

一、继兄弟姐妹间形成扶养关系的认定标准

出于保护自然人私有财产权的目的,应当尽量保证被继承人的遗产是由其近亲属来继承,这是世界上大多数国家和地区进行继承立法时所遵循的准则。通常认为,兄弟姐妹是旁系血亲中最亲近的人,兄弟姐妹之间具有血亲关系。此外,按照我国的民族传统和习俗,兄弟姐妹之间历来有相互帮助、团结友爱的美德,年长的兄姐对于无独立生活能力的弟妹负有扶养的义务,健康的兄弟姐妹对于丧失劳动能力的兄弟姐妹有帮助的义务。将兄弟姐妹列入法定继承人的范围,是符合我国的国情的。

继兄弟姐妹是指异父异母的兄弟姐妹,是基于父或母再婚而形成的亲属关系。在现代各国继承法律制度中,大多不承认继兄弟姐妹间的继承权,认为继兄弟姐妹间是姻亲关系而非血亲关系。但是,我国立法规定,形成扶养关系的继兄弟姐妹间相互享有继承权。这是我国继承立法的特色,其理论依据是,继兄弟姐妹间虽然没有血缘关系,但由于其父母再婚而形成了姻亲关系,在此基础上,继兄弟姐妹间又形成扶养关系的,根据权利义务相一致的原则,形成扶养关系的继兄弟姐妹间相互有继承权。因此,继兄弟姐妹之间是否互有法定继承权,关键还是看他们之间是否已形成扶养

关系。如果继兄弟姐妹之间没有共同生活或仅仅共同生活，相互间并没有形成扶养关系，则继兄弟姐妹间就不产生法律上的权利义务关系，彼此不享有法定继承权。只有相互间形成了扶养关系的继兄弟姐妹，才互有继承权。

关于应如何理解继兄弟姐妹间"形成扶养关系"的问题。狭义的扶养通常是指平辈之间在物质生活上的互相扶助，广义的扶养则还包括抚养、赡养两方面的涵义。我们认为，继兄弟姐妹是基于父或母再婚而形成的姻亲关系，在形成扶养关系的内容上应当作广义解释，结合《民法典》第1075条之规定，认定继兄弟姐妹间已经形成扶养关系的，可以综合以下因素加以考虑：首先，继兄弟姐妹长期共同生活，在生活上互相照顾，经济上互相帮助，精神上互相慰藉；其次，即便没有共同生活，成年继兄弟姐妹在父母去世或者无力抚养的情况下扶养未成年的继弟、继妹，成年继兄弟姐妹在父母去世或者无力抚养的情况下扶养缺乏劳动能力又缺乏生活来源的继兄、继姐，均可以认为是形成了事实上的"扶养关系"。

尤其值得注意的是，继兄弟姐妹间因形成扶养关系发生继承权的，并非以继父母子女间形成扶养关系为依据，而是以继兄弟姐妹之间形成扶养关系为依据。继父母子女间形成的扶养关系，不能及于继兄弟姐妹之间。如果继子女仅与继父或继母有扶养关系，而与继兄弟姐妹彼此之间没有扶养关系，则他们只能分别与继父或继母互有继承权，而彼此之间没有继承权。

二、与继兄弟姐妹形成扶养关系的继子女一般享有双重继承权

亲兄弟姐妹之间的继承权，是基于他们与父母之间的自然血亲关系而产生的，亲兄弟姐妹相互之间的继承权完全取决于他们与父母的关系。因为法律在拟制形成扶养关系的继父母子女以父母子女

关系时，并未同时阻断继子女与亲生父母间的法律联系，继子女与亲生父母的子女之间仍是亲兄弟姐妹关系。因此本条规定，继兄弟姐妹之间相互继承了遗产的，不影响其继承亲兄弟姐妹的遗产，实际上是赋予了与继兄弟姐妹间形成扶养关系的继子女，同时享有对继兄弟姐妹和亲兄弟姐妹遗产的双重继承权。

但需注意的是，尽管依据血缘产生的自然血亲关系是基于子女出生的事实，且不能通过法律程序或其他方式人为地解除，只能因一方的死亡而终止。但是，在一定情形下，因继子女与继父母间的法律关系发生变化，或者发生其他法定的事由，仍可能导致继子女与亲兄弟姐妹间的权利义务关系归于消灭，相互丧失对对方遗产的继承权。例如：（1）继父母收养继子女的。依据我国《民法典》第 1103 条之规定，继父或者继母经继子女的生父母同意的，可以收养继子女。并且，在继父母收养继子女的情况下，由于继父母收养继子女不同于一般的收养情况，双方实际上已经共同生活。为鼓励继父母收养继子女的行为，《民法典》专门对继父母子女间的收养放宽了条件限制，具体包括：第一，不受生父母有特殊困难无力抚养子女的条件限制；第二，不受收养人的条件限制；第三，不受收养子女人数的限制。在子女与他人成立收养关系的情况下，依据《民法典》第 1111 条第 2 款关于"养子女与生父母以及其他近亲属间的权利义务关系，因收养关系的成立而消除"之规定，该子女与亲兄弟姐妹间的权利义务归于消灭，该继子女与亲兄弟姐妹间不再互为法定继承人。（2）依法被剥夺继承权。依据《民法典》第 1125 条之规定，继承人实施故意杀害被继承人或者为争夺遗产而杀害其他继承人行为的，丧失继承权。继承人遗弃被继承人，或者虐待被继承人情节严重，伪造、篡改、隐匿或者销毁遗嘱，情节严重，或者以欺诈、胁迫手段迫使或者妨碍被继承人设立、变更或者撤回遗嘱，情节严重的，除非确有悔改表现，被继承人表示宽恕或者事后在遗嘱中将其列为继承人的，该继承人也丧失继承权。继子女对其亲兄弟姐妹实施上述行为的，可能导致其丧失对亲兄弟姐妹遗产的继承权。

三、继兄弟姐妹间的继承顺序

（一）互为第二顺序继承人

根据我国《民法典》第1127条的规定，我国采取"亲属继承限制主义"原则，法定继承人的范围包括两个顺位：第一顺序继承人包括配偶、子女、父母；第二顺序继承人包括兄弟姐妹、祖父母、外祖父母。不同顺序的继承人不能同时继承，当被继承人有第一顺序继承人时，先由第一顺序继承人继承，只有在没有第一顺序继承人或者第一顺序继承人全部放弃或丧失继承权时，第二顺序继承人方能继承。据此，无论是继兄弟姐妹间，还是亲兄弟姐妹间，仅在被继承人没有配偶、子女、父母，或者其配偶、父母、子女均未继承其遗产的情况下，才能由兄弟姐妹继承。

（二）继兄弟姐妹与亲兄弟姐妹享有平等的继承权

值得研究的是，实践中，经常出现同一被继承人的遗产分别由继兄弟姐妹和亲兄弟姐妹继承的情况。从比较法的角度考察，世界上许多国家的继承法律制度将兄弟姐妹作"全血缘"和"半血缘"的区分，并规定"全血缘"的兄弟姐妹往往优先于"半血缘"的兄弟姐妹而继承，或者在应继份额上有所区别。例如，英国继承法律制度将全血缘的兄弟姐妹列为第三顺序，半血缘的兄弟姐妹列在第四顺序，祖父母列为第五顺序，父母的全血缘兄弟姐妹（伯叔姨舅）为第六顺序，父母的半血缘兄弟姐妹列为第七顺序。《法国民法典》则规定，同父异母或同母异父的兄弟姐妹在分割父系亲属与母系亲属的遗产时，同父母的兄弟姐妹在两系均取得其应继份，而同父异母或同母异父的兄弟姐妹仅在其所属亲系中取得其应继份。《日本民法典》更是明确规定，只有父母一方相同的兄弟姐妹的继承份额，为父母双方相同的兄弟姐妹继承份额的二分之一。但是，从当今世界各国继承立法的趋势来看，不少国家已经逐渐抛弃了"全血缘"亲属和"半血缘"亲属在继承遗产上的不平等待遇，转向对"半血缘"亲属和"全血缘"亲属采取一视同仁的做法，赋予他们以平等的法律地位。我国继承法律制度对于兄弟姐妹的继承权，没有进行"全血缘"和"半血缘"的区分，在形成扶养关系的继兄弟姐妹间，与亲兄弟姐妹同属第二顺序法定继承人的范围，意味着只要他们对父母的权利义务关系已经足以构成兄弟姐妹关系时，其继承顺序和应继份额均为相等。

【审判实践中应注意的问题】

继父母离婚并不必然导致继兄弟姐妹间丧失继承权

　　理论上讲，继兄弟姐妹间之所以能够互相成为遗产继承人，首先是基于父或母再婚形成了姻亲关系，其次则是基于继兄弟姐妹间形成的扶养关系。但是，继兄弟姐妹之间一旦形成了扶养关系，尽管《民法典》对此未作明确规定，就应当参照继父母子女间的拟制效力，相互享有继承对方遗产的权利。继父母之间解除婚姻关系的，双方互为第二顺序法定继承人的法律地位也并不当然丧失。

> 第十四条　被继承人的孙子女、外孙子女、曾孙子女、外曾孙子女都可以代位继承，代位继承人不受辈数的限制。

【条文主旨】

本条是关于被继承人子女的直系晚辈血亲代位继承不受辈数限制的规定。

【条文理解】

代位继承，也被称为间接继承，是相对于本位继承而言，指具有法定继承权的人因主客观原因不能继承时，由其直系晚辈血亲按照该继承人的继承地位和顺序，继承被继承人遗产的制度。[1] 我国在1985年《继承法》第11条中首次规定了代位继承制度，并在1985年《继承法意见》第25条至第29条对实务中常见代位继承相关问题作了细化规定。

本条规定与1985年《继承法意见》第25条表述一致，文字上未作修改。直至《民法典》出台之前，代位继承只有一种适用情形，即被继承人子女的直系晚辈血亲代被继承人子女继承。为适应社会发展趋势，拓宽私有财产在被继承人家族内部流转的途径，减少因遗产无人继承而被收归国有或集体所有的情况，应扩大代位继

---

[1] 黄薇主编：《中华人民共和国民法典继承编释义》，法律出版社2020年版，第50页。

承人的范围。为此,《最高人民法院关于民法典继承编的立法建议稿》中曾提出将被继承人兄弟姐妹的子女也纳入代位继承人范围的立法建议。值得注意的是,尽管《民法典》第1128条第2款规定被继承人的兄弟姐妹的子女可以代位继承,但旁系代位继承和直系代位继承还存在根本的区别。最突出的表现之一就是本条解释所规定的代位继承是否受到辈数限制的问题。要充分理解本条规定,首先需要对代位继承制度有充分的认知。

一、代位继承制度的历史发展与功能价值

(一)代位继承的历史发展

代位继承,又称为间接继承、代袭继承或承祖继承。对于如何定义代位继承,有不同的看法。有的学者认为,代位继承是指继承人在继承开始前去世或丧失继承权时,其直系晚辈血亲可代位继承他的应继份额。[1] 也有学者认为,代位继承是某一亲系的最近亲等的血亲继承人先于被继承人死亡或丧失继承权时,依法由其直系卑亲属按其继承顺序和继承份额继承被继承人遗产的继承方式。[2] 可以看出,这与我国民法上对代位继承制度的规定存在一定的差别。

无论对代位继承如何定义或规定适用规则,究其源流,代位继承始于罗马法中的按股继承。古罗马市民法时期,先死亡或受家父权免除的子之子,取得父之应继份。死者未立遗嘱指定其继承人,又无正统继承人,其遗产由最近的族亲继承。后逐渐发展到不仅继承人的一切直系血亲卑亲属,直系血亲尊亲属以及旁系血亲属也可代位继承。罗马法确立的代位继承制度,为欧洲各国所承认并沿用,时至今日,大多数国家和地区都确立了代位继承制度。

---

[1] 史尚宽:《继承法论》,中国政法大学出版社2000年版,第83页。
[2] 郭明瑞、房绍坤、关涛:《继承法研究》,中国人民大学出版社2003年版,第81页。

就我国而言,代位继承制度规定也并非1985年《继承法》首次引入使用。唐代《唐律疏议》就曾规定,"诸应分田宅财产者,兄弟均分,兄弟亡者,子承父分(继绝亦同),兄弟俱亡,诸子均分",与当代代位继承制度颇有相似之处。《宋刑统·户婚》规定:"夫亡,寡妻妾无男者,承夫分。"及至《大明律》《大清律例》也有"凡妇女夫亡无子,守志者,合承夫分,须凭族长择立昭穆相当之人继嗣。其改嫁者,夫家财产及原有妆奁,并听前夫之家为主"的规定。民国时期立法中,亦有关于代位继承的明确规定。

(二)代位继承的制度功能与价值

我国台湾地区学者史尚宽认为,继承制度的意义是,"在宗祧继承,则在于延绵宗嗣,立子以贵立嗣以长,而遗产继承,则为公平而设"。[①] 封建社会时期,宗祧、身份的继承占据了继承制度很重要的部分,财产的继承只是附带产生,并未占据主要地位。时代发展至今,身份继承在世界范围内已渐渐消失,仅在少数国家或地区有所保留。尤其在我国,无论是1985年《继承法》还是《民法典》,均规定继承的对象仅限遗产,即自然人死亡时遗留的个人合法财产。人身性的权利则不得继承。继承内容从身份和财产到仅限财产的改变,与随着生产力发展的人类社会结构变化,尤其是个人与家庭在社会结构中的角色转化不无关系。英国学者梅因曾说,我们在社会的幼年时代中,发现有这样一个永远显著的特点,人们不是被视为一个个人,而是始终被视为一个特定团体的成员……最后,他是一个家族的成员……他绝不把自己看成为一个个别的个人,他的个性为其家族所吞灭了。作为社会的单位,不是个人,而是由真实的或拟制的血亲关系结合起来的许多人的集合体。在以家庭为主要社会单元的社会中,继承制度的主要价值是在家族中合理

---

① 史尚宽:《继承法论》,中国政法大学出版社2000年版,第83页。

分配财产，达成家族的利益最大化，而个人的权益没有那么重要。传统继承制度中贯穿始终的原则，目的是保证继承财产在代际顺利流动、家族延续发展，平等、秩序、效率的价值得以实现。①代位继承具体规则也是在这种土壤中产生的，基于家系的按支继承，如某一支中与被继承人亲系最近的血亲继承人先于被继承人死亡，就应由该支内其直系卑亲属代替其继承，而不能由其他支系享有该权利。这种制度下，规范"家庭"或"家系"对财产的控制才是代位继承制度设立的出发点。相较而言，传统继承制度的核心是家族利益，而现代继承制度对个人利益更加关切。对于现代代位继承制度的设立意义或功能价值这一问题，杨立新教授认为，"基于公平的基本原理，法律会推定被继承人对其直系晚辈血亲有着同等的感情，因而如果因为特殊情况的发生，导致了继承人的死亡，但此时继承人的子女还未成年，不能够独立生活，无法健康成长，被继承人为了保障这些未成的晚辈血亲生活幸福，从而通过代位继承制度提供充足的遗产，这就是代位继承制度存在的意义"。②基于继承制度保障遗产在各支系中合理分配、实现财产的传承、发挥遗产育幼功能的价值目标，代位继承保障被继承人的直系卑亲属的物质生活和经济利益这一价值，也得到了普遍的认可。

实质上，代位继承只是特殊情形下的法定继承。其特殊性在于，按照一般的财产代际流转顺序，家庭财产应由被继承人到继承人，再到继承人的子女、孙子女等直系晚辈血亲。但中途发生了继承人先于被继承人死亡的情况，财产失去了从被继承人向继承人转移的基础。排除代位继承制度，继承人死亡后，被继承人的财产在

---

① 罗冠男：《我国继承制度中的价值取向和利益平衡》，载《法学杂志》2019年第10期。

② 杨立新：《孙子女外孙子女等继承权的保障制度改革》，载《四川大学学报（哲学社会科学版）》2018年第1期。

法定继承范围内就只能流向其他子女，或者作为第二顺位继承人的兄弟姐妹、祖父母、外祖父母等亲属。而作为被继承人直系晚辈血亲的继承人的子女、孙子女等在无任何阻却继承权利享有情形发生的情况下，失去了获得被继承人这部分财产的权利。虽不能说无法继承家族财产就一定对被继承人的直系晚辈血亲造成多么严重的影响，但显然能够获得更多的物质基础作为生活的经济保障，比之不能要好得多，对经济基础不够雄厚的群体来说尤其如此。

除此之外，在制度体系设计上，《民法典》继承编将祖父母、外祖父母列为第二顺位继承人，但孙子女、外孙子女并不在法定继承人之列。代位继承可以填补祖父母、外祖父母和孙子女、外孙子女相互之间继承权的空白，使权利义务相一致。并且，由于孙子女、外孙子女是代其父母参与继承，在继承顺位上，比直接以自己身份参加继承的祖父母、外祖父母顺位更加靠前。从这点上来说，以代位继承赋予孙子女、外孙子女继承权，比直接将其纳入第二顺位法定继承人对其更为有利。

三、代位继承的主体要求

理解本条规定时一个不能忽略的前提是，"代位继承人不受辈数的限制"仅适用于继承人是被继承人子女的代位继承。继承人是被继承人兄弟姐妹的，代位继承人仅限兄弟姐妹的子女，其直系晚辈血亲不享有代位继承的权利。

代位继承人，尤其是作为被继承人直系晚辈血亲的代位继承人不受辈数限制得到了世界上多数国家的认可。对代位继承人主体范围的规定常见有三种：

1.代位继承人仅限于被继承人子女的直系晚辈血亲。我国1985年《继承法》以及瑞士相关继承法律就是采取的这种规定方式。

2. 被继承人子女的直系晚辈血亲和被继承人兄弟姐妹的子女可代位继承，如我国《民法典》继承编和日本相关继承法律。原《日本民法典》规定：继承人是继承人子女的直系亲属和继承人兄弟姐妹的直系亲属，没有代数的限制。修订后的《日本民法典》则对代位继承人的辈数设置了要求，享有代位继承权的直系亲属子女和已故兄弟姐妹子女中，直系亲属子女代位继承不受代数限制，而已故兄弟姐妹只有其子女可代位继承，其他直系卑亲属不可代位继承。

3. 被继承人的直系卑亲属和被继承人的兄弟姐妹的子女及其直系卑亲属均可代位继承，如法国。《法国民法典》第752条规定：被继承人的直系尊亲属不得代位继承，被代位人的范围限于被继承人的直系卑亲属和被继承人的兄弟姐妹。代位人为被代位人的直系卑亲属，且无代数限制。

此外，《阿根廷民法典》第3557条规定：直系卑血亲无代数限制地进行代位继承；此时，或者是被继承人的子女（即使是不同婚姻中的子女）和先死子女的直系卑血亲共同继承，或者是在被继承人的所有子女均先他而死亡时，所遗留的直系卑血亲不问亲等是否相同，均发生共同继承。《意大利民法典》规定：代位继承的适用不受辈数的限制，被代位人的直系血亲卑亲属无论属于同一亲等还是属于不同的亲等，也无论各分支内的人数有多少，其均享有代位权。少数国家则对被继承人直系晚辈血亲的代位继承也设置了辈数限制，如《越南民法典》将代位继承人限制在被代位人的孙子女及曾孙子女，重孙子女及其直系卑亲属则不享有代位继承权。

本条规定在我国《民法典》第1128条规定之外，再次强调被继承人子女的直系晚辈血亲代位继承，不受辈数限制的立法理念。被继承人子女死亡的，被继承人的孙子女、外孙子女，曾孙子女、外曾孙子女……只要符合代位继承的发生条件，均可发生代位继承。从实现代位继承制度功能的角度考虑，对被继承人子女的直系晚辈血亲不限制辈数,对被继承人兄弟姐妹仅限子女代位继承有其必要性。正如前述,代位继承制度的重要功能之一就是保障被继承人直系卑亲属的物质生活和经济利益,确保财产在家庭内部的流转,充分发挥遗产养老育幼的功能。这种流转尤以优先在被继承人的直系亲属内流转为宜,只有当没有直系继承人,或直系继承人不享有继承权利的情况下,才转而向旁系流转。这与《民法典》继承编第1127条关于法定继承人范围和顺序的规定精神是一致的。

除了种种价值考量之外,对被继承人子女的直系晚辈血亲不限制代位继承辈数在现实中也具备可操作性。理论上看,不限制辈数可能会导致最后获得被继承人遗产的主体与被继承人亲属关系较远,双方缺乏紧密的家庭成员情感联结。但现实中,个体生命有限,代际年龄差距受到法律规定、实际婚育年龄等多种因素的制约。尤其在独生子女政策施行多年后家庭结构简单的社会现状之下,代位继承中发生被继承人和代位继承人辈分差距巨大的情况几乎不会出现,自然规律已经为被继承人子女直系晚辈血亲的代位继承设置了天然屏障。整体而言,对被继承人子女直系晚辈血亲的代位继承主体不设辈数限制,既能够最大限度地发挥代位继承的制度价值,又具备现实的操作合理性,与世界范围内的普遍认知也趋于一致。

【审判实践中应注意的问题】

1.本条规定与《民法典》出台前的1985年《继承法意见》第25条并无区别。但必须特别留意的是,本条规定的适用前提已经发生了变化。《民法典》出台后,代位继承分为被继承人子女直系晚辈血亲的代位继承和被继承人兄弟姐妹子女的代位继承两种。本条规定中不受辈数限制的规定,仅在发生被继承人子女直系晚辈血亲的代位继承时方能适用。如继承人（即被代位人）是被继承人的兄弟姐妹，本条规定没有适用空间。

2. 在存在多名继承人先于被继承人死亡，且代位继承人数多于死亡继承人数的情况下，基于继承制度保障遗产在各支系中合理分配的价值目标，以及代位继承人代替继承人参与到继承中的权利来源和制度设计初衷，每个继承人的代位继承人的应得遗产份额，以该继承人的应得份额为限，按照该继承人的代位继承人数根据法定继承相应规则确定。同理，丧失对继承人继承权的代位继承人，同时丧失代替继承人继承被继承人遗产的权利。

3. 实践中，有被继承人"收养"孙子女的情况，对于"养孙子女"继承权的问题，《民法典》对于收养的规定仅限于子女，而不包括孙子女，"养孙子女"并非我国民法所承认的身份。"养孙子女"与继承人之间不存在合法父母子女关系，自然代位继承也就无从谈起。

> 第十五条 被继承人的养子女、已形成扶养关系的继子女的生子女可以代位继承；被继承人亲生子女的养子女可以代位继承；被继承人养子女的养子女可以代位继承；与被继承人已形成扶养关系的继子女的养子女也可以代位继承。

【条文主旨】

本条是关于养子女、继子女是否适用代位继承的规定。

【条文理解】

子女具有父母遗产法定继承人身份是社会共识，自不必多言。继承中，当继承人是被继承人的养子女或继子女，或继承人的子女是养子女或继子女，以及继承人和其子女同时存在是养子女或继子女情况的时候，是否能够适用代位继承以及如何适用，是本条要重点明确的内容。

一、养子女在代位继承中与生子女享有同等的权利义务

按照《民法典》第1111条关于收养效力的规定，自收养关系成立之日起，养父母与养子女间的权利义务关系，适用《民法典》关于父母子女关系的规定；养子女与养父母的近亲属间的权利义务关系，适用《民法典》关于子女与父母的近亲属关系的规定。养子女与生父母以及其他近亲属间的权利义务关系，因收养关系的成立

而消除。收养具有在养子女与养父母及其近亲属之间产生拟制血亲关系的法律效力。收养人与被收养人因收养行为而形成拟制直系血亲关系，养父母取得未成年养子女法定代理人和监护人的身份地位，养子女取得与养父母婚生子女相同的被代理人、被监护人身份地位，双方各自享有法律规定的父母子女的权利，并承担父母子女的义务。养子女和养父母互相取得对方第一顺位法定继承人的地位，享有互相继承遗产的权利。不仅如此，收养形成拟制血亲关系的法律效力还及于养父母的近亲属，可以在养子女和养祖父母／养外祖父母之间形成与有自然血缘关系的祖父母／外祖父母、孙子女／外孙子女一般无二的祖父母子女关系。这就为代位继承的适用提供了条件和空间。

我国承认养子女的继承权和代位继承权，持同样立法理念的还有日本、越南。根据《日本民法典》规定，为了稳定收养关系，一般认为收养的效力及于养父母之父母，养子女可以代位继承。《越南民法典》规定，养子女与养父母之间有权利相互继承遗产，并且有权依该法典关于法定继承顺序和代位继承的规定继承遗产。也有立法认为被代位人的养子女没有代位继承权。如德国、法国立法均认为，拟制血亲关系只存在于养父母和养子女之间，不及于养父母的父母（即祖父母），因而养子女不享有代位继承的权利。美国则认为，收养关系是一种合同关系，收养产生的效力仅及于合同当事人，对于非收养合同当事人的祖父母没有约束力，不能发生代位继承。

依本条规定，以下涉及养子女的情况，均可以适用代位继承：

第一，被继承人养子女的生子女可以代位继承。养子女与养父母因收养行为形成拟制血亲关系，互为第一顺位法定继承人，能够互相继承。养子女的生子女作为养子女的直系晚辈血亲，当然可以代替先于被继承人死亡的养子女代位继承。

第二，被继承人亲生子女的养子女可以代位继承。无论是被继承人的继承人是养子女，还是继承人的子女是养子女，根据《民法典》关于养父母子女权利义务及近亲属间权利义务关系的规定，都不影响代位继承的适用。

第三，被继承人养子女的养子女可以代位继承。家族财产的传承、血缘的延续、后代的发展成长都是继承制度，包括代位继承所追求的目标。当被继承人的子女、子女的子女均是养子女时，被继承人、继承人和代位继承人之间皆不存在血缘关系，仅在法律地位、权利义务关系上具备和普通祖孙、父母子女同样的地位，代位继承是否可以适用？我们认为，为血缘延续提供条件虽然是继承制度设立的目的之一，但不是唯一目的。同样，血缘也不是家庭之所以成为家庭的必需要件，家庭的核心尤以精神传承和亲密的情感联结为重要。养子女与养父母及其近亲属通过收养组成家庭，法律通过对双方权利义务关系的确认给予肯定评价，无论继承人是养子女，还是代位继承人是养子女，抑或继承人和代位继承人都是养子女，适用代位继承无论从实现继承制度的价值目的上还是法律规则体系上，都没有否定的必要。

第四，与被继承人形成扶养关系的继子女的养子女可以代位继承。《民法典》第1072条第2款规定：继父或者继母和受其抚养教育的继子女间的权利义务关系，适用本法关于父母子女关系的规定。故与被继承人形成抚养教育关系的继子女，同上述被继承人的养子女一般，法律承认其与被继承人之间具有和普通父母子女关系一样的权利义务关系。其养子女通过收养与继子女形成拟制血亲关系的同时，与被继承人之间也形成和近亲属一样的权利义务关系，当然可以代位继承。

这里有一个问题必须留意，继承人是被继承人继子女的，必须要符合"已形成扶养关系"的条件。虽有继父母子女关系，但未形成扶养关系的，继承人的子女不能代位继承。此外，继子女的养子女代位继承还应以继子女身份保持为前提。如果继父与生母离婚，继子女随生母生活，继父与继子女之间的抚养关系中断，其拟制的父母子女关系亦中断。此时，继父与继子女之间不享有相互的财产继承权。① 进而，继子女的养子女也就不能代位继承。

二、继承人的子女是有扶养关系的继子女的，不适用代位继承

梳理本条解释内容，无论继承人是被继承人的生子女、养子女还是有扶养关系的继子女，均不成为影响其生子女或养子女代位继承权利的阻碍。但继承人的子女是继子女的，该继子女不能够代位继承，即使继子女已经与继承人形成抚养教育关系，双方之间适用《民法典》关于父母子女关系的规定，亦不能改变。

大多数国家没有在立法上承认继子女的代位继承权，理由是继子女和继父母属直系姻亲关系，而非直系血亲关系，因而不享有代位继承资格。如《日本民法典》认可被继承人直系卑亲属子女的代位继承权，非直系卑亲属的子女无权代位继承被继承人的遗产。《意大利民法典》规定，可以进行代位的人包括：直系亲属中的婚生卑亲属、准正的卑亲属、收养的卑亲属以及私生卑亲属；旁系亲属中被继承人兄弟姐妹的卑亲属。该法未将继子女纳入代位继承人范围。少数国家承认继子女在满足法定条件的前提下可以代位继承。其中法律规定可以代位继承的条件分为两种：一种是要求继子女应当被继父母收养，按照养父母子女关系处理二者之间的法律关系，否则不能代位继承。例如，《德国民法典》第 1754 条规定：

---

① 肖峰编著：《民法典婚姻家庭编条文精释与案例实务》，法律出版社 2020 年版，第 175 页。

配偶一方如果收养另一方的子女，该子女在法律上取得配偶的双方的共同子女的法律地位，在此情形下继子女将被视为养子女对待，在继承中享有与亲生子女一样的继承权利。另一种是认为继子女与继父母存在扶养关系的，可以代位继承。例如，《越南民法典》第682条规定：继子女在生活上与继父或者继母存在相当于父母子女之间的相互照顾和扶助关系时，有权相互继承遗产，有权按照法定继承制度中关于法定继承顺序及代位继承制度的规定继承遗产。

理论界对继子女是否可以代位继承亦观点不一。对形成扶养关系的继子女代位继承权持肯定态度的观点认为，《民法典》继承编对子女的界定包括婚生子女、非婚生子女、养子女和有扶养关系的继子女。如将与被继承人的子女形成扶养关系的继子女排除在代位继承人之外，会导致对生子女、养子女、形成扶养关系的继子女的保护失衡。继子女与继父母形成扶养关系的，一方或双方尽到了家庭成员间相互照顾、关怀、扶持的义务，从情感联结的建立上，与普通家庭没有本质差别，应当认为双方形成完全的拟制血亲关系，这也符合继承制度养老育幼的价值功能。

持否定态度的观点认为：第一，代位继承人应当是被继承人的直系晚辈血亲，被继承人子女的直系晚辈血亲是基于与被继承人的血亲关系而代位继承，继子女对继父母的继承权则是以形成扶养关系为前提，不是被继承人的直系晚辈血亲。继父母子女关系究其根本，源起于婚姻关系，实质是一种姻亲，他们之间的权利义务范围应该局限在继父母子女之间，不能超出范围去得到血亲才能享有的权利，即便是形成拟制血亲的继子女也得一概而论。[①] 第二，从法律规定上看，形成扶养关系的继子女和养子女的法律地位和权利义

---

① 梁慧星：《中国民法典草案建议稿附理由·侵权行为编·继承编》，法律出版社2004年版，第164页。

务关系存在一定差别，并非完全等同。《民法典》第1111条规定：养子女与养父母的近亲属间的权利义务关系，适用《民法典》关于子女与父母的近亲属关系的规定。该条肯定了养子女与养父母及其近亲属之间与生子女同样的权利义务关系，但对形成扶养关系的继子女并没有这种规定，可见《民法典》对形成扶养关系的继子女与继父母的近亲属间的权利义务关系，并不认为可与生子女等同。继子女与继父母的父母之间没有近亲属或祖孙间的权利义务关系，自然不能代位继承。第三，继子女与养子女的另一点不同在于，根据《民法典》第1111条第2款规定，养子女与生父母以及其他近亲属间的权利义务关系，因收养关系的成立而消除。而继子女无论是否与继父母形成扶养关系，其与亲生父母以及其他近亲属间的权利义务关系均不受影响。也就是说，有扶养关系的继子女享有双重继承权，除了可以继承形成扶养关系的继父母的遗产，还可以继承生父母的遗产，或代位生父母继承祖父母的遗产。这种情况下，并非必须赋予形成扶养关系的继子女代位继承继父母的父母遗产的权利。

我们认为，无论从《民法典》继承编对继子女与继父母及其近亲属权利义务关系的规定上看，还是从代位继承的本质和价值功能以及继子女已享有的继承权利上看，均不应认为与被继承人子女形成扶养关系的继子女可以代位继承。

三、继父母与继子女"形成扶养关系"的判断

如何认定"形成扶养关系"，理论界有几种观点：第一，共同生活标准。只要继父母和继子女在一起共同生活的，就可以认定双方形成了扶养关系。第二，费用承担标准。继父母为继子女的生活、教育支出全部或部分费用的，可以认定双方形成了扶养关

系。①第三，共同生活并履行扶养义务标准。继子女和继父母共同生活，而且继父母对继子女尽到了抚养教育义务的，可以认定双方形成了扶养关系。第四，兼顾主观意愿标准。该观点认为，如果仅凭借扶养事实来认定双方形成拟制血亲关系，不考虑继父母和继子女的主观意愿，将侵害他们的身份行为同意权。②

我们不赞成第一种观点，扶养关系的形成不是一个仅凭是否共同生活就能够判断的事实，尤其继子女作为未成年人时，《民法典》要求父母要尽到抚养、教育和保护的义务。现实生活中，不乏继子女和继父母生活在一起，继父母非但不能尽到抚养、教育、保护未成年继子女义务，反而严重侵害继子女合法权益的情况。此时，如果仅以双方共同生活就认定形成扶养关系，赋予基本等同于生父母子女的权利义务关系，对继子女明显不公，不利于未成年人利益的保护。第二种观点也失之片面，我国实行法定夫妻共同财产制，婚姻关系存续期间，除法律规定属一方单独所有的财产外，其余均为夫妻双方共同共有。为继子女的生活、教育、医疗等各方面成长而支出的费用，无论支出方是亲生父或母一方还是继父或母一方，从比例上来说都有一半属于对方财产。实践中，很难仅凭费用的承担区分继父母是否真正形成了扶养关系。

认定是否形成扶养关系，可以兼采上述第三种和第四种观点，尤以第三种观点关于双方共同生活、继父母履行了抚养教育义务的标准为重点考察对象。一般而言，父母子女共同生活，父母履行对子女生活上陪伴、经济上支持和精神上关怀的各种义务，为子女的健康成长创造条件。判断继父母和继子女是否形成扶养关系，可以普通的亲生父母子女关系为参考样本，较为贴合普通的父母子女关

---

① 王丽萍主编：《婚姻家庭继承法学》，北京大学出版社2004年版，第202页。
② 王洪：《婚姻家庭热点问题研究》，重庆大学出版社2000年版，第250页。

系中的相处模式的，可以认定为双方形成了扶养关系。但要注意的一点是，共同生活、履行抚养教育义务等并非一旦有此行为就能作为认定形成扶养关系的标准。只有继父母和继子女在一起共同生活的事实持续一定时间，才能证明双方之间产生了共同生活的必要性，继父母子女之间的扶养义务才有了赖以存在的基础。[①]扶养应当具有一定程度上的稳定性，短期、间断的扶养不能认为继子女与继父母之间形成了本解释规定中的"扶养关系"。

总结来说，认定形成扶养关系可以从以下几个方面判断：（1）继父母与继子女共同生活，对继子女有生活上的照料、经济上支持和精神上关怀；（2）继父母和继子女共同生活时间较长；（3）可以将双方有为对方提供或接受抚养教育的意愿作为参考因素。

实践中，有不少法院结合审判实践对如何认定形成扶养关系作出了总结。如北京市高级人民法院于2018年6月11日发布的《北京市高级人民法院关于审理继承纠纷案件若干疑难问题的解答》第15条规定：人民法院在判断继父母子女之间是否存在抚养关系时，应依抚养时间的长期性、经济与精神抚养的客观存在、家庭身份的融合性等因素综合进行判断，必要时应依职权进行调查。

【审判实践中应注意的问题】

1. 根据最高人民法院于1986年3月21日发布的《关于继母与生父离婚后仍有权要求已与其形成抚养关系的继子女继续履行赡养义务的批复》规定，继母与继子女间的抚养关系是因为长期共同

[①] 王利明主编：《中国民法典学者建议稿及立法理由·人格权编·婚姻家庭编·继承编》，法律出版社2005年版，第397页。

生活而形成的，即使继母与其生父已经离婚，也不能使已经形成的抚养关系消失。即使被继承人已经与形成扶养关系的继子女的生父母离婚的，只要双方此前形成了扶养关系并且未解除，继子女就对被继承人的遗产享有继承权，继子女的生子女、养子女可以代位继承。

2. 扶养关系的形成不仅限于继父母对未成年继子女的抚养、教育和保护。成年继子女对继父母尽到赡养、扶助和保护义务的，可以参照认定继父母是否对继子女尽到扶养义务的标准，认定继子女与继父母之间是否形成扶养关系。

> 第十六条　代位继承人缺乏劳动能力又没有生活来源，或者对被继承人尽过主要赡养义务的，分配遗产时，可以多分。

【条文主旨】

本条是关于代位继承人可以多分遗产情形的规定。

【条文理解】

《民法典》第 1130 条规定了遗产分配的原则，其中第 2 款明确规定：对生活有特殊困难又缺乏劳动能力的继承人，分配遗产时，应当予以照顾。第 3 款明确规定：对被继承人尽了主要扶养义务或者与被继承人共同生活的继承人，分配遗产时，可以多分。遗产分配的份额确定主要体现权利义务相一致、扶养老幼困残及协商一致的原则，一般而言，以在各同一顺序继承人之间均等分配为主，同一顺序的法定继承人法律地位平等，不分男女老幼，不论是有血缘关系还是拟制血亲关系，都平等地享有继承财产的权利，应该得到法律的平等保护。

但是，在某些特殊情况下，例如有《民法典》第 1130 条规定的"生活有特殊困难又缺乏劳动能力""对被继承人尽了主要扶养义务或者与被继承人共同生活""有扶养能力和有扶养条件的继承人，不尽扶养义务"情况存在的继承人时，人民法院应当按照法律规定进行相应的份额调整，这不仅是公平原则和权利义务相一致原则的要求，也是发挥法律指引、评价作用，引导、塑造良好社会风尚、家庭风尚，弘扬敬老爱幼，互相帮助精神的重要方面。"存在这样的规定，是由于继承法具有民族性，各国（地区）的继承法不仅仅是财产的继承，深层次下也是各国（地区）传统文化的继承，深受一个国家（地区）的婚姻家庭传统制度和民族习惯的重要影响，调和了传统伦理与现代社会发展理念之间的矛盾。"[1]

适用本条规定需满足两种条件：第一种是代位继承人缺乏劳动能力又没有生活来源；第二种是代位继承人对被继承人尽过主要赡养义务。满足以上任一条件的，代位继承人均可以在遗产分配中多分得遗产。

一、代位继承人缺乏劳动能力又没有生活来源

缺乏劳动能力和没有生活来源两个条件必须同时满足时，代位继承人才能在遗产分配中多分。代位继承人缺乏劳动能力但有生活来源，或虽没有生活来源但可以通过劳动获得生活来源的，不符合本条规定的可以多分遗产的条件。

（一）缺乏劳动能力

缺乏劳动能力，是指代位继承人不具备或不完全具备劳动能力，无法通过体力、脑力或技术等方式参加劳动，获取相应的报酬。一般而言，代位继承人是否缺乏劳动能力可以通过一般生活经验判断，比如代位继承人是未满16周岁的未成年人、年老体弱的成年人或者身患重病无法通过劳动换取收入的，都可以认定为缺乏劳动能力。对于代位继承人存在伤残等情况，无法通过一般生活经验准确判断其是否缺乏劳动能力的，可以由人民法院委托专业鉴定

---

[1] 邹伟、赵传毅：《配偶法定继承权重塑中对婚姻家庭伦理的考量》，载《现代法学》2014年第3期。

机构进行鉴定，依据鉴定意见认定是否缺乏劳动能力。

（二）没有生活来源

没有生活来源，是指代位继承人没有足够维持个人最低物质生活水平的经济条件。认定代位继承人是否没有生活来源，条件不宜过苛，不能以完全没有经济收入作为认定没有生活来源的标准。代位继承人的收入水平远远低于当地平均收入水平的，可以认定为没有生活来源。此外，对没有生活来源的判断，还可以从该代位继承人是否有较为稳定的收入、是否有社会医疗保险、是否有固定的住处，受其扶养的家庭成员的身体及经济状况等多方面综合考虑。

（三）时间节点要求

认定代位继承人是否既缺乏劳动能力，又没有生活来源时，时间节点是一个非常重要的因素。本解释第25条对遗嘱继承下的时间节点作出了明确规定，即"继承人是否缺乏劳动能力又没有生活来源，应当按遗嘱生效时该继承人的具体情况确定"。代位继承作为法定继承的补充，应当适用法定继承的相应规则。对此，有两种不同的观点：第一种观点认为，代位继承人是否缺乏劳动能力又没有生活来源，应依被继承人死亡时该代位继承人的具体情况而定；第二种观点认为，代位继承人是否缺乏劳动能力又没有生活来源，应当以遗产分割时的情况为判断标准。

我们认为，第一种时间节点确定方式更为合理。继承制度包括代位继承制度，以发挥养老育幼功能为重要价值目标。遗产份额的分配，也应当符合这一目标。结合《民法典》和本解释对代位继承人的主体规定，代位继承人包括被继承人子女的直系晚辈血亲、被继承人兄弟姐妹的子女。相较一般继承制度存在向下继承和向上继承的双向通道，代位继承中遗产只在家庭成员中向下流动。相对来说，育幼功能在代位继承中占据着更为重要的位置。按照上述第一种观点，以被继承人死亡之时作为判断代位继承人是否缺乏劳动能力又没有生活来源，与第二种观点的以遗产分割时作为判断节点相比，更有利于未成年人代位继承人的权益保护。实践中，遗产的实际分割和继承开始之间通常相隔一段时间，尤其是在被继承人死亡而其夫或妻健在的情况下，按照我国传统做法，通常不会分割被继承人遗产，而是等到被继承人的夫或妻死亡后，才在继承人间实际分割。这就可能导致被继承人死亡时尚未成年的代位继承人在遗产分割时已经获得了通过劳动赚取经济收入的能力，不再满足缺乏劳动能力的条件，或缺乏劳动能力、没有生活来源两个条件都不再满足，不能体现继承制度为晚辈家庭成员提供物质经济生活条件，发挥育幼功能的目标。此外，以遗产分割时作为认定代位继承人缺乏劳动能力又没有生活来源的时间节点，还容易引发道德风险。不能排除某些情况下，其他继承人不愿意让符合可以多分遗产条件的代位继承人获得更多遗产，而故意拖延遗产分割时间，待代位继承人不再满足缺乏劳动能力或没有生活来源的条件时再行分割。尤其是，可以适用本条规定而多分遗产的主体，本来就是"缺乏劳动能力又没有生活来源"的代位继承人，从实际需要来说，越早拿到应得的遗产份额，就能越早改善物质生活条件，对代位继承人越有利。虽然法律规定不能决定遗产分割、代位继承人实际取得对遗产支配权利的时间，但必须对符合条件的代位继承人的权利予以肯定。如以遗产分割作为认定节点，可能发生的时间上的拖延最终会使本条对存在特殊困难情形的代位继承人的倾斜保护形同虚设。

当然，不可否认的是，对于原本不符合缺乏劳动能力又没有生活来源条件，但在继承开始后、遗产分割前因诸如年老、伤残、疾病等原因而导致符合该条件的代位继承人来说，以遗产分割时作为认定代位继承人是否缺乏劳动能力又没有生活来源的时间节点更为有利。这就涉及不同群体利益的权衡。《民法典》在监护制度中确立了最有利于被监护人的原则，新修订的《未成年人保护法》也首次明文确立了最有利于未成年人原则。而从代位继承的实践需求来看，给予未成年人更多保护也更有利于发挥代位继承制度的功能作用。

二、对被继承人尽过主要赡养义务

只要代位继承人对被继承人尽过主要赡养义务，就可以多分遗产。尽过主要赡养义务是一个独立导致"可以多分"遗产结果发生的因素，代位继承人是否存在缺乏劳动能力、没有生活来源或其他情况，在所不论。哪怕代位继承人经济条件很好，生活优渥，完全不需要通过遗产的继承来改善生活条件，也不影响其在分配中多分得遗产权利的享有。这是一种鼓励型的不均等。对尽了主要赡养义务的代位继承人通过赋予可以多分得遗产的权利予以鼓励，主要目的是弘扬中华民族的优良传统，倡导尊老、敬老、养老的良好生活风尚，保护老人的合法权益。

对于如何认定代位继承人是否对被继承人尽了主要赡养义务的问题，本解释第19条已经给出了明确规定，即对被继承人生活提供了主要经济来源，或者在劳务等方面给予了主要扶助的，应当认定为尽了主要赡养义务。例如，代位继承人对被继承人在生活方面承担了主要劳务，如为老人做饭、打扫卫生，在老人生病时送医院进行护理等，或主要负担其生活费用、医疗费用，给予经济扶持。有的代位继承人与被继承人长期生活在一起，相互照顾，对被继承人特别是老年人起到了精神慰藉的作用。给这些代位继承人多分一些遗产，既是对赡养、扶助和保护老年人行为的肯定和鼓励，从情感上说，也符合作为被赡养方的被继承人的意愿。

需要留意的是，本条规定的条件是尽到"主要"赡养义务的，也就是说，代位继承人首先应有法定的赡养义务。例如，根据《民法典》第1074条第2款规定："有负担能力的孙子女、外孙子女，对于子女已经死亡或者子女无力赡养的祖父母、外祖父母,有赡养的义务"。换言之,如子女尚未死亡且有能力赡养,则孙子女、外孙子女并无赡养义务。故实务中适用本条时还应重点审查应当承担赡养义务的子女是否无力赡养。在子女没有稳定收入,尚在求学,需要其他家庭成员接济,甚至因病、残疾等丧失或基本丧失劳动能力,或者其收入仅能维持本人生活的,就可以认定其无能力赡养父母。在审理案件时,要从家庭收入、支出、本人身体状况等方面综合考虑应当承担赡养义务的子女是否有能力赡养。[①]如果子女有能力赡养而不赡养或赡养较少,而祖父母、外祖父母主要由孙子女、外孙子女赡养的,则孙子女、外孙子女一方面可以主张代位继承,另一方面可以根据《民法典》第1131条主张遗产酌分请求权。其次,赡养义务应主要由代位继承人履行。代位继承人不光要自己尽到对被继承人的赡养义务,其所尽赡养义务从量上来说,要比其他同一顺序继承人更多,在对被继承人的赡养中占到较大比例,即赡养义务主要是由代位继承人完成的,才能适用本条。这是一个相对的量的要求。同一顺序继承人都尽到了赡养义务,哪怕每个继承人都对被继承人无论从生活上还是精神上都做到了关怀备至,只要各继承人对被继承人经济上赡养、劳动上扶助和精神上慰藉的程度相互之间差距不大,代位继承人的赡养不能达到"主要"的程度,就不能适用本条规定。此时,也没有适用本条的基础和必要。

三、可以多分

代位继承人存在缺乏劳动能力又没有生活来源,或者对被继承人尽到主要赡养义务的,"可以"在分配遗产时多分,也即,即使

[①] 肖峰、田源主编:《婚姻家庭纠纷裁判思路与裁判规则》,法律出版社2017年版,第633页。

代位继承人符合本条规定可以多分遗产的条件，人民法院也并非必须要给该代位继承人分配更多遗产份额。是否给代位继承人多分遗产，应当根据具体案情和代位继承人的实际情况进行判断。尤其是在代位继承人符合对被继承人尽到主要赡养义务条件的情况下，如果代位继承人的经济条件较好，而其他继承人存在诸如生活有特殊困难又缺乏劳动能力的情况时，人民法院可以酌情决定是否多分。

【审判实践中应注意的问题】

1.对没有生活来源的认定不能仅以代位继承人是否有劳动收入为标准，没有劳动收入但有其他合法收入，或有人向其提供生活费用的，不能算作没有生活来源。

2.判断代位继承人是否对被继承人尽到主要赡养义务时，除了评价代位继承人和其他同一顺序继承人尽到的义务多少之外，代位继承人尽赡养义务的绝对量也是需要考虑的。代位继承人对被继承人的赡养应当具有长期性、经常性。无论是生活上的照料，还是经济上的供养，必须是经常的、长期的，如果只是偶尔给几次钱、做几次饭、看望几次、提供有限的劳务帮助等，只能视为有过帮助，不能视为尽了主要赡养义务。假设各继承人均不履行赡养义务，只有代位继承人偶尔履行赡养义务，给予被继承人远低于自己能力范围的经济上或劳务上的扶助，虽然貌似满足了相对量的要求，也不宜认为其尽到了主要赡养义务。

> 第十七条　继承人丧失继承权的，其晚辈直系血亲不得代位继承。如该代位继承人缺乏劳动能力又没有生活来源，或者对被继承人尽赡养义务较多的，可以适当分给遗产。

【条文主旨】

本条是关于不能代位继承的直系晚辈血亲可以分得适当遗产的规定。

【条文理解】

《民法典》第1125条规定了继承权丧失和恢复的情形和条件，旨在通过对故意杀害、遗弃或虐待被继承人情节严重，或为争夺遗产而杀害其他继承人等情形给予法律上的否定评价，倡导良好家庭风尚。作为法定继承的一种特殊情形，当继承人因存在符合《民法典》第1125条规定的丧失继承权情形时，其直系晚辈血亲的代位继承权利是否同样受到该继承权丧失的影响，是本条要解决的问题。

一、继承人丧失继承权的，其直系晚辈血亲同时丧失代位继承权利

对于代位继承权与继承权之间的关系，或说代位继承权的性质问题，一直以来存在代表权说和固有权说两种观点。

（一）固有权说

持固有权说的观点认为，代位继承人对被继承人遗产得以继承的权利，来源于其作为继承人直系晚辈血亲的固有权利，与继承人的继承权无关。无论继承人是死亡还是丧失或放弃了继承权，其直系晚辈血亲均有权利代位继承。主要理由有：（1）固有权说符合民事主体作为民事权利享有者的基本理念。按照固有权说，代位继承人的代位继承权利源于其作为继承人直系晚辈血亲与被继承人的血缘关系，其可以作为独立的民事主体享有代位继承权，而不必依附于继承人。固有权说更符合代位继承制度的价值理念，也合乎民事主体理念。（2）固有权说符合自己责任原则。如果按代表权说解释代位继承人的权利，当继承人实施了丧失继承权的行为，不仅继承人本人要承担丧失继承权的法律后果，其直系晚辈血亲也会因继承人的行为受到牵连，承担丧失代位继承权的不利后果，有失公平。（3）固有权说有利于充分发挥继承制度养老育幼功能。代位继承可以保障被继承人的直系卑亲属的物质生活和经济利益，确保财产在家族中合理流转，充分发挥遗产养老育幼的功能。如果按照代表权说，继承人丧失继承权后，其直系晚辈血亲也不能继承遗产，可能导致遗产向旁系流转，一方面破坏遗产分配平衡，另一方面也不利于继承人直系晚辈血亲的权益保护。（4）固有权说更有利于私有财产保护。《民法典》第1128条将代位继承人范围从被继承人子女的直系晚辈血亲扩大到包括被继承人子女的直系晚辈血亲和被继承人兄弟姐妹的子女两类，这正是考虑到在我国家庭结构趋于简单化的背景下，按照原有的代位继承人范围规定，可能导致家庭财产无人继承而被收归国有的情况。为避免国家权力侵犯私人权利，《民法典》作出了以上改变。而如果按照代表权说，继承人丧失继承权，代位继承人也相应丧失代位继承权，比之固有权说所主张的继承人继承权的丧失对代位继承人的权利不产生影响，显然固有权说更具私有财产保护优势。

反对固有权说的观点则认为,《民法典》对继承权丧失已经规定了非常严格的条件,无论是杀害被继承人或为争夺遗产杀害其他继承人,还是情节严重的遗弃、虐待被继承人或其他妨碍遗嘱自由的情形,都严重侵犯了他人的人身权利或财产权利,《民法典》因此给予丧失继承权的否定评价。如果允许实施了这些行为的继承人的直系晚辈血亲代位继承,从结果来说,尤其是在代位继承人是未成年人的情况下,行为人对被继承人的遗产仍可能享有实际的支配权,《民法典》所规定的否定评价不能实际发挥效用,无法体现对行为人的惩罚。"惟因被代位继承人丧失继承权,而由其直系血亲卑亲属继承被继承人遗产时,能否达到对丧失继承权人制裁之目的,甚有疑问。盖是时之代位继承人通常尚未成年者居多,故为其法定代理人之丧失继承权人,仍可就其未成年子女代位继承之遗产,为管理、使用收益甚至又可处分,果如此,则焉有制裁效果可言。"[1]从倡导良好家庭风尚的角度来说,固有权说之下继承人直系晚辈血亲在继承人实施了丧失继承权的行为后仍可以代位继承,家庭财产在各支系中的流转不受继承人恶劣行为的影响,容易伤害其他支系亲属的感情,也不利于尊老、敬老风气的形成,有悖于公平正义,还容易引发道德风险。维护某一支系的利益不应当与公平正义相悖,尊重个体主体价值,尊重被继承人的意志应当成为继承立法的主导思想。[2]

从各国和地区规定上看,意大利、德国、日本、法国和我国澳门特别行政区等均采纳了固有权说。《法国民法典》第755条规定:无继承资格的人的子女与直系卑血亲,只要在继承开始时健在,亦

---

[1] 陈棋炎:《亲属、继承法基本问题》,我国台湾地区三民书局1980年版,第640页。

[2] 王艳慧:《代位继承的性质论证及检讨——以历史流变为视角》,载《哈尔滨师范大学社会科学学报》2014年第4期。

准许代位继承。《意大利民法典》第467条规定：代位继承人在其父或母不能继承或不想继承时，仍允许代位继承。《德国民法典》第1953条规定：（1）遗产被拒绝的，视为未发生对拒绝人的遗产归属。（2）遗产归属于假如拒绝人在继承开始时死亡会有资格做继承人的人；该项归属视为在继承开始时发生。我国澳门特别行政区民法第1877条规定：属依法继承者，失格之人无继承能力不影响其直系血亲卑亲属之代位继承权。

（二）代表权说

持代表权说的观点认为，代位继承是代位继承人代表被代位继承人参加继承，代替了继承人在继承中的地位，行使继承人的权利。当继承人丧失或放弃继承权利时，代位继承人因没有可以代替行使的权利基础，而不享有代位继承权。《法国民法典》第744条规定：任何人不得替代自然的或民事上的死亡者的地位，代位继承人仅得替代自然的或民事上的死亡者的地位，是代表权说的典型代表之一。

反对代表权说的观点认为，代表权说相对固有权说存在许多缺陷：（1）代表权说有悖于民事权利基本理论。自然人的民事权利始于出生，终于死亡。按照代表权说，继承人先于被继承人死亡，其民事权利能力消失，不可能成为民事主体，享有民事权利。自继承人死亡之时起，已经没有权利可供代位继承人代替行使，代位继承人的权利缺乏合法合理的来源。（2）代表权说不符合自己责任原则。继承人违反法律规定，丧失继承权，是其对自己恶劣行为应当承担的后果。按照代表权说的观点，继承人行为的法律后果不仅其自己要承担，其直系晚辈血亲也要承担，相当于他人与行为人共同承担了行为后果，不符合现代民法的自己责任原则。而从另一方面考虑，假如继承人没有丧失或放弃继承权，但代位继承人却存在丧失继承权的行为，依据代表权说的理论，代位继承人仍然可以通过代替继承人继承获得被继承人的遗产,这种结果显然有违公平。(3)代表权说会导致权利义务不一致。我国《民法典》继承编将祖父母、外祖父母列为第二顺位法定继承人,在没有第一顺位法定继承人时,祖父母、外祖父母可以继承孙子女、外孙子女的遗产。民法倡导权利义务相一致,相应地,孙子女、外孙子女也应当享有对祖父母、外祖父母遗产的继承权利。但按照代表权说的观点,如孙子女、外孙子女的父母实施了《民法典》规定的丧失继承权的行为,孙子女、外孙子女就失去了得以继承祖父母、外祖父母财产的途径,这显然在权利义务上不相匹配。(4)代表权说不利于发挥代位继承制度养老育幼的功能。代位继承制度扩充了法定继承人的范围,以代位的方式保证财产能够在家族内部流转,尽量避免财产流向旁系或被收归国有,为继承人的直系晚辈血亲提供物质生活保障。代表权说会导致被继承人明明有直系晚辈血亲却不能继承,遗产只能流向旁系或成为无人继承财产最后收归国有,不利于发挥继承养老育幼的功能,亦不利于私有财产的保护。

(三)世界各国的规定

根据对代位继承性质理解的不同,目前世界各国和地区有三种认定代位继承发生原因的规定。

1.仅以被代位继承人先于被继承人死亡为代位继承发生的唯一原因,如我国《民法典》和原《法国民法典》。原《法国民法典》第744条规定:任何人均不得代替生存的人取得其继承地位,代位继承人仅能替代自然的或在民事上死亡者的地位。

2.以被代位继承人先于被继承人死亡或者丧失继承权为发生代位继承的原因,如法国、我国台湾地区。2006年《法国民法典》进行了修改,第751条规定:代位继承是法律上的一种拟制,其效果是使代位继承人接替被代位人的权利。第753条第1款规定:可以对先死亡之人为代位继承。不得对放弃继承权的人为代位继承。

第755条第1款规定：无继承资格的人的子女与其直系卑血亲，若在继承开始时健在，仍准许其代位继承。增加了继承人生前丧失继承权的，依然允许代为继承的规定。我国台湾地区"民法"则将丧失继承权直接纳入代位继承的发生原因中，规定：第1138条所定第一顺序之继承人，有于继承开始前死亡或者丧失继承权者，由其直系血亲卑亲属代位继承其应继份。

3.以被代位继承人先于被继承人死亡、丧失继承权或放弃继承权为发生代位继承的原因，如德国、瑞士、意大利。其中，《意大利民法典》对代位继承适用的条件规定最为宽松，不仅包括法定继承，也包括遗嘱继承。

本解释对代位继承的发生原因采取了上述第一种模式，即只有在继承人先于被继承人死亡的情况下，才能适用代位继承。继承人丧失继承权或放弃继承权的，不适用代位继承。继承权丧失制度既影响享有继承权的当事人本身的利益，还关系其他继承人的切身利益。完善的继承权丧失制度有利于规范继承人的合法继承行为，维护社会的道德人伦和家庭秩序，维持良好的遗产继承秩序、维护被继承人的遗嘱自由。我国《民法典》继承编规定的丧失继承权的情形都属于极其恶劣、严重伤害家庭成员感情的行为，如果允许实施了该种行为的继承人的直系晚辈血亲代位继承，无论从法理还是情理上都行不通。对于部分观点所提出的可能损害被继承人仍然愿意将财产分配给的直系晚辈血亲利益的担忧，可以通过被继承人设立遗赠，或通过本条后半部分的规定予以弥补。继承人放弃继承权的不适用代位继承为多数立法所认可，继承权作为一种期待权，只能在继承开始后始得放弃，放弃后，相应的应继份为其他同一顺位继承人或第二顺位继承人所有，此时已不存在代位继承的适用空间。

二、代位继承权丧失的补救例外

本条后半部分规定，如该代位继承人缺乏劳动能力又没有生活来源，或者对被继承人尽赡养义务较多的，可以适当分给遗产。有评价认为，这"体现了我国财产继承制度深受传统文化的影响，表明财产传承承载着赡养、抚养等功能"。[①]

本条例外规定的适用条件有两种，满足其一即"可以适当分给遗产"。

第一，直系晚辈血亲缺乏劳动能力又没有生活来源。"缺乏劳动能力"指的是该直系晚辈血亲不具备或不完全具备独立劳动的能力，不能依靠自身的劳动取得必要收入以维持自己的生活。"没有生活来源"主要指的是该直系晚辈血亲没有固定的工资、没有稳定的经济收入，无法有效地从他人或社会获取必要的生活资料。两项必须同时满足，只有在该直系晚辈血亲既缺乏劳动能力，又没有生活来源的情况下，才符合可以适当分给遗产的条件。如果只是缺乏劳动能力，但有生活来源，此时就不符合可以适当分给遗产的条件。如果具有劳动能力，但没有生活来源，也不符合可以适当分给遗产的条件。这种情况下，该直系晚辈血亲可以通过自己的劳动来维持自己的生活，没有适当分给遗产的现实必要性。此外，本条虽然是参考《民法典》第1131条规定的立法精神制定，但与该条仍有区别，表现在直系晚辈血亲缺乏劳动能力又没有生活来源并不等于事实上"依靠被继承人扶养"。故即便被继承人生前并未对该直系晚辈血亲进行过扶养，也可适用本条主张分得适当遗产。

第二，对被继承人尽赡养义务较多。即，在被继承人生前对其

[①] 焦垣生、张维：《中国传统家文化下的财产继承》，载《西安交通大学学报（社会科学版）》2008年第6期。

尽到了较多的经济上资助、生活上扶助的义务。虽然直系晚辈血亲因继承人丧失继承权而不能继承被继承人的遗产，但对于直系晚辈血亲给予被继承人经济、生活、精神上照顾的行为，法律应当肯定和鼓励。例如，《民法典》第1074条第2款规定：有负担能力的孙子女、外孙子女，对于子女已经死亡或者子女无力赡养的祖父母、外祖父母，有赡养的义务。虽然《民法典》没有明确规定曾孙子女、曾外孙子女对曾祖父母、曾外祖父母有赡养义务，但秉持养老扶幼的继承立法精神，如果其对曾祖父母、曾外祖父母赡养较多的，也可类推适用本条规定。

判断"适当分给"，可以综合以下几个方面进行考量：（1）被继承人受到赡养的情况。如完全由直系晚辈血亲赡养，还是与其他人共同赡养，以及赡养的时间长短。（2）直系晚辈血亲的情况。包括与其他对被继承人负有赡养义务、享有继承权的主体相比，直系晚辈血亲对被继承人的赡养是否达到较多的程度。（3）遗产状况。确定酌情分得遗产数量时，应当考虑遗产状况和继承人的情况，主要是遗产的数量、种类以及继承人的数量、经济状况、是否尽了赡养义务等，还要符合有利生产、生活的原则，尽量不损害遗产效用。

【审判实践中应注意的问题】

1. 继承人相对丧失继承权的，如确有悔改表现，被继承人表示宽恕的，继承人重新获得继承权，其直系晚辈血亲的代位继承权利也相应恢复。

2. 审判实践中需注意，当有符合本条后半部分两种情形的直系晚辈血亲时，可以适当分给遗产，也可以不分。是否适当分给遗产，应当综合遗产情况、继承人情况、直系晚辈血亲的生活需要等多种因素判断。

3. 当既存在缺乏劳动能力又没有生活来源的直系晚辈血亲,也存在对被继承人尽赡养义务较多的直系晚辈血亲时,二者遗产的分配应当以满足缺乏劳动能力又没有生活来源的直系晚辈血亲的基本生活需要为首要。

> **第十八条** 丧偶儿媳对公婆、丧偶女婿对岳父母，无论其是否再婚，依照民法典第一千一百二十九条规定作为第一顺序继承人时，不影响其子女代位继承。

【条文主旨】

本条是关于无论丧偶儿媳、丧偶女婿是否再婚，均不影响其子女代位继承的规定。

【条文理解】

无论是从继承的历史发展还是现有继承制度的设计上，血缘都是影响继承人身份、顺序的重要因素。儿媳、女婿与公婆、岳父母没有血缘关系，两者属于姻亲。从婚姻家庭法律关系上讲，彼此之间并无扶养、赡养的权利和义务，一般情况下不发生法定继承关系。即，无论丧偶与否都不能使儿媳、女婿成为公婆或岳父母遗产的法定继承人。但根据我国现阶段的国情，大多数家庭的老人还需要子女或其他亲属提供家庭供养，居家养老在一段时间内仍然是我国养老的主要方式。现实生活中，有些儿媳或女婿不仅与其配偶共同赡养公婆或岳父母，而且在丧偶甚至再婚以后仍然继续赡养、照料公婆或岳父母。出于鼓励丧偶儿媳或丧偶女婿承担赡养公婆或岳父母的义务，使年老的公婆或岳父母得到赡养，以及充分发挥家庭的社会职能的考虑，1985年《继承法》第12条就规定"丧偶儿媳对公、婆，丧偶女婿对岳父、岳母，尽了主要赡养义务的，作为第一顺序继承人"。由于该条并未区分丧偶儿媳、丧偶女婿是否再婚情况，而现实中，不少丧偶儿媳或女婿还会再婚，进而其子女还可能成为再婚配偶的继子女，甚至因此改姓换名。就此，一种观点认为，既然孙子女、外孙子女都成为他人子女，则不能再通过代位继承取得祖父母、外祖父母的遗产。故即便丧偶儿媳、女婿可以作为第一顺序继承人，也因再婚而使得其子女不能享有代位继承的权利。这种观点貌似合理，但实质是对丧偶儿媳、女婿婚姻自由的干涉。而立法之所以规定其取得第一顺序继承人的地位，是基于对其赡养付出的鼓励而将其类似子女看待。至于丧偶儿媳、女婿的子女可以代位继承则是基于与被继承人之间的血亲关系。对此，1985年《继承法意见》第 29 条明确规定"丧偶儿媳对公婆、丧偶女婿对岳父、岳母，无论其是否再婚，依继承法第十二条规定作为第一顺序继承人时，不影响其子女代位继承"。鉴于《民法典》第 1129条延续了丧偶儿媳、丧偶女婿继承权的规定，故本条也基本保留了1985 年《继承法意见》第 29 条的内容。

虽为姻亲，丧偶儿媳、丧偶女婿与公婆、岳父母之间的法定继承关系却与丧偶儿媳、丧偶女婿的婚姻状况无关。

一是丧偶儿媳、丧偶女婿对公婆、岳父母第一顺序法定继承权利的获得，本就与双方是否存在姻亲关系无关。除了配偶关系外，其他姻亲关系在我国法律体系中没有在姻亲间互相形成法定继承权利的效力。严格来说，丧偶儿媳或丧偶女婿的配偶生存之时，儿媳或女婿与公婆、岳父母是姻亲关系，配偶死亡之后，丧偶儿媳或丧偶女婿与其配偶的婚姻关系随着配偶死亡事实的发生而消灭，与公婆、岳父母之间的姻亲关系也不再存在。也是由于这种原因，对《民法典》第 1129 条赋予尽到主要赡养义务的丧偶儿媳、丧偶女婿第一顺序法定继承人地位的规定，有观点表示不赞同，认为按照《民法典》第1131条关于酌情分得遗产权的规定，把丧偶儿媳、丧偶女婿视为继承人以外的对被继承人扶养较多的人，可以分给适当的遗产，份额比照第一顺序法定继承人即可。出于上述对我国国情、老年人的赡养和发挥家庭社会功能以及丧偶儿媳、丧偶女婿与公婆、岳父母原有的特殊关系等方面的考虑，《民法典》保留了对丧偶儿媳、丧偶女婿在特定条件具备情况下赋予第一顺序法定继承权利的规定，肯定了对公婆、岳父母尽到主要赡养义务的丧偶儿媳、丧偶女婿的第一顺序法定继承权。这种继承权是法律明确赋予的，是对公婆、岳父母尽到主要赡养义务的丧偶儿媳、丧偶女婿依法享有的权利，只要满足法律规定的条件就应当享有，不受任何其他因素的影响或阻碍。

二是丧偶儿媳、丧偶女婿在之后生活中的婚姻状况不影响法定继承权利的享有。《民法典》第1129条对丧偶儿媳、丧偶女婿获得公婆、岳父母第一顺序法定继承权的条件只有一个，就是"尽了主要赡养义务"，只要达成这一条件即可。丧偶儿媳、丧偶女婿在其配偶死亡后，没有任何婚姻关系存续，是否再婚是他们自己的人身权利，不影响对是否对公婆、岳父母尽了主要赡养义务的认定，也不会损害其他继承人的继承权，应当依法享有继承权。以丧偶儿媳和丧偶女婿再婚为理由而否认、排斥他们继承公婆、岳父母的遗产于法无据。

因此，无论丧偶儿媳、丧偶女婿是否再婚，只要其对公婆、岳父母尽了主要赡养义务，可以作为第一顺序继承人。丧偶儿媳、丧偶女婿先于作为被继承人的公婆、岳父母死亡的，一方面丧偶儿媳、丧偶女婿具备第一顺序法定继承人的地位；另一方面其子女是公婆、岳父母的直系晚辈血亲，无论从法律权利还是血缘上看，丧偶儿媳、丧偶女婿子女的代位继承权均应得到肯定。

举例说明，张三与妻子李四生育有一子张小五，张小五与妻子王小六生育有一女张小小。张小五因故先于父亲张三、母亲李四、妻子王小六死亡，张小五死亡后，王小六仍然将公公张三和婆婆李四视为自己父母一般赡养照顾，无微不至。后王小六再婚，婚后看望、照顾张三和李四一如往常，对张三和李四尽到了主要赡养义务。后王小六因故先于张三、李四死亡。根据《民法典》第1129条规定，王小六作为丧偶儿媳，对公婆尽了主要赡养义务，是张三和李四的第一顺序继承人。张三、李四死亡后，孙女张小小对其父亲张小五、母亲王小六都可代位继承，作为第一顺序继承人继承祖父张三、祖母李四的遗产。这是一个关系比较简单的案件，张三、李四的遗产最终全部由孙女张小小继承。但如果张三、李四不只有一个子女，张小小所能代位继承的遗产就会因其母亲王小六依据《民法典》第1129条规定获得的第一顺序继承人身份而多出一人的份额。从结果上看，不只对公婆、岳父母尽了主要赡养义务的丧偶儿媳、丧偶女婿得到了第一顺序法定继承人身份的肯定和鼓励，通过对丧偶儿媳、丧偶女婿子女代位继承权利的肯定，无论丧偶儿媳、丧偶女婿是否得以自己继承被继承人的遗产，被继承人的遗产都能够更多地流向对被继承人尽到了更多赡养义务的这一支系之中，有利于形成主动赡养老人，尊老、敬老、养老的良好精神文明风貌。

【审判实践中应注意的问题】

丧偶儿媳、丧偶女婿因对公婆、岳父母尽了主要赡养义务而作为第一顺序继承人的，其继承权利与其他同一顺序继承人相比并无不同。其可代位继承的子女，既包括与丧偶生前所生子女，也包括养子女。至于丧偶儿媳、丧偶女婿与他人所生子女均不是其与丧偶生前所生的婚生子女，也即相对于丧偶婚姻关系而言的非婚生子女。非婚生子女，是指没有合法婚姻关系的男女所生的子女。主要包括无婚姻关系的妇女所生子女、已婚妇女所生但被法院否认婚生推定的子女、已婚妇女所生的不受婚生推定的子女三大类。① 对于非婚生子女，虽然《民法典》第1071条规定"非婚生子女享有与婚生子女同等的权利"以及《民法典》第1127条规定非婚生子女是第一顺序继承人，但该权利是限定在父母子女之间关系范围内，并不涉及没有血缘关系的其他人。故丧偶儿媳、丧偶女婿与丧偶以外的他人所生子女或收养子女因与公婆、岳父母没有血缘关系，而不能依据本条主张代位继承。

---

① 肖峰编著：《民法典婚姻家庭编条文精释与案例实务》，法律出版社2020年版，第178页。

> 第十九条　对被继承人生活提供了主要经济来源，或者在劳务等方面给予了主要扶助的，应当认定其尽了主要赡养义务或主要扶养义务。

【条文主旨】

本条是关于法定继承人多分遗产的认定标准的规定。

【条文理解】

《民法典》第1129条规定："丧偶儿媳对公婆，丧偶女婿对岳父母，尽了主要赡养义务的，作为第一顺序继承人。"第1130条第3款规定："对被继承人尽了主要扶养义务或者与被继承人共同生活的继承人，分配遗产时，可以多分。"该款是关于法定继承人多分继承份额的规定，体现出遗产分配应对付出者予以回报的价值理念。按照该款规定，法定继承人多分遗产的构成要件有二：一是法定继承人处于同一继承顺位；二是存在对被继承人尽了主要扶养义务或者与被继承人共同生活的情形。对于法定继承人多分遗产的规定，最早存在于1984年《关于贯彻执行民事政策若干问题的意见》第42条，该条规定："……但对未成年、无生活来源或对被继承人尽义务较多的继承人，应予照顾……"此后，1985年《继承法意见》第30条进一步规定为："对被继承人生活提供了主要经济来源，或在劳务等方面给予了主要扶助的，应当认定其尽了主要赡养义务或主要扶养义务。"本条延续了此规定，对其作了文字修改，将"或在劳务等"改为"或者在劳务等"，进一步明确了法定继承人多分遗产的标准，该条款既体现了法的公平、友善、和谐等价值，又完全符合当下家庭伦理的普遍共识。

一、如何理解"赡养义务"

中华民族历来重视孝道，敬老、养老、助老是中国传统文化的组成部分。尽管改革开放以来中国的经济出现飞跃式的发展，整体社会保障水平有了显著提高，但地区之间发展并不均衡，欠发达地区社会保障的水平仍然十分薄弱。《老年人权益保障法》第13条规定了老年人养老以居家为基础。该条文反映出家庭负有养老育幼的特殊使命，居家养老仍是我国目前最适合的养老方式。在家庭养老模式中，关键的一环就是家庭成员要承担对老年人的赡养义务。《老年人权益保障法》第14条规定："赡养人应当履行对老年人经济上供养、生活上照料和精神上慰藉的义务，照顾老年人的特殊需要。赡养人是指老年人的子女以及其他依法负有赡养义务的人。赡养人的配偶应当协助赡养人履行赡养义务。"法定的赡养义务主体范围与法定继承人的范围密切相关。一般而言，负有赡养义务的主体具有法定继承权，承担赡养义务是义务方面，而享有法定继承权是权利方面。

首先，《宪法》第49条第3款规定：成年子女有赡养扶助父母的义务。《民法典》第1067条第2款规定了子女对父母的赡养义务："成年子女不履行赡养义务的，缺乏劳动能力或者生活困难的父母，有要求成年子女给付赡养费的权利。"按照法律规定，成年子女对父母履行赡养扶助义务是法定义务。成年子女是承担赡养义务的第一顺序人。这里的子女包括婚生子女、非婚生子女、有抚养关系的继子女和养子女。只要形成了拟制的亲子关系，成年子女就是第一顺序的赡养义务人。需要注意的是，收养关系可以解除。《收养法》第 29 条规定："收养关系解除后，养子女与养父母及其他近亲属间的权利义务关系即行消除……"根据此规定，解除收养关系后，养子女对养父母的赡养义务随之消除。《收养法》第 30 条规定："收养关系解除后，经养父母抚养的成年养子女，对缺乏劳动能力又缺乏生活来源的养父母，应当给付生活费……"该条规定的给付生活费的义务不同于法定的赡养义务，解除收养关系后的养子女对养父母不负有法定赡养义务，但负有一定的经济补偿责任。有经济能力的成年子女，对丧失劳动能力或者无法维持生活的父母，负有法定的赡养义务。对于一起生活的父母，可以亲自照顾其生活起居；对不在一起生活的父母，可以给付一定的赡养费用。多个子女的，可以依据不同的经济条件，共同负担赡养费用。赡养人的配偶应当协助赡养人履行赡养义务。成年子女不仅要赡养父母，而且要尊敬、关心父母，使他们在精神上得到慰藉，愉快地安度晚年。缺乏劳动能力或者生活困难的父母受赡养权利被侵犯时，父母可以直接向成年子女索要赡养费，也可以请求有关组织调解，还可以直接向人民法院提起诉讼追索赡养费。

其次，《民法典》第 1074 条第 2 款规定了祖孙之间的赡养义务："有负担能力的孙子女、外孙子女，对于子女已经死亡或者子女无力赡养的祖父母、外祖父母，有赡养的义务。"根据该规定，一是孙子女、外孙子女作为赡养义务人的前提条件之一为作为第一顺序赡养义务人的子女已经死亡或者丧失赡养能力。祖父母、外祖父母有多个子女，其中一个子女死亡或者无力赡养，只要其他子女有赡养能力，孙子女、外孙子女不负有法定的赡养祖父母、外祖父母的义务。二是孙子女、外孙子女需要有负担能力，能够赡养照顾祖父母、外祖父母。当有负担能力的孙子女、外孙子女不能与祖父母、外祖父母共同生活时，应当向需要赡养的祖父母、外祖父母提供赡养费用。

最后，丧偶儿媳与公婆、丧偶女婿与岳父母存在赡养关系属于特殊情形。儿媳与公婆、女婿与岳父母之间没有血缘关系，只具有姻亲关系。儿媳、女婿丧偶之后，其与公婆、岳父母之间的姻亲关系也因为婚姻关系的灭失而不复存在。就法律规定而言，丧偶儿媳对公婆、丧偶女婿对岳父母是没有赡养义务的，其赡养老人完全是在履行道德义务。这种行为不仅有利于弘扬中华民族的孝文化，实现家庭和谐，而且有利于保障失去子女老人的生活，值得大力提倡、鼓励。1985年制定《继承法》时，"起草者依据现实中有些儿媳或女婿不仅在丧偶之前赡养公婆或者岳父母，而且在丧偶之后甚至再婚之后仍然继续照料公婆或者岳父母。为了弘扬此种家庭美德，鼓励人们更多地养老育幼，继承法于是规定，丧偶的儿媳对公婆、丧偶的女婿对岳父母尽了主要赡养义务的，可以作为第一顺位的继承人。由此，形成了具有鲜明中国特色的法定继承制度"。[①]《民法典》第1129条规定："丧偶儿媳对公婆，丧偶女婿对岳父母，尽了主要赡养义务的，作为第一顺序继承人。"该规定延续了《继承法》第12条关于丧偶儿媳、女婿继承权的规定，采取的是赋予丧偶儿媳、女婿第一顺位遗产继承权的遗产继承制度。立法者赋予丧偶儿媳、女婿第一顺位的遗产继承权的理由主要包括以下三点：其一是出于对无法律上的赡养义务却仍旧承担公婆、岳父母主要赡养责任的丧偶儿媳、女婿高尚道德品质的奖励；其二是根据权利义务相一致的原则对丧偶儿媳、女婿赡养费用支出的一种经济补偿；其三是贯彻继承法养老育幼的价值理念。[②] 对公婆、岳父母尽

[①] 王肃元：《法定继承制度的重塑》，载《法学杂志》2003年第11期。

[②] 于恩忠：《浅析丧偶儿媳和丧偶女婿的继承权》，载《政法论丛》1997年第6期；杨震：《我国法定继承人范围与顺序的历史检视与当代修正》，载《四川大学学报（哲学社会科学版）》2018年第1期。

了赡养义务的丧偶儿媳、女婿，赋予其第一顺序继承人的地位不仅符合公平原则，体现了对其高尚道德和传统美德的褒奖和肯定，而且也更有利于鼓励其自愿赡养老人，使老人精神得到慰藉，安度幸福的晚年。

二、如何理解"扶养义务"

扶养义务是特定亲属之间有经济能力的一方对无力维持生活的他方给予经济扶助和供养。广义上的扶养泛指特定亲属之间根据法律规定而存在的经济上相互供养、生活上相互扶助照顾的权利义务关系，即包括长辈对晚辈的"抚养"，也包括平辈之间的"扶养"，还包括晚辈对长辈的"赡养"。狭义的扶养专指平辈之间尤其是夫妻之间依法发生的经济供养和生活扶助的权利义务关系。本条规定的"扶养义务"是狭义的扶养义务。

法定继承人的范围，是指依照继承法律的规定直接取得遗产继承权的主体范围。承担扶养义务的主体一般具有法定继承权。负有扶养义务的主体范围由法律规定予以确定。法律确定负有扶养义务主体的标准为：一是共同生活的事实。共同生活包括空间因素、内容因素、心理因素。空间因素，是指在共同的空间内一起居住，或者至少在相距不远的地方居住；内容因素，是指具有共同的生活内容，如共同起居等；心理因素，是指在心理方面相互关心、相互支持。二是婚姻关系。婚姻，是指男女双方以永久共同生活为目的的合法结合。男女双方的共同生活当然包括相互之间的供养和扶助，相互的扶养义务是男女双方共同生活的应有之义。三是血缘联系。血缘联系，是指通过生育行为建立起来的人们之间的相互关系。以血缘联系为基础的亲属种类称为血亲。血亲可以分为直系血亲和旁系血亲。直系血亲，是指彼此之间有直接血缘联系的亲属，包括己身所从出和己身所出的两部分血亲。旁系血亲是指彼此之间具有间接血缘联系的亲属，即除直系血亲外，与己身同出一源的血亲，如兄弟姐妹、侄子女等。同胞兄弟姐妹是最近的旁系血亲。

首先，《民法典》第1059条规定："夫妻有相互扶养的义务。需要扶养的一方，在另一方不履行扶养义务时，有要求其给付扶养费的权利。"就夫妻关系而言，扶养义务是婚姻的本质要求。夫妻之间的扶养义务从双方办理结婚登记手续即已开始。换言之，从男女双方办理完结婚登记之时起，即使他们没有共同生活在一起，他们之间亦已存在扶养义务。《民法典》第1059条规定夫妻一方有要求另一方给付扶养费的权利，因此扶养义务更多地体现在夫妻日常生活中经济上的供养。夫妻一方存在患病、丧失劳动能力、缺乏生活来源、年老体弱等情形时，有相应经济能力的另一方应当履行法定的扶养义务。

其次，《民法典》第1075条规定："有负担能力的兄、姐，对于父母已经死亡或者父母无力抚养的未成年弟、妹，有扶养的义务。由兄、姐扶养长大的有负担能力的弟、妹，对于缺乏劳动能力又缺乏生活来源的兄、姐，有扶养的义务。"《民法典》第1075条规定，兄、姐对未成年弟、妹的扶养义务是有条件的，要求兄、姐有负担能力，且父母已经死亡或者无力抚养未成年的弟、妹，如果不符合此条件，兄、姐可自愿负担扶养费用，但是不属于法定义务。兄、姐对弟、妹的扶养义务是基于兄弟姐妹之间共同生活的事实，而弟、妹对兄、姐的扶养义务也是主要依据兄弟姐妹之间是否存在共同生活事实，即兄、姐扶养弟、妹的事实而定。法律规定同胞兄弟姐妹之间的扶养义务除了考虑共同生活的事实之外，他们之间的血缘联系也是重要根据。根据《民法典》第1075条规定，只有同胞兄弟姐妹之间才在特殊情况下有扶养的义务。曾经共同生活的旁系血亲虽然是平辈亲属，比如寄养在姨、舅家的表兄弟姐妹之间，但因没有二亲等的血缘联系，他们互不负有扶养的义务。

三、尽到主要赡养义务、主要扶养义务的判断标准

《民法典》第1130条第3款规定:"对被继承人尽了主要扶养义务或者与被继承人共同生活的继承人,分配遗产时,可以多分。"第1129条亦将丧偶儿媳对公婆,丧偶女婿对岳父母尽了主要赡养义务,作为其成为第一顺序继承人的要件。在继承发生之时,继承人能否继承财产或者继承财产的多寡与其实际承担赡养、扶养义务的多少直接相关。因此有关"尽了主要赡养义务、扶养义务"的判断问题便成为此类案件审理的关键。为保障法律的统一适用,明晰裁判规则,根据本条规定,将对被继承人生活提供了主要经济来源,或者在劳务等方面给予了主要扶助作为认定继承人尽了主要赡养义务或主要扶养义务的标准。具体适用时,应当注意以下几方面。

一是判断继承人尽到主要赡养义务的标准。首先,看被继承人是否需要继承人履行赡养义务。老年人身体各方面机能不断老化,劳动能力和收入水平的下降亦属必然,有的甚至不足以维持自己的生存,此时更需要获得物质帮助。《新加坡子女奉养法》第3条规定:当父母之总收入或预期收入以及其他财务资源不足以为他提供基本之设施和基本之身体需求时,即达到所谓无法维持生活之标准。当继承人有赡养能力、条件,愿意尽赡养义务,但被继承人有固定收入和劳动能力,明确表示不要求其赡养的,分配遗产时,一般不应因此而影响其继承份额。其次,在考察继承人有无尽到主要赡养义务时,要注意考察其赡养能力、条件和意愿,看是否对被继承人生活提供了主要经济来源,或者在劳务等方面给予了主要扶助。《老年人权益保障法》以单独一章的形式,强调了对老年人的赡养义务,总体上规定了"经济上供养、生活上照料和精神上慰藉"三方面的内容。具体包括:第一,在物质上给予被继承人较

大的帮助，如提供生活费用、对患病老人提供治疗和护理费用；第二，在生活上给予被继承人主要照料和帮助，如继承人愿意与被继承人共同生活，照料生活不能自理的老人、给予合适的居住条件、购买食物及生活用品、洗衣做饭、维修家具家电等；第三，在劳动上给予被继承人较大的帮助，如耕种老年人承包的田地，照管老年人的林木和牲畜等，其收益归老年人所有；第四，对被继承人在精神生活上给予极大的抚慰。除了继承人为被继承人提供主要经济来源外，在高龄社会，很多老年人本身有维持生活的经济能力，但随着年龄的增长，情感上慰藉的重要性凸显，应当关心老年人的精神需求，不得忽视、冷落老年人。与老年人分开居住的家庭成员，应当经常看望或者问候老年人等。一般来说，仅仅单纯的探望和精神抚慰，不能成为尽到主要赡养义务的判断标准，亦不能仅以此作为多分遗产的判断依据。

二是判断继承人是否尽到主要扶养义务的标准。首先，看被继承人是否需要继承人履行扶养义务。扶养义务产生的前提条件之一是存在无力维持基本生活条件的一方，其需要负有扶养义务人提供经济扶助和供养。在判断被继承人是否需要法定扶养义务人履行扶养义务时，可以被继承人总收入或预期收入以及其他财产不足以为他提供基本生活设施和维持基本身体需求，或者具有资产但在可预期的短期内财产会耗尽作为判断标准。其次，看是否对被继承人生活提供了主要经济来源，或者在劳务等方面给予了主要扶助。当夫妻一方出现患病、伤残、下岗等情况，由此导致丧失劳动能力或者生活困难的，另一方应当用己方财产帮助需要扶养的一方，使其生活水平同自己大体相当。司法实践中，法官在审查继承人是否承担了主要扶养义务时，应当着重审查被继承人自身的经济水平、身体状况、继承人对被继承人的经济支持和照顾等情况。提出主张的继承人应当对其尽到主要扶养义务承担举证责任。

此外，需要注意的是，主要赡养行为、扶养行为应当具有长期性和经常性。赡养、扶养时间较短，不连续的赡养、扶养行为应排除在外，不能视为尽了主要赡养、扶养义务。

【审判实践中应注意的问题】

一、其他法定赡养义务人的共同赡养行为是否会影响认定丧偶儿媳对公婆，丧偶女婿对岳父母尽了主要赡养义务

丧偶儿媳、丧偶女婿作为第一顺位继承人参与继承的前提是其尽到主要赡养义务，但是否尽到主要赡养义务不宜以其他具有赡养义务的法定继承人没有尽赡养义务为必要条件。只要丧偶儿媳、丧偶女婿对被继承人提供了主要经济来源，或者在劳务等方面给予了主要扶助，就应当认定其尽到主要赡养义务。人民法院对丧偶儿媳、丧偶女婿符合社会主义核心价值观的行为应作出肯定性评价，按照《民法典》第1130条第3款的规定，其在分配遗产时可比其他第一顺位的继承人适当多分。

二、丧偶儿媳、女婿为了更好地抚育未成年子女和赡养老人，在丧偶之后又与死亡配偶的兄弟、姐妹再婚并对公婆、岳父母尽了主要赡养义务的，可否作为第一顺序继承人

一般而言，丧偶儿媳、女婿再婚并不影响其继承权。但是丧偶儿媳、女婿的再婚配偶是被继承人的法定赡养义务人时，其再婚后的赡养行为与其丧偶之前的赡养行为本质是一致的，即其赡养行为被其再婚配偶法定赡养义务所吸收。此种情况下，丧偶儿媳、女婿虽对公婆、岳父母尽了主要赡养义务，但是不宜将其作为第一顺序继承人。如果允许其以丧偶儿媳、女婿的身份享有第一顺序继承

权,就会出现其与现在的配偶因履行同一份赡养义务都可以作为第一顺序继承人继承遗产的结果,对其他法定继承人并不公平。因此,丧偶儿媳、女婿与死亡配偶的兄弟、姐妹再婚后对公婆、岳父母尽了主要赡养义务的,丧偶儿媳、女婿不再作为第一顺序继承人。《民法典》第1131条规定:"对继承人以外的依靠被继承人扶养的人,或者继承人以外的对被继承人扶养较多的人,可以分给适当的遗产。"丧偶儿媳、女婿作为对被继承人扶养较多的人,可以分得适当的遗产。

> 第二十条　依照民法典第一千一百三十一条规定可以分给适当遗产的人，分给他们遗产时，按具体情况可以多于或者少于继承人。

【条文主旨】

本条是关于继承人以外的人酌情分得遗产的规定。

【条文理解】

继承制度具有较强的身份性特征，被继承人的遗产一般被分配给与被继承人具有血缘关系或者婚姻关系的人。然而，如果仅将继承活动限定在有一定的血缘关系或者婚姻关系的人群之间，可能会对那些与被继承人具有非常密切的经济、生活和情感联系的，或者对被继承人履行较多扶养行为的其他人并不公平，也不利于倡导正义、扶助的价值理念。尤其是我国目前的继承制度中，在遗嘱的方式适用并不普遍的情况下，对继承人以外的人分得遗产作出规范具有十分积极的意义，符合我国继承法律制度关于分配正义价值的取向。

《民法典》出台以前，我国原《继承法》第14条即就"酌给遗产制度"作出了规定，《民法典》出台后，其第1131条亦明确规定了，"对继承人以外的依靠被继承人扶养的人，或者继承人以外的对被继承人扶养较多的人，可以分给适当的遗产"。实践中，对于

《民法典》第1131条规定的"酌给继承制度"理解并不清晰，尤其是对"适当"分给遗产的标准问题，存在较大争议。本条规定明确了适当分给遗产时，可以"多于"或者"少于"继承人，实际上也就是对"酌给遗产制度"的法理依据作出了指引，在理解与适用的过程中应当重点注意。

理解本条规定，应当注意以下几点。

一、"继承人以外的人"的具体范围

《民法典》第1131条所称"继承人以外的人"，是指继承人以外的依照继承的法律规定分得被继承人遗产的民事主体。

我国原《继承法》第14条的规定，是在结合与被继承人的扶养关系的基础上，将可以适当分得遗产的、继承人以外的人确定为以下两种：第一种是依靠被继承人扶养，且缺乏劳动能力又没有生活来源的人。具体而言，"依靠被继承人扶养"，是指全部或主要生活来源依赖被继承人的提供。"缺乏劳动能力"指因智力或者身体未发育完全、年老等不具有劳动能力，或者因疾病、伤残等完全丧失或者部分丧失劳动能力的情况，"没有生活来源"指没有收入或者经济来源。第二种是对被继承人生前扶养较多的人。即指在被继承人生前对其在经济上资助、生活上扶助的继承人之外的民事主体。因这种扶养不是法律上必须履行的义务，而是出于道德心，自觉自愿提供的帮助，给予这类人分得遗产的权利，也充分体现了法律对赡养老人、扶残济困等传统美德的肯定和鼓励。《民法典》编纂过程中，有学者提出意见认为，我国继承法律制度对依靠被继承人扶养的继承人以外的人分给适当遗产条件过于严苛，要求既缺乏劳动能力又没有生活来源，这将在实质上排除大部分受被继承人扶养的人分得适当遗产的机会。我们认为，以我国目前的社会保障情况来看，完全没有生活来源的人已经很少出现，如果严格按照原

《继承法》的规定，要求受被继承人扶养的继承人以外的人"既缺乏劳动能力，又没有生活来源"才可以分得适当遗产，可能会使很多受被继承人扶养的继承人以外的人不能分得任何遗产，导致这类继承人以外依靠被继承人扶养的人在被继承人死亡后生活水平大幅下降，显然不符合被继承人的意愿。

据此，《民法典》第1131条最终在保留原《继承法》第14条对于可酌情分得遗产的"继承人以外的人"是以"形成扶养关系"的标准认定外，删除了依靠被继承人扶养的继承人以外的人分得适当遗产须符合"缺乏劳动能力又没有生活来源"这一条件。即只要依靠被继承人扶养，无论有无劳动能力或缺乏生活来源，均可以分给其适当的遗产份额，实际上扩大了酌情分得遗产的适用主体范围，充分发挥了遗产的扶养功能。具体而言，依据《民法典》第1131条之规定，继承人以外的人，只要其与被继承人之间具有扶养关系，即可依据本条分得适当的遗产。而与被继承人之间具有扶养关系，则具体包括依靠被继承人扶养以及对被继承人扶养较多的情形。

所谓依靠被继承人扶养，是指民事主体之间存在经济上的相互供养、生活上的相互扶助的权利义务关系。一般情况下，除夫妻之间的扶养和父母子女之间的扶养外，还存在直系姻亲之间、二亲等之外的旁系血亲之间的扶养。在我国，扶养关系主要包括以下几种：（1）夫妻之间的扶养。《民法典》第1059条规定："夫妻有相互扶养的义务。需要扶养的一方，在另一方不履行扶养义务时，有要求其给付扶养费的权利。"（2）父母子女之间的扶养。《民法典》第1067条规定："父母不履行抚养义务的，未成年子女或者不能独立生活的成年子女，有要求父母给付抚养费的权利。成年子女不履行赡养义务的，缺乏劳动能力或者生活困难的父母，有要求成年子女给付赡养费的权利。"（3）祖孙之间的扶养。《民法典》第1074

条规定:"有负担能力的祖父母、外祖父母,对于父母已经死亡或者父母无力抚养的未成年孙子女、外孙子女,有抚养的义务。有负担能力的孙子女、外孙子女,对于子女已经死亡或者子女无力赡养的祖父母、外祖父母,有赡养的义务。"(4)兄弟姐妹之间的扶养。《民法典》第1075条规定:"有负担能力的兄、姐,对于父母已经死亡或者父母无力抚养的未成年弟、妹,有扶养的义务。由兄、姐扶养长大的有负担能力的弟、妹,对于缺乏劳动能力又缺乏生活来源的兄、姐,有扶养的义务。"

其中,配偶、子女、父母均为法定继承中第一顺位继承人,可以直接作为继承人继承遗产,因此不存在适用本条规定的条件。而祖父母、外祖父母、孙子女、外孙子女、兄弟姐妹,如果因第一顺位继承人的原因不能作为继承人或代位继承人继承被继承人的遗产,例如被继承人有晚辈直系血亲而不能继承遗产的兄弟姐妹等继承顺序在后的人,依靠被继承人生前扶养的,分给其适当的遗产以满足其基本生活需要,一方面不违反被继承人的生前意愿,另一方面也有利于保护弱势群体的相关权益,促进家庭及社会的和谐稳定。但需注意的是,作为第二顺位继承人的祖父母、外祖父母、孙子女、外孙子女、兄弟姐妹对被继承人分得遗产的依据是应当履行的法定义务,而非基于对其被继承人所进行的扶养、照顾的,故亦不存在适用本条规定的条件。综上,本条规定的"继承人以外的人",是指法定继承人范围以外的其他人。

所谓对被继承人扶养较多的人,则是指在被继承人生前对其在经济上资助、生活上扶助的继承人之外的民事主体。该扶养人应是继承人以外的人,但对被继承人进行了事实上的扶养,履行的扶养行为较多,同时未受到相当的遗赠。这种扶养不是法律上必须履行的义务,而是出于道德心,自觉自愿提供的帮助。给予此类人分得遗产的权利,能够适应社会发展的需要,使那些没有继承人地位,但与被继承人关系密切，对被继承人晚年生活给予关心照顾，使被继承人愉快度过晚年的人（如未履行登记手续而以夫妻名义同居生活的人），能够得到应该得到的一份遗产，这一规定充分体现了法律对赡养老人、扶残济困等传统美德的肯定和鼓励。

二、继承人以外的人分得遗产的依据

根据继承法理论，在继承开始以后，对继承人以外的依靠被继承人扶养或者对被继承人扶养较多的人，按照一定的原则分给适当遗产的制度，通常称为"遗产酌给制度"。

（一）受被继承人扶养的人

依比较法的观点，众多国家立法皆认为，在被继承人生前受其扶养的近亲属以外的未成年人或无劳动能力人也有分得遗产的权利。通常称之为"遗产酌给请求权"或者"扶养请求权"。我国继承法律制度也一直认可受被继承人扶养的未成年人或者无劳动能力的成年人可以适当分得被继承人的遗产，但应在所得份额上与继承人有所区别。通常认为，这一规定既是我国继承法律制度对"遗产酌给请求权"制度的采纳，从继承权发生依据的角度看，又是来源于"死后扶养说"的理论，因"死后扶养说"的理论在继承权的取得依据方面具有重要地位，该学说认为，被继承人既然担负起对亲属或非亲属的扶养义务，那么就不仅仅是在其生存时应进行扶养，在其死亡后也应继续扶养。

我国《民法典》的编纂过程中，通过对现有立法例进行梳理时发现，《苏俄民法典》曾经将这类人列为第一顺序法定继承人，但这样的规定方式可能导致被继承人在无任何其他第一顺序继承人而只有第二顺序继承人时，全部遗产都会尽归"外人"，而家庭内部的亲属反而一无所获的情况，这显然不合情理，也难以施行得通。那如果将这类人列入第二顺序，则在有第一顺序法定继承人时，这类人群也将丧失继承遗产的空间。所以,《民法典》最后决定采取原《继承法》的规定方式,不将这类人纳入法定继承人的范围,而是通过法律直接规定的方式确认这类人对被继承人的遗产享有一定的权利。

至于受被继承人扶养的人分得遗产的依据问题。有学者认为,从具体的扶养事实状况来分析,就受扶养人的一般情况来看,他们中大多数人失去了应对他们承担法定扶养义务的人,那相应的扶养义务本应由社会承担。但是,在被继承人主动对其进行抚养后,他们与被继承人就有了一种经济依赖关系。被继承人死亡后,这种经济依赖关系突然中断,如果不允许受扶养人取得适当的遗产,他们的生活就很可能立即陷入困顿之中。允许受扶养人取得适当的遗产,其目的在于在扶养他们的义务由社会或他人继续承担之前,他们的生活仍能获得一定的保障。我们认为,一般而言,扶养关系发生在具有近亲属身份关系的自然人之间,当一方死亡时,扶养关系便告终止,为了避免受扶养人因为扶养人的死亡而生活境况恶化,多数国家或地区的继承法律制度确立了发挥遗产扶养功能的原则。即被继承人死亡后,原先由其负担的扶养义务在一定程度上由其遗产承担。

(二)对死者履行较多扶养、照顾行为的人

与受被继承人扶养的人不同,就现有立法例来看,没有任何国家的继承法律制度对仅依据扶养关系分得遗产作出明确规定。允许对死者尽过扶养、照顾较多的人取得部分遗产,则是具体地体现了我国继承制度中实行"权利义务相一致"的原则,是我国在继承方面的独创做法。一般来讲,在被继承人需要由继承人以外的人扶养,在我国体现为两种情形:一种情况是被继承人确实经济困难,另一种情况则是被继承人生前经济条件虽然好,但难以独立生活或者缺乏精神生活。不管属于哪种情况,从实践效果来看;允许对死者扶养、照顾较多的人取得部分遗产的做法具有两个好处：第一，有助于促进自然人之间发扬团结互助的精神。分给对死者尽扶养、照顾义务较多的人部分遗产，一方面让其得到一定物质利益的补偿，另一方面通过这种事实表明其行为得到了社会的承认和赞赏。这样做，群众舆论认为公平，继承人也可以接受。第二，在一些特殊情况下，它可以解决法律规定与社会情理的矛盾。尤其是在依据继承顺序分配遗产将导致与被继承人长期共同生活、相互帮扶照顾的人却不能分得被继承人的遗产之时，这与中华民族传统的价值观不符，不利于鼓励发扬养老扶幼的传统美德。

三、"适当"分得遗产的具体标准

依据《民法典》第1131条之规定，对于继承人以外的依靠被继承人扶养的人，或者继承人以外的对被继承人扶养较多的人，可以分给适当的遗产。而关于分给"适当"的遗产的具体标准问题，理论和实务界一直存有争议。曾有观点认为，无论是依靠被继承人扶养的人，还是继承人以外的对被继承人扶养较多的人，因不具备继承人的法定地位，即便依照法律规定可以适当分得被继承人的遗产，也应以不超过继承人应继份为限，这一观点是立足于请求权人不是继承人，遗产应主要给予继承人的观点。

我们认为，为充分保护请求权人和继承人双方的合法权益，在当事人之间不能通过协商，来确定请求权人分得遗产具体份额的情况下，继承人以外的依靠被继承人扶养的人，或者继承人以外的对被继承人扶养较多的人，既可能分得"多于"继承人的份额，也可能分得"少于"继承人的份额。当然，也可以与继承人分得同等的份额。由于实践中的情况极其复杂，无法规定一个统一的标准，人民法院在掌握"适当"的标准时，通常应综合考虑以下几方面的因素：一是请求权人与被继承人的扶养关系。从受被继承人扶养的角度而言,是全部由被继承人扶养,还是与其他人共同扶养,以及是否仍需长期扶养;双方是亲情关系、友情关系还是其他关系。与被继承人情感较为密切,为被继承人生前所喜爱者,可以多给。仍需由被继承人长期扶养者,也可多给。从扶养被继承人的角度而言,则主要是扶养人对被继承人扶养的具体情况,扶养时间长短、采取何种扶养方式,以及扶养人与被继承人的亲情关系等。倾向于考虑分给扶养人的遗产数额应以其对被继承人所尽扶养相一致为原则,如果继承人以外的人,对被继承人扶养时间长,付出多者应多给;对被继承人所尽的扶养大于被继承人的子女或其他法定继承人,可以取得遗产中的相当数额甚至可以取得大部分遗产。二是被继承人遗产的状况。不管遗产酌给请求权人是受扶养人还是扶养人,在考虑酌情分得遗产的数量时,都还应当考虑遗产的状况,具体包括遗产的数量、种类等。要以有利于满足生产和生活需要,不损害遗产的效用为原则。三是遗产继承人的情况。包括继承人的数量、经济状况、是否尽了扶养义务、与被继承人的关系等,如果继承人中有既无劳动能力又无生活来源而需要特别加以照顾的人,应首先保障此种继承人的基本生活需要,再考虑酌给请求权人的请求。

【审判实践中应注意的问题】

养子女可依扶养关系适当分得生父母或亲兄弟姐妹的遗产

依据《民法典》第1111条关于"自收养关系成立之日起,养父母与养子女间的权利义务关系,适用本法关于父母子女关系的规定;养子女与养父母的近亲属间的权利义务关系,适用本法关于子女与父母的近亲属关系的规定。养子女与生父母以及其他近亲属间的权利义务关系,因收养关系的成立而消除"之规定,子女与他人成立收养关系的,一方面,被收养人取得与收养人亲生子女同等的法律地位;另一方面,养子女与其生父母及近亲属之间的权利义务关系归于消灭。反映到继承法律制度上,则主要表现为:(1)收养关系成立后,被收养人与养父母及其近亲属间互为法定继承人。(2)被收养人与生父母以及其他近亲属之间丧失法定继承人的地位。但是,若养子女对其生父母尽了主要赡养义务的,或者与亲兄弟姐妹间具有扶养关系的,也可以依据本条规定,适当分得其生父母或者亲兄弟姐妹的遗产。

> **第二十一条** 依照民法典第一千一百三十一条规定可以分给适当遗产的人，在其依法取得被继承人遗产的权利受到侵犯时，本人有权以独立的诉讼主体资格向人民法院提起诉讼。

【条文主旨】

本条是关于适当分给遗产的人具有独立诉讼主体资格的规定。

【条文理解】

继承法律关系具有身份关系的属性，发生于有一定的亲属关系的自然人之间，通常可以直接反映家庭成员之间的关系。而根据我国社会主义核心价值观的要求，我国《民法典》将反映社会主义道德的互谅互让、团结和睦以及权利义务相一致等要求的内容，作为《民法典》的重要原则加以规定，并在一定程度上反映家庭和社会成员之间的关系。例如《民法典》第1131条的"遗产酌给制度"，不仅赋予了继承人以外的人可以依据扶养关系继承被继承人遗产的权利，同时还提出了在特定情形下，这类人取得遗产的份额可能"多于"或者"少于"继承人的分配方式。这样的规定难免在继承人以外的人与继承人之间产生矛盾，形成纠纷。对此，在双方不能通过协商达成一致、又不能通过其他途径消除争议的情况下，本条明确规定，继承人以外的人如认为其取得被继承人遗产的权利受到侵犯的，有权以独立的诉讼主体资格向人民法院提起诉讼，以维护自己的合法权益。具体而言，理解本条规定应当注意把握以下几方面的内容。

一、本条规定的法理依据

民事诉讼主体，是指能够通过自己的诉讼行为使民事诉讼程序发生、变更和消灭的人。民事诉讼活动中，一般包括三方面的主体：一是主持审判活动的审判机关；二是诉讼参加人，包括当事人和其他诉讼参加人；三是其他诉讼参与人，包括证人、鉴定人等。司法实践中，我们经常提到的民事诉讼主体，通常是指民事诉讼中的当事人。民事诉讼中的当事人必须是符合法律规定的适格当事人，才能保证民事诉讼活动合法有效地进行。当事人适格，是指在具体的诉讼中，作为本案当事人起诉或应诉的资格。适格的当事人，又称为正当当事人。根据民事诉讼法的理论，学界在认定当事人是否适格时，分别存有"实体当事人说""程序与实体双重适格当事人说"和"程序当事人说"等学说。其中，（1）"实体当事人说"又可分为"直接利害关系人说"和"权利保护人说"。"直接利害关系人说"认为，只有与案件有直接利害关系的人才能作为民事诉讼的当事人。被公认为直接利害关系当事人说的典型表述是：民事诉讼中的当事人，是指因民事权利义务关系发生纠纷，以自己的名义进行诉讼，并受人民法院裁判拘束的利害关系人。由于"直接利害关系人"说一方面反映了诉讼法依附于实体法而存在的状态；另一方面排除了非直接利害关系人参与诉讼寻求救济的机会。因此，随着当事人理论的发展，一些学者提出了"权利保护说"。该学说认为，民事诉讼的当事人是指因民事上的权利义务关系发生纠纷，而以自己的名义进行诉讼，旨在保护民事权益，并能引起民事诉讼程序发生、变更和消灭的人。（2）"程序与实体双重适格当事人说"认为，当事人应是指对解决纠纷最恰当的程序法和实体法上的主体,即程序适格和实体适格。所谓程序适格的当事人,是指具备诉讼权利能力、以其名义进行诉讼的当事人。实体适格当事人,则是指有权以自己的名义支配争讼的民事权利义务的主体,亦即有权以自己的名义主张、放弃民事权利和有权以自己的名义否定、承认民事义务的主体。该学说进一步认为,当事人应具有程序意义与实体意义双重含义,判断当事人是否在程序上适格应当以程序法的规定为根据;判断当事人是否在实体上适格,应当以实体法的规定为根据。只有在程序和实体两方面均为适格,才能赋予当事人的主体地位。(3)"程序当事人说"则认为,民事诉讼当事人应当是以自己的名义起诉和应诉,要求人民法院保护其民事权利或法律关系的人及其相对方。应包括一切符合诉讼程序要求的起诉和应诉的双方。凡是以自己的名义起诉应诉的人,就是当事人,并不以民事权利或法律关系的主体为限。在实务中表现为,凡是在诉状内明确表示的争议主体就是当事人。

我们认为,上述学说反映了我国民事诉讼理论中关于适格当事人存在"程序还是实体"的争论,体现了我国民事诉讼法对当事人概念的界定经历了由实体意义上的当事人逐渐向程序意义上的当事人转变的过程。依据《民事诉讼法》第119条之规定,当事人的起诉应当符合下列条件:(1)原告是与本案有直接利害关系的公民、法人和其他组织;(2)有明确的被告;(3)有具体的诉讼请求和事实、理由;(4)属于人民法院受理民事诉讼的范围和受诉人民法院管辖。民事诉讼法中的当事人应当具有以下三方面的特征:(1)与案件有直接利害关系。这是民事诉讼当事人最基本的特征,是指当事人必须是发生民事争议的一方。只有权利义务关系发生争议,权利主体才有可能选择请求法院履行职能,对自己的权利予以救济。权利主体对自身权利的关切,才是当事人产生的基础和前提。如果当事人的民事权利没有受到侵害或与他人发生争议,也即纠纷没有发生，两者对抗的诉讼程序就无法启动。（2）以自己的名义进行诉讼。权利主体不论其是否为法院最终判定的权利享有者，都必须以自己的名义进行诉讼。换言之，凡是以自己的名义起诉、应诉，并由此引起民事诉讼程序发生、变更和消灭的人，不论其是否为发生争议的民事法律关系的真正主体，都可以作为当事人。（3）受法院裁判的约束。当事人以自己的名义参与诉讼，并请求法院划定权利义务关系后，以强制力为后盾的法院判决要求当事人必须履行。当然，应当注意的是，当事人有履行法院裁判的义务，但不一定承担裁判的法律后果。例如，在继承纠纷中，当遗产管理人作为当事人参加诉讼时，无论胜诉还是败诉，最终用于承担裁判后果的都只是被继承人的遗产。

二、本条规定的具体理解

（一）适当分给遗产的人是民事争议的一方主体

虽然程序法有其独立的价值，但仍然以保障实体法的实施和运行为根本任务。我国《民法典》第3条规定："民事主体的人身权利、财产权利以及其他合法权益受法律保护，任何组织或者个人不得侵犯。"根据《民事诉讼法》第2条、第3条之规定，民事诉讼法适用于民事主体之间因财产关系和人身关系提起的民事诉讼，人民法院依法保护当事人行使诉权。

诉权，是由诉讼法律制度所确定的、赋予当事人进行诉讼的基本权利，是指公民所享有的请求国家维护自己合法权益的权利。作为诉讼法学的一个基础概念，诉权在法治建设中占有基础性的地位。从民事诉讼的角度，诉权赋予民事法律关系主体在其权利受到侵犯，或就权利义务关系发生争议时，可以进行诉讼的权能。根据民事诉讼法的理论，诉权的完整内涵包含程序和实体两个方面的含义。其中，程序上的诉权，是指原告以自己的名义向人民法院请求启动诉讼程序的权利,因此又被称为"起诉权"。

依据《民事诉讼法》第119条规定,适当分给遗产的人作为原告向人民法院提起诉讼时,人民法院应对其与本案"具有直接利害关系"作出审查。根据民事诉讼法的相关理论,当事人与案件有直接利害关系,通常是指请求人民法院保护的民事权益必须是属于其自己享有的,或者是依法由自己管理、支配的。通常是指原告起诉可以基于以下两种情况:一是原告为保护自己的实体民事权利而提起诉讼;二是原告虽然不是实体权利的主体,但是对于该民事权益享有管理权或者支配权,因为与本案有直接利害关系而成为案件的原告。据此,在依据《民法典》第1131条规定,对继承人以外的依靠被继承人扶养的人,或者继承人以外的对被继承人扶养较多的人,可以分给适当的遗产的情况下,对于依法可以适当分给遗产的人,被继承人遗产的分割情况,与其是否能够依法取得被继承人的遗产,以及取得被继承人遗产的份额密切相关,应当认为其与案件的处理具有直接利害关系。

(二)适当分给遗产的人以自己的名义参加诉讼

我国《民事诉讼法》规定的当事人分为广义和狭义的当事人。狭义的当事人仅指原告和被告;广义的当事人还包括诉讼中的第三人。我们认为,本条规定适当分给遗产的人以独立的诉讼主体地位提起诉讼,除认可了适当分给遗产的人可以以原告身份提起诉讼以外,并不否定适当分给遗产的人以有独立请求权的第三人的身份参加诉讼的权利。但是,适当分给遗产的人在以不同的身份参加诉讼时,诉讼中法律关系的性质并不相同,具体而言:

1.适当分给遗产的人作为原告向人民法院提起侵权责任纠纷之诉。原告,是指为维护自己或自己所管理的他人的民事权益,而以自己的名义向法院起诉,从而引起民事诉讼程序发生的人。适当分给遗产的人作为原告依据《民法典》第1131条规定,因其依法取得被继承人遗产的权利受到侵犯而向人民法院提起诉讼,因该条规定适当分得遗产的人是"继承人以外的人",因此其提起诉讼仅是为保护自己的财产权益,案件性质应当属于侵权责任纠纷。同时,依据民事诉讼法的理论,适当分得遗产的人以原告身份提起诉讼的,能够在诉讼法和实体法上产生如下几个方面的效力:一是启动诉讼程序或发生诉讼系属。起诉是诉权的行使方式,只要原告起诉,诉讼程序就启动或诉讼系属就发生,法院就得审查起诉是否合法并应裁定是否立案、受理。二是产生"一事不再理"的效力。对于已经起诉的案件,当事人不得再行起诉,否则法院裁定不予受理或驳回起诉。三是产生不可撤销的效力。对于原告起诉后产生的诉讼程序,除法律规定的情形(如法院裁定驳回起诉、当事人撤诉、法院作出判决等)外,任何人不得撤销。四是中断诉讼时效。原告起诉,即原告通过民事诉讼来主张其实体权益,可以产生中断诉讼时效的法律效力。

2. 适当分给遗产的人以有独立请求权的第三人身份参加继承纠纷之诉。根据我国《民事诉讼法》的相关规定,民事诉讼的第三人,是指对当事人争议的诉讼标的具有独立的请求权,或者虽无独立的请求权,但同案件处理结果有法律上的利害关系,从而参加到他人已开始的诉讼中去的人。其中,有独立请求权的第三人是指对原、被告争议的诉讼标的认为有独立的请求权,因而参加到已开始的诉讼中来的人。有独立请求权的第三人参加他人诉讼的依据,是对原、被告争议的诉讼标的主张独立的请求权,这个实体请求权可以是全部请求权,也可以是部分请求权。有独立请求权的第三人参加诉讼,其实是以独立的实体权利人资格向人民法院提起了一个新的诉讼,有独立请求权的第三人之所以放弃管辖上的利益,而以第三人的身份参与到他人已经开始的诉讼中,是因为在有些类型的案件(如争议标的是特定物的案件)中,这种方式更有利于维护自己的合法权益。在有独立请求权的第三人参加之诉中，该第三人的地位实际上是原告，享有原告的诉讼权利，承担原告的诉讼义务，本诉的原被告则是他的被告。第三人参加诉讼后，实际形成两个独立之诉的合并。适当分给遗产的人虽然属于"继承人以外的人"，但其依据《民法典》第1131条规定，所享有的适当分得被继承人遗产的权利，是独立于其他继承人的财产权利，在继承诉讼开始后，适当分给遗产的人可以以有独立请求权的第三人身份参与该诉讼，以维护自己的合法权益。值得注意的是，作为有独立请求权的第三人参加继承纠纷之诉，在继承纠纷之诉的原告撤诉后，仍然有权利以另案原告身份继续进行诉讼。

（三）适当分得遗产的人提起诉讼的请求内容

根据民事诉讼法的理论，民事诉讼中的诉讼请求包括三种类型：一是请求人民法院确认某种法律关系或法律事实；二是请求对方当事人履行给付义务；三是请求变更或消灭一定的民事法律关系。《民法典》第1131条规定："对继承人以外的依靠被继承人扶养的人，或者继承人以外的对被继承人扶养较多的人，可以分给适当的遗产。"实际上是从权利义务相一致的角度，对继承人以外的人与被继承人之间扶养关系作出制度上的安排。同时，根据本解释第20条之规定，依法可以分给适当遗产的人，分给他们遗产时，按具体情况可以多于或者少于继承人。据此，依据本条规定，在适当分给遗产的人认为其依法取得被继承人遗产的权利受到侵犯并向人民法院提起诉讼的，人民法院应对以下两方面问题作出实质审查：一是适当分给遗产的人与被继承人之间是否形成扶养关系；二是适当分给遗产的人应当分得被继承人遗产的具体份额。

【审判实践中应注意的问题】

适当分给遗产的人提起诉讼的限制

第一,无论是作为原告提起侵权责任纠纷之诉,还是以有独立请求权的第三人身份参加继承人之间的继承纠纷之诉,适当分给遗产的人在明知被继承人的遗产已经开始分割,仍未向有关主体明确提出参与分配遗产的事实和主张的,应当视为其放弃分得遗产的权利,为保障财产关系的稳定性,其事后又向人民法院提起诉讼的,将不能得到人民法院的支持。

第二,依据《民法典》第 188 条规定,向人民法院请求保护民事权利的诉讼时效期间通常为 3 年。除非具有该条规定的特殊事由,适当分给遗产的人不知其取得遗产的权利受到侵害的,应自知道或者应当知道权利受到损害之日起 3 年内提起诉讼,否则亦不能得到人民法院的支持。

> **第二十二条** 继承人有扶养能力和扶养条件，愿意尽扶养义务，但被继承人因有固定收入和劳动能力，明确表示不要求其扶养的，分配遗产时，一般不应因此而影响其继承份额。

【条文主旨】

本条是关于有扶养能力和扶养条件的继承人未尽扶养义务时，继承份额一般不受影响的特别规定。

【条文理解】

法定继承中，被继承人死亡、继承开始后，遗产分割前，只要法定继承人没有丧失继承权且没有放弃继承，则可以继承被继承人遗产。此时，如果出现多个继承人共同继承的情形，则各个继承人对尚未分割的遗产处于共同所有状态。进而，在分割共同所有遗产时，如何确定同一继承顺序中每一个法定继承人应当继承的遗产份额（继承份额），即各个继承人应取得的遗产比例，成为遗产分割时必须要解决的问题。对此，1985年《继承法》第13条规定了"同一顺序继承人继承遗产的份额，一般应当均等。对生活有特殊困难的缺乏劳动能力的继承人，分配遗产时，应当予以照顾。对被继承人尽了主要扶养义务或者与被继承人共同生活的继承人，分配遗产时，可以多分。有扶养能力和有扶养条件的继承人，不尽扶养义务的，分配遗产时，应当不分或者少分。继承人协商同意的，也可以不均等"。虽然该条确立了原则均等分,例外不均等分的几种情形,但对其中"有扶养能力和有扶养条件的继承人,不尽扶养义务的"理解,司法实务中存在分歧:一种观点采绝对标准,只要有扶养能力和有扶养条件的继承人客观上没有对被继承人尽扶养义务,分配遗产时,就应当不分或者少分;另一种观点则采相对标准,将"不尽扶养义务"限定在主观不愿的范围,排除被继承人生前不要求有扶养义务的继承人扶养的情形。换言之,只要是因被继承人生前不要求该有扶养能力和扶养条件的继承人扶养导致的该继承人未尽扶养义务,则不可适用该条对其不分或者少分。为统一裁判尺度,1985年《继承法意见》第33条基本采纳了第二种观点,规定了"继承人有扶养能力和扶养条件,愿意尽扶养义务,但被继承人因有固定收入和劳动能力,明确表示不要求其扶养的,分配遗产时,一般不应因此而影响其继承份额"。从30多年来的司法实践来看,该条司法解释的适用取得了积极的社会效果和法律效果。鉴于《民法典》第1130条沿袭了1985年《继承法》第13条的内容,本解释的制定也相应沿用了上述1985年《继承法意见》第33条的内容,未作修改。司法实务中,就具体理解适用本条规定,应重点把握以下几个方面。

一、法定继承中,确定同一顺序继承人继承遗产份额的基本规则

法定继承中,在同一顺序继承人为一人的情形,遗产均归该人继承,一般不存在应继份的确定问题。实务中出现的应继份确定争议,多发生在同一顺序存在多个继承人共同继承的情形。此时,合理确定各个共同继承人各自应继份额,关系到各个共同继承人的权利和义务,意义重大。根据《民法典》第1130条规定,共同继承人的继承份额确定,实行意定优先、法定补充原则。所谓意定优先

是指继承人之间可以协商确定各自继承份额，既可以不均等的份额确定各自继承份额，也可约定各自继承份额相等。只要达成一致意见，法律不予干涉。当然，当事人就各自继承份额达成的协议（学理上称应继份协议）仅仅是针对遗产份额的协议，与遗产分割协议不同。前者只涉及遗产尚未分割情形下的继承份额的确定问题，而后者则涉及遗产具体分割方式和时间等。如果继承人之间没有就各自继承遗产份额协商一致，则只能通过法律来补充确定该遗产份额。具体补充方式，主要表现为以下几个方面：（1）均等份额情形。关于法定遗产份额确定，大陆法系各国或地区主要存在两种制度：一是"均等份额主义"，即同一顺序继承人继承遗产的份额，原则上应当均等。典型如我国；二是"比例份额主义"，即当配偶、父母与子女都固定为第一顺序继承人时，且没有按照亲系确定继承人时，各继承人的应继份一般采均等份额主义。若配偶的继承顺序不固定，血亲继承人的继承顺序以亲系和亲等为依据，子女与父母不在同一继承顺序中，应继份一般采比例份额主义。具体而言，配偶和不同的血亲继承人共同继承时，法律事先规定不同的比例。典型如日本和我国台湾地区。我国1985年《继承法》第13条与《民法典》第1130条均采均等份额主义。原因在于：首先，比例份额是为了配偶以及各亲系在继承中的公平性。就我国法律传统而言，无论是《民法典》还是1985年《继承法》，都没有采用亲系、亲等确定法定继承顺序，故没有采取比例份额主义的必要。其次，配偶和子女、父母同为第一顺序继承人，不存在和其他顺序继承人共同继承的情形，没有必要针对不同情形设定不同比例。最后，由法律设定比例份额不仅规则繁琐，而且由于子女人数不确定，若配偶和各亲系的比例固定，难以确保公平。当然，均等份额主义的缺陷是如果子女或兄弟姐妹人数较少，而父母、祖父母、外祖父母都在时，长辈血亲继承的应继份比例较高，容易造成遗产逆向流转，导致核心家庭的财产流向其他亲属支系。① （2）特别照顾情形。根据《民法典》第1130条第2款规定，对生活有特殊困难又缺乏劳动能力的继承人，分配遗产时，应当予以照顾。这里的照顾应同时满足"生活有特殊困难"与"缺乏劳动能力"两个条件。实务中，可从以下角度判断是否构成生活有特殊困难又缺乏劳动能力：首先，以遗产分割时作为认定上述条件是否满足的时间节点；其次，继承人没有维持生计的经济来源或者经济收入无法达到当地最基本的生活水平；最后，缺乏可以赖以取得生活来源的独立劳动能力。符合上述认定标准的继承人，可以在遗产分配时，获得多于其他法定继承人的遗产份额。具体的份额则应根据其生活特殊困难和缺乏劳动能力的程度决定。值得注意的是，即使遗产不足以清偿债务，根据《民法典》第1159条规定，也应为其保留必要的遗产。（3）多分情形。根据《民法典》第1130条第3款规定对被继承人尽了主要扶养义务或者与被继承人共同生活的继承人，可以多分遗产。至于如何认定对被继承人尽了主要扶养义务，本解释第19条（1985年《继承法意见》第30条）规定了"对被继承人生活提供了主要经济来源，或者在劳务等方面给了主要扶助的，应当认定其尽了主要赡养义务或主要扶养义务"。所以，对于被继承人提供了主要经济来源以及在劳务等方面给予主要扶助的法定继承人可以取得更多的遗产份额。一般情况下，与被继承人共同生活的继承人，因照顾被继承人日常生活起居也可认定为进行了主要扶养，故也可以多分遗产。但值得注意的是，可以多分不等于应当多分或必须多分。本解释第23条就规定了例外情形。即有扶养能力和扶养条件的继承人虽然与被继承人共同生活，但对需要扶养的被继承人不尽扶养

---

① 孙毅、刘耀东：《中华人民共和国民法典·继承编释义》，人民出版社2020年版，第39页。

义务，分配遗产时，可以少分或者不分。（4）少分或不分情形。根据《民法典》第1130条第4款规定，有扶养能力和有扶养条件的继承人，不尽扶养义务的，分配遗产时，应当不分或者少分。这里的"不尽扶养义务"应是指情节轻微、尚未达到遗弃程度的情形。否则，一旦该继承人因不尽扶养义务构成遗弃，就可能导致继承权丧失，从而没有继承资格，也就谈不上参与遗产分配的问题。

二、如何理解本条中"继承人有扶养能力和扶养条件，愿意尽扶养义务"

就本条中继承人而言，应限定在法定继承范畴。关于法定继承中继承人的范围和顺序，各国立法情况各异。但就我国而言，一直采用单纯的亲等继承制，即：一亲等为第一顺序，二亲等为第二顺序。其优点在于同一亲等的人数有限，限制了亲等范围，就限制了同一顺序的继承人数。而且，不同亲等的区分与被继承人的生活密切程度、情感依赖程度相关。继承人与被继承人生活、情感越紧密，所处亲等越靠前。对难以区分的继承人，则可划入同一亲等。根据《民法典》第1127条规定，第一顺序继承人为配偶、子女、父母；第二顺序继承人为兄弟姐妹、祖父母、外祖父母。这里的子女，包括婚生子女、非婚生子女、养子女和有扶养关系的继子女。父母，包括生父母、养父母和有扶养关系的继父母。兄弟姐妹，包括同父母的兄弟姐妹、同父异母或者同母异父的兄弟姐妹、养兄弟姐妹、有扶养关系的继兄弟姐妹。此外，根据《民法典》第1128条和第1129条规定，在代位继承情形中，被继承人的子女的直系晚辈血亲、被继承人的兄弟姐妹的子女均可通过代位继承成为继承人。而丧偶儿媳对公婆，丧偶女婿对岳父母，尽了主要赡养义务的，也可作为第一顺序继承人。由上，我国《民法典》中规定的可以作为法定继承人的主体范围是比较广泛的。鉴于继承顺序和代位继承等条件限制，上述主体也并不是在任何情形下都能继承遗产。由于本条是针对遗产份额的确定，故上述主体必须首先有权继承特定遗产时才能成为本条规范对象。而有权继承遗产的主体并不等于对被继承人都有扶养义务。是否有扶养义务，则取决于扶养本身的定义。"抚养"与"扶养"虽读音类似，但两者法律含义并不一致。一般来说，抚养就是"保护并教育"。抚养关系是长辈和晚辈之间的，并且是长辈对无民事行为能力人、限制民事行为能力人（主要是未成年人）的保护并教养，强调的是教育和保护。抚养的目的是要使子女健康成长。扶养有广义狭义之分，广义上的扶养泛指特定亲属之间根据法律的明确规定而存在的经济上相互供养、生活上相互辅助照顾的权利义务关系，囊括了长辈亲属对晚辈亲属的"抚养"、平辈亲属之间的"扶养"和晚辈亲属对长辈亲属的"赡养"三种具体形态。狭义的扶养则专指平辈亲属之间尤其是夫妻之间依法发生的经济供养和生活扶助的权利义务关系。[①]

虽然我国《民法典》绝大多数条文对扶养采狭义解释，即仅限定在平辈之间有扶养义务，但在涉及法定继承的《民法典》第1127条仍采用"有扶养关系的继子女""有扶养关系的继父母"的广义表述。鉴于《民法典》中"继承编"的特殊规定以及实务中继承人对被继承人不尽扶养义务、赡养义务与抚养义务给被继承人造成的后果没有实质区别，我们认为，本条中的扶养义务应采广义，包括继承人对被继承人的抚养义务、赡养义务和扶养义务三种类型。具体而言，《民法典》规定应承担抚养义务的主体主要有父母和祖父母、外祖父母，其中祖父母、外祖父母履行抚养义务的前提是自身有负担能力且孙子女、外孙子女的父母已经死亡或者父母

[①] 肖峰编著：《民法典婚姻家庭编条文精释与案例实务》，法律出版社2020年版，第203页。

无力抚养。应承担赡养义务的主体为成年子女对父母、有负担能力的孙子女、外孙子女对于子女已经死亡或者子女无力赡养的祖父母、外祖父母。值得注意的是，丧偶儿媳对公婆，丧偶女婿对岳父母并无法定赡养义务。至于扶养义务主体则主要有：夫妻之间、有负担能力的兄、姐，对于父母已经死亡或者父母无力抚养的未成年弟、妹，由兄、姐扶养长大的有负担能力的弟、妹，对于缺乏劳动能力又缺乏生活来源的兄、姐等。故只有在法定继承中继承人和被继承人之间具有上述法定扶养义务时，才可能涉及本条所指对象。具体而言，司法实践中，继承人应向被继承人尽扶养义务主要表现为以下情形：父母对未成年子女或不能独立生活的成年子女尽抚养义务；有负担能力的祖父母、外祖父母对父母已经死亡或者父母无力抚养的孙子女、外孙子女尽抚养义务；成年子女对父母尽赡养义务、有负担能力的孙子女、外孙子女（代位继承时），对子女已经死亡或者子女无力赡养的祖父母、外祖父母尽赡养义务；夫妻一方对另一方尽扶养义务；有负担能力的兄、姐对父母已经死亡或者父母无力抚养的未成年弟、妹尽扶养义务；由兄、姐扶养长大的有负担能力的弟、妹，对于缺乏劳动能力又缺乏生活来源的兄、姐尽扶养义务以及有抚养教育关系的继子女对继父母尽赡养义务等。此外，上述有扶养义务的人尽扶养义务的前提是有扶养能力和扶养条件。这里的扶养能力和扶养条件主要是指扶养义务人具有履行扶养义务的身体、心智、时间和经济条件等。除了具备这些履行扶养义务的客观条件之外，扶养义务人还应具备愿意扶养的主观条件。现实中，扶养义务人因不具备扶养能力和扶养条件而客观上无法履行抚养义务的情形并不多，更常见的是扶养义务人主观上不愿履行扶养义务。对此，可纳入《民法典》第1130条第4款"不尽扶养义务的"情形，分配遗产时对其不分或者少分。至于愿意履行扶养义务且具备扶养能力和扶养条件但客观上没有履行扶养义务的情形，才可能属于本条规范对象。

三、如何理解"被继承人因有固定收入和劳动能力，明确表示不要求其扶养的"

鉴于上述扶养义务是法定义务，涉及被继承人生前合法权益，故原则上，作为扶养义务人的继承人不得拒绝履行该义务。但从现实生活情况看，被继承人因生前有固定工资报酬、养老金、投资收益、劳动收入等客观上无须继承人对其履行扶养义务的情形并不少见，甚至还存在被继承人在经济上支持和帮助扶养义务人的情形。故在被继承人客观上有维持自身生活水平的经济来源的情形下，如果被继承人已经明确表示不需要特定继承人履行扶养义务，则对于该愿意履行扶养义务的继承人而言，已事实上没有履行的必要且扶养义务不履行也不违反扶养制度设立的目的。进而，由于该继承人不具备可归责性，故在遗产分配时，就不应将其不履行扶养义务的行为纳入《民法典》第1130条第4款规定"不尽扶养义务"的情形，对该继承人采取不分或少分的惩罚性处理措施。值得注意的是，本条中"被继承人因有固定收入和劳动能力"可从几个角度分析：第一，"有固定收入"一般是指有足以维持被继承人所在地基本生活水平稳定可持续的收入，现实中最常见的主要有工资收入、养老金收入。当然，现实生活中，被继承人的生产经营、投资等所得足以长期维持被继承人生活水平的情形，也可纳入在内。至于失业保险金、最低生活保障等社会福利救济性质的收入一般不属于本条所指固定收入。第二，"有劳动能力"一般是指身体和心智条件足以支持进行正常劳动的能力，排除因年老、年幼或身体残疾、精神疾病等不能进行正常劳动的情形。这里的劳动能力不能等同于劳动法上的劳动能力。在劳动法上，劳动者退休后一般就推定没有劳动能力，不能建立劳动关系。而本条所指劳动能力范围更广，包括即便达到退休年龄，仍事实上有能力从事具体劳动工作的情形。第三，被继承人不要求有扶养义务的继承人扶养是因其有固定收入和劳动能力。现实生活中，被继承人生前不要求有扶养义务的继承人扶养的原因有很多，除了本条所指经济方面原因外，还包括被继承人因与继承人关系不和，赌气表示不需要其扶养、被继承人在被欺诈、胁迫、重大误解等意思表示不自由、不真实情形下作出的不需要其扶养意思表示等。上述情形中，只有被继承人基于确实有生活来源而客观上不需要扶养所作出的不需要扶养意思表示才符合本条规范目的。第四，"有固定收入"和"劳动能力"必须同时满足。虽然"有固定收入"即可满足被继承人生活来源的需要，但被继承人现实生活中还可能因缺乏"劳动能力"而造成生活不便，客观上仍需要继承人扶养，故本条将两者并列，缺一不可。第五，关于本条中"明确表示不要求其扶养的"。这里的"明确表示"有两层含义：一是被继承人原则上应有完全民事行为能力。实务中，被继承人并非都有完全民事行为能力，能够作出产生不要求继承人扶养法律效果的意思表示。在被继承人为无民事行为能力人的情形下，根据《民法典》第20条、第21条规定，只能由其法定代理人作出上述意思表示。在被继承人为限制民事行为能力的情形下，其一般也没有作出不要求特定继承人扶养的意思表示能力，故即便其事实上作出过此类意思表示，也不产生本条的法律效果。当然，如果符合《民法典》第145条规定，经其法定代理人同意或者追认后有效。为避免利益冲突，上述所言的法定代理人应不包括该特定继承人。二是被继承人不要求特定继承人扶养的意思表示应当是积极的且无歧义的。《民法典》第140条第2款规定："沉默只有在有法律规定、当事人约定或者符合当事人之间的交易习惯时，才可以视为意思表示。"故被继承人就是否要求特定继承人扶养持沉默或不置可否态度时，不应认定为符合本条规定的"明确表示不要求其扶养的"情形。由于本条规定针对的是继承人愿意扶养但因被继承人不要求特定继承人扶养而客观上没有扶养的情形，故被继承人作出的该意思表示应向该特定继承人作出并已到达该特定继承人时才生效，而向其他人作出该意思表示则不满足本条规定的要求。至于被继承人作出的意思表示是否明确则可结合《民法典》第142条规定，有相对人的意思表示的解释，应当按照所使用的词句、结合相关条款、行为的性质和目的、习惯以及诚信原则等加以确定。三是该意思表示形式并无限制，书面、口头或其他形式，在所不问。

四、如何理解本条中"分配遗产时，一般不应因此而影响其继承份额"

根据《民法典》第1130条第4款规定，有扶养能力和有扶养条件的继承人，不尽扶养义务的，分配遗产时，应当不分或者少分。之所以将"不尽扶养义务"与"不分或者少分"挂钩，主要是因为该有扶养义务的继承人在明知应对被继承人承担扶养义务的情形下，不尽扶养义务存在主观过错，如果仍按照《民法典》第1130条第1款规定，让其与其他继承人一样取得同等遗产份额，等于变相鼓励其不履行法定义务的违法行为。这既不符合扶养权利义务形式对等原则，也有违社会主义核心价值观的基本要求。但结合上文可知，在本条规范的"继承人有扶养能力和扶养条件，愿意尽扶养义务，但被继承人因有固定收入和劳动能力，明确表示不要求其扶养的"情形下，该有扶养义务的继承人并不具备可归责性，故不宜适用《民法典》第1130条第4款规定的"在遗产分配时对其采取不分或少分"的惩罚处理，故本条规定了"一般不应因此而影响其继承份额"。这里需要注意的是，并不是说满足本条规定的有扶养义务的继承人的实际继承遗产份额一定与其他继承人相同。事实上，根据《民法典》第1130条规定，继承人实际继承遗产份额还可通过继承人之间协商确定大小。在协商不成的情形下，还受是否存在生活有特殊困难又缺乏劳动能力的继承人、是否存在对被继承人尽了主要扶养义务或者与被继承人共同生活的继承人以及是否存在有扶养能力和有扶养条件但不愿尽扶养义务的继承人等诸多因素的影响。故本条限定表述为不应仅因该继承人没有尽扶养义务而对其不分或少分遗产，影响其继承份额。当然，考虑到现实情况的复杂性，不排除该继承人因没有尽扶养义务而受益，其他继承人虽没有法定扶养义务，但确实对被继承人有较多扶助的情形。故本条用了"一般"的表述，从而允许在特殊情况下，例外让该有扶养义务的继承人适当少分遗产，以达到让其他没有扶养义务但有实际扶助行为的继承人适当多分的目的。

【审判实践中应注意的问题】

司法实务中，在具体适用本条时，还应注意确定遗产份额时，应考虑代位继承和转继承中的继承人遗产份额。

法定继承中，除了一般意义的按继承人顺序继承之外，还有两类特殊情形：代位继承和转继承。根据《民法典》第1128条规定，被继承人的子女先于被继承人死亡的，由被继承人的子女的直系晚辈血亲代位继承。被继承人的兄弟姐妹先于被继承人死亡的，由被继承人的兄弟姐妹的子女代位继承。显然，在直系晚辈血亲代位继承情形，可能出现作为直系晚辈血亲的孙子女、外孙子女代位其父母继承其祖父母、外祖父母遗产的情形。此时，应区分两种情形对待：如果其父母对祖父母、外祖父母有赡养能力和赡养条件，但拒不履行赡养义务，则根据《民法典》第1130条第4款规定，应当不分或者少分遗产。由于《民法典》第1128条第3款仍采纳代表权说，代位继承人一般只能继承被代位继承人有权继承的遗产份额，故在其父母应当不分或者少分遗产的情形，其在代位继承时，也应受此限制不分或者少分遗产。反之，如果其父母满足本条规定情形，则其在代位继承时，则同样不应仅因其父母没有尽扶养义务而对其不分或少分遗产，影响其继承份额。当然，如果其满足《民法典》第1074条第2款规定情形，对其祖父母、外祖父母尽了主要赡养义务或与被继承人共同生活的，则仍可适用《民法典》第1130条第2款、第3款规定，多分遗产。至于转继承情形，《民法典》第1152条规定："继承开始后，继承人于遗产分割前死亡，并没有放弃继承的，该继承人应当继承的遗产转给其继承人，但是遗嘱另有安排的除外。"由于转继承同样适用于法定继承，在被转继承人与被继承人之间存在扶养义务关系的情形下，如果被转继承人满足本条规定情形，则被转继承人应继承的遗产份额不受未尽扶养义务的影响。反之，则转继承人可能因被转继承人少分甚至不分遗产份额而影响最终可通过转继承取得的遗产。当然，如果出现被继承人与转继承人之间也存在扶养义务关系的情形，则在转继承人具有扶养能力和扶养条件，拒不履行扶养义务情形，仍可适用《民法典》第1130条第4项规定，在遗产分配时，对其不分或少分遗产。

> **第二十三条** 有扶养能力和扶养条件的继承人虽然与被继承人共同生活,但对需要扶养的被继承人不尽扶养义务,分配遗产时,可以少分或者不分。

【条文主旨】

本条是关于与被继承人共同生活但不尽扶养义务的继承人可以少分或不分遗产的规定。

【条文理解】

法定继承中,关于法定继承人应继遗产份额的确定规则,早在1985年《继承法》第13条即已规定,"同一顺序继承人继承遗产的份额,一般应当均等。对生活有特殊困难的缺乏劳动能力的继承人,分配遗产时,应当予以照顾。对被继承人尽了主要扶养义务或者与被继承人共同生活的继承人,分配遗产时,可以多分。有扶养能力和有扶养条件的继承人,不尽扶养义务的,分配遗产时,应当不分或者少分。继承人协商同意的,也可以不均等"。但对该条中"与被继承人共同生活的继承人,分配遗产时,可以多分"的理解,实务中则存有争议:一种观点认为,继承人与被继承人共同生活,意味着对被继承人进行日常生活照料和经济扶助相比其他继承人付出得更多,事实上履行了主要扶养义务,故多分遗产符合实质公平原则;另一种观点则认为,与被继承人共同生活的继承人未必有扶养义务，退一步而言，即便有扶养义务也未必有扶养能力和扶养条件，再者，有扶养能力和扶养条件也不必然会履行扶养义务。故对该表述应作限缩解释。为统一裁判尺度，1985年《继承法意见》第34条基本采纳了第二种观点，规定"有扶养能力和扶养条件的继承人虽然与被继承人共同生活，但对需要扶养的被继承人不尽扶养义务，分配遗产时，可以少分或者不分"。从多年的司法实践来看，该条司法解释的适用取得了积极的社会效果和法律效果。鉴于《民法典》第1130条沿袭了1985年《继承法》第13条的内容，本条解释的制定也相应沿用了1985年《继承法意见》第34条的内容，未作修改。司法实务中，就具体理解适用本条规定，应重点把握以下几个方面。

一、如何理解"扶养义务"与"共同生活"的关系

所谓"扶养义务"，是指法定范围内亲属间相互供养和扶助的义务关系。接受扶养的一方为被扶养人，提供扶养的一方为扶养人。广义上的扶养包括抚养、赡养和扶养三类，其中扶养特指平辈亲属之间的供养和扶助，而狭义扶养仅指平辈亲属之间的供养和扶助。《民法典》相关条文对此表述并不一致。例如《民法典》第1059条规定，夫妻由相互扶养的义务，这显然是对扶养采狭义解释。但也有例外，例如涉及法定继承的《民法典》第1127条仍采用"有扶养关系的继子女""有扶养关系的继父母"的广义表述。鉴于《民法典》继承编的特殊规定以及条文表述简练要求，本条司法解释对扶养仍采广义表述。学理上，扶养具有以下特征：（1）扶养只存在于法定亲属范围，例如《民法典》规定的夫妻之间、父母子女之间、祖父母、外祖父母与孙子女、外孙子女之间、兄弟姐妹之间等。（2）扶养以被扶养人有扶养需要为前提，如果被扶养人没有扶养的客观需要，则扶养人原则上没有履行扶养义务的必

要。(3) 扶养关系是被扶养人与扶养人之间形式上对等的权利义务关系。例如父母子女之间的抚养、赡养关系。虽然由于主体在自身条件、扶养能力等方面存在个体差异,可能从结果上出现一方只享有扶养权、另一方只履行扶养义务的情形,但从整体而言,扶养关系中各方当事人之间的权利义务是对等的。(4) 扶养具有人身性,不可继承、转让或代位行使。(5) 扶养没有诉讼时效限制。《民法典》第 196 条也规定,请求支付抚养费、赡养费或者扶养费,不适用诉讼时效的规定。从扶养内容而言,一般认为,扶养特指的是经济上的供养。但从《民法典》第 1043 条第 2 款 "家庭成员应当敬老爱幼、互相帮助" 的规定可知,我国法上的扶养应不仅限于经济供养,还应包括日常生活中的相互照料扶助和危难时的相互救助以及精神上的安慰等。对此,2018 年第三次修正《老年人权益保障法》第 14 条也规定,赡养人应当履行对老年人经济上供养、生活上照料和精神上慰藉的义务,照顾老年人的特殊需要。赡养人,是指老年人的子女以及其他依法负有赡养义务的人。赡养人的配偶应当协助赡养人履行赡养义务。从扶养的方式角度,扶养可以分为直接扶养和间接扶养。所谓直接扶养,又称同居生活的扶养或 "迎养在家",是指因扶养人与被扶养人在一起共同生活,故扶养人得直接向被扶养人供给食宿等而为之扶养。所谓间接扶养,又称非直接扶养,是指因扶养人与被扶养人并不在一起共同生活,故扶养人只得向被扶养人供给金钱或生活物品等而为之扶养。[①] 从扶养义务的依据角度而言,扶养义务要么法定,要么约定。《民法典》明确了在特定情形下夫妻之间的扶养义务,父母与子女之间的扶养义务,祖父母、外祖父母与孙子女、外孙子女之间的扶养义务,兄弟姐妹之间的扶养义务等。至于约定扶养义务,则主要表现为遗赠扶养协

[①] 余延满:《亲属法原论》,法律出版社 2007 年版,第 513 页。

议约定的扶养义务。这里需要注意的是，有扶养义务的人未必都是继承人，例如遗赠扶养协议约定的扶养义务人。反之，继承人也未必都有扶养义务。例如，作为继承人的兄弟姐妹、祖父母、外祖父母、孙子女、外孙子女没有负担能力的情形。就本条规范对象而言，仅指既有法定扶养义务又是继承人的情形。

至于《民法典》第1130条第3款中"与被继承人共同生活"的理解，则实务存有争议：一种观点认为，这里的共同生活实际就是直接扶养，即继承人通过与被继承人在一起共同生活的方式，照顾被继承人日常生活起居、提供经济供养、精神慰藉等；另一种观点则认为，该条中"与被继承人共同生活"只是对彼此间生活状态的外观描述，与是否实际对被继承人进行了生活照料、扶助和经济供给并无必然联系。我们认为，该条中"与被继承人共同生活"并不等于履行直接扶养义务。这可从对《民法典》第1130条的体系解释中得到印证。依照《民法典》第1130条第3款规定，对被继承人尽了主要扶养义务或者与被继承人共同生活的继承人，可以多分遗产。从该款文义表述可知，其是将"主要扶养义务"和"与被继承人共同生活"并列。这说明立法者认为，两者之间存在差异：对被继承人尽了主要扶养义务的继承人既包括与被继承人共同生活的直接扶养继承人也包括不与被继承人共同生活的间接扶养继承人。而与被继承人共同生活的继承人未必对被继承人有扶养义务。而且，从立法将两者并列表述的用语逻辑来看，该条所指"与被继承人共同生活的继承人"似不包括有扶养义务的继承人。可见，该款规定可以多分遗产的继承人有二：一是在有扶养义务的继承人为多人的情形下，对被继承人尽了主要扶养义务的继承人，这里的主要扶养义务包括直接或间接扶养义务；二是没有扶养义务但与被继承人共同生活，并对被继承人进行实际扶养的继承人。之所以这两类主体都可以多分遗产是因为相对于其他继承人而言，这两类主体都对被继承人有额外付出。进而，这里的"与被继承人共同生活"也应限缩解释为仅指实质共同生活，即照顾被继承人日常生活起居、提供经济供养、精神慰藉等，而非仅仅名义上生活在一起。概言之，有扶养义务不等于必须共同生活，履行扶养义务也不等于共同生活。反之，共同生活也不等于有扶养义务，更不能得出履行了扶养义务的结论。

二、如何理解本条中"对需要扶养的被继承人不尽扶养义务，分配遗产时，可以少分或者不分"

虽然《民法典》第1130条第3款规定了与被继承人共同生活的继承人可以多分遗产，但若将其中的"继承人"限缩解释为"有扶养义务的继承人"；将"共同生活"限缩为实质共同生活，则将引发实务中另一类情形需要规范的问题。也即，对被继承人有扶养义务的继承人与被继承人共同生活时，应如何分配遗产的情形。在此情形下，如果继承人不仅形式上与被继承人共同生活，而且实质上履行了扶养义务，则当然可适用《民法典》第1130条第3款规定，可以多分遗产。如果继承人只是形式上与被继承人共同生活居住在一起，但在日常生活中对被继承人并没有进行悉心照料、危急救助、经济供养、精神慰藉，甚至还有对被继承人实施家庭暴力、虐待、遗弃等行为时，能否直接认定其"不尽扶养义务"，从而适用《民法典》第1130条第4款"分配遗产时应当少分或不分"的规定，则有待进一步明确。对此，我们认为，本条司法解释规范的"不尽扶养义务"情形与《民法典》第1130条第4款规定的"不尽扶养义务"情形有所区别。后者针对的是主观上不愿尽扶养义务，客观上有扶养能力和扶养条件且事实上未尽扶养义务的情形。而本条所指继承人不尽扶养义务是在与被继承人共同生活的前提下。换言之，继承人至少在形式上仍与被继承人共同生活在一起。相对于后者,与被继承人共同生活行为本身就说明继承人即便不尽扶养义务,主观过错也相对较小。而且,从日常生活经验判断,既然在一起共同生活,那么继承人一般都会对被继承人有所照料,对被继承人情感的伤害也相对于不在一起共同生活要小。故本条司法解释并未直接套用该款"应当不分或者少分",而是表述为"可以不分或者少分",赋予法官对这种情形下的遗产分配充分的自由裁量权。在具体裁量时,可以考虑以下几点:首先,有扶养义务的继承人不尽扶养义务的原因。根据本解释第22条规定,继承人有扶养能力和扶养条件,愿意尽扶养义务,但被继承人因有固定收入和劳动能力,明确表示不要求其扶养的,分配遗产时,一般不应因此而影响其继承份额。此外,如果被继承人已与他人达成遗赠扶养协议,约定由他人扶养的,一般也可解释为不要求继承人扶养。故如果有证据证明与被继承人共同生活且有扶养义务的继承人愿意尽扶养义务,只是因被继承人有固定收入和劳动能力或签订了遗赠扶养协议,表示不要求其扶养才未尽扶养义务的,不宜适用本条规定对其不分或少分。此外,如果被继承人虽无固定收入和劳动能力,但因与继承人及其家庭成员产生口角、争执等矛盾而拒绝有扶养义务的继承人扶养的,则可查明原因,如果继承人确有过错,则可适用本条对其酌情少分或者不分遗产。其次,有扶养义务的继承人不履行扶养义务的具体行为表现。现实生活中的扶养可分为经济上的供养、生活上的扶助和精神上的安慰三个方面。经济上的供养,是指为被扶养人提供稳定的生活来源或适应的经济帮助;生活上的扶助,是指在日常生活中为被扶养人提供体力上的照顾及帮助;精神上的安慰,是指日常生活中对被扶养人的关心、爱护、照顾、慰藉，以保证他们的身心健康。① 在上述具体义务中，生活来源的供给义务、危急情况下的救助义务是基础性义务，因为该义务是否履行将直接影响到被扶养人的生存利益，故有扶养义务的继承人如未对被继承人履行该义务，可考虑认定为未尽到主要扶养义务，从而对其不分或明显少分遗产。至于日常生活起居的照料义务，则区分被继承人是否有生活自理能力而定，如果被继承人没有生活自理能力，而继承人却对其未履行该照料义务，既影响到被继承人的生存利益，也严重违背社会主义核心价值观，则同样可考虑对其不分或明显少分遗产。反之，如果被继承人有或部分有生活自理能力，则继承人未履行对其生活起居照料义务，一般不会对其产生实质性生活障碍，故可考虑对其适当少分遗产。单就情感慰藉义务而言，主要针对的是被继承人为老年人或未成年人时可能对继承人有这方面需求，由于情感慰藉的缺失一般不会导致被继承人实质性受损，故一般不宜适用本条少分遗产，除非该情感慰藉的缺失导致了其他严重后果。

【审判实践中应注意的问题】

司法实践中，在具体适用本条处理相关问题时，应注意以下几个方面：首先，本条适用的前提是与被继承人共同生活的继承人对被继承人有扶养义务。现实中确实存在没有扶养义务的继承人与被继承人共同生活的情形，例如，孙子女、外孙子女因代位继承成为祖父母、外祖父母的法定继承人时，根据《民法典》第1074条第2款规定，有负担能力的孙子女、外孙子女，只有在父母死亡或

---

① 肖峰、田源主编：《婚姻家庭纠纷裁判思路与裁判规则》，法律出版社2017年版，第480页。

者父母无力赡养祖父母、外祖父母的情形下，才对祖父母、外祖父母有赡养义务。反向言之，如果其父母并未死亡且有能力赡养祖父母、外祖父母，则该孙子女、外孙子女即便和祖父母、外祖父母共同生活也没有扶养义务。在与被继承人共同生活的继承人没有扶养义务的情形下，就谈不上适用本条，以该继承人没有尽扶养义务为由，少分或者不分遗产。此外，与被继承人共同生活有扶养义务的继承人没有尽扶养义务时，如果其他继承人已经通过遗嘱继承取得遗产的大部分，则鉴于适用法定继承的剩余遗产已为数不多，故也可考虑对其不少分遗产。其次，没有扶养义务的继承人与被继承人共同生活并不一定可以多分遗产。虽然《民法典》第1130条第3款规定"与被继承人共同生活的继承人，分配遗产时，可以多分"，但该此处的"多分"用的是可以而不是必须。在确定是否多分时，至少可以考虑以下几种情况：第一，是否存在生活有特殊困难又缺乏劳动能力的继承人。如果有，则应根据《民法典》第1130条第2款规定，分配遗产时，应当予以照顾，相应地，没有扶养义务的继承人即便与被继承人共同生活也不宜多分遗产以避免上述照顾落空。第二，是否存在对被继承人尽了主要扶养义务的继承人。与被继承人共同生活不等于就对该被继承人尽了主要扶养义务，故如果有其他对被继承人尽了主要扶养义务的继承人，则应优先确保其多分遗产。第三，与被继承人共同生活是形式共同生活抑或实质共同生活，如果仅是形式上共同生活居住在一起，则一般不应支持其多分遗产的请求。第四，适用本条的前提是继承人有多人。如果只有一个继承人，则即便该继承人与被继承人共同生活时不尽扶养义务，也不宜适用本条规定对其不分或者少分遗产，避免遗产因无人继承而被收归国家或集体所有制组织所有。第五，在具体适用本条决定是否对特定继承人不分或者少分遗产时，还应考虑是否存在遗产酌分请求权人。如果有，则应根据《民法典》第1131条规定，在确定遗产分配方式时，一并将遗产酌分请求权人的权益考虑进来，统筹处理。有必要强调的是，如果全体继承人协商一致同意该没有尽扶养义务的继承人不少分遗产时，从尊重当事人意思自治出发，原则不应再适用本条对其不分或少分遗产。

三、遗嘱继承和遗赠

> 第二十四条 继承人、受遗赠人的债权人、债务人,共同经营的合伙人,也应当视为与继承人、受遗赠人有利害关系,不能作为遗嘱的见证人。

【条文主旨】

本条是关于因与继承人、受遗赠人有利害关系,不能作为遗嘱的见证人的主体范围的规定。

【条文理解】

遗嘱见证人,一般是指能证明遗嘱内容确为立遗嘱的被继承人真实意思表示的人。由于遗嘱自被继承人死亡时才生效,故在遗嘱生效时,遗嘱内容是否真实已无法经被继承人确认。现实中,遗嘱的形式多样性和易篡改、伪造性又决定了遗嘱真实性很难得到保证。而遗嘱内容的真实与否则会影响到遗产的最终处理,并涉及与遗产有关利害关系人的权益调整。对此,各国多通过立法要求遗嘱见证人在场见证遗嘱制作过程的方式来确保遗嘱的真实性。进而,遗嘱见证人有无见证能力以及能否客观公正地证明遗嘱真实性就显得格外重要。从各国立法来看,大多数国家立法都认为被继承人立遗嘱原则上应有遗嘱见证人在场见证。我国1985年《继承法》第17条也规定："除自书遗嘱和公证遗嘱之外，录音遗嘱、口头遗嘱、代书遗嘱等都需要有两个以上遗嘱见证人在场见证。"虽然《民法典》第1134条至第1139条在原有遗嘱形式基础上增加了录像遗嘱、打印遗嘱形式，但同样需要两个以上遗嘱见证人在场见证。至于担任遗嘱见证人的资格问题，1985年《继承法》第18条反向规定了无民事行为能力人、限制民事行为能力人，继承人、受遗赠人以及其他与继承人、受遗赠人有利害关系的人不具有遗嘱见证人资格。对此，在《民法典》起草过程中，有观点认为，现实生活中，除了无民事行为能力人、限制民事行为人之外，还有其他因身体或心智等原因不具有见证能力的人，例如盲人虽有民事行为能力，但一般无法见证代书遗嘱，故应增加兜底性规定。《民法典》第1140条第1项吸收了该观点，增加了"以及其他不具有见证能力的人"这一表述。鉴于实务中可能对1985年《继承法》第18条中何谓"与继承人、受遗赠人有利害关系的人"的范围产生理解争议，为统一裁判尺度，1985年《继承法意见》第36条又对其作进一步解释，即"继承人、受遗赠人的债权人、债务人，共同经营的合伙人，也应当视为与继承人、受遗赠人有利害关系，不能作为遗嘱的见证人"。该条实施以来，司法实践效果明显，故本解释制定时，通过本条规定基本保留了该条的内容。司法实践中，关于本条的理解与适用，应重点把握以下几个方面。

一、遗嘱见证人的资格条件

遗嘱见证人在场见证的目的是证明遗嘱内容确为被继承人真实意思表示，故遗嘱见证人有无见证能力以及是否客观公正对遗嘱真实性至关重要。有鉴于此，各国或地区继承制度都对遗嘱见证人规定有一定的资格条件。如《日本民法典》第974条规定：下列人不得为遗嘱的证人或临场人：（1）未成年人；（2）禁治产人及准禁治产人；（3）推定继承人、受遗赠人及其配偶、直系血亲；（4）公证人的配偶、四亲等内的亲属、书记员及受雇人。《法国民法典》第975条规定：受遗赠人，不论以何名义，以及受遗赠人的包括第四亲等在内的血亲或姻亲，作成遗嘱的公证人的书记员，均不得被选为公证遗嘱的证人。就我国而言，《民法典》第1140条规定下列主体不能作为遗嘱见证人：无民事行为能力人、限制民事行为能力人以及其他不具有见证能力的人；继承人、受遗赠人；与继承人、受遗赠人有利害关系的人。我国台湾地区"民法"第1198条规定：下列之人，不得为遗嘱见证人：（1）未成年人；（2）受监护或辅助宣告之人；（3）继承人及其配偶或其直系血亲；（4）受遗赠人及其配偶或其直系血亲；（5）为公证人或代行公证职务人之同居人助理人或受雇人。

可见，各国立法一般都要求遗嘱见证人应同时满足以下条件：（1）积极条件。遗嘱见证人应具有见证能力。见证能力就是指具有判断被继承人立遗嘱行为是否自愿、知晓遗嘱内容及作用并对其具体内容予以识别与理解的能力。具体而言，不具有完全民事行为能力的人（包括无民事行为能力人和限制民事行为能力人）因其不能辨认或不能完全辨认自己对遗嘱见证的内容及其行为后果而不具有遗嘱见证能力。这里要注意的是，鉴于"在一些情况下，遗嘱见证人虽然是完全民事行为能力人，但是可能不具有事实上的见证能力，例如文盲以及对遗嘱所使用的语言掌握不充分的人，因身体缺陷而不具有知晓遗嘱内容的能力的人，这些人员对遗嘱具体内容的识别与理解存在一定的欠缺，如果承认此类见证人的资格，对遗嘱的真实性可能会产生一定的影响"。①《民法典》第1140条增加了"以及其他不具有见证能力的人"表述,专指有完全民事行为能力,但没有对特定形式遗嘱见证能力的人。例如,需要阅读时的盲人、需要听说时的聋哑人以及需要签名时的文盲等。(2)消极条件。遗嘱见证人应与遗嘱内容没有利害关系。首先,继承人、受遗赠人均不能担任遗嘱见证人。理由在于,继承人、受遗赠人将因遗嘱而受益或者受损,其见证会给遗嘱人造成心理压力,导致其作出的遗嘱未必是其真实意思。而且,其在知晓遗嘱内容后还可能为了特定人的私利,而故意作虚伪证明以让遗嘱有效或无效。对此,《民法典》第1140条第2项已明确继承人、受遗赠人不可担任遗嘱见证人。有一种观点认为,本条中的继承人应限定在遗嘱指定的继承人,而非所有的法定继承人,其他继承人因不是遗嘱继承人而不属于该条所指不能担任遗嘱见证人的继承人。其理由在于,因为只有遗嘱指定的继承人才与遗嘱有直接受益的利害关系。我们认为,所有继承人都与遗嘱有利害关系,都可能因遗嘱而间接受益或受损。就间接受益而言,如果遗嘱指定的继承人是子女,则该子女按遗嘱继承的遗产将成为其财产的一部分,而这部分财产将来就有可能成为其遗产被遗嘱人的配偶以父母身份继承,从而没有被遗嘱指定为继承人的配偶就因遗嘱而间接受益。故遗嘱人的配偶虽因未被指定为遗赠继承人而直接受益,但如允许其担任遗嘱见证人,不排除其为让与其有利害关系的子女成为继承人而对遗嘱人施加不当影响。同理,在遗嘱指定配偶为继承人时,没有被遗嘱指定为继承人的子女也会因此而间接受益。类似情况还有,如果遗嘱人指定父母为继承人,则父母按照遗嘱继承的遗产将可能被遗嘱人的兄弟姐妹以第一顺序

---

① 黄薇主编:《中华人民共和国民法典继承编解读》,中国法制出版社2020年版,第95页。

继承人的身份继承，从而没有被遗嘱指定为遗嘱继承人的兄弟姐妹就因遗嘱间接受益。在可能因遗嘱而受益的情况下，遗嘱见证人会尽力证明遗嘱的有效，从而影响其客观公正。至于间接受损情形来说，如果遗嘱指定第二顺序继承人为继承人，则第一顺序继承人就因未被指定或无法依法定继承继承遗产而受损。例如，在因遗嘱而受损的情况下，遗嘱见证人可能会采取使遗嘱届时不能生效的措施。故即便让未被遗嘱指定继承的继承人担任遗嘱见证人，也可能因其利益受损而影响其遗嘱见证的公正性。因此，无论继承人是否被遗嘱指定为遗嘱继承人，都不能作为遗嘱见证人。其次，该条第3项还规定：与继承人、受遗赠人有利害关系的人也不能担任遗嘱见证人。这也是因为与继承人、受遗赠人有利害关系之人虽与遗嘱内容及遗产继承并无关系，但如果其作为遗嘱见证人，不免有知悉遗嘱内容之机会，且易受利益驱使而作不真实的见证，有违见证人应客观公正证明遗嘱真实性的要求，故不得作为遗嘱见证人。至于何为"有利害关系"以及具体哪些人与继承人、受遗赠人有利害关系，立法并未明言。（3）程序条件。遗嘱见证人须是遗嘱人指定的人。遗嘱是一种单方民事法律行为，而遗嘱见证人是证明遗嘱的内容、订立过程等情形的人。因此，遗嘱见证人只能由遗嘱人指定。对此，《德国民法典》第2249条第1项及《法国民法典》第980条都明确规定，遗嘱见证人须是立遗嘱时被邀请或受召唤之人。未受遗嘱人指定的人，即使了解遗嘱的订立情形也不能作为遗嘱见证人，而只能作为证人。因遗嘱见证人系受遗嘱人指定。因此，遗嘱见证人与遗嘱人之间是一种委托关系，应按委托关系的法律规范加以规制。同时，遗嘱见证人必须在立遗嘱现场见证整个遗嘱的订立过程。①

---

① 房绍坤：《遗嘱形式完善三题》，载《苏州大学学报（法学版）》2014年第4期。

二、如何理解"继承人、受遗赠人的债权人、债务人，共同经营的合伙人，也应当视为与继承人、受遗赠人有利害关系"

由于《民法典》第1140条并未明确"与继承人、受遗赠人有利害关系"的范围，故实务中存有争议：一种观点认为，这里的利害关系应采广义，即不管是因经济抑或血缘、姻亲等原因导致继承人、受遗赠人与遗嘱见证人之间存在密切关系都在所不问；另一种观点则认为，应采狭义，将利害关系限定在经济原因，也即存在债权债务或合作关系。从现实生活情况看来，基于遗嘱内容的私密性，遗嘱人立遗嘱时，大多都请与其关系密切的亲朋好友作为见证人，而这些见证人同时又多与继承人或受遗赠人有血缘或姻亲关系。此时，如果采广义说，将导致大量遗嘱因缺乏适格遗嘱见证人，欠缺法定形式要件而无效，从而导致遗产最终按法定继承方式处理。这显然不符合遗嘱人真实意愿，也有违遗嘱自由原则。相对而言，与继承人或受遗赠人有旁系血亲或姻亲关系的人因与遗嘱人之间也多存在血缘或姻亲关系且继承人、受遗赠人是否取得遗产与其多无利害关系，从而更能保证其见证遗嘱时的公正性。因此，应对与继承人、受遗赠人有利害关系的人作广义抑或狭义理解，取决于如何看待遗嘱自由与遗嘱形式之间的关系。毫无疑问，立法规定遗嘱形式要求是为确保遗嘱内容体现遗嘱人真实意思，确保遗嘱自由，而规定遗嘱见证人这一形式要求也是基于同一目的考量。故从应然层面出发，利害关系最好采广义说，以最大程度避免因遗嘱见证人与继承人、受遗赠人之间血缘或姻亲等关系，而导致遗嘱见证人有失公正的风险。但鉴于我国目前社会大众的法律素养、所倾向的遗嘱见证人范围、立遗嘱时的客观环境等因素，还是应从实然层面出发，对利害关系人的范围有所限定。从比较法和理论通说角度看，继承人、受遗赠人的配偶及近亲属因与继承人、受遗赠人的密切关系而不能作为遗嘱见证人。至于继承人、受遗赠人的旁系血亲则一般可以不将其列入利害关系人范围。本条司法解释则仅从与继承人、受遗赠人的经济利害关系角度，明确将现实生活中常见的继承人、受遗赠人的债权人、债务人，共同经营的合伙人也视为是与继承人、受遗赠人有利害关系的人，不能作为遗嘱的见证人。

具体而言：首先，继承人的债权人、债务人。由于继承人的债权人对继承人有债权，故在继承人没有清偿债务能力的情形下，其债权人的债权有落空危险。此时，如果让该继承人的债权人作为遗嘱见证人，就不排除该债权人在见证遗嘱过程中篡改遗嘱内容，增加欠其债务的继承人的遗产份额或者恶意让该遗嘱无效，从而让该继承人通过法定继承获得更多遗产从而确保其债权。至于继承人的债务人，则不排除该债务人为减免其欠继承人债务而受继承人指示采取上述措施增加该继承人可得遗产数额，甚至为报复继承人的逼债行为而通过遗嘱见证恶意减少继承人应继承的遗产；与之类似，受遗赠人的债权人、债务人同样可能在见证过程中实施上述行为，故也应被排除在遗嘱见证人范围之外。其次，与继承人、受遗赠人共同经营的合伙人。在我国现行法律体系中，合伙人分为合伙企业中合伙人和合伙合同中的合伙人两大类。根据《合伙企业法》有关规定，合伙企业中的合伙人分为普通合伙人、有限合伙人以及特殊普通合伙人。其中普通合伙人参与合伙企业经营，对合伙企业债务承担无限连带责任，特殊普通合伙人在执业活动中因故意或者重大过失造成合伙企业债务的，应当承担无限责任或者无限连带责任，其他合伙人以其在合伙企业中的财产份额为限承担责任。在执业活动中非因故意或者重大过失造成的合伙企业债务以及合伙企业的其他债务，由全体合伙人承担无限连带责任。至于有限合伙人则不参与合伙经营，仅以其认缴的出资额为限对合伙企业债务承担责任。故有限合伙人对合伙企业债务不承担无限责任。相应地，也与其他合伙人之间就合伙企业债务不承担无限连带责任。由此可见，合伙企业形态下，除了有限合伙人，其他合伙人之间都可能要对合伙企业债务承担连带责任。换言之，任何一个合伙人（不包括有限合伙人）自身责任财产的多少都将影响到其他合伙人的实际债务承担，故合伙人（不包括有限合伙人）之间存在经济上利害关系。至于合伙合同形态下的合伙人，根据《民法典》第973条规定，合伙人对合伙债务承担连带责任。清偿合伙债务超过自己应当承担份额的合伙人，有权向其他合伙人追偿。故合伙合同形态中的合伙人之间也存在经济上利害关系。综上，除了不与其他合伙人共同经营的有限合伙人之外，其他合伙人（无论是否共同经营）之间都可能对外承担无限连带责任，都会存在上述继承人、受遗赠人的债权人、债务人一样的风险，故也应将其排除出遗嘱见证人范围。再次，"视为与继承人、受遗赠人有利害关系"中的"视为"一般被认为用来表达的是法律拟制制度。拟制的本质是立法者基于特定价值或政策考量并根据实际需要，将性质不同的两个法律事实予以相同法律评价，使其产生相同法律效果。拟制具有如下特征：第一，拟制中的两事实性质不同，立法者处于明知状态；第二，拟制中的两事实之间不要求以逻辑上的高概率为基础；第三，拟制中的被拟制事实不能被推翻；第四，法律拟制的内容并非"理所当然"，只是立法者基于特别理由才将不符合某种规定的情形赋予该规定的法律效果，不能"推而广之"。立法者之所以设置法律拟制制度，主要有形式和实质两个方面的理由：前者是基于法律经济性的考虑以避免重复；后者是基于两个法律事实构成要件的相似性。[①]就本条司法解释而言，将"继承人、受遗赠人的债权人、债务人，共同经营的合

---

① 张海燕：《"推定"和"视为"之语词解读——以我国现行民事法律规范为样本》，载《法制与社会发展》2012年第3期。

伙人"拟制为"与继承人、受遗赠人有利害关系的人",进一步明确了《民法典》第1140条第3项"与继承人、受遗赠人有利害关系的人"所指对象。这里需要注意的是本条用了"也应当视为"的表述,间接说明"与继承人、受遗赠人有利害关系的人"包括但不限于本条所指的"继承人、受遗赠人的债权人、债务人、共同经营的合伙人"。最后,本条中的"受遗赠人"一般不包括与被继承人签订遗赠扶养协议的个人或者组织。其理由在于,与被继承人签订遗赠扶养协议的受遗赠人,是依据该遗赠扶养协议而非遗嘱主张受遗赠权利,而根据《民法典》第1123条以及本司法解释第(3)条的规定,遗嘱内容如与遗赠扶养协议抵触,则按协议处理,与协议抵触的遗嘱全部或部分无效。故遗嘱人所立遗嘱对遗赠扶养协议中的受遗赠人的权益不会产生影响,其参与见证也不会干扰遗嘱人立遗嘱时的真实意思表示。而且,遗赠扶养协议中的受遗赠人即便知晓遗嘱内容也因其权益不受遗嘱影响而不会故意让遗嘱有效或无效。故相对于一般的受遗赠人,遗赠扶养协议中的受遗赠人与遗嘱内容并无利害关系,在遗嘱见证时一般不会有失客观公正。

【审判实践中应注意的问题】

司法实践中,与继承人、受遗赠人有无利害关系,除了本条规定的情形外,能否作为遗嘱的见证人还应具体情况具体分析。

一、继承人、受遗赠人的亲属能否作为遗嘱见证人

对于亲属范围的界定,各国都有不一样的规定,主要分为限定和非限定两类。限定又分为两种:第一种是通过总则的方式直接规定亲属的范围。比如,《日本民法典》(亲属编)第725条规定,"下列人为亲属:六等以内的血亲、配偶;三等以内的姻亲",将

亲属范围进行限定。第二种是通过规定权利义务的方式进行具体性的规定。比如，我国1980年《婚姻法》禁止直系血亲和三代以内旁系血亲结婚。第二类是非限定，比如德国民法典就未规定亲属范围。对亲属的分类，各国也有不同的分法。德国、瑞士和墨西哥等国家将亲属分为血亲和姻亲两种；而日本则将亲属分为血亲、姻亲和配偶三种。① 我国目前采用第二种模式，即根据《民法典》第1045条规定，亲属包括配偶、血亲和姻亲。血亲包括自然血亲和拟制血亲，前者是指出于同一祖先具有血缘联系的亲属；后者是指彼此本无血缘关系，但法律因其符合一定的条件，确认其与自然血亲具有同等权利和义务的亲属，如养父母与养子女之间。直系血亲，是指相互间具有直接血缘联系的亲属，即生育自己和自己生育的上下各代血亲。如父母与子女，祖父母与孙子女、外祖父母与外孙子女等。旁系血亲，是指相互间具有间接血缘联系的亲属，即直系血亲以外的在血缘上与自己同出一源，也就是出于同一祖先的亲属。除直系血亲外均为旁系血亲。姻亲是指除配偶外以婚姻关系为中介而产生的亲属，包括血亲的配偶、配偶的血亲、配偶的血亲的配偶等。姻亲之间只有在法律特别规定的情况下才具有权利义务关系。根据《民法典》第1045条规定，配偶、父母、子女、兄弟姐妹、祖父母、外祖父母、孙子女、外孙子女为近亲属。

一般而言，继承人、受遗赠人的近亲属中的非继承人与遗嘱有直接和间接受益的利害关系，不宜作为遗嘱见证人。首先，继承人、受遗赠人的配偶、父母、子女与遗嘱有直接受益的利害关系。根据《民法典》第1062条第1款第4项规定，夫妻在婚姻关系存续期间继承的财产，除遗嘱确定只给夫妻一方的外，为夫妻的共同

---

① 肖峰编著：《民法典婚姻家庭编条文精释与案例实务》，法律出版社2020年版，第27页。

财产，归夫妻共同所有。故继承人、受遗赠人的配偶一般与遗嘱存在直接受益的利害关系，而继承人、受遗赠人的父母、子女作为其第一顺序继承人也可能在将来通过继承受益。其次，继承人、受遗赠人的孙子女、外孙子女与遗嘱有间接受益的利害关系。继承人、受遗赠人依据遗嘱取得遗产后，其孙子女、外孙子女可能因法定继承、转继承或代位继承其父母从遗嘱人处取得的遗产而间接受益。最后，继承人、受遗赠人的兄弟姐妹、祖父母、外祖父母作为继承人、受遗赠人的第二顺序法定继承人也可能因此间接受益。至于继承人、受遗赠人及其配偶的其他亲属，则一般不会因遗嘱而受益或受损，故可作为遗嘱见证人。

二、遗嘱见证人有无遗嘱见证能力应区分情况而定

依据《民法典》第1134条至第1139条规定，遗嘱的法定形式有自书遗嘱、代书遗嘱、打印遗嘱、录音录像遗嘱、口头遗嘱、公证遗嘱。除了自书遗嘱和公证遗嘱之外，其他遗嘱形式都需要有两个以上见证人在场见证。在需要遗嘱见证人的场合，应区分遗嘱形式而确定各自遗嘱见证能力的具体内容。在代书遗嘱、口头遗嘱、打印遗嘱场合，由于立法规定遗嘱见证人应当在遗嘱上签名，注明年、月、日，故不能书写的人在这些场合不具有遗嘱见证能力。而就口头遗嘱、录音录像遗嘱、代书遗嘱而言，则需要具有相应的听、说、写等方面的能力，否则，不得担任遗嘱见证人。对此，国外立法也有类似规定，例如，《法国民法典》第980条中规定：遗嘱见证人应当懂得法语并会签字；《西班牙民法典》第681条规定：盲人、全聋或全哑的人、不能知晓被继承人语言的人、神志不健全的人不得担任遗嘱见证人等。

> **第二十五条** 遗嘱人未保留缺乏劳动能力又没有生活来源的继承人的遗产份额，遗产处理时，应当为该继承人留下必要的遗产，所剩余的部分，才可参照遗嘱确定的分配原则处理。
>
> 继承人是否缺乏劳动能力又没有生活来源，应当按遗嘱生效时该继承人的具体情况确定。

【条文主旨】

本条是关于遗产处理时，应为缺乏劳动能力又没有生活来源的继承人留下必要遗产的规定。

【条文理解】

遗嘱自由是自然人享有的订立遗嘱处分其个人财产的权利，是当事人意思自治的体现。但是任何自由都不是绝对自由，遗嘱自由也不例外。随着社会经济的发展，遗嘱自由越来越受到强制性法律规定限制，以追求被继承人个人利益、继承人利益与社会公益之间平衡的目标。具体表现为遗嘱人意愿与其近亲属之间权益平衡、继承领域的男女平等、养老扶幼的责任以及社会公序良俗等。从国外立法情况看，各国限制遗嘱自由的立法主要有特留份制、遗产先取权、特殊贡献份额、扶养费请求权等。就我国而言，早在1984年《民事政策法律若干问题的意见》第44条第1款就规定了，"公民依法用遗嘱处分自己的财产，应予承认和保护。但所立遗嘱如违反有关法律、政策的规定，或者取消了未成年和无生活来源的法定继承人的份额，处分了不属于他个人的财产，以及违背了遗嘱人的真实意思的，不予保护"。后在1985年《继承法》第19条进一步规定"遗嘱应当对缺乏劳动能力又没有生活来源的继承人保留必要的遗产份额"。至于如何具体保留该条中规定的必要的遗产份额，则通过1985年《继承法意见》第37条予以明确。在《民法典》制定过程中，学界主流观点认为，应废止上述必留份规定，增设大陆法系国家立法普遍确认的特留份制度，但最终立法者认为，1985年《继承法》第19条规定，遗嘱应当对缺乏劳动能力又没有生活来源的继承人保留必要的遗产份额，既充分尊重了遗嘱人的财产处分权，又保障了有困难的继承人的扶养需求，还有助于弘扬人人自食其力的社会风气。由于继承制度的特殊性，法律规定的继承规则有的已经成为社会传统，对于一些新制度的引入要充分考虑与现有继承规则的协调、实践需求、社会接受度等因素，而目前对引入特留份制度还存在较多不同意见。为此，《民法典》继承编保留了必留份的规定，没有规定特留份制度。[①] 有鉴如此，《民法典》第1141条基本保留了1985年《继承法》第19条的内容，只是从表述流畅角度将"对"改为"为"字。相应地，本条司法解释也延续了1985年《继承法意见》第37条规定内容。司法实务中，在具体理解适用本条时，应重点把握以下几个方面。

一、如何理解本条中"遗嘱人未保留缺乏劳动能力又没有生活来源的继承人的遗产份额"

根据《民法典》第1141条规定，遗嘱人应当在遗嘱中为缺乏

[①] 黄薇主编：《中华人民共和国民法典释义》，法律出版社2020年版，第2192页。

劳动能力又没有生活来源的继承人保留必要的遗产份额。但现实生活中，由于遗嘱人法律知识的欠缺、歧视妇女、歧视非婚生子女、遗赠婚外第三者等原因，不少遗嘱人违反该条规定，在遗嘱中并未为缺乏劳动能力又没有生活来源的继承人保留必要的遗产份额。这里所指缺乏劳动能力是不具备赖以谋生的劳动能力。在现实中主要表现为年幼无劳动能力、因病残丧失劳动能力、年老丧失劳动能力等情形。而没有生活来源则在实务中有两种观点：一种观点持绝对生活来源说，即该继承人没有任何维持个人基本生活水平的经济收入来源；另一种观点则持相对生活来源说，认为即便已通过赠与或遗嘱等方式获得了足以维持生活的财产或有法定扶养义务人可以给予生活上的供养，只要继承人自己客观上不能靠自己的劳动付出获得维持个人基本生活水平的收入来源，都属于该条所指的"没有生活来源"。我们认为，"没有生活来源"是指继承人自身不具备独立维持个人达到当地基本生活水平的经济条件且没有其他有扶养能力的扶养义务人存在。理由在于：首先，从必留份的功能角度而言，必留份制度的价值核心就在于通过限制遗嘱人遗嘱自由，强制保留给有生活困难的继承人一定的遗产以维持其生活，从而能实现继承的扶老育幼功能。如果特定继承人虽然没有劳动能力，但其名下有足够财产或有具备扶养能力的扶养义务人对其进行扶养，则其因生活无忧已不属于必留份制度的适用对象。其次，从文义解释角度而言，《民法典》第1141条关于必留份适用对象为"缺乏劳动能力又没有生活来源"的继承人。缺乏劳动能力即意味着客观上没有从事有偿劳动的能力。换言之，就是不能通过付出劳动获得生活来源。也即，缺乏劳动能力在解释上已经包含了没有生活来源中的一种情况。现在立法者将"没有生活来源"与"缺乏劳动能力"并列，通过体系解释可知，这里的"没有生活来源"应作狭义解读，即不包括不能通过自身劳动获得生活来源的情形。故在继承人自身有财产足以维持生活或其扶养义务人有扶养能力的情形下，不能还以自身无法通过劳动获得生活来源作为必留份主张依据。最后，在继承人不能通过自身劳动获得生活来源且不具备维持基本生活的财产的情形下，如果其存在具有扶养能力的扶养义务人，则完全可以通过依法请求扶养义务人支付扶养费获得生活来源，而不必限制遗嘱人遗嘱自由强行为其保留必留份。这种理解也可从其他相关规定得到印证。例如《民法典》第1067条规定的"不能独立生活的成年子女"在《民法典婚姻家庭编解释（一）》第41条则解释为"尚在校接受高中及其以下学历教育，或者丧失、部分丧失劳动能力等非因主观原因而无法维持正常生活的成年子女"，这里的"不能独立生活"与本条中"没有生活来源"基本同义。

  至于未保留遗产份额，在实务中也有两种观点：第一种观点认为，从文义解释出发，只要遗嘱人在遗嘱中未明确记载为特定缺乏劳动能力又没有生活来源的继承人留下具体的遗产份额，就应理解为符合本条规定，依法认定该遗嘱无效。在遗产处理时，应当为该继承人留下必要的遗产。第二种观点认为，从必留份制度的功能目的出发，即便遗嘱中未明确记载为特定缺乏劳动能力又没有生活来源的继承人留下的具体遗产份额，只要遗嘱人在遗嘱中的相关表述能够保障该继承人能从遗产中受益，取得生活来源保障，即可认为符合《民法典》第1141条规定必留份制度的立法本意和价值追求，无须在遗产处理时，再为该继承人留下必要的遗产。我们基本同意第二种观点。现实生活中，由于出现不少遗嘱人留给未成年人等缺乏劳动能力又没有生活来源的继承人的遗产被其监护人非法侵占、挪用等情形，故不少遗嘱人往往会通过遗嘱指定遗嘱继承人附扶养照顾特定遗嘱人义务继承的方式来预防。在此类遗嘱中，虽然没有直接确定给缺乏劳动能力又没有生活来源的继承人的遗产具体份额，但已经通过其他安排实质性保障了其应继承遗产份额，已没有必要给其再留下必要的份额。故判断遗嘱人所立遗嘱是否没有为缺乏劳动能力又没有生活来源的继承人保留必要的遗产份额，应当对遗嘱的实质内容进行分析。只要遗嘱人在处分遗产时为缺乏劳动能力又没有生活来源的继承人今后的生活作出了有保障性、义务性的安排，即使形式上没有指定其继承遗产，亦不应当认定遗嘱人未保留缺乏劳动能力又没有生活来源的继承人的遗产份额。应予注意的是，如果遗嘱人仅在遗嘱中对缺乏劳动能力又无生活来源的继承人今后的生活作出的安排仅仅具有宣示性、倡导性，而未涉及相应遗产本身的处理，不能为缺乏劳动能力又没有生活来源的继承人提供实质性保障，则不宜认定其已实质保留缺乏劳动能力又没有生活来源的继承人的遗产份额。

二、如何理解"遗产处理时，应当为该继承人留下必要的遗产，所剩余的部分，才可参照遗嘱确定的分配原则处理"

司法实践中，如果出现遗嘱人所立遗嘱没有给该继承人保留必要遗产份额的情形，就该必要遗产份额如何参与遗产分配，实务中观点不一：第一种观点认为，应从尊重遗嘱人意思自治出发，在确定必要遗产份额后，先按遗嘱确定的分配原则处理，然后从剩余部分遗产中分配必要遗产份额。第二种观点认为，应在确定必要遗产份额后，与其他继承人、受遗赠人等共同参与分配。这里的必要遗产份额是指在共同继承中，该缺乏劳动能力又没有生活来源的继承人继承被继承人遗产时的分配比例。也就是不管遗产价值大小，该继承人都只能按遗产价值的一定比例分配遗产。第三种观点则认为，从必留份制度的养老扶幼功能出发，应确保必要遗产份额对应的相应价值遗产优先于其他继承人、受遗赠人等分配。本条司法解释采用了第三种观点。理由在于：首先，如果按第一种观点，虽然尊重了遗嘱自由原则，但可能导致因没有剩余遗产而使该特定继承人的必要遗产份额落空。其次，如果采用第二种观点，则可能出现所确定的该特定继承人必要遗产份额与按遗嘱确定的分配原则之间出现矛盾，客观上无法实现共同参与遗产分配。例如遗嘱确定的分配原则是就遗产中特定实物财产进行分别分配。也即其他继承人并非按遗产价值比例进行分配，再加上受遗赠人本身不存在继承份额的问题，故统一按各自遗产比例分配遗产不具备可操作性。最后，本条采用的遗产分配时，先留必留份，剩余部分参照遗嘱确定的分配原则处理则可较好协调必留份与遗嘱自由之间的冲突。具体而言，先按遗产总价值确定一定比例的必留份遗产留给缺乏劳动能力又没有生活来源的继承人，一则可以确保必留份制度所追求的养老扶幼目标实现；二则可以避免遗嘱人确定的遗嘱分配原则与法定必留份额之间的冲突。本语段中的"遗产处理时"不能与《民法典》继承编第四章"遗产的处理"等同。该章中的"遗产的处理"以继承开始作为时间起点，主要包括指定遗产管理人、遗产管理人依法履行职责等阶段。而本条所指"遗产处理时"应是特指遗产管理人进行遗产分割时。遗产管理人制度是《民法典》继承编新增的制度，替代之前的遗嘱执行人或继承人具体负责遗产的处理。依据《民法典》第1147条规定，遗产管理人应在处理被继承人的债权债务后，按照遗嘱或者依照法律规定分割遗产。故遗产管理人在履行遗产分割职责时，有义务为缺乏劳动能力又没有生活来源的继承人保留必要的遗产。这里的"必要的遗产"，原则上是指维持缺乏劳动能力又没有生活来源的继承人基本生活水平所必须的遗产。鉴于现实情况的复杂性，该遗产的具体数额无法统一规定，而是依法交由遗产管理人视具体情形自行确定。

这里需要注意的是，遗嘱人在遗嘱中对特定物品的处理可能基于情感、纪念、习俗惯例等非财产价值方面的考量。而为缺乏劳动能力又没有生活来源的继承人保留必要的遗产份额，仅为让其得到财产价值并维持生计，故在具体选择所保留的必要遗产时，应尽量不要将上述特定物品纳入保留范围。如果缺乏劳动能力又没有生活来源的继承人或者其他继承人、受遗赠人对遗产管理人保留的遗产有异议，则可在遗产分割时，向遗产管理人提出调整的要求，如果遗产管理人拒绝该要求或调整达不到其预期，则可诉诸法院诉讼解决该争议。从"必留份"制度的功能在于保障家庭扶养义务的延续这一角度出发，受理法院可参考我国相关司法实践所确立的标准，如《最高人民法院关于审理人身损害赔偿案件适用法律若干问题的解释》中关于被扶养人生活费的确定标准，即将"城镇居民人均消费性支出额"与"农村居民人均年生活消费支出额"作为确定必要遗产份额的考量因素。可以等于法定继承人的平均份额，也可以多于或少于平均份额，至于其具体为多少，则往往由法院综合遗产数额、其他继承人、受遗赠人的具体情况、当地生活消费水平等因素在个案中酌定。这样，既保持了一定的灵活性又具有可操作性。

在遗产管理人优先为缺乏劳动能力又没有生活来源的继承人留下必要的遗产后，所剩余的遗产部分该如何处理？从现实情况看，一旦遗产管理人优先保留必留份遗产后，剩余的遗产部分从具体种类和价值等方面都很可能已经无法匹配遗嘱人遗嘱分配的内容。故一旦出现此情形，则只能参照遗嘱内容、尽量满足遗嘱确定的特定遗产归属，而不能直接照搬完全按遗嘱确定的分配原则处理。具体而言，在考虑特定物品归属的前提下，可以根据遗嘱确定的各继承人、受遗赠人应得财产份额的价值比例，就剩余遗产按该比例在各继承人、受遗赠人之间进行分配。

三、如何理解"继承人是否缺乏劳动能力又没有生活来源,应当按遗嘱生效时该继承人的具体情况确定"

虽然《民法典》第1141条规定了遗嘱应当为缺乏劳动能力又没有生活来源的继承人保留必要遗产份额,但其并未明确认定继承人缺乏劳动能力又没有生活来源的时间节点。从实务情况看,有几种不同观点:第一种观点认为,应以遗产分割时为判断确定继承时是否缺乏劳动能力又没有生活来源的标准。理由在于,必留份制度的功能是扶老育幼。对遗嘱人遗嘱自由限制,强行保留必要份额给特定继承人是因为其缺乏劳动能力又没有生活来源,无法维持自己生活。由于遗嘱生效时与遗产分割时还可能存在较大的时间差,不排除在此期间特定继承人从有劳动能力和生活来源转变为缺乏劳动能力又没有生活来源的可能。如果在遗产分割时,特定继承人出现缺乏劳动能力又没有生活来源的情形,则从实现必留份制度功能出发,仍应保留其份额。第二种观点认为,应以遗嘱人立遗嘱时为判断特定继承人是否缺乏劳动能力又没有生活来源的标准。理由在于,只有遗嘱人在立遗嘱时明知特定继承人缺乏劳动能力又没有生活来源仍不给其保留遗产份额的情形下,遗嘱人才具有主观可归责性,进而才有必要限制其遗嘱自由,为当时已经缺乏劳动能力又没有生活来源的继承人保留必要份额。第三种观点则认为,继承人是否缺乏劳动能力又没有生活来源,应视遗嘱生效时该继承人的具体情况确定。但在遗产处理时,原有劳动能力或有生活来源的健康人,因情况变化而确实丧失劳动能力又无生活来源,应从实际出发,分给适当遗产。[①]我们认为,

---

[①] 参见《上海市高级人民法院对贯彻最高人民法院关于执行继承法若干意见的意见》第12条。

如果将判断继承人是否缺乏劳动能力又没有生活来源的时间节点推迟到遗产分割时，则可能出现以下弊端：第一，在遗嘱生效后至遗产分割前，如果特定继承人以缺乏劳动能力又没有生活来源为由主张必留份，可能被其他继承人以遗产分割时点尚未到来为由提出抗辩。第二，依照《民法典》第1132条规定，遗产分割的时间由继承人协商确定，协商不成，可以通过调解或诉讼方式确定。如果继承人协商不成导致遗产分割时间迟迟不能确定，进而将导致判断有无劳动能力和生活来源的时间节点无法确定，影响特定继承人主张必留份。反过来，如果将判断继承人是否缺乏劳动能力又没有生活来源的时间节点提前到遗嘱人立遗嘱时，则可能与客观现实不符。现实生活中，遗嘱人从立遗嘱到遗嘱生效可能有漫长的时间，而在此期间，特定继承人有无劳动能力和生活来源的情况都可能发生变化。不排除遗嘱人立遗嘱时，特定继承人确实没有劳动能力和生活来源，但等到若干年后遗嘱生效时已经具备或恢复劳动能力或已有生活来源的情形。如此时再强行为其保留必要遗产份额，则与必留份制度的价值取向相悖。权衡再三，为了给缺乏劳动能力又没有生活来源的特定继承人及时保护，本条仍坚持按遗嘱生效时该继承人的具体情况确定其是否缺乏劳动能力又没有生活来源。即应以继承开始时继承人是否为缺乏劳动能力又无生活来源的人为准，而不能以遗产分割时或遗嘱人订立遗嘱时的继承人状况为准。即，遗嘱人订立遗嘱时继承人虽为缺乏劳动能力又无生活来源的人，但于继承开始时已具有劳动能力或有生活来源，则不应为其保留必要的遗产份额；反之，遗嘱人订立遗嘱时继承人虽有劳动能力或生活来源，但于继承开始时缺乏劳动能力又无生活来源的，仍属于应为其保留必要遗产份额的继承人。

【审判实践中应注意的问题】

司法实务中，除了本条已经细化的内容之外，对《民法典》第1141条的适用可能还存在以下问题，需要进一步分析。

未为缺乏劳动能力又无生活来源继承人保留必留份的遗嘱效力

根据《民法典》第1141条的文义可知，该条并未明确违反保留必留份规定的相应法律后果，属于不完全法条。由此，实务中对此类遗嘱的效力，存有争议：一种观点认为，《民法典》第1141条是效力性强制性规定，基于遗嘱内容具有整体性，违反该条规定的遗嘱应当认定为无效；另一种观点则认为，遗嘱自由与必留份限制之间应有所平衡。一旦认定遗嘱无效，则遗产只能按法定继承，这明显违背了遗嘱人专门立遗嘱的初衷。而且，必留份制度也只是保证缺乏劳动能力又无生活来源继承人可以得到必要的遗产而非全部，故对剩余部分遗产原则上仍可按遗嘱人意愿处理。也即，遗嘱因违反本条规定而侵害了必留份权利人的必留份权，遗嘱也仅为部分无效，除非部分无效有违遗嘱人意愿。对此，2015年最高人民法院发布的第十批指导性案例之案例50号也持同样观点。最后，需要补充说明的是，虽然该指导性案例指向的是为胎儿保留必要份额，但并不等于胎儿就一定可以主张必留份。既然必留份制度是为保障那些缺乏劳动能力又没有生活来源的继承人的生活问题，那么在继承人有生活来源或胎儿受赠巨额财产的情形下，就不符合必留份适用对象要求，没有必要适用本条给其保留必要的遗产份额。

> **第二十六条** 遗嘱人以遗嘱处分了国家、集体或者他人财产的,应当认定该部分遗嘱无效。

【条文主旨】

本条是关于遗嘱处分他人财产部分无效的规定。

【条文理解】

一般而言,从尊重当事人意思自治出发,对当事人订立遗嘱处分其个人财产应予充分尊重。但该尊重的前提应是以该遗嘱内容不损害其他人利益为前提。其中就包括遗嘱中对财产的处分只能限定为个人有权处分的财产,而不包括国家、集体或他人的财产。否则,该遗嘱处分就构成无权处分行为。关于处分他人财产的遗嘱效力问题,早在1984年《关于贯彻执行民事政策若干问题的意见》第44条第1款就规定"公民依法用遗嘱处分自己的财产,应予承认和保护。但所立遗嘱如违反有关法律、政策的规定,或者取消了未成年和无生活来源的法定继承人的份额,处分了不属于他个人的财产,以及违背了遗嘱人的真实意思的,不予保护"。这里的不予保护,并没有明确处分行为的效力。后在1985年《继承法意见》第38条则进一步明确"遗嘱人以遗嘱处分了属于国家、集体或他人所有的财产,遗嘱的这部分,应认定无效"。该条适用以来,在实务中争议不大。本条司法解释制定中,征求到的意见、建议也仅集中在文字表述方面,故本条最终定稿仅从文字简练、规范的角度对原条文作了修改,基本内容和规范意旨均无实质变化。司法实务中,具体适用本条时应把握以下几个方面。

一、如何理解无权处分与遗嘱的关系

现实生活中,无权利人实施处分他人之财产的民事法律行为,并不少见。对该类民事法律行为,民法理论上多冠以"无权处分行为"称谓。无权处分行为本质上是民事法律行为,而民事法律行为至少应当具备《民法典》第143条规定的下列条件,才为有效:(1)行为人具有相应的民事行为能力;(2)意思表示真实;(3)不违反法律、行政法规的强制性规定,不违背公序良俗。以民事法律行为的效果种类为标准,民事法律行为可为分为财产行为和身份行为,前者以追求财产效果为目的,后者以发生身份效果为目的。而财产行为又可进一步分为负担行为和处分行为。负担行为是发生债权债务的行为,又称债权行为。而处分行为是指让特定权利直接发生得失变更的行为,又称为物权行为。由于债权行为常为物权行为之原因,故两者间效力影响及其评价就成为了无权处分行为争议的焦点问题。从大陆法系国家和地区的法律规定情况来看,可以根据是否承认物权行为和债权行为的区分为标准,将无权处分行为大致分为两种类型:第一,在承认物权行为和债权行为分立的国家和地区,无权处分仅针对狭义上的处分行为,而负担行为则仅仅设立对人的请求权。故行为人是否有处分权不影响负担行为效力。至于处分权则直接作用于财产权本身,能够引起财产权的变更、消灭和设定负担等。因为该处分的效果具有对世性,故要求处分人具有处分权,否则该处分行为无效或效力待定。典型如德国和我国台湾地区。第二,在不承认物权行为和债权行为区分的国家,则认为就不存在独立的物权行为也即处分行为,只要负担行为无效,该无效负担行为不能产生物权发生变动的效力。典型如日本、法国。从无权处分的法律效果来看，上述两种类型国家基本都认可，当事人是否有处分权不影响负担行为的效力。负担行为有效也并不意味着无权处分行为能导致物权变动。就我国立法而言，自《合同法》第51条"无处分权的人处分他人财产，经权利人追认或者无处分权的人订立合同后取得处分权的，该合同有效"颁布以来，学界对该条无权处分规范的理解一直存有较大分歧：（1）债权合同效力未定说。该说认为，依《合同法》第51条规定，出卖他人之物，权利人追认或者处分人事后取得处分权的，合同有效；反之，权利人不追认并且处分人事后也未取得处分权的，合同无效。这里说的无效，不是处分行为无效，而是无权处分的合同无效，即买卖合同无效。（2）物权变动不生效力说。该说认为，要以法律行为改变财产的命运，就应当有处分权。要达到这个目的，法律上规定欠缺处分权物权不发生变动就可以了，不一定要把债权合同也规定为无效。（3）处分行为效力未定说。该说认为，《合同法》第51条关于无权处分合同效力待定的规定，应当解释为出卖他人之物的处分行为效力待定，买卖等债权合同仍属有效。（4）完全无效说。该说认为，无权处分行为一般应认定为无效，《合同法》第51条并非关于无权处分行为效力的一般规定，而是无权处分行为为无效行为的例外。①直至2007年《物权法》第15条规定"当事人之间订立有关设立、变更、转让和消灭不动产物权的合同，除法律另有规定或者合同另有约定外，自合同成立时生效；未办理物权登记的，不影响合同效力"，才在立法层面开始将债权效力与物权变动之间进行分离。相应地，2009年《最高人民法院关于适用〈中华人民共

---

① 章正璋：《统一的无权处分制度之构建及其方法》，载《苏州大学学报》2018年第2期。

和国合同法〉若干问题的解释（二）》第15条"出卖人就同一标的物订立多重买卖合同，合同均不具有合同法第五十二条规定的无效情形，买受人因不能按照合同约定取得标的物所有权，请求追究出卖人违约责任的，人民法院应予支持"以及2012年《最高人民法院关于审理买卖合同纠纷案件适用法律问题的解释》第3条第1款"当事人一方以出卖人在缔约时对标的物没有所有权或者处分权为由主张合同无效的，人民法院不予支持"等相关规定也进一步细化了债权行为是否有效与当事人是否对标的物享有处分权无关的结论。2020年修正该解释时，该条内容被《民法典》第597条第1款采纳，规定"因出卖人未取得处分权致使标的物所有权不能转移的，买受人可以解除合同并请求出卖人承担违约责任"。综观上述关于无权处分的规定，都集中在合同这一双方民事法律行为范围内讨论。至于单方民事法律行为则并未涉及。而本条所指遗嘱则属于单方、要式、死因民事法律行为，与上述合同等双方民事法律行为有所不同。双方民事法律行为，是指由两个意思表示的一致而成立的法律行为；而单方民事法律行为，则指仅由当事人一方的意思表示成立的法律行为。单方民事法律行为可分为有相对人的单方民事法律行为与无相对人的单方民事法律行为。债务免除、代理权的授予、法定代理人的同意、解除权行使等，属于有相对人的单方民事法律行为，其生效以向相对人为意思表示为必要；遗嘱、设立财团的捐助行为等，属于无相对人的单方民事法律行为。基于私法自治原则，非依本人的意思，不能对其发生权利变动。所以，唯于法律有特别规定之情形，始得依单方意思为他人设定义务，是为例外。至于以单方民事法律行为赋予他人权利者，固属当然。[1] 要式民事法律行为则是指行为人意思表示应依据一定形式作出的法律行为。

---

[1] 梁慧星：《民法总论》，法律出版社2011年版，第163页。

遗嘱人立遗嘱作为死因行为则是指遗嘱人死亡，遗嘱人所立遗嘱才发生效力的法律行为。鉴于遗嘱都是在遗嘱人死亡后才生效，其内容的真实性无法与遗嘱人核对，故各国立法都强制规定遗嘱必须符合法定类型并具备法定形式。例如我国《民法典》就规定了自书遗嘱、打印遗嘱、代书遗嘱、口头遗嘱、录音录像遗嘱和公证遗嘱等法定形式并明确了其具体形式要求。

由于遗嘱人立遗嘱行为的单方、要式、死因等特性，故判断遗嘱的效力除了要满足《民法典》第143条规定的条件之外，还应考虑其他因素。对此，《民法典》继承编第四章已经有了一些规定，但就遗嘱中关于遗嘱人无权处分他人财产的条款效力问题，则未言及。由于遗嘱是单方、无相对人的民事法律行为，且遗嘱人死后才生效，不需要就保护相对方善意和交易安全等因素进行考量，只需考虑遗嘱人通过立遗嘱进行财产处分行为是否有效即可。最后，值得说明的是，虽然一般意义上的无权处分中的无权都是基于处分人作出处分意思表示时对特定财产权利归属所作出的判断，但不能排除处分人作出该意思表示后取得该财产处分权的情形。具体到遗嘱继承情形，如果遗嘱人立遗嘱时尚未取得特定财产的处分权，但在遗嘱生效时，已经取得该特定财产的处分权，则不宜适用本条以无权处分为由认定遗嘱无效。换言之，如果遗嘱人立遗嘱时，尚未取得对特定财产的处分权，但在遗嘱人死亡时，已经取得对该特定财产的处分权时，则不构成本条所指无权处分。反向言之，如果遗嘱人立遗嘱时已取得对特定财产的处分权，但在遗嘱人死亡时已经丧失对该特定财产的处分权的情形，则同样可以构成本条所指的无权处分。

二、涉及无权处分遗嘱的效力

根据《民法典》第1122条第1款规定，遗产是自然人死亡时遗留的个人合法财产。而遗嘱人立遗嘱处分的财产只能是遗产，也即个人合法财产。如果遗嘱人处分的不是个人合法财产，则可能构成无权处分。从现实情况看，遗嘱人以遗嘱处分了国家、集体或者他人财产的情形，在实务中并不少见。除了处分自他人处借用、替他人保管的财产等完全属于他人所有的财产情形之外，更多地都表现为将夫妻共同所有财产或家庭共有财产作为个人遗产进行的处分。夫妻共同财产的性质是共同共有，即夫妻对全部共同财产不分份额地享有同等的权利，承担同等的义务，对共同财产享有平等的占有、使用、收益和处分的权利，与各自收入数量、从事的工作无关。夫妻在对共同财产行使处分权时，应当平等协商，在征求对方同意的情况下做出处分，而不应违背他方意志擅自处理。[1] 故根据《民法典》第1153条规定，夫妻共同所有的财产，除有约定的外，遗产分割时，应当先将共同所有的财产的一半分出为配偶所有，其余的为被继承人的遗产。遗产在家庭共有财产之中的，遗产分割时，应当先分出他人的财产。可见，夫妻共同财产中属于配偶所有的一半财产和家庭共同财产中属于他人的财产不属于被继承人遗产的范围。但是现实生活中，由于遗嘱人个人认知、误解等原因，经常会将夫妻共同财产、家庭共有财产和个人遗产混同，一并纳入遗嘱中处分。由于夫妻共同财产、家庭共有财产的所有权人均非遗嘱人一人，而遗嘱人如果在遗嘱中对涉及其他共有人应得财产部分进行了处分，当然属于本条中处分他人财产的行为。此外，遗嘱人还可能将自己占有使用的国家或集体所有的财产也误认为是自己的财产而在遗嘱中一并处分。例如，遗嘱人在遗嘱中处分了国有土地所有权或者集体土地所有权等。由于国有土地所有权归国家、集体土

---

[1] 肖峰编著：《民法典婚姻家庭编条文精释与案例实务》，法律出版社2020年版，第124页。

地所有权归集体，故该处分国家、集体所有财产的行为也属于无权处分。此外，需要注意的是，判断遗嘱处分的特定财产是否属于国家、集体或者他人，不能仅仅根据占有或者登记情况而定。现实生活中，虽然不少财产事实上确为遗嘱人占有或名义上登记在遗嘱人名下，但这并不代表在法律上能必然得出该遗嘱人就是财产所有权人的结论。例如现实中常见的遗嘱人代持财产情形、购买财产的合同未成立、无效或被撤销、确定不发生效力情形等。根据《民法典》第157条规定，民事法律行为无效、被撤销或者确定不发生效力后，行为人因该行为取得的财产，应当予以返还；不能返还或者没有必要返还的，应当折价补偿。故在遗嘱人作为买受人就特定财产签订的买卖合同被认定为无效、被撤销或者确定不发生效力的情形下，该特定财产应当予以返还。又根据《民法典》第155条规定，无效或者被撤销的民事法律行为自始没有法律约束力。故不排除特定情形下，遗嘱人立遗嘱时，已经基于相应民事法律行为取得特定财产占有或登记，并基于此将其纳入遗产范围处分，但之后又因相应民事法律行为无效、被撤销或者确定不发生效力导致对该财产的处分构成无权处分的情形。

至于该无权处分对遗嘱效力的影响，实务中则有不同观点：第一种观点认为，可认定为遗嘱效力待定，最终效力取决于该财产权利人是否追认。如果追认，则可认定遗嘱有效，否则，遗嘱无效。该观点源自《合同法》第51条，其目的在于平衡交易相对人和真正财产权利人之间的利益。在《民法典》已经明确承认无权处分合同有效的情形下，举重以明轻，对于不存在交易安全保护需要的遗嘱继承而言，没有必要让遗嘱效力待定。第二种观点是全部无效。理由在于，遗嘱是遗嘱人生前处分个人财产的意思表示，该意思表示作出的背后隐藏的是遗嘱人对个人财产种类、性质、价值、继承人范围及其喜恶、特定分配目的等因素的综合考虑，故不同遗产的处分方式之间存在内在牵连，不可分割。换言之，遗嘱人在遗嘱中对他人财产的处分往往与对其他个人合法财产的处分紧密关联，如果只认定对他人财产的处分部分无效，而让其他部分继续有效，则不符合遗嘱人立遗嘱时的本意。第三种观点则认为，遗嘱中处分他人财产的部分无效，其他部分继续有效。上述观点各有利弊，权衡再三，本条司法解释最终倾向于第三种观点，只认定该无权处分部分遗嘱无效。对此，《民法典》第156条也规定，民事法律行为部分无效，不影响其他部分效力的，其他部分仍然有效。

诚然，遗嘱人立遗嘱时可能对各项财产的处分有整体考虑，不排除对其他财产处分是受将他人财产处分给特定继承人的影响。但这仅仅是一种基于生活经验感知的或然性。由于被继承人已经去世，故其概率大小很难事后求证。如果因此就认定遗嘱全部无效，让已经被遗嘱人在遗嘱中处分给特定人的遗产回到法定继承范畴，反而更可能违背遗嘱人立遗嘱的意图，违反遗嘱自由原则。即便因无权处分部分遗嘱无效而不能受益的继承人或受遗赠人，也可通过必留份制度或遗产酌给请求制度等得到一定程度的救济。这里要注意的是，如果遗嘱的文义表述已经清楚表明遗嘱人其他个人合法财产的处分与该无权处分财产之间有必然因果关系，则可考虑与之相关的遗嘱人个人合法财产的处分一并无效。例如，甲立遗嘱将他人之车指定儿子乙继承，并同时在遗嘱中表明鉴于该车由儿子乙继承，则儿子丙可继承剩余同等价值的个人存款。显然，甲的本意是让乙、丙二人分别继承同等价值的遗产。现因给乙的车属于无权处分而无效，则将出现乙一无所获而丙获得遗产这一有违甲的遗愿结果。此时，如果同时认定遗嘱中对丙继承存款部分无效，让该部分存款至少在乙丙之间平等受益，将更符合甲的意愿。

【审判实践中应注意的问题】

司法实践中，在具体处理因遗嘱对财产的处分产生的纠纷时，还需要注意以下几个相关问题。

一、遗嘱中对违法财产处分的处理

从现实案例反馈情况来看，遗嘱人生前占有或登记的财产还包括盗赃物等违法标的物的情形。关于遗嘱中所涉违法标的物的内容部分的效力，应依照《民法典》第153条"违反法律、行政法规的强制性规定的民事法律行为无效。但是，该强制性规定不导致该民事法律行为无效的除外。违背公序良俗的民事法律行为无效"规定，认定为无效。至于无效后的法律后果，则在民法框架内可从无权处分角度进行分析。有观点认为，通过遗嘱处分违法财产，继承人、受遗赠人等遗产利害关系人可以主张善意取得。我们认为，此种情形不存在善意取得适用的空间。在买卖盗赃物等违法财产场合，至于买受人是否能构成善意取得，则在《民法典》立法过程中争议较大。对于善意取得，有人认为应当规定盗赃物的善意取得。《民法典》不规定盗赃物的善意取得，立法考虑是，对被盗、被抢的财物，所有权人主要通过司法机关依照刑法、刑事诉讼法、治安管理处罚法等有关法律的规定追缴后退回。在追赃过程中，如何保护善意受让人的权益，维护交易安全和社会经济秩序，可以通过进一步完善有关法律规定解决，2007年的《物权法》对此未作规定。本次《民法典》编纂对此亦未作规定。[1]既然支付了对价的买受人都不适用善意取得，举重以明轻，继承人、受遗赠人以及必留份权利人等也不存在基于遗嘱人所立遗嘱善意取得该违法标的物所有权

---

[1] 黄薇主编：《中华人民共和国民法典释义》，法律出版社2020年版，第604页。

的问题。

二、遗嘱中对依法或根据性质不得继承的遗产处分的处理

基于遗嘱自由原则，遗嘱人在遗嘱中处分其个人合法财产一般应认定为有效。但基于现实生活的复杂性，确有部分财产不宜作为遗产进行继承。对此，《民法典》第1122条第2款规定：依照法律规定或者根据其性质不得继承的遗产，不得继承。具体而言，主要有以下几种：

首先，土地承包经营权。我们认为，目前，土地承包经营权不可以继承，主要理由是：第一，土地承包经营权的性质决定了其不可继承。土地承包经营权是一种经营管理权，具有社会保障性质和身份属性，决定了其不具有可继承性。农村集体经济组织内部人人有份的家庭承包是农村集体经济组织成员的一项权利，具有成员权的性质和保障农民基本生活的功能，如果承包时承包方的继承人不是该集体经济组织的成员，就没有对土地承包经营权的继承权。如果承包方的继承人是本集体经济组织的成员，且已经依法承包了一份土地，再允许继承，将因继承而获得两份承包地，在我国目前农村人多地少、人地矛盾比较突出的情况下，有失公平。第二，现行法律也规定土地承包经营权不得继承。《农村土地承包法》第32条规定，承包人应得的承包收益，依照《继承法》的规定继承。林地承包的承包人死亡，其继承人可以在承包期内继续承包。该法第54条规定，依照本章规定通过招标、拍卖、公开协商等方式取得"四荒"等土地经营权的，该承包人死亡，其应得的承包收益，依照继承法的规定继承；在承包期内，其继承人可以继续承包。从上述规定可知，该法明确可继承对象为承包收益，而非土地承包经营权。对此，本解释第2条也规定，承包人死亡时尚未取得承包收益的，可以将死者生前对承包所投入的资金和所付出的劳动及其增

值和孳息，由发包单位或者接续承包合同的人合理折价、补偿。其价额作为遗产。第三，长期以来，司法实践也倾向于土地承包经营权不可继承。早在2009年《最高人民法院公报》第12期刊登的典型案例李某祥诉李某梅继承权纠纷案中法院就认为，农村土地家庭承包的，承包方是本集体经济组织的农户，其本质特征是以本集体经济组织内部的农户家庭为单位实行农村土地承包经营。家庭承包方式的农村土地承包经营权属于农户家庭，而不属于某一个家庭成员。农户内部部分家庭成员的死亡不影响该户整体的土地承包经营权，土地承包经营权作为户的权利客体，不属于个人的合法财产，家庭内部成员个人死亡时自然不发生土地承包经营权的继承问题。在此案之后，我国法院在处理此类纠纷时，立场基本相同。鉴于上述分析，家庭承包经营中，土地承包经营户成员死亡，在其他成员继续经营期间，因土地征收而发生补偿费用的，死亡成员的继承人无权要求继承补偿费用。但如果土地承包经营户成员死亡之前，就已经发生补偿费用的，可以考虑支持其继承人的继承请求。

其次，居住权不得继承。《民法典》新增了居住权这一用益物权形式。虽然居住权人有权按约定，对他人住宅享有占有、使用的用益物权，以满足生活居住需要。但该居住权具有专属性，一般用于满足特定居住权人的生活需要，具有对特定人的住房保障属性，与继承的财产价值流转功能并不匹配。故《民法典》第369条明确规定，居住权不得转让、继承。设立居住权的住宅不得出租，但是当事人另有约定的除外。

再次，人格权不得继承。本次《民法典》将人格权单独列为一编规定，凸显了人格权的重要性。根据《民法典》第990条规定，人格权是民事主体享有的生命权、身体权、健康权、姓名权、名称权、肖像权、名誉权、荣誉权、隐私权等权利。除前款规定的人格权外，自然人享有基于人身自由、人格尊严产生的其他人格权益。

可见，人格权是与财产权并列的基本民事权利。由于遗产必须是个人合法财产，而人格权不属于财产的范畴，故不能作为遗产进行继承。而且，人死亡后即无民事权利能力，故遗嘱人即便生前在遗嘱中处分其人格权，也会因其死亡不再具有民事权利能力而导致人格权亦不复存在。故此，《民法典》第992条规定，人格权不得放弃、转让或者继承。但这并不意味着死者生前的人格利益在其死后就没有保护必要。相对他人而言，近亲属与死者关系最为密切、感情最深。进而，死者人格利益被侵害时，近亲属所受伤害最大，最需要慰藉和赔偿。故《民法典》第994条就规定，死者的姓名、肖像、名誉、荣誉、隐私、遗体等受到侵害的，其配偶、子女、父母有权依法请求行为人承担民事责任；死者没有配偶、子女且父母已经死亡的，其他近亲属有权依法请求行为人承担民事责任。只不过这里死者的近亲属并非基于继承取得上述人格权而提起上述诉讼。

最后，值得注意的是，人格权在特定情形下也可有衍生财产利益。例如名人的姓名、肖像等都可通过有偿许可他人使用获得经济收入。现实中，也确实存在遗嘱人立遗嘱专门对这些财产利益进行安排的情形。对此，在遗嘱内容解释上应区分遗嘱人真实意思表示是处分自己人格权抑或处分自己人格可能衍生的财产利益。前者应不可继承，后者则可从遗嘱自由角度予以认可该部分内容的效力。由上，这些财产既然依法或根据性质不得继承，一般也不得通过遗嘱予以处分。如果遗嘱中涉及处分这些标的物，应认定相关内容部分无效。

> **第二十七条** 自然人在遗书中涉及死后个人财产处分的内容，确为死者的真实意思表示，有本人签名并注明了年、月、日，又无相反证据的，可以按自书遗嘱对待。

【条文主旨】

本条是关于遗书按自书遗嘱对待的认定标准的规定。

【条文理解】

现实生活中，不少人在去世前都会通过亲笔书写书面材料的方式对其死亡原因、死后相关事务予以说明、安排和嘱托。这里的相关事务的范围并无法定界限，完全取决于书写人的个人意愿。从司法实务情况看，除了对其个人财产的处分意思表示外，还包括与个人财产处分无关的其他意思表示。例如对死亡原因的说明，对家人未来学习、生活的安排，对个人丧葬事宜的处理等。由于该意思表示是通过死者生前以书面形式作出并遗留给后人，故对该书面形式，社会大众一般都约定俗成以"遗书"称之。所谓"遗书"，一般是指自然人生前书写，对其死亡的相关事项以书面形式作出记载的文字材料。由于遗书是死者生前对其包括财产处分在内各项事宜的最后意思表示，是其意思自治的表现，故就其中财产处分部分内容而言，也属于其生前作出的财产处分，但该处分是否发生民事法律效力，则取决于是否可将其作为遗嘱对待。对此，司法实践中，存有分歧意见：一种观点认为，遗书内容宽泛，立遗书人制作遗书的目的未必是对个人合法财产进行处分。而且，即便处分，也与其他非财产内容密不可分，且大多不具备遗嘱法定形式要求，故不宜直接将其与遗嘱等同。另一种观点则认为，遗书中涉及对死后个人合法财产进行处分的部分，实质与自书遗嘱同一。故从坚持遗嘱自由原则出发，应认可遗书产生遗嘱的效力。为了消除分歧理解，1985年《继承法意见》第40条规定了"公民在遗书中涉及死后个人财产处分的内容，确为死者真实意思的表示，有本人签名并注明了年、月、日，又无相反证据的，可按自书遗嘱对待"。该条有条件地认可了遗书中涉及死后个人合法财产处分的内容按自书遗嘱处理。从本次司法解释制定调研了解的情况来看，该条的适用符合情理、法理，取得了积极成效，故本条沿用了其主要内容，只根据《民法典》的用语表述、行文规范作了微调。具体表现为：第一，将"公民"替换为"自然人"，理由在于，公民是公法中的用语，在《民法典》等私法中对应的表述为"自然人"；第二，将"死者真实意思的表示"修改为"死者的真实意思表示"，将"可按自书遗嘱对待"修改为"可以按自书遗嘱对待"，这样更符合行文逻辑和语法要求。司法实践中，在具体适用本条时，可着重从以下几个方面把握：

一、如何理解本条中"自然人在遗书中涉及死后个人财产处分的内容，确为死者的真实意思表示"

就日常生活经验而言，自然人临死前在条件允许的情形下都会对其死后相关事宜作出安排。这种安排视情况可以口头或书面等形式作出。其中常见书面形式为遗嘱或遗书。遗嘱和遗书均为自然人生前对其死亡后相关事项的安排，都体现了自然人生前最后意愿。虽只有一字之差，但遗书和遗嘱有明显区别：首先，两者性质不同。遗书虽为当事人意思表示，但该意思表示未必能导致民事法律关系发生、变更、消灭，不属于法律事实。例如，仅有死亡原因说明或对近亲属谆谆教诲内容，不涉及个人合法财产处分的遗书。而遗嘱则是遗嘱人生前作出的财产处分，并在其死亡后发生法律效力的要式单方民事法律行为。例如，将个人合法财产赠与他人或指定特定继承人继承遗产的遗嘱。其次，两者目的不同。遗书虽也可能有对个人合法财产的处分，但立遗书人通过遗书更多表达的是个人情感和交代死亡原因等与财产处分无关事项。而遗嘱则主要以遗嘱人对自己去世后所遗留财产如何处理为主。再次，两者制定场合不同。遗书多出现在立遗书人自行选择死亡或从事有死亡风险行为的场合。也即，立遗书人多在主动选择死亡或面临死亡风险的情形下才临时制作遗书。而遗嘱人立遗嘱则既可在平时也可在面临死亡风险的危急情况下。鉴于上述区别，不能直接将两者等同对待。但从两者内容对比看，不少遗书确实也涉及对死后个人财产处分的内容。单就该部分内容而言，又具备遗嘱的特征。此时，能否对该部分适用遗嘱相关法律规则处理，则首先应判断该部分内容是否为死者的真实意思表示。这是因为：首先，立遗书人个体差异可能影响其遗书相关内容的真实性。现实生活中，自然人个体间文化程度、法律认知差异较大，再加上即将去世，情绪多不稳定，故其制作遗书时，难免出现词不达意、言非心声的情形。其次，因遗书内容对立遗书人非常重要，故立遗书人会在起草遗书时对其中的相关表述进行删减涂改，客观上造成理解的困难。再次，立遗书人制作遗书时可能受到他人的干扰，导致其制作的遗书并不能体现其真实意愿。最后，死无对证放大了遗书被伪造、篡改的可能。立遗书人在立遗书后即死亡的事实将导致遗书内容已事实上无法与立遗书人进行核实，这也会诱使他人在其死后对该遗书进行篡改或直接伪造遗书。

基于上述原因，人民法院在具体判断遗书中涉及死后个人财产处分的内容是否为死者的真实意思表示时，可以考虑从以下几个方面判断：第一，该部分内容是否为立遗书人亲笔书写。对于亲笔书写该部分内容的具体要求，实务中存在分歧：一种观点认为，该部分内容必须全部由立遗书人亲笔书写，否则就不能认定其为立遗书人真实意思表示；另一种观点则认为，亲笔书写只是判断该部分内容是否为立遗书人真实意思的一个必要条件，而非充分条件，当事人可以提出其他证据证明该部分内容的真实性。我们认为，第一种观点更为合理。因为立遗书人制作遗书时通常没有其他见证人在场见证，如非亲笔书写则事后很难判断非亲笔书写部分是否为其本人意思表示，故《民法典》第1134条也明确规定"自书遗嘱由遗嘱人亲笔书写"。第二，该部分内容是否存在涂改增删。现实中，一方面，遗书经常因立遗书人犹豫不决、书写错别字等原因导致其内容被涂改增删；另外，遗书事后也存在被他人恶意增删涂改的可能。对此，应注意结合被涂改增删文字的笔迹、用墨、用语行文习惯、是否在涂改增删处签名或指印确认、相关条款文义及其目的等综合分析该增删涂改是否为立遗书人的真实意思表示。第三，该部分内容表述是否与遗书其他部分以及已查明事实有实质冲突。前文已述，立遗书人个体差异较大，再加之情绪不稳，难免出现书写遗书时前后内容冲突以及遗书表述与客观事实不符情形。对此，应区分情形处理。如果该部分内容表述只是立遗书人因遗忘或疏忽所致或只存在表述形式上的冲突，则可考虑认可其为立遗书人真实意思表示。例如，遗书中处分了立遗书人名下的某小区3栋405号房，但事实是其在该小区的房屋房号为3栋406号。又如，遗书中指定将房屋由次子继承，但在其他部分又表述如果次子不在30岁前结婚，则该房屋由长子继承。但如果该部分内容确实与已查明事实或其他部分表述存在实质冲突，则应在该部分内容是否为立遗嘱人真实意思表示问题上持更谨慎态度。例如，遗书中先是指定特定继承人继承某房屋，后又将该房屋明确遗赠给其他人。第四，该部分内容表述是否有违公序良俗和日常社会生活经验。例如，遗书中将所有个人合法财产均遗赠给他人，而一反常理未给其未成年子女留下任何财产。第五，立遗书人在书写遗书时是否受到他人欺诈、胁迫。如果有证据证明立遗书人书写遗书时可能受到他人欺诈、胁迫，则应更谨慎判断相关财产处分部分内容是否为立遗书人真实意思表示。第六，是否有证据证明遗书存在伪造、篡改行为。如果有，则在认定相关财产处分部分内容是否为立遗书人真实意思表示的问题上可更加严格。

二、如何理解"有本人签名并注明了年、月、日，又无相反证据的，可以按自书遗嘱对待"

由于立遗书人制作遗书时通常没有他人在场见证，而其随后死亡又会导致死无对证，故只能通过其他方式判断其遗书的真伪。根据日常生活经验，亲笔书写固然可以作为立遗书人本人制作遗书的有力证据，但其却不能直接区分该遗书内容是立遗书人起草的遗书草稿抑或最终定稿。此时，立遗书人本人在遗书上签名确认就至关重要。立遗书人在遗书上亲笔签名，是遗书表现的遗书人的人格痕迹，因而具有认可遗书内容是其真实意思表示，愿意让遗书发生效力的作用。从确认遗书为立遗书人真实意思表示而言，该签名只需体现立遗书人的人格痕迹即可，并不必须为立遗书人的正式姓名。现实生活中，自然人除了用身份证上正式姓名外，还经常用艺名、小名、昵称、绰号等方式代表本人。故对本处签名应作广义理解，只要能确认遗书上单独书写的特定称谓是指向立遗书人本人，则都应属于本条所指签名范畴。一般而言，立遗书人在遗书上签名，可能有四层含义：第一，在遗书结尾处签名，意味着遗书内容已经全部载明，立遗书人正式承认遗书为其本人所写且确认该遗书为定稿；第二，在遗书增删涂改处签名，意味着立遗嘱人确认增删涂改内容为其本人所为，是其真实意思表示，并非他人篡改；第三，在遗书抬头部分签名，虽可表明该遗书为立遗书人制作，但不能直接证明该遗书为最终定稿；第四，在遗书的每一页都签名，这无疑更能确认遗书整体内容均为立遗书人的真实意思表示。司法实务中，关于遗书上的签名能否用盖章、指印、画押等方式替代的问题，也存在争议。一种观点认为，签名仅是证明立遗书人确认遗书内容为其真实意思表示的证据，而非唯一证据。而盖章、指印、画押等也可起到同样证明作用。在当前社会大众法律认知水平参差不齐且遗书以指印、盖章等方式确认较为常见的情形下，可考虑将签名的外延扩大至上述其他方式。另一种观点则认为，遗书上的签名必须由立遗书人亲笔书写，而不能以盖章、指印等方式替代。我们认为，第二种观点更为合理。虽然《民法典》第490条规定，当事人采用合同书形式订立合同的，自当事人均签名、盖章或者按指印时合同成立。但这针对的是双方民事法律行为且盖章或者按指印是否为合同当事人真实意思表示，都可事后从合同当事人处得到印证，但就立遗书而言，由于立遗书人立遗书后多已死亡，无法事后向其核实盖章或指印是否为其真实意思表示。故只有通过立遗书人亲笔签名，才可以通过该签名笔迹特征，确认立遗书人的真实身份，防止出现身份伪造冒用情况。对此，《民法典》第1134条也要求，自书遗嘱由遗嘱人亲笔书写，签名。

除了亲笔签名之外，本条还要求立遗书人应同时注明年、月、日。这同时也是《民法典》对大多数遗嘱形式的要求（口头遗嘱除外）。其目的在于，判断立遗书人在书写遗书时是否具有完全民事行为能力以及如果出现多份遗书且内容相互冲突时，哪份遗书才是立遗书人最后所立的遗书。本条之所以要求具体注明年、月、日而非笼统要求注明日期是为避免因时间不够具体准确而引发对立遗书人是否有完全民事行为能力以及以哪份遗书为准的争议。故有年有月无日、有月有日无年以及有年有日无月者都不符合本条要求。至于注明的年、月、日是公历抑或农历则在所不问，没有特别说明的，一般应推定为公历。这里需要注意的是，第一，注明年、月、日强调的是确定遗书书写时间而非一定要单独写明年、月、日。司法实践中，有些遗书虽然没有特别注明年、月、日，但从遗书表述如果能锁定书写的具体年、月、日的，也可按照注明了年、月、日处理。例如，遗书中表述"今天是本人40岁生日"。第二，遗书中记载的年、月、日与遗书实际完成的年、月、日不一致时，以何为准？实务对此类情况存有争议：一种观点认为，应当区别故意或者过失及错误记载日期不一致而推定其效力，因故意记载不一致的，可以推定立遗书人有希望该遗书中财产处分部分不成立的意思或至少可以推定该部分并非其真实意愿；因过失记载不一致的，如果能够依据遗书其他部分推定立遗书人有注明真实年、月、日的意思时，应以真实书写遗书日期为准。另一种观点则认为，能够证明遗书真实书写完成日期的，该遗书中财产处分部分为有效，否则则无效，而不宜机械依据立遗书人的主观故意或过失作出判断。我们认为，如果能够确定立遗书人故意错误注明年、月、日，则该遗书内容并非其真实意思表示，也不符合本条认定自书遗嘱的前提，但是如果是过失或错误记载年、月、日，则可以根据其他证据认定本条所要求注明的年、月、日。

相对于遗嘱的内容在于对死亡后个人合法财产的处分，立遗书人书写遗书的内容相对复杂，可能包括死亡原因、丧葬安排、子女抚养、父母赡养、个人财产处分等诸多事项。而且，上述事项往往交织在一起，互相影响、密不可分，进而导致遗书中涉及死后个人财产处分的内容未必是立遗书人想通过立自书遗嘱处分个人合法财产的意思表示。故本条规定在强调有本人签名并注明了年、月、日的基础上，还规定必须在无相反证据的情形下，才可以在立遗书人死亡后，认定该部分内容可以作为有效自书遗嘱对待。

【审判实践中应注意的问题】

司法实务中，可能出现当事人一方为避免遗书中涉及财产处分部分按自书遗嘱对待，而提出相反证据的情形。对此，应注意以下几个方面。

一、可以按自书遗嘱对待，应为推定而非法律拟制

法律拟制最早源于罗马法，罗马法早期称之为"法律上的假定"。根据《牛津法律大词典》，"法律上的拟制指任何隐瞒或倾向于隐瞒一种法律规则已发生变化，即其文字虽未变，但其作用却被修改了的事实的拟制，简言之，将甲案件假定为乙案件，并在法律上如同乙案件的实例一样加以对待"。因此，法律拟制就是在满足特定条件下，把某种事实当作是另一种事实并发生相同的法律效果，从而扩大法律适用的范围。法律拟制的特点就在于将原本不同的行为适用相同的法律效果，从而指示法律适用者，即使两种行为不完全相同，也必须依照法律的相关规定作出相同的处理。这一切是以法律有明文规定为前提的。因此，在特定情形具备时，其适用不允许反驳。而推定是指由法律规定或由法院根据日常生活经验法则，从已知的前提事实推断未知的结果事实存在，除非当事人能提供相反证据足以反驳的一种证据法则。一旦前提事实得到证明，法院就可据以认定推定的事实，无须再对推定事实加以证明，免除当事人就推定事实进行举证的责任。推定与法律拟制的区别在于：第一，两者目的不同。推定仅涉及事实认定，其功能是推定事实在诉

讼中被证明；而法律拟制不涉及事实，只关涉法律。法律拟制目的是完善法律，而推定的目的则是适用法律。第二，两者是否遵循逻辑规则不同。拟制的重心在"拟"；推定的重点在"推"。推定以具有一定的逻辑规则的推理为基础，法律拟制则不受逻辑规则的检验。第三，两者是否可以反驳不同。推定可以反驳，只要当事人对推定的反驳有足够的力度，推定的待证事实就不能成立；而法律拟制则不可反驳，应当被适用。

具体到本条规定，虽然自然人书写遗书与书写遗嘱属于两种不同性质的行为，彼此不能等同，但就作为遗书组成部分的"自然人在遗书中涉及死后个人财产处分的内容"与自书遗嘱均为自然人对其死后个人财产处分的最后意思表示而言，两者在功能作用上又存在类似之处。如果再加上"确为死者的真实意思表示，有本人签名并注明了年、月、日"则在表现形式上也与自书遗嘱的法定形式要求一致。故可根据日常生活经验法则，从这些共同事实，推定遗书中涉及死后个人财产处分的内容为立遗书人的自书遗嘱。故本条中"可以按自书遗嘱对待"并非法律拟制，而应为推定。

二、当事人可以提供能证明不构成有效自书遗嘱的相反证据

具体到本条规范对象，"遗书中涉及死后个人财产处分的内容，确为死者的真实意思表示，有本人签名并注明了年、月、日"。也即，如果当事人主张"涉及死后个人财产处分的内容"应作为有效自书遗嘱对待，则应提供证据证明下列事实："遗书中涉及死后个人财产处分的内容，确为死者的真实意思表示，有本人签名并注明了年、月、日"。而相对方如要否认将该部分内容作为自书遗嘱对待，则应围绕该部分内容是否为立遗书人真实意思表示、是否为对其死后遗留个人合法财产的处分等提供相反证据。具体可以考虑提

供相反证据证明：遗书中该部分为伪造，没有或伪造立遗书人签名，没有或伪造年、月、日，该部分内容并非死者最后意思表示，该部分内容被篡改，立遗书人书写该部分内容时被欺诈、胁迫，立遗书人书写该部分内容时没有完全民事行为能力，该部分内容与遗书其他部分内容之间冲突、该部分内容有悖日常生活经验等。至于相反证据所应达到的证明力，则可根据《民事诉讼法司法解释》第108条第2款"一方当事人为反驳负有举证证明责任的当事人所主张事实而提供的证据，人民法院经审查并结合相关事实，认为待证事实真伪不明的，应当认定该事实不存在"的规定，达到让主张"遗书中涉及死后个人财产处分的内容"应作为有效自书遗嘱对待的一方所主张的"遗书中涉及死后个人财产处分的内容，确为死者的真实意思表示，有本人签名并注明了年、月、日"等事实存在与否陷入真伪不明状态，动摇法官内心确信基础的程度。

> **第二十八条** 遗嘱人立遗嘱时必须具有完全民事行为能力。无民事行为能力人或者限制民事行为能力人所立的遗嘱，即使其本人后来具有完全民事行为能力，仍属无效遗嘱。遗嘱人立遗嘱时具有完全民事行为能力，后来成为无民事行为能力人或者限制民事行为能力人的，不影响遗嘱的效力。

【条文主旨】

本条是关于遗嘱人立遗嘱时的民事行为能力与遗嘱效力关系的规定。

【条文理解】

遗嘱是遗嘱人生前对其死后财产处分的意思表示，而遗嘱人立遗嘱则是一种单方、要式、死因民事法律行为。从民事法律行为角度而言，遗嘱至少应符合民事法律行为的一般生效条件，才能认定为有效。根据《民法典》第143条规定，同时具备以下条件的民事法律行为才有可能被认定为有效：（1）行为人具有相应的民事行为能力；（2）意思表示真实；（3）不违反法律、行政法规的强制性规定，不违背公序良俗。这里所指相应的民事行为能力，则是在考虑现实情形复杂性基础上，要求结合行为人对具体行为的辨认程度以及相关法律、行政法规等的特定要求而区别对待。就本条所涉立遗嘱行为与遗嘱人民事行为能力之间关系而言，《民法典》第1143条第1款就明确规定，无民事行为能力人或者限制民事行为能力人所立的遗嘱无效。但实务中仍旧存在遗嘱人立遗嘱时没有相应民事行为能力，后取得相应民事行为能力或立遗嘱时有相应民事行为能力，后丧失相应民事行为能力是否影响遗嘱效力等情形的争议。为统一裁判尺度，早在1985年《继承法意见》第41条就规定，"遗嘱人立遗嘱时必须有行为能力。无行为能力人所立的遗嘱，即使其本人后来有了行为能力，仍属无效遗嘱。遗嘱人立遗嘱时有行为能力，后来丧失了行为能力，不影响遗嘱的效力"。该条适用以来，除了在"行为能力"所指对象是包括完全民事行为能力和限制民事行为能力两种情况，还是仅限定为完全民事行为能力一种情形存在理解分歧之外，其他实务争议不大。在本解释制定过程中，多数意见认为鉴于因遗嘱人存在民事行为能力瑕疵引发遗嘱效力纠纷的情形在现实生活中仍时有发生，故有必要保留该条规定的基本内容，只需就民事行为能力作进一步细化规定即可。少数意见则认为，《民法典》总则编已经对民事行为能力作了全面规定，没有必要叠床架屋，再在本解释中作出重复性规定，建议删除本条内容。我们经审慎研究认为，多数意见更符合实践需求，故从问题导向出发，本条在吸纳上述条文基本内容的同时，细化了民事行为能力的具体要求，并对照《民法典》的表述，对原条文中的个别语词，作了规范性修改。主要表现为：第一，将原条文中"行为能力"修改为"完全民事行为能力"，消除了实务中关于限制民事行为能力人有无立遗嘱民事行为能力的分歧意见；第二，将"行为能力"修改为"民事行为能力"，以与《民法典》的用语表述保持一致。司法实务中，在具体理解与适用本条时，可从以下几个方面着手：

一、遗嘱人立遗嘱时必须具有完全民事行为能力

学理而言，民事行为能力是自然人可以独立进行民事活动的能力

或资格,即自然人能够以自己的行为享有民事权利、承担民事义务的资格。自然人的民事行为能力是以其意思能力为基础的,意思能力是自然人判断自己行为的能力。自然人的意思能力与其年龄、智力和精神状况存在密切关联,一个人只有达到一定的年龄而且智力和精神状况均达到一定水平时,对外界情况才能有足够的判断力。[①]故此,《民法典》将自然人的民事行为能力分为完全民事行为能力、限制民事行为能力和无民事行为能力三类。其中《民法典》第17条至第20条根据年龄大小,对自然人的民事行为能力作了一般性规定:18周岁以上的自然人为成年人,具有完全民事行为能力,16周岁以上的未成年人,以自己的劳动收入为主要生活来源的,视为完全民事行为能力人;8周岁以上的未成年人为限制民事行为能力人;不满8周岁的未成年人为无民事行为能力人。鉴于现实情况复杂性,《民法典》第21条、第22条还例外规定,不能辨认自己行为的成年人和不能辨认自己行为的8周岁以上的未成年人为无民事行为能力人;不能完全辨认自己行为的成年人为限制民事行为能力人。至于具有不同民事行为能力的自然人各自可以独立实施民事法律行为的范围,则也有明确规定:完全民事行为能力人可以独立实施民事法律行为;限制民事行为能力人可以独立实施纯获利益的民事法律行为或者与其年龄或精神健康状况、智力相适应的民事法律行为。无民事行为能力人只能由其法定代理人代理实施而不能独立实施民事法律行为。具体到遗嘱人立遗嘱这一单方民事法律行为的效力问题,通常从遗嘱人的民事行为能力角度分析。

首先,遗嘱人立遗嘱时为无民事行为能力人的,所立遗嘱无效。理由在于,无民事行为能力人不能辨认自己行为的性质、不能预见自

[①] 王利明主编:《〈中华人民共和国民法总则〉条文释义》,人民法院出版社2017年版,第50页。

己行为的后果，难以理性从事民事活动，如果认定其实施的民事法律行为有效，将可能导致其利益受损。具体到本条，遗嘱人立遗嘱属于处分遗嘱人死后财产的单方民事法律行为。如果遗嘱人没有民事行为能力，则其无从理性判断该立遗嘱行为的后果，更无法确定该行为是否符合立遗嘱人真实意愿或者最佳利益。故无民事行为能力人所立遗嘱无效。值得注意的是，无民事行为能力人的法定代理人代理无民事行为能力人所立遗嘱也应为无效。理由在于，遗嘱是一种单方民事法律行为，只要有遗嘱人自己的意思表示就可成立，并且该意思表示只能是遗嘱人自己的真实意思表示，而不能是他人的意思表示，故在立遗嘱问题上，不存在代理制度适用的空间。此外，遗嘱人与其法定代理人虽可能存在亲密利害关系，但毕竟属于两个不同的民事主体，而遗嘱人本身又没有辨别能力，故不排除其法定代理人通过代理立遗嘱行为，损害遗嘱人利益的情形。对此，《民法典》第35条也规定，监护人除为维护被监护人利益外，不得处分被监护人的财产。而且，法定代理人代理遗嘱人所立遗嘱也不符合《民法典》规定的法定遗嘱形式。由上，不满8周岁的未成年人、不能辨认自己行为的成年人（主要包括不能辨认自己行为的精神障碍患者、痴呆症人、智力障碍者、植物人、其他因年老或疾病完全丧失辨认能力的成年人等）和不能辨认自己行为的8周岁以上的未成年人作为无民事行为能力人所立遗嘱以及其法定代理人代立遗嘱，均应认定为无效。

其次，遗嘱人立遗嘱时为限制民事行为能力人的，所立遗嘱无效。限制民事行为能力人一般是指具有部分独立或一定范围内具有民事行为能力的自然人，其认知能力处于完全民事行为能力人和无民事行为能力人之间，具有一定的判断力。从比较法角度看，各国或地区对限制民事行为能力人所立遗嘱是否有效问题主要有两种不同观点：第一种观点认为，限制民事行为能力人所立遗嘱可以有效。采用该观点的国家和地区，其遗嘱能力的年龄标准规定一般比完全民事行为能力的年龄标准要低。例如，法国、德国、韩国、日本和我国台湾地区就规定具有限制民事行为能力的未成年人所立遗嘱可以有效。第二种观点则认为，遗嘱能力应适用《民法典》总则部分关于民事行为能力的规定，也即限制民事行为能力人不具有遗嘱能力，所立遗嘱无效。持该观点的代表性国家有英国、美国等。在民法典起草过程中，有一种观点认为，从尊重遗嘱自由出发，对限制民事行为能力人所立遗嘱的效力应区分对待：如果是对死后重大财产的处分，则因遗嘱人不具备相应辨别能力而可认定该遗嘱内容无效；如果是对死后一般财产的处分，则可在确定遗嘱人具有相应民事行为能力基础上，认可该遗嘱效力。特别是对间歇性精神障碍症人而言，其在精神正常情形下与完全民事行为能力人并无不同，故在该情形下所立遗嘱应当认定为有效。还有学者认为，限制民事行为能力人所立遗嘱一概无效的规定值得商榷。其一，遗嘱是遗嘱人对自己财产进行最终处分的手段，其对于行为人的意义远大于交易行为的意义，既然限制民事行为能力人可以实施与其健康和智力水平相符的交易行为，则更应当允许其订立遗嘱。其二，《民法总则》中对限制行为能力人所为的法律行为进行限制，乃是保护他们免因智力不周而陷入困境，而遗嘱并不会带来此种不利，无须再对被限制民事行为能力人进行特别保护。①

我们认为，遗嘱人立遗嘱行为涉及遗嘱人对死后个人合法财产的处分且在遗嘱人死亡后才生效，而此时，遗嘱内容是否为遗嘱人真实意思表示，已无从通过向遗嘱人或相对人查证方式确认，故相对其他民事法律行为，遗嘱人立遗嘱时对立遗嘱行为的性质和后果应具有更全面、深入的辨别能力和理性思维。而限制民事行为能力的未成年人显然不具备该行为能力。而且，明确规定限制民事行为

---

① 李昊：《民法典继承编草案的反思与重构》，载《当代法学》2019 年第 4 期。

能力人所立遗嘱无效，也有利于促使社会公众更谨慎对待立遗嘱行为，以尽量减少因遗嘱效力引发的纠纷。故《民法典》第1143条第1款仍明确规定限制民事行为能力人所立遗嘱无效。这里需要注意的是，《民法典》第19条、第22条将限制民事行为能力人区分为限制民事行为能力的未成年人和限制民事行为能力的成年人两类。对于前者，在其成年前一直处于限制民事行为能力状态，故在成年前所立遗嘱都为无效。至于限制民事行为能力的成年人，则应考虑其智力、精神健康状态。根据《民法典》第22条规定，限制民事行为能力的成年人可以独立实施与其年龄、智力、精神健康状态相适应的民事法律行为。如果该成年人是间歇性精神疾病患者，那么在其精神状态正常时所立遗嘱应为有效。故《民法典》第1143条规定的"限制民事行为能力人所立的遗嘱无效"应限定在立遗嘱时这一时点判断其是否为限制民事行为能力人。此外，对于限制民事行为能力人所立遗嘱能否经其法定代理人同意、追认而有效的问题，虽然《民法典》第19条、第22条规定，限制民事行为能力人，实施民事法律行为由其法定代理人代理或者经其法定代理人同意、追认。但在《民法典》第1143条已经作出相反规定的情形下，应优先适用分则部分的特别规定。故限制民事行为能力人所立遗嘱不能通过其法定代理人同意或追认而有效。进而，本条仍保留了1985年《继承法意见》第41条规定的遗嘱人立遗嘱时必须有完全民事行为能力。

再次，遗嘱人立遗嘱时具有完全民事行为能力的，所立遗嘱有效。既然立遗嘱行为属于单方民事法律行为，那么根据《民法典》第18条的规定，具有完全民事行为能力的人都有权独立实施并依法产生效力。这里需要注意的是关于患聋、哑、盲等生理疾病的人的遗嘱能力问题。因为民事行为能力仅与年龄智力和精神健康状况有关，其他的疾病或残疾不影响行为能力。因此，成年而无精神疾病的盲、聋、哑人是民法上的完全民事行为能力人，当然应有遗嘱能力。但因其自身的条件所限，这部分人在设立遗嘱时应具有相应的特殊性。因此，对盲、聋、哑人，一方面应当承认他们的遗嘱能力，许可其以遗嘱处分自己的财产；另一方面应当为他们设立遗嘱提供方便。这部分人设立的遗嘱不仅要依法定形式作成，而且所选择的遗嘱形式应能真实表达遗嘱人的意思。①

二、遗嘱人立遗嘱前后民事行为能力变化对遗嘱效力的影响

现实生活的复杂多变性，决定了遗嘱人本身的民事行为能力可能因各种主客观因素影响，出现诸多变数。常见的有，遗嘱人立遗嘱时无完全民事行为能力，但后来又具有了完全民事行为能力情形和遗嘱人立遗嘱时有完全民事行为能力，但后来丧失完全民事行为能力的情形。实务中，对这两种情形是否会影响遗嘱效力均存在认识的分歧。

第一，关于遗嘱人立遗嘱时无完全民事行为能力，但后来又具有了完全民事行为能力情形。有观点认为，遗嘱人立遗嘱时虽然无完全民事行为能力，但后来在具有了完全民事行为能力的情形下，如果其认为该遗嘱内容不是其真实意思表示，则完全可以根据《民法典》第1142条规定撤回或者变更自己所立的遗嘱。既然其在生前并未撤回、变更该遗嘱，则应推定该遗嘱内容即为其真实意思表示，应依法认定该遗嘱的效力。我们认为，遗嘱人在无完全民事行为能力的情形下所立遗嘱无效。对于该无效遗嘱，立遗嘱人当然可以通过撤回或变更方式处理。但这前提是立遗嘱人生前知道该遗嘱的存在。而现实情况是，由于该遗嘱多为立遗嘱人在无民事行为能力或限制民事行为能力情形下单独秘密制作，故其在具有完全民事行为

---

① 郭明瑞、房绍坤、关涛：《继承法研究》，中国人民大学出版社2003年版，第112页。

能力后未必记得曾经立过该遗嘱，也就谈不上撤回或变更该遗嘱的问题。而且，现实中还存在遗嘱人具有完全民事行为能力后，来不及作出撤回或变更该遗嘱行为的极端情形。退一步而言，根据日常生活经验，遗嘱人在具有完全民事行为能力后，也存在因为法律知识欠缺或忙于其他事务处理，疏忽对该遗嘱处理的可能。根据《民法典》第140条第2款规定，沉默只有在有法律规定、当事人约定或者符合当事人之间的交易习惯时，才可以视为意思表示。故在不符合该条规定情形下，不能轻易认定遗嘱人具有完全民事行为能力后未作出撤回或变更遗嘱意思表示即视为作出认可该遗嘱内容的意思表示。

第二，关于遗嘱人立遗嘱时有完全民事行为能力，但后来丧失完全民事行为能力的情形。有观点认为，《民法典》第1142条已经规定，遗嘱人在死亡前可以随时撤回、变更自己所立的遗嘱，以确保遗嘱能体现自己最后的真实意思。而如果遗嘱人立完遗嘱后丧失完全民事行为能力，则客观上可能导致遗嘱人不能通过撤回或变更方式处理已不能体现个人真实意愿的遗嘱。在该遗嘱可能无法体现遗嘱人最后真实意思的情形下，应对该遗嘱效力持否定态度，认定其无效。我们认为，既然该遗嘱是在遗嘱人具有完全民事行为能力的情形下制作，那么其至少已经体现了遗嘱人在立遗嘱时的真实意愿。进而，既然在遗嘱人丧失完全民事行为能力之前，遗嘱人在可以撤回或变更该遗嘱的情形下，未作出撤回或变更遗嘱的意思表示，则应认定该遗嘱至少在遗嘱人立遗嘱时至丧失完全民事行为能力前这一期间都是遗嘱人的真实意思表示。遗嘱人丧失完全民事行为能力后，已无法就遗嘱撤回或变更作出意思表示，但遗嘱人丧失完全民事行为能力的状态同样也得不出该遗嘱内容并非其真实意思表示，遗嘱人将撤回或变更该遗嘱的必然结论。因此，在遗嘱人具有完全民事行为能力时已经立了真实有效遗嘱的情形下，不宜仅以其后来成为无民事行为能力人或者限制民事行为能力人这一事实为由，轻易否定遗嘱的效力。

【审判实践中应注意的问题】

现实生活中，自然人因各种原因可能已事实上处于无民事行为能力或限制民事行为能力状态的情形时有发生。但如要从法律角度作出评价，则应通过司法程序方式加以认定。根据《民法典》第24条第1款规定，不能辨认或者不能完全辨认自己行为的成年人，其利害关系人或者有关组织，可以向人民法院申请认定该成年人为无民事行为能力人或者限制民事行为能力人。这里的有关组织包括居民委员会、村民委员会、学校、医疗机构、妇女联合会、残疾人联合会、依法设立的老年人组织、民政部门等。而如果被人民法院认定为无民事行为能力或限制民事行为能力的自然人事实上已经恢复为完全民事行为能力人，则应通过该条第2款规定，经本人、利害关系人或者有关组织申请，由人民法院根据其智力、精神健康恢复的状况，认定该成年人恢复为完全民事行为能力人。此时，可能出现事实上已经恢复完全民事行为能力的自然人在未经上述司法程序认定为完全民事行为能力人的情形下所立遗嘱的效力问题。一种观点认为，自然人民事行为能力的司法认定既是为了保护自然人的合法权益，也是为了确保交易安全。但是设立遗嘱行为与交易秩序并无直接关联，只要能满足遗嘱人本人确实能认识到遗嘱行为的性质和后果这一条件即可。在满足这一条件下，可以认可该遗嘱效力。另一种观点认为，认定为无民事行为能力人或限制民事行为能力人的精神病患者，在撤销认定判决之前所立遗嘱无效。理由如下：我国对上述无民事行为能力或限制民事行为能力人的能力状况的确认或撤销建立了严格的司法程序，该程序的运作具备强制的公信效力，因此在具体制度中必须维持国家司法制度的尊严，而不得随意变通。[①] 我们同意第二种观点，除了上述理由之外，如果对未经司法认定恢复完全民事行为能力的自然人所立遗嘱的效力予以认可，则一方面可能导致诉讼中，就遗嘱人是否已恢复完全民事行为能力的事实认定困难；另一方面，还可能产生负激励，诱导当事人不再通过司法程序认定其已恢复完全民事行为能力，从而导致该特别程序因闲置而不能发挥其制度价值和功能。

[①] 张平华、刘耀东:《继承法原理》，中国法制出版社 2009 年版，第 234 页。

> **第二十九条** 附义务的遗嘱继承或者遗赠，如义务能够履行，而继承人、受遗赠人无正当理由不履行，经受益人或者其他继承人请求，人民法院可以取消其接受附义务部分遗产的权利，由提出请求的继承人或者受益人负责按遗嘱人的意愿履行义务，接受遗产。

【条文主旨】

本条是关于附义务遗嘱或遗赠无正当理由不履行该义务的法律后果的规定。

【条文理解】

一般意义而言，遗嘱是遗嘱人对其死亡后的事务的安排和嘱托。这里的事务安排既包括对死后个人合法财产的处分，又包括对其他非财产事务的处理，甚至会出现两者交织、难以分离的情形。而《民法典》中所指遗嘱则只能是自然人生前作出的对其财产处分及与财产处分交织的事务安排，不包括纯粹非财产性事务安排。从现实情况看，遗嘱人立纯粹为财产处分内容的遗嘱相对少见。更多的是，遗嘱人将死后财产处分与其他事项处理相结合，将其他事项处理作为死后特定财产处分的前提或条件。换言之，遗嘱人往往会对遗嘱继承或遗赠附有义务，要求特定继承人或受遗赠人在实际取得相应遗产时应履行相关义务。例如，遗嘱人在遗嘱中要求某继承人或受遗赠人在继承特定遗产的同时应承担对自己老宅的定期维修保护义务。司法实践中，就附有义务的遗嘱继承或遗赠而言，一旦遗嘱继承人或受遗赠人没有履行该义务时，其与遗产有关的利害关系人之间就容易产生遗产处理的争议。对此，早在1985年《继承法》第21条就规定"遗嘱继承或者遗赠附有义务的，继承人或者受遗赠人应当履行义务。没有正当理由不履行义务的，经有关单位或者个人请求，人民法院可以取消他接受遗产的权利"。至于取消其接受遗产的权利后，该义务的履行及其相应遗产的处理，则在1985年《继承法意见》第43条中规定了"附义务的遗嘱继承或遗赠，如义务能够履行，而继承人、受遗赠人无正当理由不履行，经受益人或其他继承人请求，人民法院可以取消他接受附义务那部分遗产的权利，由提出请求的继承人或受益人负责按遗嘱人的意愿履行义务，接受遗产"。由于1985年《继承法》第21条施行后，实践中争议不大，故《民法典》第1144条对该条基本内容予以保留，只将其中的请求主体由"有关单位或者个人"修改为"利害关系人或者有关组织"，与《民法典》的规范表述保持一致。此外，为更精准表述遗产与义务之间的对应关系，《民法典》第1144条吸收了1985年《继承法意见》第43条中的表述，将"他接受遗产"修改为"其接受附义务部分遗产"。在本司法解释起草过程中，大多数意见认为，1985年《继承法意见》第43条的表述与《民法典》第1144条表述并不冲突，且在实务中亦无大的争议，建议予以保留。经认真研究，我们最终在本条中保留了1985年《继承法意见》第43条的基本内容，只是从用语规范角度，将"或"修改为"或者"，将"他"修改为"其"，删除了"那"字。司法实践中，具体理解与适用本条时，可从以下几个方面着手。

一、如何理解"附义务的遗嘱继承或者遗赠，如义务能够履行，而继承人、受遗赠人无正当理由不履行"

正如前述，现实生活中，遗嘱人基于各种考虑，经常会在遗嘱中对接受其遗产的继承人或受遗赠人附加各种义务。这种遗嘱继承或遗赠在学理上称为附负担遗嘱继承或附负担遗赠。所谓附负担，是指继承人、受遗赠人向遗嘱人、继承人或其他人负担一定义务。这里的义务既包括作为义务也包括不作为义务。其具有以下特点：（1）附随性。附负担的遗嘱中所设定义务，只能由遗嘱继承人或者受遗赠人履行，附属于遗嘱中已经对继承人或者受遗赠人给予财产利益这一事实，没有财产利益，就不得设定义务。（2）限定性。遗嘱继承人或者受遗赠人所应负担的义务，一般不得超过通过遗嘱所能取得的财产利益。这里需要注意的是，附负担的遗嘱继承或者遗赠与附条件的遗嘱继承或者遗赠不同。附条件的遗嘱继承或者遗赠本质上是附条件的单方民事法律行为。根据《民法典》第158条规定，附生效条件的民事法律行为，自条件成就时生效，附解除条件的民事法律行为，自条件成就时失效。故在遗嘱人所附条件成就前，遗嘱并不生效。而附义务负担的遗嘱，遗嘱继承人或受遗赠人只是负有履行负担的义务，履行义务的前提是遗嘱已经生效。此外，附义务负担的遗嘱所附义务是遗嘱继承人或受遗赠人本人应当履行的某种作为或不作为义务，而附条件的遗嘱中所附的条件是否能够成就则可能无关当事人意思或行为，例如取决于偶然事实，包括天灾、政治、经济、社会事件以及第三人的行为及其意思表示等。现实中，遗嘱人在遗嘱中所设定的义务主要表现为：（1）遗产债务清偿方式的指定；（2）遗产分割前具体管理办法的指示；（3）设立遗产信托等。从尊重当事人遗嘱自由角度而言，对遗嘱人在遗嘱中对继承人、受遗赠人所附的义务原则上应予尊重。但鉴于现实生活的复杂性，不排除遗嘱人在遗嘱中载明的义务是不法义务、客观不能义务、内容已履行义务等的情形。不法义务也即以违法或违反公序良俗的事项为履行内容的义务。例如，要求遗嘱继承人或受遗赠人在继承遗产后履行与特定人结婚或离婚的义务。这明显违反《民法典》第1041条规定的婚姻自由原则。婚姻自由是法律赋予公民的一种基本人身权利，受法律的保护。婚姻自由包括结婚自由与离婚自由，婚姻当事人可以自由选择结婚与否或是离婚与否，不受另一方或者第三人的强迫、强制与干涉。[①] 对此，《民法典》第153条已经规定，违反法律、行政法规的强制性规定的民事法律行为无效。但是，该强制性规定不导致该民事法律行为无效的除外。违背公序良俗的民事法律行为无效。故此，遗嘱中附不法义务的部分内容应认定为无效。客观不能义务，是指以客观上不能完成的事项作为内容的义务。对于客观不能义务，由于该义务自始不具有可履行性，故该遗嘱中附客观不能义务的部分内容应认定为无效，进而遗嘱继承人或受遗赠人不能按遗嘱取得对应部分遗产。这里的客观不能应限定为自始不能，而非嗣后不能。在嗣后不能情形，遗嘱生效时，遗嘱所附义务尚属客观上能履行状态，只是后因遗嘱继承人或受遗赠人过错等诸多原因所致不能履行，其中在遗嘱生效后，由于可归因于遗赠继承人或受遗赠人的原因导致不能履行的，可考虑参照本条规定认定为无正当理由。至于因不可抗力等非因遗嘱继承人或受遗嘱人的原因导致不能履行的，则可认定属于遗嘱继承人或受遗嘱人有正当理由，可以取得相应遗产。故在嗣后不能情形，不宜简单认定该遗嘱中附客观不能义务的部分内容为无效。至于附内容已履行义务的遗嘱情形，则可从探求遗嘱人真意

[①] 肖峰编著：《民法典婚姻家庭编条文精释与案例实务》，法律出版社2020年版，第7页。

出发，认定该遗嘱没有附该义务，进而认定该遗嘱部分为有效。在整体把握该义务时还应明确，本条所指义务并非仅通过遗嘱让他人单纯负担义务，而不享受遗产利益。当因必留份权利人的主张导致可得遗产利益减少时，附义务的遗嘱继承人或受遗赠人所负义务也应相应减少，对超出部分则可拒绝履行相应义务。对于上述所列不法义务、客观不能义务、内容已履行义务、超出可得遗产利益的义务，其中自始不能义务、内容已履行义务，不属于本条所指义务能够履行的情形，遗嘱继承人、受遗赠人当然可以拒绝履行。对于非因遗嘱继承人、受遗赠人原因所致嗣后不能义务、超出可得遗产利益的义务，则遗嘱继承人、受遗赠人予以拒绝，也理由正当。此外，鉴于个案情况复杂，对是否具有正当理由，还应结合日常生活经验、相关法律法规和相关案件事实等在个案中具体判断遗嘱继承人或受遗赠人对于不履行义务究竟是主观不愿还是客观不能。例如，因不可抗力、身体缺陷等原因导致的客观上不能履行义务，就不宜认定为本条规定的"继承人、受遗赠人无正当理由不履行"。

二、如何理解"经受益人或者其他继承人请求，人民法院可以取消其接受附义务部分遗产的权利"

司法实践中，对于遗嘱继承人或受遗赠人无正当理由不履行义务的情形，应如何处理，存有分歧。从比较法角度看，主要有两种思路：（1）可撤销该遗嘱。例如《日本民法典》第1027条规定了，受附负担遗赠者不履行其负担义务时，继承人可以规定一定的期间，催告其履行。如果于该期间内仍不履行时，继承人可以请求家庭法院撤销遗嘱。由该条可知，继承人可以撤销遗嘱，这里的撤销是指对整个遗嘱的撤销，而不是部分撤销，撤销应通过司法程序撤销，而不是自行通知撤销。（2）不当得利返还。例如《德国民法典》第2196条规定：（1）负担的执行因可归责于被加重负担者的情况成为不可能的，因最先被加重负担者的出缺而会直接受利益的人，可以依照关于返还不当得利的规定，在本来应当为执行负担而使用该项给予的限度内，请求返还该项给予。（2）被加重负担者被有既判力地判决执行不能由第三人执行的负担，且对其使用可准许的强制手段而无效果的，亦同。由该条可知，因该负担义务直接受益的人可以主张不当得利返还。两者区别在于，是否直接对遗嘱作出评价以及相应遗产利益的处理不同。前者通过撤销该遗嘱对遗嘱整体作出否定性评价，至于义务人所取得利益则没有明确规定应如何处理。而后者则没有直接对遗嘱效力作出评价，只是规定直接受益人对义务人取得利益可主张不当得利返还。就我国而言，1985年《继承法》第21条规定了，"经有关单位或者个人请求，人民法院可以取消他接受遗产的权利"。在《民法典》起草过程中，曾一度将"请求"改为"申请"，但最终仍保留了"请求"，这也间接说明立法者仍认为要取消特定人的接受遗产的权利，应通过司法诉讼程序解决。此外，《民法典》第1144条还将《继承法》第21条中规定的"经有关单位或者个人请求"修改为"经利害关系人或者有关组织请求"，进一步明确了"有关单位或者个人"的外延。从文义解释角度，这里的"有关组织"本身与遗嘱并无直接的利害关系，只是对与遗嘱有直接利害关系的人负有一定法律上义务的组织，例如对无民事行为能力人或者限制民事行为能力人负有监护职责的居民委员会、村民委员会、学校、医疗机构、妇女联合会、残疾人联合会、依法设立的老年人组织、民政部门等。但对利害关系人的范围，则有待进一步明确。虽然理论上而言，与遗产有关的遗产债务人或遗产债权人、遗产酌给请求权人、受遗赠人等都属于与遗产有关的利害关系人，但遗嘱继承人或受遗赠人是否按遗嘱要求履行相应义务，未必具有公开性，如果一律允许上述主体都能主张本条所规定的取消权，将无形中放大滥用诉讼权利的可能和增加诉讼的复杂程度。而且，与遗产有关的遗产债务人或遗产债权人、遗产酌给请求权人、其他受遗赠人未必与遗嘱载明的义务以及相应财产具有直接关联。因此，本条几经斟酌，最后规定的请求主体为"受益人或者其他继承人"，对《民法典》第1144条中"利害关系人"的范围作了限定。由于本条后半段表述还涉及相应部分遗产的归属问题，而《民法典》第1144条规定的"有关组织"本身与该遗产的归属并无直接的利害关系，故本条也未将"有关组织"列入。

《民法典》第1144条将1985年《继承法》第21条中规定的"人民法院可以取消他接受遗产的权利"修改为"人民法院可以取消其接受附义务部分遗产的权利"。这主要还是为了体现尊重遗嘱人的自由意志以及公平的原则。遗嘱所附的义务与所附义务对应的财产价值有时并非对等，有可能义务的负担程度要高于财产价值，也有可能所附的义务会少于财产的价值。1985年《继承法》第21条规定的是"取消他接受遗产的权利"，从字面上来理解，按照这一规定，如果遗嘱受益人不履行遗嘱中规定的义务，那么其将不能享有遗嘱中涉及的全部的权利。此时，如果遗嘱中所附义务是针对遗嘱中全部财产权利而言的，那么若受益人不履行义务即取消其接受全部遗产的权利是没有疑问的。但是，如果遗嘱中所附的义务只是针对遗嘱中的部分财产而言，而其他的遗嘱内容并没有附义务，此时，如果因遗嘱受益人不履行该部分义务就取消其接受其他未附义务的遗产的权利就会显得有失公允。① 例如，如果遗嘱人在遗嘱中表示将其名下的某公司股权和一套房屋遗留给继承人甲继承，但同时表示甲在继承了股权后必须给付乙200万元。在遗嘱生效后，甲并未按

---

① 中国审判理论研究会民事审判理论专业委员会编著：《民法典继承编条文理解与司法适用》，法律出版社2020年版，第154页。

遗嘱人的要求向乙支付200万元，那么此时受益人或其他继承人只能要求取消甲继承股权的权利，而不能要求将甲继承房屋的权利也一并取消。这里请求人民法院取消接受附义务部分遗产的权利，前提是遗嘱继承人或受遗赠人的继承权或受遗赠权并未丧失且已经根据《民法典》第1124条规定作出了接受继承或受遗赠的意思表示。如果遗嘱继承人以丧失继承权或受遗赠人丧失受遗赠权，又或者遗嘱继承人书面形式放弃继承或受遗赠人放弃受遗赠，则不存在取消权利的问题，附义务部分遗产也应根据《民法典》第1154条第1项的规定，按法定继承处理。

三、如何理解"由提出请求的继承人或者受益人负责按遗嘱人的意愿履行义务，接受遗产"

从探求遗嘱人真意出发，附义务负担遗嘱中对应部分遗产的处分与遗嘱继承人或受遗赠人按其遗愿履行相应义务密不可分。故在义务能够履行，而继承人、受遗赠人无正当理由不履行的情形下，遗嘱继承人或受遗赠人继续享有接受附义务部分遗产的权利明显与遗嘱人遗愿不符。故《民法典》第1144条规定了利害关系人或者有关组织可以起诉要求人民法院取消遗嘱继承人或受遗赠人的接受附义务部分遗产的权利。但该权利取消后，对应部分的遗产应如何处理，该条则没有明确规定。对此，早在1985年《继承法意见》第43条就规定，"由提出请求的继承人或受益人负责按遗嘱人的意愿履行义务，接受遗产"。该条规定适用以来，司法实务中，主要有两种分歧意见：一种观点认为，既然对应该部分遗产的权利已经被取消，那么相应部分遗嘱内容就应视为被撤销，相应部分遗产按法定继承处理。根据《民法典》第157条规定，民事法律行为无效、被撤销或者确定不发生效力后，行为人因该行为取得的财产，应当予以返还。由于民事法律行为无效和被撤销的法律后果一致，故该撤销部分遗嘱可比照遗嘱无效处理。也即，可根据《民法典》第1154条第4项的规定，即"有下列情形之一的，遗产中的有关部分按照法定继承办理：……（四）遗嘱无效部分所涉及的遗产"。另一种观点则认为应坚持该条文精神，该部分遗产可由其他履行义务的利害关系人取得。从尊重遗嘱人遗嘱自由出发，在遗嘱人对特定遗产的处分明确要求与义务履行关联的情形下，如果不考虑义务履行就直接将该部分遗产按法定继承处理，明显违背遗嘱人遗愿。而且，在义务履行关涉弱势人群合法权益的情形下，还会损害作为弱势人群的受益人的合法权益，有损实质公平。故义务的履行是遗嘱人对该部分遗产处分所欲达到的主要目的，至于变更履行该义务的主体，并不会根本上违反遗嘱人的意愿。在本司法解释起草调研中，多数意见仍认为1985年《继承法意见》第43条规定的精神更有利于定分止争，符合实践需求，故本条仍维持了1985年《继承法意见》第43条规定的相应部分内容。也就是说，该部分附义务的遗产并不会因为遗嘱继承人或受遗赠人无正当理由不履行义务而成为法定继承的对象，而在提出请求的继承人或者受益人按遗嘱人的意愿履行义务后，接受该遗产。这里的继承人并未限定范围，故第一顺序继承人抑或第二顺序继承人在所不限。至于受益人则是指因该义务的履行而取得利益的人。由于继承人或受益人履行义务将会付出时间、精力、金钱等成本，故取得相应遗产即可作为对其的补偿，也可实现遗嘱人的遗愿。当然，该提出请求的继承人或受益人也可在履行该义务的付出与取得相应遗产之间进行利益衡量后，选择不履行相应义务，也不接受该遗产。此时，从尊重遗嘱人遗嘱自由出发，在其他没有提出请求的继承人或受益人履行义务的情形下，也可考虑按法定继承处理相应遗产。最后需要注意的是，本条并未将《民法典》第1144条中"有关组织"纳入按遗嘱人的意愿履行义务，接受遗产的主体范围。这是因为对无民事行为能力人或者限制民事行为能力人负有监护职责的居民委员会、村民委员会、学校、医疗机构、妇女联合会、残疾人联合会、依法设立的老年人组织、民政部门等"有关组织"只对与遗嘱有直接利害关系的人负有一定的法律上义务，而与遗嘱人所立遗嘱没有利害关系，遗嘱人立遗嘱时也没有考虑过让其获得任何遗产。因此，其接受相应部分遗嘱也不符合遗嘱人的真实意愿。

【审判实践中应注意的问题】

司法实践中，就本条所指履行义务和接受附义务部分遗产而言，只要遗嘱继承人和受遗赠人作出接受继承或遗赠的意思表示，就意味着其已同意履行该义务。至于该义务履行时间与实际取得该部分遗产的时间的先后则没有一定之规，完全取决于遗嘱人在遗嘱中的约定。从现实情况看，既有先履行义务后实际取得遗产的情形，也有实际取得遗产后，再履行义务的情形。但两者共同点在于只要遗嘱继承人或受遗赠人按遗嘱人要求履行义务后，就确定取得该遗产所有权，并可基于所有权自由处分。值得注意的是，本条所指义务在实务中容易与理论上所称后位继承、补充继承混淆，有必要作一说明：

现实生活中存在遗嘱人在遗嘱中载明遗嘱继承人或受遗赠人取得遗产后，出现特定情形时，应处分该遗产义务情形。典型如后位继承。后位继承也称次位继承，是指被继承人在遗嘱中指定某继承人先继承特定财产，其后因某种情形的出现而将该财产移转至另一继承人继承的继承制度。其中在先指定的继承人为前位继承人，在后指定的继承人为后位继承人。遗嘱人之所以通过遗嘱设立后位继承，并非对前位继承人不信任，而是不想让其遗产由前位继承人的继承人继承。从比较法角度看，《德国民法典》认可后位继承，《法国民法典》则予以禁止。必须承认，后位继承充分尊重了遗嘱人的意愿，能实现的遗嘱人避免遗产被继承人的继承人继承的功能，符合遗嘱自由原则。从我国情况看，随着遗产类型和价值日益增多、遗嘱人遗嘱理念多元化日趋明显，遗嘱涉及后位继承的纠纷在司法实务中也越来越多，从司法实践角度而言，如能对其予以规定，确实能较好统一裁判权，达到定分止争目的。但同时也限制了前位继承人处分财产的自由，让其取得的遗产处于静止状态，故该制度并不利于财产流转和财产效用的发挥。而且，后位继承限定继承人对财产的处分确实与遗产继承和遗嘱制度确定遗产所有权最终归属的功能相悖且妨碍财产效益最大化。从现实生活情况看，遗嘱人立后位遗嘱情形多表现为为确保配偶可以继续居住遗嘱人所有的房屋，而将房屋交由配偶继承，当出现配偶改嫁、购置新房或死亡等情形时，该房屋转由遗嘱人指定的其他继承人继承。对此，《民法典》第371条已经规定了可通过遗嘱方式设立居住权。因此，遗嘱人立后位遗嘱设立相应居住权益的功能已被居住权制度替代。故我国《民法典》最终对此没有明确规定。相应地，本司法解释也没有对后位继承作出规定，但从遵循立法原意出发，目前还不宜认可后位继承的效力。虽然后位继承是对遗嘱继承人附加了特定情形具备时对后位继承人交付该财产的义务，但该义务与本条所指义务有所不同：首先，后位继承中交付财产义务是否存在取决于特定情形是否出现，具有不确定性，而本条所指义务具有确定性，一旦遗嘱继承人或受遗赠人作出接受继承或受遗赠的表示，即应承担相应义务。其次，后位继承中，前位继承人在特定情形出现时，应履行向后位继承人交付财产义务，而该义务的履行将导致其并不能最终取得遗产的所有权，而本条所指附义务继承或受遗赠则将因义务的履行而使遗嘱继承人或受遗赠人取得该遗产所有权。此外，现实中，遗嘱人还可能为避免因继承人放弃继承、丧失继承权或先于遗嘱人死亡导致遗产按法定继承而在遗嘱中作出特别安排。这在学理上称之为补充继承，是指遗嘱指定的继承人因放弃继承、继承缺格或者先于遗嘱人死亡时，其应继承的遗产转归遗嘱人指定的其他继承人继承的继承制度。补充继承，针对的是在先继承人丧失继承权、放弃继承权或先于被继承人死亡。对这些情形，《民法典》第1154条已经规定遗产中的有关部分按照法定继承办理且没有规定遗嘱人另有表示除外。可见，我国现行立法并未明确承认补充继承的合法性。相应地，目前在司法实践中对补充继承的效力一般应持否定态度。由于补充继承中都是以继承人未取得遗产所有权为前提，并未对该继承人规定相应义务，而本条所指附义务继承或遗赠，都是围绕义务履行、继承人或受遗赠人取得遗产所有权进行，故两者内容完全不同，不能混同。

四、遗产的处理

> **第三十条** 人民法院在审理继承案件时,如果知道有继承人而无法通知的,分割遗产时,要保留其应继承的遗产,并确定该遗产的保管人或者保管单位。

【条文主旨】

本条是关于人民法院审理继承案件时,知道有继承人而无法通知的,分割遗产时应保留其应继承遗产的规定。

【条文理解】

继承权,是指继承人依法取得被继承人遗产的权利,根据《民法典》第1121条第1款的规定,继承从被继承人死亡时开始。《继承法》第23条规定,继承开始后,知道被继承人死亡的继承人应当及时通知其他继承人和遗嘱执行人。继承人中无人知道被继承人死亡或者知道被继承人死亡而不能通知的,由被继承人生前所在单位或者住所地的居民委员会、村民委员会负责通知。依据《民法典》规定,自然人依法享有继承权,其中既包括实体意义的继承权,还包括程序意义的诉权。对此,《民事诉讼法司法解释》第70条规定:"在继承遗产的诉讼中,部分继承人起诉的,人民法院应通知其他继承人作为共同原告参加诉讼;被通知的继承人不愿意参加诉讼又未明确表示放弃实体权利的,人民法院仍应将其列为共同原告。"1985年《继承法意见》第44条对《继承法》第23条作出解释,进一步确定诉讼中无法通知继承人的情形,规定人民法院在审理继承案件时,如果知道有继承人而无法通知的,分割遗产时,要保留其应继承的遗产,并确定该遗产的保管人或保管单位。本条即源自《继承法意见》第44条。鉴于《民法典》第1150条保留了1985年《继承法》第23条规定,且实践中对《继承法意见》第44条无过多争议,故本条在《继承法意见》第44条基础上,仅在表述上将"或"调整为"或者",其他内容无变化。

本条适用的前提是"人民法院在审理继承案件时",即人民法院在审理继承案件的过程中,知道有继承人未通知到且无法通知的情况。因此时遗产的最后归属尚未确定,如果对遗产不加保管,则可能致使无法通知的继承人的遗产遭受损失,因此,本条的立法目的即是保障无法通知的继承人的继承权。

继承从被继承人死亡时开始,继承开始意味着继承人范围的确定、继承人和受遗赠人能够作出接受或者放弃的意思表示等。由于现实生活中,家庭构成方式多样,特别是相互不在同地居住或者生活的情况下,被继承人死亡时,并非所有继承人都能及时得知这一事实。继承开始的通知制度的主要功能即是催促继承人、遗产债权人及其他遗产利害关系人及时在法定期限内申报遗产权利。根据《民法典》第1150条规定,必须通知的对象有两种:一是尚不知道被继承人死亡的继承人;二是被继承人在遗嘱中指定的遗嘱执行人。需要注意的是,此为通知义务人不可选择的法定义务。对于通知人来讲,特别是对于知道被继承人死亡的继承人来讲,通知是一个义务性规定,因此,如果通知义务人未履行或者未及时履行通知义务给他人造成损失的,应承担相应的民事责任。 实践中,无法通知继承人的,一般存在两种情形:一是诉前就无法通知继承人的;二是诉讼中查明出现新的继承人,但通知不到的情况。

本条理解与适用中,应注意以下几点。

一、继承开始通知的主体与方式

继承开始时的通知是继承人行使继承权的重要前提,只有当享有继承权的人知道被继承人死亡这一事实时,才能够及时行使继承权。通知的内容主要为被继承人死亡的事实,还包括被继承人死亡的原因、死亡的具体时间、死亡的地点、遗嘱内容等。上述通知要求及时而不延迟地发出,以能将被继承人死亡的事实通知到继承人为准。原则上,通知以一般社会认知判断达到合理、及时的,应当认为义务人已经适当履行了通知义务。发出继承开始的通知方式,既可以是书面形式,也可以是口头形式,邮件、传真、电话、短信以及公告等方式均可作为通知的方式采用。那么,对于因客观原因导致无法通知到继承人的情况,人民法院在审理时,适用本条规定。①

二、诉讼中通知继承人的理由

根据《民事诉讼法司法解释》第 70 条的规定,在继承遗产的诉讼中,部分继承人起诉的,人民法院应通知其他继承人作为共同原告参加诉讼;被通知的继承人不愿意参加诉讼又未明确表示放弃实体权利的,人民法院仍应将其列为共同原告。就同一顺序的继承人而言,除有特殊情形之外,每个人均享有同等的继承权,当然也包括程序意义的诉权。对于遗产,同一顺序继承人具有共同的权利

---

① 参见最高人民法院民法典贯彻实施工作领导小组主编:《中华人民共和国民法典婚姻家庭编继承编理解与适用》,人民法院出版社 2020 年版,第 649~651 页。

义务，在遗产被他人侵占，或者继承涉及遗嘱继承、遗赠时，同一顺序的继承人也具有同样的利害关系。即当同一顺序的继承人之一或者部分继承人提起诉讼时，基于同一顺序继承人享有的同等继承权这一前提，其他未起诉的同一顺序的继承人实际上属于同一原告的主体地位，属于必须共同进行诉讼的当事人。此时，人民法院可以依职权通知未起诉的同一顺序的其他继承人参加诉讼，已经参加诉讼的当事人也可以申请人民法院追加未起诉的同一顺序的其他继承人参加诉讼，以便查清案件事实，对遗产分割作出全面、妥善地处理，依法保护继承人的合法权益。

实践中，存在着同一顺序继承人不愿意参加诉讼的情形。对此，人民法院应当注意审查该继承人是放弃了相关诉讼权利还是实体权利。如果该继承人仅仅是不愿意参加诉讼，并未放弃实体权利（继承权），那么，其放弃的仅是部分诉讼权利（应诉答辩、出庭、辩论等），而不是放弃继承权，人民法院仍应当将其列为案件的共同原告，在实体处理方面仍应当注意保护其实体权利，在相关裁判文书中应当明确其相关权利义务。[①]

三、如何理解本条中"遗产的保管人"

继承开始后，原属于被继承人的财产归继承人所有。一般来说，从确定被继承人死亡到确定遗产管理人、通知继承人再到实际分割遗产到继承人手中，中间是有一段时间的，期间继承人不一定实际占有遗产，且遗产尚属未分割状态，每位继承人可得的遗产份额也是未知的。在这段时间里，属于法定继承的，需要及时通知法定继承人；属于遗嘱继承的，需要确认遗嘱的法律效力以及确认遗

[①] 沈德咏主编：《最高人民法院民事诉讼法司法解释理解与适用（上）》，人民法院出版社 2015 年版，第 264 页。

嘱继承人和遗嘱执行人。在此期间，遗产的直接占有人即为《民法典》第1151条规定的"存有遗产的人"，这里"存有遗产的人"为被继承人死亡时实际控制遗产的人，可以看作继承开始后、遗产分割前存有遗产状态的一种事实描述，受益人为暂未实际取得遗产的继承人。而本条涉及的遗产保管为遗产分割开始后的保管问题，且与"存有遗产的人"不同，本条的"保管人"不是基于对遗产的事实占有，也非基于被继承人遗嘱指定，而是基于司法权的暂时保管，即为人民法院指定。此处的保管人可能是原来存有遗产的人，也可能为人民法院另行指定的更适合的保管人，也就是说，和《民法典》第1151条"存有遗产的人"可能有交叉重合关系，此处的受益人则为无法通知的继承人。需要注意的是，本条的"保管人"同《民法典》第1151条"存有遗产的人"职责范围原则上是大致相同的，即"妥善保管"的注意义务，因未尽到妥善保管义务，导致遗产价值贬损或灭失的，原则上均应当承担相应的法律责任。

【审判实践中应注意的问题】

一、遗产保管人的权利义务及特殊情况的处理

（一）遗产保管人的权利与义务

1.关于遗产保管人的权利。第一，保管遗产的紧急处置权。例如，存有的遗产是常温下易腐败变质类物品，则保管人有权以寄存于专业的仓储机构或变卖、拍卖后保管其价金。第二，费用偿还请求权。遗产保管人一般情况下为无偿保管，但对于遗产保管人因保管遗产支出的合理费用，保管人享有请求予以偿还的权利。除此之外，若有约定，则保管人还有按照约定请求支付报酬的权利等，而此时遗产保管人也应当承担有偿保管的高度注意义务。

2.关于遗产保管人的义务。《民法典》第892条第1款规定,保管人应当妥善保管保管物。《民法典》第1151条规定,存有遗产的人,应当妥善保管遗产,任何组织或者个人不得侵吞或者争抢。本条对于遗产保管人的保管义务,也为保管合同中对保管人要求的相同注意义务,即"妥善保管"的注意义务。"妥善保管"即保管人需要履行善良管理人的义务,对存有的遗产采取必要的保管措施,确保遗产不被损毁、灭失。对于应当采取措施而未采取、有能力采取而未采取或者采取的措施明显不当等行为,就违反了妥善保管的注意义务,造成损失的,应当承担相应的民事责任。

此外,根据《民法典》第1151条规定,对于存有遗产的保管人来说:一方面不得侵吞遗产,即不得据为己有;另一方面,不得争抢遗产,不仅保管人不得争抢遗产,任何组织和个人也不得争抢,即便是有权分得遗产的继承人、受遗赠人也不得争抢遗产,只能依遗嘱或者法律规定取得遗产。侵吞、争抢遗产的,不仅要承担民事责任,构成犯罪的,还应依法承担刑事责任,如前文所述,本条保管人同存有遗产的人可能存在重合,故有关义务原则上也可类推适用。

(二)特殊情况的处理

特定情形下,利害关系人还可以向人民法院申请另行指定遗产保管人。本条设定的目的是保护无法通知继承人的合法继承权,在未得知无法通知继承人死亡的消息、该继承人未作出放弃继承的意思表示之前,属其继承的遗产应由遗产保管人妥善保存。但当遗产保管人不再适任时,如保管人在保管期间违反"妥善保管"义务,严重侵害继承人权利,或者出现在移交遗产至继承人前死亡或者成为限制行为能力人等确实不能履行保管义务的情形时,利害关系人可以请求人民法院另行指定保管人保管遗产。"利害关系人"主要指与遗产保管人的确定和该遗产的处理有利害关系的人。一般包括其他继承人、遗嘱执行人、遗产管理人、被继承人生前住所地的民政部门、村委会以及其他与该遗产有利害关系的人等。人民法院在另行指定遗产管理人时，应当结合候选人与被继承人关系的亲疏程度、与待保管遗产的利害关系程度以及个人素养和公信力等综合确定，具体程序可参照遗产管理人的规定指定。此外，保管人在保管期间因自身原因（如因工作、出国、身体等因素），不再适合担任保管人的，也可以自行申请人民法院变更保管人。当然，还有本身已存在遗产管理人的情况。遗产管理人是对死者的财产进行妥善保存和管理分配的人，主要义务是管理和保全财产，实现遗产的公平分配，维护遗产权利人利益。本条是遗产分割过程中，法院指定保管人的情况，主要目的也是保障无法通知继承人的利益。本条适用时，如果已经存在遗产管理人的，则遗产一般已有遗产管理人保管，直到遗产分割完毕，遗产管理人终止保管职务。即在该种情形下，即不需要法院再次介入指定保管人。在没有遗产管理人或者其他继承人对遗产管理人有争议等情况下，则可适用本条由人民法院指定保管人。

二、无法通知的继承人死亡或者下落不明的情况处理

本条设定的前提是人民法院在审理继承案件时，知道有继承人而无法通知的情况。保管人保管遗产期间，若未通知到的继承人出现，原则上保管人应将其保管的遗产移交给该继承人，此时保管人的保管义务履行终结，继承人的继承权利得到实现。那么，如果出现无法通知的继承人死亡或者下落不明的情形时应如何处理？

一般可分为以下几种情形：（1）无法通知的继承人死亡的，如果该继承人的死亡时间为被继承人死亡之后，遗产分割前，且并没有放弃继承的，则应按照《民法典》第1152条关于转继承的规定，将该继承人应当继承的遗产转给其继承人，但是遗嘱另有安排的除

外；(2) 如果该继承人的死亡时间早于被继承人，只是于继承开始后得知其死亡的消息，则可能发生代位继承的问题；(3) 如果在遗产分割之后死亡，即继承人死亡发生在将其遗产份额交由保管人或保管单位之后，则是一个新的继承问题，由其继承人继承该部分遗产。

所谓下落不明，是指自然人离开最后居所和住所后没有音讯的状况，这种状况须是持续、不间断地存在。在唯一的继承人下落不明或多个继承人均下落不明时，可参照没有继承人或者继承人均放弃继承的情形处理。本条所调整的一般为同时存在已通知到和无法通知继承人的情形，无法通知的继承人下落不明的，遗产继承人出现之前，遗产保管人仍应履行妥善保管义务，待该继承人出现或被宣告死亡后，则应依法分配、处分被继承人的遗产。

> **第三十一条** 应当为胎儿保留的遗产份额没有保留的，应从继承人所继承的遗产中扣回。
>
> 为胎儿保留的遗产份额，如胎儿出生后死亡的，由其继承人继承；如胎儿娩出时是死体的，由被继承人的继承人继承。

【条文主旨】

本条是关于保留胎儿继承份额的规定。

【条文理解】

1985年《继承法》第28条规定，遗产分割时，应当保留胎儿的继承份额。胎儿出生时是死体的，保留的份额按照法定继承办理。《继承法意见》第45条对《继承法》第28条作出具体解释，规定应当为胎儿保留的遗产份额没有保留的，应从继承人所继承的遗产中扣回。为胎儿保留的遗产份额，如胎儿出生后死亡的，由其继承人继承；如胎儿出生时就是死体的，由被继承人的继承人继承。由于《民法典》第1155条保留了《继承法》第28条规定，故本条延续了《继承法意见》第45条，为规范表述、与《民法典》相关规定保持一致，将"胎儿出生时"调整为"胎儿娩出时"，其他内容无变化。需要说明的是，1985年《继承法》第28条和《民法典》第1155条表述为"继承份额"，而《继承法意见》第45条和本条表述为"遗产份额"，在此，二者皆指胎儿应继承遗产的部分。

根据本条及有关规定，无论是法定继承还是遗嘱继承，在遗产分割时，都应为胎儿保留其应继承的遗产份额，没有保留的，应从继承人所继承的遗产中扣回。保留或扣回的遗产份额分两种情况处置：一种情况是，胎儿出生时是活体的，遗产份额即由其依法继承；若胎儿娩出时是活体，之后死亡的，为胎儿保留的遗产份额成为他的遗产，由其继承人继承。另一种情况是，胎儿出生时是死体的，其已取得的继承权利视为自始不存在，为其保留的份额由原被继承人的继承人继承。[1] 理解和适用本条规定时，应注意以下几个方面。

一、胎儿及胎儿的继承权

在医学上，一般将自然人出生之前的整个时期划分为三个阶段，即胚卵期、胚胎期和胎儿期。胚胎期是从母体受孕后的第二周到第八周的阶段，由此，胎儿在医学上的涵义应当是母体受孕八周时起至足月产出的胎体。法律意义上的胎儿，是指自母体受孕时开始至出生时为止的胚胎。虽然按照医学标准的把握，对自然人出生之前的阶段进行划分更为细致，但如果仅仅按照此标准予以执行，即只保护妊娠八周之后的胎儿，无异于割裂了整个胎儿时期的发展阶段。因此，法律上对于胎儿的保护应当涵盖母体怀孕的整个时期。

胎儿继承权，是指在胎儿出生之前被继承人死亡，胎儿有权根据遗嘱的指定或者法律的规定继承被继承人的遗产。《民法典》第13条规定："自然人从出生时起到死亡时止，具有民事权利能力，

---

[1] 参见最高人民法院民法典贯彻实施工作领导小组主编：《中华人民共和国民法典婚姻家庭编继承编理解与适用》，人民法院出版社2020年版，第676页。

依法享有民事权利，承担民事义务。"由此，没有出生的胎儿，在法律上不能成为独立的现实意义的权利主体，不能成为继承人。但为维护胎儿出生后的生存和生活利益，实现父母对子女抚养关系的有效延续，现代各国都为胎儿预设一种继承地位，确认其可得遗产利益。对此，我国《民法典》第16条规定，涉及遗产继承、接受赠与等胎儿利益保护的，胎儿视为具有民事权利能力。但是，胎儿娩出时为死体的，其民事权利能力自始不存在。也就是说，在我国，自然人的民事权利能力始于出生，胎儿尚未出生，本不具有民事权利能力，但基于胎儿利益的保护，《民法典》第16条作了符合我国养老育幼传统习惯的规定，即在一定情形下赋予胎儿民事权利能力，也就意味着视为胎儿具有继承能力，依法享有继承权。

二、遗产分割时，应当保留胎儿的遗产份额

胎儿享有继承权，但是毕竟胎儿尚未出生，无法确认胎儿是否能够正常出生。因此，《民法典》第1155条规定，遗产分割时，应当保留胎儿的遗产份额。所谓保留胎儿的遗产份额，就是在计算参与遗产分割的人数时，应该将胎儿列入计算范围，作为参与分割的一份子，将其应得的遗产份额划分出来。如前所述，这里的遗产份额既包括法定继承时的遗产份额，也包括遗嘱继承时的份额。在法定继承时，如果胎儿在继承人范围和顺序之内，应当按照法定或者协商确定的分割原则按比例计算胎儿的应继承遗产份额。在遗嘱继承时，如果遗嘱中明确哪些遗产属于受孕之胎儿的，那么在分割遗产时，就应将此部分遗产予以保留，而不得以胎儿尚未出生为由予以瓜分。既然保留的是胎儿应得的遗产份额，就是将胎儿按照一个普通继承人计算所应获得的遗产。如果遗产是不动产，对不动产实行价值分割时，就要保留胎儿应得的那份价值；如果是对动产进行

实物分割，就应保留胎儿应得的那部分实物。[①] 而应当为胎儿保留的遗产份额没有保留的，根据本条规定，应当从继承人所继承的遗产中扣回。例如，胎儿的父亲甲在胎儿八个月大时去世，其继承人还有父、母、妻子三人，甲生前未立遗嘱，则按照法定继承，甲的遗产应分为四份，由父、母、妻子各继承1/4，同时为胎儿保留1/4，待胎儿出生后该保留的1/4即为其继承的财产。如胎儿娩出时是死体的，保留的1/4则按照法定继承由其他继承人继承，即由甲的父、母、妻子三人各继承该1/4遗产的1/3。若在遗产分割时未保留胎儿遗产份额的，则应当从甲的继承人父、母、妻子所继承的遗产中扣回。另外需要注意的是，如果胎儿是多胞胎的，则应按胎儿的数量保留遗产份额。例如，为双胞胎的，应保留两份遗产份额；三胞胎的，应保留三份遗产份额。在多胞胎的情况下，如果只保留了一份继承份额，应从继承人继承的遗产中扣回其他胎儿的遗产份额。

三、胎儿出生后死亡与胎儿出生时是死体的情况处理

自然人的民事权利能力始于出生，终于死亡。出生是自然人脱离母体并生存的法律事实。一般认为，胎儿顺利出生须具备两项要件：一是胎儿与母体分离，与母体分离之前为胎儿，分离之后即成为自然人；二是与母体分离之际保有生命。胎儿的预留份是为维护胎儿出生后的生存和生活利益，若胎儿顺利出生，即成为活的婴儿，也就成为独立的民事主体，此时婴儿即继承原为胎儿保留的遗产份额，该份额由其监护人代为保管。那么，对于在胎儿出生后死亡的情况如何处理？依据本条第2款规定，为胎儿保留的遗产份

[①] 参见黄薇主编：《中华人民共和国民法典释义及适用指南（上）》，法律出版社2020年版，第137页。

额，如胎儿出生后死亡的，由其继承人继承。因为胎儿出生后即享有民事权利能力，胎儿因出生而享有法律为其预留的被继承人的遗产，此时为有效继承，出生之后再死亡的，其所继承的遗产即应作为他的遗产由其继承人继承。需要注意的是，根据《民法典》第1152条规定，继承开始后，继承人于遗产分割前死亡，并没有放弃继承的，应将其应继承的遗产转给继承人。但本条第2款直接规定了"由其继承人继承"，在此可以理解为，胎儿出生后死亡的情况下，已默认胎儿出生后、死亡前已实际取得遗产，故在其死亡后直接由其继承人继承。

还有一种情况，即胎儿若娩出时是死体的，因其不具备民事主体的资格，不能享有遗产继承权，因此也就不能实际享有为其保留的遗产份额。由此，根据本条第2款规定，胎儿娩出时是死体的，由被继承人的继承人继承。这里是指按照原被继承人的遗产处理，即为胎儿保留的遗产份额仍属于被继承人的遗产，由被继承人的继承人再行分割，此时若没有为胎儿保留遗产份额的，则原分割继续有效。但也仅限于遗嘱对此种情况的处理没有安排或者没有订立遗嘱的情况。如果遗嘱对胎儿娩出时是死体的情况另有安排的，依据《民法典》第1123条规定遗嘱继承优先于法定继承的规则，应优先适用遗嘱继承。例如，被继承人立遗嘱将10万元存款留给胎儿继承。胎儿娩出是死体，超出了遗嘱的预先安排，该10万元遗产只能由被继承人的其他继承人依据法定继承办理。但若被继承人立遗嘱将10万元存款留给胎儿继承，遗嘱中对胎儿出生时若为死体的情况另有安排：胎儿出生若为死体，则为其预留的遗产由被继承人的配偶继承。上述情形则不适用本条的第2款规定，应按照遗嘱处理。

【审判实践中应注意的问题】

一、未为胎儿保留遗产份额的情况处理

从立法目的看，胎儿保留遗产份额制度设立的主要目的是保证胎儿出生后的正常生活，即为即将出生的既无劳动能力又无生活来源的胎儿保留必要的遗产份额以供其成长。如前文所述，原则上，根据《民法典》第1155条规定，遗产分割时，应当保留胎儿的继承份额，在法定继承时，若胎儿在继承人范围和顺序之内，应当按照法定或者协商确定的分割原则按比例计算胎儿的应继承遗产份额；在遗嘱继承时，若遗嘱中已明确受孕胎儿遗产的，在分割遗产时，应将该部分遗产予以保留。但若被继承人遗嘱中未明确保留受孕胎儿遗产的，是否因违反《民法典》第1141条（遗嘱应当为缺乏劳动能力又没有生活来源的继承人保留必要的遗产份额）、第1155条（遗产分割时，应当保留胎儿的遗产份额）的规定而部分无效呢？我们认为，《民法典》第1155条关于应保留胎儿继承份额规定的基础是胎儿也享有继承权，这里的继承包括法定继承和遗嘱继承，法定继承中，胎儿在法定继承人范围内的，原则上应为其保留应继承的遗产份额。在遗嘱继承中，若被继承人所立遗嘱中已明确胎儿的遗产份额，而在遗产分割时没有保留的，依据本条规定，应当从继承人所继承的遗产中扣回。但若遗嘱中未为胎儿明确遗产份额的情况下，一般情况下，应审查判定胎儿在其出生后是否具有生活来源，若无生活来源，依据《民法典》第1141条规定，胎儿作为没有生活来源的继承人，应为其保留必要的遗产份额；但若胎儿已具备供其成长生活的来源，无保留遗产份额之必要，则此时原则上遗嘱并不因未保留胎儿遗产份额部分无效。例如，被继承人离世后，被继承人已通过遗嘱分给其母大量遗产，或者此前胎儿的其

他近亲属已经通过遗嘱、遗赠或者赠与等方式给予胎儿足以保障或者远高于其出生后正常生活的资产，此时应否为其保留遗产？如王小宝尚未出生，其父去世，所立遗嘱中虽未明确给其分配遗产份额，但已给其母分配了大部分遗产，足以保障王小宝母子二人的成长和生活，而将余下的少部分遗产分配给其他继承人。有种观点认为，此时基于《民法典》相关规定及儿童利益最大化原则，无论何种情形，均应为胎儿保留遗产份额，因此该遗嘱因未保留胎儿遗产份额而部分无效。我们认为，该遗嘱原则上应为有效，儿童利益最大化原则也是以满足儿童的必要生活为前提，上述情况下，被继承人订立遗嘱时虽未将特定遗产份额直接分配给胎儿，但基于作为胎儿第一监护人的母亲已分得大量遗产，足以保障胎儿出生后的成长生活，基于法理和情理，原则上该遗嘱不应属于因剥夺胎儿的必留份而部分无效的情形。

二、胎儿参与继承遗产分割的认定

在遗产分割时应当保护胎儿的利益是现代各国的通例，只是遗产的分割方式不尽相同。各国大都规定，在胎儿出生前不得分割其遗产。例如，《德国民法典》第2043条第1项规定：倘若继承份额因期待一名共同继承人出生而不确定，则直到此种不确定消除为止，排除分割。《瑞士民法典》第605条第1项规定：当须考虑胎儿的权利时，应将分割推迟至其出生之时。《日本民法典》虽没有类似规定，但民法上均作如此解释。我国司法实践中也基本采纳此种惯例，"保留"胎儿遗产份额的意图有二：其一，将胎儿的份额划出，暂时先处理被继承人的其他财产；其二，保留的份额待胎儿出生后处理。即一般情况下，在胎儿出生前，对于胎儿应继承的份额并不向其法定代理人直接移交，而是采取"保留份"的方式进行保管。即有遗产管理人的原则上由遗产管理人代为保管，在胎儿出生之前，胎儿的法定代理人也无权请求向其移交遗产份额。待胎儿出生后，若胎儿为活体，再由遗产管理人向其监护人进行移交；若胎儿为死体，则按照法定继承办理，具体参见前文论述。

三、从继承人所继承的遗产中扣回胎儿遗产份额的方式

本条适用的前提是"应当为胎儿保留的遗产份额没有保留的"，一般情况下，未保留胎儿遗产存在多种原因，例如不知胎儿母亲受孕、与胎儿父母存在矛盾、恶意争夺财产等情形。依据本条规定，应当保留而未保留的，应从继承人所继承的遗产中扣回，那么应由谁来主张扣回？一般情况下，诉讼前可由遗产管理人主张扣回，若在诉讼中，则由人民法院依遗产管理人、胎儿出生后的监护人等诉讼权利人的诉请扣回。在这里，诉讼请求权基础为原物返还请求权或不当得利请求权。需要注意的是，如除胎儿外只有一位继承人的，则直接向其主张扣回即可，那么，若有多个继承人的，应如何处理？一般情况下，除继承人于遗产分割时特别约定免除或被继承人以遗嘱形式免除的，原则上各继承人应以其分得的遗产价值为限，按比例承担返还责任，由此未保留胎儿遗产的部分可以按照各继承人分得遗产价值的比例扣回。此外，为胎儿扣回的遗产份额能否为特定财产给付？即扣回的遗产为特定物还是种类物？依据《民法典》1156条规定，遗产分割应当有利于生产和生活需要，不损害遗产的效用。本解释第42条规定："人民法院在分割遗产中的房屋、生产资料和特定职业所需要的财产时，应当依据有利于发挥其使用效益和继承人的实际需要，兼顾各继承人的利益进行处理。"由此，为胎儿扣回遗产时既要考虑双方当事人生产生活实际需要，又要考虑是否有利于发挥财产的实际效用。对此，遗嘱若有约定的应按约定，若按照遗嘱约定已无法执行（如被继承人遗嘱约定将车辆分给胎儿，但其他继承人已将车辆变卖）或遗嘱未明确约定的，

原则上可从考虑胎儿成长生活的实际需要出发，确定返还财产具体类型；另外，还应考虑被扣回遗产份额的继承人的实际需要，尽量不影响其生产生活。

> **第三十二条** 继承人因放弃继承权，致其不能履行法定义务的，放弃继承权的行为无效。

【条文主旨】

本条是关于放弃继承权限制的规定。

【条文理解】

一、放弃继承权法律制度概述

放弃继承权，又称拒绝继承权、抛弃继承权，是指继承人作出放弃自己继承被继承人遗产权利的意思表示。继承权的放弃，是继承人表达自由意志，行使继承权的一种表现。继承人在不损害他人权利的情形下而为的法律行为，体现了民事主体按照其自由意志处分个人事务的意思自治原则。法律赋予继承人享有继承被继承人遗产的权利的同时，也赋予了继承人对自己的继承权进行放弃的自由。放弃继承法律制度并非自古就有，允许继承人放弃继承是社会进步与法律发展的结果。放弃继承制度萌芽于古罗马，在古罗马时代，以是否有接受继承的意思表示为依据，继承人分成必然继承人和任意继承人。必然继承人必须继承死者的财产，不得放弃继承权，这类人无须作出接受继承的意思表示；任意继承人则被赋予决定接受遗产继承或者不接受遗产继承的权利，可以根据自己的意愿来决定是接受还是放弃继承。① 这一制度被承袭发展后，成为现代继承法的一项重要制度，近现代各国的继承法都以自愿继承为原则，赋予继承人选择接受、放弃继承的权利。我国古代施行礼教的宗祧继承制度，继承一般涵盖财产和身份的概括继承，不允许继承人放弃祭祀祖先的权利和义务，所以通常不允许放弃继承权。甚至"父债子偿"的传统要求子女在所继承的财产不足以清偿父辈生前债务的情况下，仍旧要对债务承担无限清偿的责任。自中华民国时期起，法律便赋予了继承人放弃继承的权利。我国1985年《继承法》第25条也规定了继承人有放弃继承的权利。2021年实施的《民法典》第1124条亦作了同样的规定。

我国采取当然继承主义，被继承人死亡时，继承已经开始，只要在遗产处理前继承人未放弃或者丧失继承权，被继承人的遗产即由继承人承受，成为继承人的合法财产。而根据法理，权利可以放弃，义务不得放弃，继承权作为一种权利在一般情形下是可以放弃的，除非权利的放弃侵犯了他人的合法权益。放弃继承法律制度的立法宗旨不仅仅是尊重和保障继承人的意思自治，更主要的还在于平衡继承人、遗产债权人以及继承人的债权人的利益，体现继承制度的自愿公平、诚实信用原则。对继承人而言，放弃继承法律制度，赋予了继承人接受还是放弃继承的自由。一般情况下，被继承人的遗产明显不足以清偿债务时，继承人通常会放弃继承；当遗产明显大于债务时，继承人会选择接受继承。对于其他继承人而言，部分继承人放弃继承对其有利而无害，不会侵犯其合法权益。《民法典》第1161条规定："继承人以所得遗产实际价值为限清偿被继承人依法应当缴纳的税款和债务。超过遗产实际价值部分，继承

---

① ［古罗马］盖尤斯：《法学阶梯》，黄风译，中国政法大学出版社1996年版，第162页。

人自愿偿还的不在此限。继承人放弃继承的,对被继承人依法应当缴纳的税款和债务可以不负清偿责任。"从该条规定可知,继承人接受遗产,是财产权利与财产义务的接受。这是限定继承原则的要求,也是权利义务相一致原则的体现。继承人对于被继承人生前依法应当缴纳的税款及个人所欠债务,应在其接受的遗产的实际价值范围内承担清偿义务。如果继承人放弃继承,虽然产生不履行法定义务的效力,即放弃继承的继承人不承担被继承人生前依法应缴纳的税款和所负的个人债务,但继承程序相对简便,债权人受偿的效率也会提高。继承权的放弃对债权人利益的保护并不会产生太大影响,放弃继承制度既从制度上保障了遗产债权的安全,又通过赋予继承人自由选择权提升了财产流转的经济效率。

二、放弃继承权的内涵

(一)放弃继承权的主体

放弃继承权的主体必须是已取得继承权的人,只有处在优先顺序有资格参加继承的人才能放弃继承。有继承顺序在前的继承人存在时,次顺序的继承人在前一顺序的继承人尚未丧失或放弃继承之前,不得放弃,即使其为放弃继承的意思表示,也不会发生任何效力。放弃继承权的意思表示应当由具有民事行为能力的继承人亲自作出,不能代理。对于继承人是无民事行为能力人或限制民事行为能力人,其法定代理人能否代理作出放弃继承的意思表示,我国法律未作明确约定,学术界存在两种不同的观点:一种观点认为,原则上可以代理,但又与一般的财产行为不同,也就是将代理严格限制为无民事行为能力人和限制民事行为能力人的继承行为。法定代理人与继承人利益相反时,一般不得放弃继承。监护人与继承人在遗产继承上有利益冲突时，应以次位监护人为其法定代理人。①另一种观点认为，根据我国限定继承原则，继承人只在继承遗产的实际价值范围内承担清偿被继承人债务的责任，即使被继承人的债务数额大于遗产数额，继承人不放弃继承也不会使自身的利益受损，不应由其法定代理人代理放弃继承权。我们认为，放弃继承的行为是具有财产属性的行为，可以被代理。根据《民法典》第20条规定，不满8周岁的未成年人为无民事行为能力人，由其法定代理人代理实施民事法律行为。无民事行为能力人是否放弃继承由其法定代理人（监护人）代理。鉴于实践中存在法定代理人（监护人）实施放弃继承的代理行为明显损害无民事行为能力人或者限制民事行为能力人利益的情形，例如，父或母死亡时，母或父与其形成抚养教育关系的继子女同时继承时，母或父代理其继子女放弃继承，以让自己分得更多遗产。此时，可根据《民法典》第34条规定让法定代理人（监护人）对继子女承担法律责任。至于法定代理人（监护人）所实施的放弃继承代理行为，则因违反《民法典》第35条、第153条的规定而无效。

限制民事行为能力人放弃继承是否必须由法定代理人（监护人）代理，《民法典》第19条规定："8周岁以上的未成年人为限制民事行为能力人，实施民事法律行为由其法定代理人代理或者经其法定代理人同意、追认；但是，可以独立实施纯获利益的民事法律行为或者与其年龄、智力相适应的民事法律行为。"因此，限制民事行为能力人实施民事法律行为取决于继承是否为纯获利益的行为。有观点认为，如果有证据证明接受继承将不能得到利益，则即便限制民事行为能力人表示接受继承，其法定代理人（监护人）也有权放弃继承。我们认为，是否接受继承除了应从财产利益方面考虑外，还应尊重继承人因

---

① 史尚宽：《继承法论》，中国政法大学出版社2000年版，第265~266页。

继承带来的身份方面的情感需要，故当继承人与其法定代理人（监护人）意见不一致时，一般都应尊重限制民事行为能力人的意思表示。

（二）放弃继承权是单方法律行为

放弃继承权仅需要一方当事人的意思表示就发生法律效力，属于单方民事法律行为。其特点在于，依当事人，即放弃继承的人的单方面意思表示而无须他人同意即可成立。同时，这种单方法律行为一旦成立就发生继承权消灭的法律效果。

（三）放弃继承权的性质

学理上一般将继承权分为继承期待权和继承既得权，前者指的是继承开始前推定继承人法律上的地位，为将来继承开始时为继承之希望的地位；后者指的是继承开始时，继承人享有的对被继承人的遗产实际取得的权利。[①] 被继承人死亡，继承开始，继承权便由期待权转化为既得权，由将来可能实现的权利转化为现实性的权利。放弃继承权放弃的是继承期待权还是继承既得权？主流观点认为，继承人放弃的继承权是继承既得权。这是因为继承期待权仅是一种资格和能力，并不是实体权利，不具有权利的实质内容，不具备放弃的可能性。法律赋予继承人行使继承或放弃继承的选择权，放弃的权利只能是继承既得权。故被继承人死亡前或在先顺序继承人未放弃继承权的前提下，继承人或后顺序继承人放弃继承权的行为无效。放弃继承权是身份行为还是财产行为，目前学界有不同观点：第一种观点认为，继承权的放弃产生继承人身份的确认，故为身份行为，仅是一种纯身份权的放弃。第二种观点认为，继承权的放弃是以继承人具有继承资格为前提的，并不产生继承人身份的确认，而仅发生遗产归属的效果。因此，继承放弃仅为财产行为而非身份行为，仅具有放弃财产权的性质。第三种观点认为，继承权的

---

① 陈苇主编：《婚姻家庭继承法学》（第二版），群众出版社2012年版，第319~320页。

放弃同时产生继承人身份确认与遗产归属两个方面的效果，故为身份行为与财产行为相复合的法律行为，且其财产性更为浓厚。我们认同第三种观点，现代继承制度只承认财产继承，不承认身份继承。放弃继承是对被继承人财产法律地位的承认或放弃，其标的为财产，所以说它是财产法律行为。但是这种行为和一般的财产法律行为不同，其以行为人具有继承人的身份为前提条件。尤其在我国，继承人主要是和被继承人有血缘关系或者共同生活的近亲属，继承人的身份具有相当的稳定性。继承权本身是一种兼有身份权与财产权性质的权利。放弃继承放弃的是继承权，即对与身份权有关的财产权的放弃，兼具有身份性和财产性，是一种复合性质的行为，只是财产行为之性质较为浓厚。

三、放弃继承权的禁止性规定

继承开始后，继承作为法律规定的一项权利一般允许放弃，但放弃继承权具有一定限制，不得影响法定义务的履行。如果继承人因放弃继承权，致其不能履行法定义务的，放弃继承权的行为无效。

在实践中，对法定义务的理解，应当注意：放弃继承不能逃避赡养、抚养、扶养义务。在已经履行了赡养、抚养、扶养义务的前提下，作为单方民事法律行为，继承人放弃继承不需征得任何人的同意或认可即可成立生效。但如果继承人以放弃继承为理由不履行上述义务，则其放弃继承行为因目的违法而不能生效。《民法典》第1059条规定："夫妻有相互扶养的义务。需要扶养的一方，在另一方不履行扶养义务时，有要求其给付扶养费的权利。"《民法典》第1067条规定："父母不履行抚养义务的，未成年子女或者不能独立生活的成年子女，有要求父母给付抚养费的权利。成年子女不履行赡养义务的，缺乏劳动能力或者生活困难的父母，有要求成年子女给付赡养费的权利。"夫妻间扶养义务、子女对父母的赡养义务、父母对未成年子女的抚养义务都是法律所规定的义务，不管是否有遗产可继承都必须履行，不得拒绝，更不得放弃。例如，子女以对父母不履行赡养义务为条件，来放弃对其父母遗产的继承权。这种情况往往以赡养协议形式来表现。在农村养老体系中，此种类型比较常见，比如，约定出嫁女不享有继承权，个别子女不继承被赡养人的遗产，也不尽赡养义务，此类赡养协议因违反了赡养义务的强制性法律规定，应当无效，因此不能起到免除赡养义务的效果。[1] 再如，以对未成年子女不履行抚养义务为条件，来放弃对自己的妻子或丈夫遗产的继承权。这些以拒绝履行法定义务为条件的放弃继承行为当然是无效的。

四、放弃继承权的其他限制

（一）放弃继承权不得附加条件和期限

由于附条件、附期限的放弃继承会损害他人的合法权益，所以许多国家和地区的法律均明文规定，继承人放弃继承不得附加条件。《瑞士民法典》第570条规定："抛弃继承权，不能有任何条件及保留。"《德国民法典》第1947条规定："承认及抛弃继承，均不得附有条件或期限。"我国《继承法》虽没有明确规定放弃继承不得附加条件，但在学界以及司法实践中均倾向于不允许继承人附加条件的放弃继承。具体包括：（1）不得附条件使放弃继承行为的法律效力处于不确定的状态。附条件的民事法律行为，是指当事人以未来客观上不确定发生的事实，作为民事法律行为效力的附款。被继承人死亡后的财产归属的确定，以继承人明确表示接受或放弃继承为前提，如果允许附条件地放弃继承，会由于条件的将来性和不确定性，

---

[1] 肖峰、田源主编：《婚姻家庭纠纷裁判思路与裁判规则》，法律出版社2017年版，第642页。

使得继承法律关系无法稳定,难以实现保护遗产债权人和其他债权人权益的目的,而且以个人意思否定了法律对放弃继承的期限规定。因此,继承人放弃继承不得附条件,否则放弃行为无效。(2)不得以处分自己的应继份为条件放弃继承权。实践中常常出现继承人在放弃继承时提出将其放弃继承的财产让与某人的情形,关于该放弃继承是否有效的问题,一种观点认为,这种行为实际是继承人对自己继承财产的处分,应为有效。放弃继承不等于完全放弃继承权人身份,如果继承人放弃继承后想参与遗产处理过程,了解遗产处理是否符合被继承人的意愿,则应予准许。我们认为,放弃继承行为具有溯及力,继承权人放弃继承后,自继承开始时就不再是继承人,被视为从未参与过继承法律关系。放弃继承权是放弃已取得的继承人地位,从而放弃对遗产的权利,故放弃继承人无权将自己未取得的财产指定由特定继承人取得。对于未取得的权利又进行指定继承人的处分,于理不合。此种放弃继承行为应为无效,因为它不是真正的放弃继承。继承人实施此行为的真意是在接受继承后对自己应继承的遗产份额所作的处分,属于继承人对其财产所有权的处分。而且,此行为并非单纯的放弃继承,足以影响次顺序继承人的利益。

继承人没有作出放弃继承意思表示就死亡的,根据《民法典》第1152条规定,该继承人应当继承的遗产转给其继承人,即发生转继承。在这种情况下,转继承人如果放弃继承是放弃自己的继承权还是放弃被转继承人因继承取得的被继承人的遗产份额?对此,1985年《继承法意见》第52条规定的是"其继承遗产的权利转移给他的合法继承人"。这里"其继承遗产的权利"就是被转继承人对被继承人的继承权。可见,1985年《继承法意见》认为放弃的是继承权而非特定遗产份额。虽然《民法典》第1152条以"应当继承的遗产"取代"继承遗产的权利",但这并不意味着承认被转继承人生前已经继承了被继承人的遗产。从语法和文义而言,"应当继承的遗产"意思是该遗产尚未由被转继承人继承。否则，就应表述为"已经继承的遗产"。而且，如果遗产已经由被转继承人继承，则直接通过法定继承、遗嘱、遗赠等方式处理被转继承人与其继承人、受遗赠人之间的遗产分配关系即可，没有必要在制度设计上规定《民法典》第1152条。故继承开始后遗产分割前，继承人死亡的，只要继承人生前未放弃或者丧失继承权，则由转继承人对依法转给其的遗产份额进行继承，如果转继承人放弃继承，系对其自被继承人处继承的遗产份额的放弃，而非对所继承的被转继承人的遗产份额的放弃。

（二）继承权不得部分放弃

继承权能否部分放弃涉及放弃继承权的标的问题。放弃继承权的标的是继承权而不是所继承的遗产，继承权作为一项抽象权利与义务的统一体，不得分割。同时，它虽然是一种财产权利，但更是对被继承人财产上权利和义务的法律地位的概括承受。放弃继承的对象不仅有接受遗产的权利，还有在遗产的实际价值范围内清偿被继承人债务的义务。允许继承人对继承权进行部分放弃，显然与继承权的本质不符。继承权的放弃及于各继承人应继遗产的全部，几乎是各国继承法的通例，如《日本民法典》第920条规定："继承人表示单纯承认后，即无限地承受被继承人的权利义务。"《德国民法典》第1950条规定："承认及抛弃继承均不得就一部分继承财产为之，表示承认或抛弃一部分者，无效。"虽然我国继承法律制度对能否部分放弃继承权未作明文规定，但司法实践中只允许部分放弃已继承遗产的所有权，不允许部分放弃继承权。继承权的放弃是对自己的继承权主体资格的否认与抛弃，从此不再进入继承法律关系，不享有权利和承担义务。"放弃"在效力上具有总括性和决定继承权命运的终局性，不得部分为之，这在学理上称为继承的抛弃不可分原则。如果允许部分放弃继承，多数继承人会选择继承权利而不承担义务。这与权利义务相一致原则相违背，还可能损害遗产债权人和其他继承人的权益。继承人在接受继承时，除接受遗产外还要承担遗产价值范围内清偿被继承人生前的债务和缴纳应付税款的义务。放弃继承权也必须全部放弃应继承的权利和义务，禁止放弃应承担的财产义务而接受遗产权利的行为。部分放弃对特定遗产的继承不属于部分放弃继承权，因为此时已经不属于放弃继承的范围，而是继承人对自己财产权的处分。

【审判实践中应注意的问题】

实践中争议较大的问题是，放弃继承权可否成为债权人撤销权的标的，也即债权人能否就继承人放弃继承权的行为提起撤销权诉讼。

对于债权人撤销权，《民法典》第538条规定："债务人以放弃其债权、放弃债权担保、无偿转让财产等方式无偿处分财产权益，或者恶意延长其到期债权的履行期限，影响债权人的债权实现的，债权人可以请求人民法院撤销债务人的行为。"

至于放弃继承权人的债权人是否有权依据上述法律规定行使代位权或撤销权，这个问题颇具争议，国外立法以及学说上都有不同见解。《瑞士民法典》第578条规定，债权人或破产财团，如其债权未被提供担保，得于6个月内声请撤销一债务超过之继承人以损害其债权人为目的的放弃继承行为。《意大利民法典》第524条赋予了继承人的债权人代位接受继承的权利。《德国民法典》对此没有规定，但通说认为放弃继承不得为债权人撤销权的标的。持肯定观点的学者认为，侵犯债权人合法权益的放弃继承权行为，系属本条中"致其不能履行法定义务"的行为，也就是认为维护债权人的利益是继承权人的法定义务。有相关学者指出，我国法院在审判实践中基于对债权人利益保护的价值判断和利益衡量，对法定义务的内涵作了扩张解释。此法定义务是包括了约定义务的，此类案例裁判的价值取向可作为指导公证机构办理放弃继承权公证的依据，以尽到相应的审查和告知义务。[①]因此，放弃继承若影响债权人实现债权，债权人可因此行使撤销权。否定观点认为，法定义务是与约定义务相对应的一种义务分类。此法定义务是否仅仅指严格意义上的法定义务，不能贸然将侵犯债权人合法权益的放弃继承权的行为定义为本条中的"致其不能履行法定义务"的行为，否则会导致司法自由裁量权过大，损害法律的法定性，也会增大损害继承人权益的风险。且放弃继承权行为具有一定的人身性质，是人格自由的表现，并非无偿处分行为，而是一种拒绝获取利益的行为，不能被债权人撤销。我们认为，否定说更为合理。本条规定继承人放弃继承权的行为导致其不能履行法定义务的，应为无效。法定义务并非因契约行为等而产生的约定义务，不能做扩大解释。这里的法定义务，主要指夫妻间扶养义务、子女对父母的赡养义务、父母对未成年子女的抚养义务，即负有法定义务的继承人在不履行义务的情况下放弃继承权，相关权利人有权撤销该放弃继承权的行为。但该法定义务的范围不应扩大至合同义务，以及生效裁判、仲裁确定的给付义务。这是因为债权人取得债权时，并没有考虑遗产作为债务人的责任财产，且继承权具有身份属性，放弃继承权是以人格为基础，旨在拒绝单方面赋予利益的法定权利。撤销权是以债权为基础，旨在保护债权人债权实现的财产权利，人格权相对于财产权，显得更具有根本性，更应受到保护。

---

① 杨忠建：《放弃继承权公证中的法律适用和法律解释》，载《中国公证》2008年第10期。

第三十三条 继承人放弃继承应当以书面形式向遗产管理人或者其他继承人表示。

【条文主旨】

本条是关于以书面形式放弃继承的规定。

【条文理解】

早在1985年《继承法》第25条就规定，继承人放弃继承的，应在遗产处理前，作出放弃继承的表示。至于放弃继承的意思表示的形式和对象，则在1985年《继承法意见》第47条明确，应当以书面形式向其他继承人作出。用口头方式表示放弃继承，本人承认，或有其他充分证据证明的，也应当认定为有效。对此，《民法典》第1124条规定："继承开始后，继承人放弃继承的，应当在遗产处理前，以书面形式作出放弃继承的表示；没有表示的，视为接受继承。"可见，《民法典》继受了1985年《继承法意见》第47条放弃继承意思表示应用书面形式的规定。而对于以书面形式作出放弃继承意思表示的相对方，则没有明确。关于相对方的范围，实务中存在其他继承人、遗产管理人、受遗赠人、遗赠扶养协议受赠人等利害关系人以及被继承人生前所在单位或住所地的居民委员会、村民委员会、受理法院等主体的意见分歧。为统一裁判尺度，本条对此予以明确。关于本条的理解与适用，可从以下方面把握。

一、如何理解本条中"继承人放弃继承应当以书面形式"

放弃继承是单方民事法律行为，进而，放弃继承权能否用默示的方式？从放弃继承权的法律后果看不应允许。因为继承人放弃继承对其他继承人和遗产债权人的利益有重大影响，且放弃继承有对世的效力，应当以有公信力的方式为之。放弃继承作为要式法律行为的一种，不能以默示的方式作出，必须是明示方式，应符合意思表示的形式要求，原则上应为书面形式。

《民法典》第140条规定："行为人可以明示或者默示作出意思表示。沉默只有在有法律规定、当事人约定或者符合当事人之间的交易习惯时，才可以视为意思表示。"基于放弃继承在财产继承中的重要地位，大多数国家或地区对放弃继承的方式作了严格的规定，即须以明示的方式，只是在具体方式上有所不同：多数国家规定，放弃继承权的意思表示应向法院或公证机关表示为之。如《德国民法典》第1945条规定："拒绝应以意思表示向遗产法院为止，该意思表示应以遗产法院的记录或公认的证明方式为之。"《韩国民法典》第1041条规定："继承人放弃继承时，应于第1019条第1款的期限内，向家庭法院申报放弃。"《意大利民法典》第519条第1款规定："继承的放弃，由公证人或继承开始地的治安法院书记官受理，并且要以在继承登记簿登记的申报为之。"《瑞士民法典》第570条规定："继承人放弃继承可以口头或书面形式向主管官厅作出，主管官厅应将放弃继承的情形作成备忘录。"我国《民法典》第135条规定："民事法律行为可以采用书面形式、口头形式或者其他形式；法律、行政法规规定或者当事人约定采用特定形式的，应当采用特定形式。"我国对于放弃继承的形式要件规定得相对宽松，1985年《继承法意见》第47条规定："继承人放弃继承应当以书面形式向其他继承人表示。用口头方式表示放弃继承，本人承认，或有其他充分证据证明的，也应当认定其有效。"即原则上要求书面方式，但也认可口头放弃的方式。口头放弃形式上亦缺乏公示性，考虑到放弃继承对放弃者本人或其他继承人还有第三人都非常重要，以口头方式向其他继承人表示即可认定放弃继承权的规定较为简单和宽松，如多个继承人共同继承被继承人的遗产，其中一位继承人以口头方式表示放弃继承，基于对该继承人放弃继承行为的信任，其他继承人及债权人可能会据此作出某种行为，但一旦放弃继承的继承人事后对此放弃行为予以否认，也没有其他充分证据来证明其曾作出放弃继承行为的情况下，则其他继承人及利害关系人的利益很可能受到损害，且该行为可能与放弃继承的期限冲突。放弃继承之意思表示在效力上具有决定继承权命运的终局性，故应对放弃继承的方式进行更为严格的规定，以更好地维护市场交易安全，维护家庭成员关系的和谐。本条解释规定了继承人放弃继承应当以书面形式向遗产管理人或者其他继承人表示，除了在诉讼中允许继承人以口头方式表示放弃继承外，禁止以口头方式放弃继承。

所谓书面形式，根据《民法典》第469条第2款的规定，是指合同书、信件、电报、电传、传真等可以有形地表现所载内容的形式。书面形式的最大优点就是提醒当事人谨慎行事，一旦发生纠纷，有据可查，因为书面形式很容易复制、留存。现实生活中，重要的、非即时清结的民事法律行为，一般都采用书面形式。对书面形式的理解也要与时俱进，不仅仅是纸的概念，以电子数据交换、电子邮件等方式能够有形地表现所载内容，并可以随时调取查用的数据电文，也被视为书面形式。因此，继承人放弃继承既可以采用传统的纸质形式，也可以通过数据电文等方式表达，只要是其真实意愿，能够完整、准确地表达放弃继承的意思表示，即产生相应的法律效力。

二、如何理解本条中"向遗产管理人或者其他继承人表示"

由于放弃继承是无相对人的单方法律行为，其意思表示一经作出即生效力，无须相对人同意，但基于公示公信的考虑，放弃继承权的意思表示需送达给特定人员，以起到公示的效果。至于特定人员的范围，则主要取决于其与放弃继承行为之间有无利害关系。根据《民法典》第1154条规定，继承人放弃继承，遗产中的有关部分将按法定继承办理。也即，其他法定继承人将因此而增加可分遗产份额。有鉴于此，继承人放弃继承应通知其他继承人，让其知悉并可主张相应权益。一种观点认为，继承人放弃继承仅需通知第一顺位继承人，因为两者之间存在利害关系。我们认为，有可能出现第一顺序继承人全部丧失继承权的情形，那么继承人放弃继承与第二顺序继承人的利益有关。以此类推，为避免其他继承人利益受损，继承人放弃继承的意思表示应送达给第二顺序继承人。

此外，为了加强对遗产的管理，《民法典》增加了遗产管理制度，即在继承开始后遗产交付前，有关主体依据法律规定或有关机关的指定，以遗产管理人身份维护遗产价值和遗产权利人合法利益为宗旨，对被继承人的遗产实施管理、清算。遗产管理制度是为了保障遗产的完整性和安全性，公平、有序地分配遗产，使遗产上各项权利得以实现的一项综合性制度。其主要具有四个方面的功能：第一，管理和保全财产。遗产管理人接管遗产后应进行清点、盘存、编制清册，确认遗产的范围和价值。第二，维护遗产权利人的利益。遗产管理人在接管遗产后，负责通知遗产的债务人和债权人在规定的期限内偿还债务和申报遗产，并防止他人对遗产进行藏匿或转移。实际上将继承人、遗产债权人以及其他遗产利害关系人的利益同等加以保护。第三，实现遗产公平分配。遗产管理人在管理和保全遗产的基础上，对遗产债权人和遗赠人的遗产债权进行优先清偿，然后就剩余的遗产在继承人之间分配。第四，保障交易安全。遗产管理人保存、管理、分配遗产，追偿遗产债权，清偿遗产债务等行为，不仅保障了被继承人与其他民事主体间的交易安全，也维护了继承人的利益以及与继承人交易的第三人之利益和交易安全。

根据《民法典》第1145条规定，遗产管理人的产生方式为：首先，有遗嘱执行人，则由遗嘱执行人担任遗产管理人；其次，没有遗嘱执行人，则由继承人及时推选遗产管理人；再次，继承人未推选的，由继承人共同担任遗产管理人；最后，没有继承人或继承人均放弃继承的，由被继承人生前住所地的民政部门或村民委员会担任遗产管理人。由法定遗产管理人产生顺序可知，除了遗嘱执行人担任遗产管理人的情形外，继承人是否放弃继承，决定其有无成为继承人的资格，进而影响到遗产管理人的产生。换言之，一般应先确定继承人范围，才可能让遗产管理人的产生具有合法性。故在遗产管理人产生之前，继承人如作出放弃继承的意思表示也一般应向其他继承人作出。《民法典》第1124条规定，继承人放弃继承的意思表示最晚可在遗产处理前，而本解释第35条更是明确为遗产分割前，故不排除个别继承人在向其他继承人表示接受继承并参与推选或担任遗产管理人后，又作出放弃继承的意思表示。鉴于此时遗产的处理已经交由遗产管理人负责，而《民法典》第1147条也规定"遗产管理人应当履行下列职责：（一）清理遗产并制作遗产清单；（二）向继承人报告遗产情况；（三）采取必要措施防止遗产毁损、灭失；（四）处理被继承人的债权债务；（五）按照遗嘱或者依照法律规定分割遗产；（六）实施与管理遗产有关的其他必要行为"，故此时继承人是否放弃继承将涉及遗产管理人的报告对象和遗产的具体分割。而且，继承人是否放弃继承还涉及申请人民法院指定遗产管理人的问题。对此，《最高人民法院关于民法典继承编的立法建议稿》中，曾建议比照监护人指定模式，先由被继承人住所地的居民委员会、村民委员会或者民政部门指定遗产管理人，有关当事人对指定不服的，可以向人民法院申请指定遗产管理人。但最终《民法典》第1146条只载明对遗产管理人的确定有争议的，利害关系人可以向人民法院申请指定遗产管理人。这里有权申请人民法院指定遗产管理人的利害关系人显然不包括放弃继承的继承人。可见，无论从遗产管理人的职责抑或遗产管理人的指定角度，规定继承人向遗产管理人作出放弃继承的意思表示都十分必要。因此，本条规定在1985年《继承法意见》第47条规定的基础上，增加了向遗产管理人表示放弃继承的内容。继承人放弃继承权除应当以书面形式外，还应当向遗产管理人或其他继承人表示，即其放弃继承的意思表示应当被遗产管理人或其他继承人所知晓。由于受遗赠人、遗赠扶养协议受遗赠人先于继承人就遗产受偿，故继承人是否放弃继承与其没有直接利害关系，一般没有必要通知。

【审判实践中应注意的问题】

司法实践中，关于本条的适用，可能存在以下争议需要分析：

继承人是数人的，放弃继承是否告知全体继承人才能生效

对此，法律及司法解释并无明确规定。从法理看，放弃继承是单方民事法律行为，只要有证据证明其作出放弃的行为是真实意思表示，且不违反法定义务等，即应为有效，故放弃继承并不以该放弃意思表示告知给全部继承人为效力发生的要件。对于表示的方式，实践中可以灵活处理，如在继承开始后，继承人以信函、邮

件、短信甚至微信、微博留言等方式向特定继承人表示自己放弃继承，即使非向全部继承人告知，也已发生效力。

> **第三十四条** 在诉讼中，继承人向人民法院以口头方式表示放弃继承的，要制作笔录，由放弃继承的人签名。

【条文主旨】

本条是关于以口头方式放弃继承权的规定。

【条文理解】

本条规定源于1985年《继承法意见》第48条规定。对于放弃继承的形式，本司法解释作了部分修改。根据1985年《继承法意见》第47条、第48条的规定，继承人不论是向其他继承人或者其他人，还是向人民法院作出放弃继承的意思表示，也不论采取的是书面形式、口头形式还是其他形式，只要有充分的证据证明继承人确实有放弃继承的意思表示，该意思表示即具有法律效力。之所以这样规定，与我国采用的限定继承原则有关。根据该原则，继承人无须清偿被继承人的全部遗产债务，即使放弃继承的行为因为不符合法定形式要件而被推定为接受继承，继承人也只需以所继承的遗产为限对外承担责任。这样对继承人并不会造成多大的伤害，对遗产债权人而言也并无额外利益。但是由于继承人放弃继承对其本人、其他继承人及利害关系人都非常重要，一般的口头方式放弃继承既缺乏形式上的公示性，又难以举证证明。因此，外国立法中，一般均要求采用严格的形式，如德国、法国、日本、意大利均在其民法典中规定了放弃继承应该向法院为之，且该意思表示要在专门为此设立的登记簿上登记；《瑞士民法典》规定，继承人放弃继承可以口头或书面形式向主管官厅作出，主管官厅应将放弃继承的情形制作成备忘录。但我国《继承法意见》这一规定没有以上国家或地区的立法严格，不仅不利于司法实践中准确把握放弃继承人的真实意图及放弃继承行为的真实性，而且不利于保护放弃继承人、其他继承人以及继承人的债权人的权益，故本司法解释对放弃继承的方式进行了更为严格的规定，即放弃继承应以书面形式，只有在诉讼中可以向人民法院以口头形式放弃继承，但要制作笔录后由该放弃继承人签名确认，以更好地维护继承秩序，维护家庭成员关系的和谐。

继承人应向法院作出放弃继承的意思表示，否则不予承认口头放弃的效力。值得注意的是，本条所规定的向人民法院以口头方式表示放弃继承，与本解释第33条以书面形式向遗产管理人或者其他继承人表示放弃继承的规定并不冲突，两者是在不同场合对放弃继承的方式进行的规定。

通常在遗产纠纷诉讼中，一个或者多个继承人作出放弃继承的意思表示，人民法院应对该放弃的意思表示记录在案，形成书面笔录。笔录是人民法院重要的诉讼文书，是法院对案件的审理情况和诉讼情况所作的记录。案件是否经过庭前证据交换、询问及开庭审理，有关证据是否在法庭上出示和经过质证，审理程序是否合法，都可以通过法庭笔录反映出来；法庭笔录是对当事人参与诉讼及庭审活动的如实记载，它将案件事实和有关证据记录下来，为人民法院处理案件，提供了重要的文字资料；笔录也体现了当事人的意思表示，对确定各方的权利义务有着重要作用。一般而言，法庭笔录主要载明下列内容：（1）笔录名称；（2）案号、案由、时间、地点、审判人员、书记员的姓名；（3）各方当事人的姓名、性别、年龄等基本情况；(4)当事人陈述及发言，尤其是放弃继承的意思表示；(5)法庭调查的全部情况。由于法庭笔录是很重要的诉讼材料，因此，法庭笔录应当制作得准确、清楚、全面，如实反映案件审理的真实情况及原告（上诉人）、被告（被上诉人）、第三人以及其他诉讼参与人等的诉讼活动情况。

同时，除了开庭审理，诉讼中的询问、谈话、质证、证据交换等也应制作笔录，笔录应当由当事人和其他诉讼参与人及时阅读，核对人民法院记录的内容，如记录有遗漏或者差错的有权申请补正。具体到口头放弃继承的意思表示，既可能为法庭笔录记载，也可能由其他形式笔录记载。但不管何种形式笔录，都应确保当事人口头放弃继承的意思表示全面、真实。

在笔录制作完毕后，放弃继承人还须亲笔写上自己的姓名。这是因为放弃继承人亲笔签名，是其意志行为和人格行为的痕迹，因而既具有认可放弃继承权是其真实意思表示并发生效力的作用，也有防止伪造的作用。在这里，需要注意以下几点：(1)放弃继承人的签名必须是其正式的姓名，即身份证、户口簿上登记的姓名，而不能是笔名、艺名。(2)放弃继承人应该在笔录上亲笔写上自己的姓名。但是否可以加盖人名章或者捺手印？对此，《民事诉讼法》第147条规定："书记员应当将法庭审理的全部活动记入笔录，由审判人员和书记员签名。法庭笔录应当当庭宣读，也可以告知当事人和其他诉讼参与人当庭或者在五日内阅读。当事人和其他诉讼参与人认为对自己的陈述记录有遗漏或者差错的，有权申请补正。如果不予补正，应当将申请记录在案。法庭笔录由当事人和其他诉讼参与人签名或者盖章。拒绝签名盖章的，记明情况附卷。"《民法典》第490条第1款也规定："当事人采用合同书形式订立合同的，自当事人均签名、盖章或者按指印时合同成立。在签名、盖章或者按指印之前，当事人一方已经履行主要义务，对方接受时，该合同成立。"基于上述法律规定，我们认为，一般情况下，继承人放弃继承应在笔录上亲自签名，但如果继承人确因客观原因无法签名，应允许其通过按指印或盖章的方式，对放弃继承的意思表示予以确认。

【审判实践中应注意的问题】

本条所规定的诉讼不仅包括继承纠纷诉讼，还包括其他类型纠纷诉讼。如果继承开始后，遗产分割前，继承人参与了其他类型纠纷诉讼，并作出放弃继承的意思表示，亦适用本条规定。具体到继承纠纷诉讼中，法庭辩论终结前，法院应核实参加诉讼的继承人是否放弃继承。如果继承人不表态，应视为其同意以继承人身份参加诉讼。在判决分割财产前，继承人仍不对放弃继承与否表态的，应视为其接受继承。

制作记录时，要注意避免对当事人的意思表示部分过滤、转化导致内容失真。将当事人口头表述的内容转为文字记载，客观上无法完全避免记录者的主观认识、情感等因素。为避免出现争议，从事记录的法院工作人员应尽量客观、准确反映当事人最真实的意思表示，特别是在可能涉及实体权利处理等事项上不能人为夸大、缩小乃至不实记载。如果继承人作出附条件、附期限的放弃继承意思表示，或在继承开始前提前作出放弃继承意思表示，相关笔录均应予以载明，但不因此产生放弃继承的法律效果。

> 第三十五条　继承人放弃继承的意思表示，应当在继承开始后、遗产分割前作出。遗产分割后表示放弃的不再是继承权，而是所有权。

【条文主旨】

本条是关于放弃继承权期限的规定。

【条文理解】

关于放弃继承的意思表示应何时作出，涉及继承人的范围、遗产管理人的产生、继承人各自遗产份额大小等诸多继承中的重要问题，对此，1985年《继承法》第25条第1款即已规定"继承开始后，继承人放弃继承的，应当在遗产处理前，作出放弃继承的表示。没有表示的，视为接受继承"。至于遗产处理后，继承人再作出放弃继承的意思表示的法律后果，则在1985年《继承法意见》第49条规定"继承人放弃继承的意思表示，应当在继承开始后，遗产分割前作出。遗产分割后表示放弃的不再是继承权，而是所有权"。由于《民法典》第1124条基本继受了1985年《继承法》第25条，而在本司法解释起草中，因各方面对1985年《继承法意见》第49条规定的内容争议不大，故本条对其基本内容予以保留。司法实务中，具体理解与适用本条，可考虑以下几个方面。

一、作出放弃继承意思表示的期限

继承权是自然人享有的一项基本民事权利。《民法典》第1121条第1款规定"继承从被继承人死亡时开始"。继承开始的时间，是引起继承法律关系发生的法律事实的发生时间，也就是被继承人死亡的时间。对于放弃继承的期限，《民法典》第1124条第1款规定，"继承开始后，继承人放弃继承的，应当在遗产处理前，以书面形式作出放弃继承的表示；没有表示的，视为接受继承"。即放弃继承的意思表示须在继承开始后遗产处理前这一期间作出。

继承人是否可以依据继承契约在继承开始前对继承权进行放弃，各国和地区的做法不一。英美法系国家承认继承契约的效力，如英国法律允许通过订立契约在继承开始之前放弃继承，夫妻之间通过订立婚姻协议，在生前作出放弃继承的意思表示是有效的，而且是一种相当普遍的现象。[1] 少数大陆法系国家，如德国以及瑞士的民法典规定了继承抛弃契约，允许继承人通过和被继承人订立继承契约在被继承人生前放弃继承。但大陆法系的大多数国家和地区均认为放弃继承只能在继承开始后进行，继承开始前放弃继承的行为无效。如意大利以及法国的民法典继承编都明确规定，在继承尚未开始前作出的放弃继承安排的约定无效。日本、俄罗斯以及我国台湾地区也都不承认继承契约的效力，即须在继承开始以后才能放弃继承。关于继承契约的效力，与上述两种立法例相对应，学者也有两种不同的观点。肯定继承契约的学者认为，我国《继承法》并没有规定禁止继承契约，只要继承契约的内容合法，不违背被继承

---

[1] 王薇：《外国继承的接受与放弃制度比较研究》，载《重庆社会科学》2007年第1期。

人和继承人的意愿,就应该予以承认。[①] 否定继承契约的学者认为,继承权在被继承人死亡前是一种期待权,不是可以处分的主观意义上的继承权,只是一种将来可成为继承人的资格或能力,这种资格是不能放弃的。因此,继承开始前约定放弃继承的契约无效,约定放弃继承的继承人仍得主张其继承权。[②] 我国不承认继承契约,被继承人没有死亡的时候,继承人的继承权只是一种期待权,即将来可能作为继承人继承遗产的一种资格,非既得权利。作为一种期待权,非实体权利,被继承人是不能接受和放弃的,即使放弃也不发生效力。只有在继承开始后这种期待权变为一种财产的既得权,继承人才享有继承权。因此,在继承开始前订立放弃继承的契约,其约定无效。约定的放弃继承权人,仍然可以主张其继承权,而放弃继承权只能于继承开始后进行。此外,继承开始后的放弃继承权方为有效,也是对继承人实际利益的保护。在继承开始前,继承人可能出于情绪原因(比如和被继承人关系紧张)或对被继承财产的状况并不是特别了解,作出的意思表示很可能与其真实所想表达的意思不符。在继承开始后,随着对继承财产了解加深,继承人作出的意思表示更符合其自身的利益,是其内心真实意思的表达。

二、遗产分割后继承人放弃的是所有权

由于继承权的放弃是继承人对自己享有的继承权的处分,所以只能在遗产分割前作出,而遗产分割后继承人放弃的不再是继承权。

关于遗产所有权的移转时间在我国理论界主要三种学说:一种

---

① 张玉敏:《继承法律制度研究》,北京法律出版社1999年版,第111页;朱凡:《继承合同效力研究及我国继承合同制度的构想》,载陈苇主编:《家事法研究》(2006年卷),群众出版社2007年版,第141~152页。

② 史尚宽:《继承法论》,中国政法大学出版社2000年版,第326页。

是"瞬间转化说",持该观点的学者认为,被继承人死亡后继承开始,被继承人生前所享有的财产上的权利义务在继承一开始,便归继承人所享有,此时的遗产所有权也转移给了继承人;[1]另一种是"折中说",持该观点的学者认为,继承人在被继承人死亡之时,不仅取得了继承权,也取得了遗产的所有权;[2]还有一种是"过渡说",持该观点的学者们认为,继承是一个过程,在被继承人死亡时,继承人尚不能取得遗产的所有权,只有待遗产分割完后,继承人的继承权才能转化为遗产的所有权。[3]因对遗产转移时间的观点不一,我国学界对放弃继承标的的认识也主要存在三种观点:一是"死亡说下的继承权说",持该学说的学者认为,"被继承人从继承开始时起便对其财产不再享有所有权,其遗产所有权已经转移给了继承人,遗产的主体也因此从被继承人转为继承人"[4];在被继承人死亡时,继承已经发生,遗产自继承开始时即转移给继承人,有数个继承人时,在分割前各继承人共同继承,对遗产共同共有,也即放弃继承法律行为的标的是遗产所有权。但由于继承权需要由期待权转化为既得权,而根据该学说,遗产所有权在被继承人死亡时瞬间转移给继承人。这就会导致继承人在没有参与继承法律关系、没有行使继承既得权的情况下取得遗产所有权,而继承人表示接受或放弃的也就只能是所有权。这使得继承权的存在、继承人接受或放弃继承权的制度、法定丧失继承权制度、遗产酌分请求权制度、转继承制度等丧失了法律意义。二是"死亡说下的遗产所有权说",即继承人在被继承人死亡时同时取得了继承权和遗产所有权。持该

---

[1] 高洪宾:《转继承问题探讨》,载《法学杂志》1985年第3期;柳经纬:《论接受继承的推定》,载《厦门大学学报(哲社版)》1986年第1期。
[2] 王作堂、魏盛礼:《试论转继承的性质》,载《中外法学》1993年第5期。
[3] 李校利、王孔雀:《论遗产所有权转移的时间》,载《当代法学》1993年第2期。
[4] 柳经纬:《婚姻家庭与继承法》,厦门大学出版社2002年版,第462页。

学说的学者认为,"继承人能否取得遗产所有权取决于其是否享有遗产继承权,遗产继承权是取得遗产所有权的基础和前提;而遗产所有权又是遗产继承权实现以后的自然结果"[1]。即,认可先产生继承权而后取得遗产所有权,这又与同时取得继承权和遗产所有权的观点相矛盾。三是"分割说下的继承权说",认为继承是一个逐渐递进的过程,被继承人死亡时,继承人只是取得了主观意义上的继承权而不是遗产所有权。待遗产分割完毕后,继承人才能取得遗产的所有权。该观点与本条规定内容相一致。遗产分割后,继承人作出放弃继承的意思表示不仅超过了放弃继承的期限,而且改变了放弃继承的性质。在遗产分割完毕后,遗产权属已经明确,其放弃的不是继承权,而是实际取得财物的所有权,是对自己财产之处分,已非继承法上的放弃继承,而属于民法上财产之抛弃。需要注意的是,在被继承人死亡时,继承人仅取得继承权而未取得遗产所有权,并不意味着可以就此推出该阶段的遗产是无主财产。所谓无主财产,是指没有所有人或所有人不明的财产。例如所有人不明的埋藏物、漂流物等,而继承开始后、遗产分割前的遗产则与之不同。虽然在此期间基于被继承人的死亡,原来的所有权主体消灭,新的所有权主体还尚未产生,但继承权主体就是此时的权利主体。继承人依据继承权对遗产有权占有,并于遗产分割后转化为遗产所有人。此外,有学者认为"无主财产同分割前的遗产的根本性质是有差异的,继承人对分割前的遗产负有特定义务的同时,享有分割以及取得的权利。它是继承法律关系的客体,继承人是它的主体"[2]。

---

[1] 杨震、王歌雅:《继承权向所有权转化探究》,载《学习与探索》2002年第6期,第42页。

[2] 李校利、王孔雀:《论遗产所有权转移的时间》,载《当代法学》1993年第2期。

【审判实践中应注意的问题】

司法实践中，对于本条的适用还可能存在以下衍生问题，需要进一步明确：

首先，对于遗产处理与遗产分割的关系，《民法典》第1124条规定，"继承开始后，继承人放弃继承的，应当在遗产处理前，以书面形式作出放弃继承的表示；没有表示的，视为接受继承。受遗赠人应当在知道受遗赠后六十日内，作出接受或者放弃受遗赠的表示；到期没有表示的，视为放弃受遗赠"。《民法典》第1156条规定："遗产分割应当有利于生产和生活需要，不损害遗产的效用。不宜分割的遗产，可以采取折价、适当补偿或者共有等方法处理。"两者表述对比分析可知，遗产分割是遗产处理的一种具体形式。在不宜进行实物分割的情形下，放弃继承也应在其他方式处理遗产前作出。此外，《民法典》第230条规定，"因继承取得物权的，自继承开始时发生效力"。对此，有观点认为，在遗产处理前，放弃继承实质是放弃的遗产所有权，但该条规定发生效力的前提是接受继承。根据本条规定，如果继承人放弃遗产所有权，应在遗产分割后作出。

其次，遗产分割后，继承人表示放弃继承的效力。本条已经规定遗产分割后继承人表示放弃的对象是所继承的遗产所有权，而非对遗产的继承权。故此时的放弃行为，实质是对所取得财产的处分。实务中，继承人如为已婚状态，则根据《民法典》第1062条规定，该取得的财产一般为夫妻共同财产。对于放弃夫妻共同财产这一单方民事法律行为，作出即生法律效力，无须其他继承人、遗产管理人等的受领，不存在意思表示到达才生效的问题。但是，根据《民法典》第1060条第1款规定，夫妻一方只有因家庭日常生活需要而实施的民事法律行为，对夫妻双方发生效力，但夫妻一方与相对人另有约定的除外。我们认为，判断某一行为是否符合"家庭日常生活需要"，应考虑以下几点：一是该行为是否满足夫妻日常生活需要；二是该行为是否会对家庭生活水平产生决定性影响，是否改变家庭生活状态，只有符合家庭生活水平的行为才是"家庭日常生活需要"的行为。[①] 因此，如果有配偶的继承人放弃作为夫妻共同财产的遗产所有权，则该放弃行为因不属于家庭日常生活需要，对配偶一方一般不能发生效力。

[①] 肖峰编著：《民法典婚姻家庭编条文精释与案例实务》，中国法制出版社2020年版，第111页。

> **第三十六条** 遗产处理前或者在诉讼进行中,继承人对放弃继承反悔的,由人民法院根据其提出的具体理由,决定是否承认。遗产处理后,继承人对放弃继承反悔的,不予承认。

【条文主旨】

本条是关于放弃继承反悔的规定。

【条文理解】

放弃继承的反悔,是指享有继承权的继承人放弃继承后,对其进行反悔的单方法律行为。我国《民法典》中并未规定对放弃继承的意思表示是否可撤回抑或可撤销。撤回,是指表意人阻止已发出的意思表示发生效力,该通知必然须先于或者与意思表示同时到达相对人;撤销,是指表意人欲于意思表示已经生效的情况下消灭其效力。依据本解释第33条的规定,继承人放弃继承应以书面形式向遗产管理人或者其他继承人表示。根据本解释第34条规定,诉讼中继承人向人民法院以口头方式表示放弃继承,在制作笔录并签名后,也应认定为有效。作为有相对人的单方法律行为,放弃继承之意思表示如以书面形式作出的,应于通知到达相对人时生效。以口头形式作出的,应于人民法院知道其内容时生效。故继承人有此反悔意思时,其放弃继承的意思表示一般已经生效,不得撤回,只存在撤销可能。本条作了较为灵活的规定,在遗产处理前或在诉讼进行中，继承人对放弃继承反悔的，由人民法院根据其提出的具体理由，决定是否承认。此处的反悔一般理解为民法上的撤销。就民法理论而言，法律行为的无效与可撤销，又称为法律行为的绝对无效与相对无效制度。虽然两者都是对欠缺有效要件的法律行为的否定性评价，但两者的否定性程度是不同的：无效是法律对法律行为最为严厉的否定，意味着法律不按照当事人的意思赋予其法律效果，且无效具有溯及力，自始无效；不仅如此，无效的确认权在法院而不在当事人，法院可依职权确认该法律行为无效。但可撤销意味着法律的否定性评价是在尊重当事人意志的基础上作出，撤销权人可以选择在法定期间内是否行使撤销权，因而具有相对性。无效制度的救济对象是国家利益和社会公共利益，而可撤销制度的救济对象则是私人利益。①

放弃继承法律制度赋予了继承人在遗产处理前放弃遗产的自由，保障了继承人的人格权和意思自治。放弃继承属于放弃继承一方作出的单方意思表示。如当事人意思表示出现瑕疵并符合撤销条件，应允许继承人根据民事法律行为的规定予以撤销。放弃继承反悔作为放弃继承法律制度的重要组成部分，亦体现了保护自然人私有财产权以及自由处分权利的制度价值。为了尊重和保护继承人的意思自治，平衡各继承人间、遗产债权人以及继承人的债权人的利益，各国立法对继承人是否可以于继承开始后再对放弃继承的意思表示予以反悔也有规定。如德国承认放弃继承人的反悔，将放弃继承的反悔集中规定在放弃继承的撤销中。同时，由于德国承认继承契约，放弃继承人可基于错误、欺诈和胁迫等撤销合同或者依据继承契约合意或单方解除合同。法国和日本亦有相关规定。现行民法

---

① 肖峰编著：《民法典婚姻家庭编条文精释与案例实务》，中国法制出版社2020年版，第65~66页。

上之继承虽属财产之继承，但亦直接涉及继承人人格之自由及尊严，继承人不抛弃继承之决定，他人固不得干预，继承人决定抛弃继承，对于单方面给予财产利益加以拒绝，更是一种人格自由之表现。① 考虑到放弃继承及反悔是一种身份行为，涉及继承人的人格权益，反悔的目的不仅包括重新获取财产利益，还包括重新获取继承人之地位，因此不应否定继承人放弃继承后的反悔。

但对继承人的保护并不是无限制的，在保护继承人意思自治之同时应该对其作出相应限制，不可随意反悔撤销。因放弃继承属于单方法律行为，不需要对方作出表示就会产生相应法律效果，该已生效的单方民事法律行为对其他共同继承人及债权人等利害关系人的影响很大，如允许放弃继承人对放弃继承随意反悔撤销，则不利于继承关系的稳定。因此，本条对放弃继承的反悔加以规定，继承人撤销放弃继承的意思表示必须要基于合理的理由并且得到法院的承认才可撤销。放弃继承反悔主要有以下特征：第一，放弃继承的反悔是基于一定的身份关系享有的权利，以存在合法有效的继承权为前提；第二，放弃继承反悔行为的标的为继承权；第三，放弃继承反悔应在继承开始后、遗产处理分割前或在诉讼进行中提出；第四，对于放弃继承反悔的效力认定，人民法院拥有自由裁量权，放弃继承反悔效力由法院根据具体事由认定。同时，本条规定并未列明放弃继承反悔的具体原因，而是由法院根据放弃继承人提出的具体理由作出决定，为司法裁判预留了极大的空间。这就需要相关法官在具体审判时，将我国《民法典》立法宗旨、立法原则、立法规则与具体案件情况结合起来，综合考量。

---

① 王泽鉴：《民法学说与判例研究》（第四册），中国政法大学出版社2005年版，第289页。

一、放弃继承不能任意反悔

放弃继承是法律给予继承人充分的时间考虑是否接受或放弃继承的权利。如果放弃继承后可以任意反悔，会侵害其他继承人、继承人之债权人和被继承人之债权人的利益，使得放弃继承制度的目的落空，不符合民法上的诚实信用原则。例如，放弃继承人因放弃继承而收到其他继承人给付的补偿款，该补偿款可能由其他继承人通过借贷方式获取后支付。若放弃继承人任意反悔，会害及其他继承人的利益。其他继承人的债权人得知债务人拥有全部继承份额时，也会影响对其未来还款可能性的判断，导致与被继承人有关的财产法律关系再次陷入混乱。只有基于法律上之理由，放弃继承反悔才具有合理性，才能维护继承关系之稳定。本条规定通过赋予法官的自由裁量权，对继承人放弃继承后的反悔予以限制。只有继承人的反悔理由合法合理，法院才应当对此予以承认。因此，我国虽没有明确规定放弃继承的具体理由，但是并不意味着只要是在遗产分割前或者诉讼进行中就可以任意反悔。

二、意思表示存在瑕疵时放弃继承反悔的效力

放弃继承的意思表示原则上不得撤销。按照法律行为的效力原则，放弃继承只要是继承人真实自愿的意思表示，符合法律行为的有效条件，即应产生法律约束力，不允许撤销。但继承人因放弃继承的意思表示瑕疵而放弃继承后能否撤销，则需要进一步进行梳理。意思表示瑕疵可分为意思表示不一致和意思表示不自由。意思表示不自由涉及欺诈与胁迫。依据民事法律行为理论的一般原理，欺诈及胁迫均是意思表示可撤销的原因。对于将欺诈和胁迫作为撤销放弃继承意思表示的法律事实，并没有争议。很多国家和地区也都规定因欺诈和胁迫而放弃继承的，继承人可撤销该意思表

示。意思表示不一致涉及认识错误，对于继承人因认识错误而放弃继承是否可以撤销存在争议。根据《日本民法典》规定，继承人因认识错误而放弃继承与受欺诈、胁迫一样，继承人均可以撤销，并未区分错误种类及重要程度不同而产生的不同效果。根据《德国民法典》规定，因错误而放弃继承的意思表示，根据错误种类以及重要性的不同，产生的效果也不同，一般情况下，动机错误、关于遗产大小的错误或在客观上不重要的错误，继承人是不得撤销的，只有非出于动机且在客观上重大的错误，继承人才可因此而享有撤销权。《法国民法典》放弃继承之撤销的原因主要有三种：一是继承人无行为能力；二是意思表示瑕疵；三是损害。只有对于继承的同一性认识错误才可以撤销，关于遗产的状况及多寡的认识错误则不得撤销。我国澳门特别行政区法律则特别指出，放弃继承不能依据单纯的错误而撤销，放弃继承权的可撤销情形包含欺诈和胁迫。对此，有学者认为，认识错误主要包括动机错误和内容错误。动机错误，是指表意人在意志形成的过程中，作出意思表示的动因或缘由错误，如对遗产归属的认知错误、对其他继承人的认知错误。动机错误不是意思表示本身的错误，而是行为人为意思表示的原因的错误。在民法的一般理论上，动机错误不影响民事法律行为的效力，一方对于促使民事法律行为成立的心理活动是否符合真实意思表示与相对方无关，动机错误不允许撤销，在放弃继承反悔案件中，理应遵循民法的一般原理。内容错误主要包括对遗产价值的认识错误、对争议财产所有人的认知错误等。其中对于遗产价值的认识错误，有学者认为价格极具主观性，是参与市场行为的当事人不断从事评价行为的结果，法院不应干涉。还有学者认为，价格对交易至关重要，对作出放弃继承意思表示的继承人影响重大，如其知道价格存在错误，可能不会放弃继承。因此，不应完全将对遗产价值的认识错误排除。

放弃继承既然属于民事法律行为，针对放弃继承反悔的正当理由，应参照《民法典》关于可撤销民事法律行为的相关规定。《民法典》第147条规定："基于重大误解实施的民事法律行为，行为人有权请求人民法院或者仲裁机构予以撤销。"该法第148条规定："一方以欺诈手段，使对方在违背真实意思的情况下实施的民事法律行为，受欺诈方有权请求人民法院或者仲裁机构予以撤销。"第149条规定："第三人实施欺诈行为，使一方在违背真实意思的情况下实施的民事法律行为，对方知道或者应当知道该欺诈行为的，受欺诈方有权请求人民法院或者仲裁机构予以撤销。"该法第150条规定："一方或者第三人以胁迫手段，使对方在违背真实意思的情况下实施的民事法律行为，受胁迫方有权请求人民法院或者仲裁机构予以撤销。"参照上述标准审查反悔放弃继承的意思表示，是因为可撤销的民事法律行为主要涉及意思表示瑕疵，这与反悔放弃继承的情形相同。当事人所应享有的权利和履行的义务与意思表示是否真实有直接影响。当一方或第三人以欺诈、胁迫的手段，使继承人在违背真实意思的情况下作出放弃继承的意思表示，为维护当事人的合法权益，应赋予放弃继承人相关撤销权。值得注意的是，由于司法实践中对于被欺诈、胁迫的举证及证明难度极大，需要人民法院在处理具体案件时，对当事人提交的证据等进行审慎判断与审理。同时，重大误解与欺诈、胁迫一样都应属于可撤销的意思表示。大陆法系国家历来都要求因错误造成的意思表示只有客观上具有较严重的后果时才可以撤销，我国民法也认为只有重大误解才属于可以撤销的意思表示。具体来说，对于动机错误，一般情况下不影响意思表示的效果，因动机不属于法律行为的内容，如果意思表示的内容并无错误，仅仅是作出意思表示的内心起因发生错误，属于狭义的动机错误，不构成重大误解。但是如果动机错误无论从主观还是客观上看都会影响表意人意思的形成，则属动机错误的例外。对于内容错误中的对遗产价值认识错误和财产所有人认识错误，要考察此种错误对放弃继承的真实意思表示是否有影响以及影响程度，构成重大误解时亦成为放弃继承反悔的理由。如一方当事人对遗产价值的评估存在造假行为，或者放弃继承时对房屋价值存在错误认识。现实生活中，继承人在出于对家庭亲情、和睦团结考量的同时，根据遗产涉及的财产价值大小，在亲情与财产中努力去寻找平衡点。当继承人发现自身对于遗产价值认识错误涉及的利益较大时会考虑对该行为予以撤销。所以，当对遗产价值认识产生重大错误，从主观上影响表意人意思表示的生成，在客观上对于生活造成影响重大时，应适用重大误解予以撤销。放弃继承人对遗产的所有权人认识错误，多发生在赠与或是农村拆迁案件中，如继承人放弃继承是因为其误以为诉争房屋不属于被继承人所有，基于一般理性人的认识，对其放弃不会影响自身利益，但若该财产属于遗产范畴，放弃继承人则没有放弃的理由。在财产价值巨大，对各继承人利益影响甚巨的情况下，基于一般日常生活习惯和社会常识判断，此类错误已经构成重大误解，应认为属于可撤销的错误。

三、放弃继承反悔的期限

反悔发生于继承权放弃之后，本解释第35条规定放弃继承的时间期限是继承开始后、遗产分割前，故反悔的开始时间只能在放弃继承开始的时间后。从稳定生产生活、有利遗产处理的角度出发，也不应允许随时撤销放弃继承的意思表示。如放弃继承在遗产处理完毕之后，即不应予以承认。因为遗产一旦处理完毕，则继承已经结束，遗产权属已经明确。法院如果再行支持反悔，不仅将使遗产处理问题长期处于不稳定状态，不利于遗产的利用和效益的发挥，也将使遗产处理后已经稳定的社会经济关系受到影响。故本条将放弃继承反悔的最长期限设定为遗产处理前或者诉讼进行中。对于遗产处理前的时间限制与具体反悔理由提出时间之间的关系。《德国民法典》第1954条规定了放弃继承反悔的一般时间限制和特殊理由下的时间限制、最长反悔期限，即遗产的接受或拒绝可予以撤销的，撤销只能在6个星期以内为之；继承人在国外或者被继承人最后居住地在国外的为6个月；在因胁迫而可撤销的情况下，期间自急迫情事停止时起算，在其余的情况下，自撤销权人知悉撤销原因时起算；自接受或拒绝遗产时起已经过30年的，不得撤销。《日本民法典》规定为6个月，《意大利民法典》规定为5年。我国澳门特别行政区民法则认为，应适用可撤销法律行为关于撤销期限的规定，即"作为撤销依据之瑕疵终止后一年内"。由于反悔实际行使的是一种撤销权，撤销的意思表示必须在一定的时限内行使。我们认为，放弃继承反悔的起算时间点应当参照《民法典》第152条关于撤销权行使期限的规定。因为对可撤销的民事法律行为主要涉及意思表示瑕疵，与放弃继承反悔的情形一致。故原则上应以《民法典》撤销时效为准，即便已经过了撤销时效，遗产仍未处理，也不能反悔。但如果撤销时效未到，遗产已经处理的，既然遗产已经处理完毕，一般也不能反悔。

【审判实践中应注意的问题】

司法实践中，关于继承人放弃继承反悔的具体理由是否成立问题，法院应从公平原则、诚实信用原则、维护其他民事主体的权利和交易安全等角度出发予以审查。与此同时，也要结合当事人的生活状态、经济能力等考量因素进行认定。例如，对于无劳动能力且无其他生活来源，在继承发生之前依赖于被继承人维持生活的继承人之放弃继承的反悔。因为被继承人是该继承人曾经的生活维系来源，无论是法定继承抑或遗嘱继承，《民法典》都已经规定在遗产中为其保留一定份额，以体现养老育幼、扶助病残的原则。故基于这一立法精神，在其反悔具体事由是否采纳的问题上可以考虑从宽把握。

> 第三十七条　放弃继承的效力，追溯到继承开始的时间。

【条文主旨】

本条是关于放弃继承权效力的规定。

【条文理解】

放弃继承的效力，指继承人放弃继承以后产生的法律效果。具体而言，继承人放弃继承效力表现为，其不具有继承人资格不能参与继承，其他继承人因此而可能多分遗产份额等。由于继承人放弃继承对相关利害关系人影响巨大，故其何时产生效力，有必要予以规定。对此，1985年《继承法》和《民法典》均未予以明确，只是在1985年《继承法意见》第51条规定了"放弃继承的效力，追溯到继承开始的时间"。因该条适用以来争议不大，故本条司法解释将其基本内容予以保留。司法实务中，具体理解与适用本条，可从以下几个方面着手：

一、放弃继承的溯及力

放弃继承的效力从时间上讲，溯及至继承开始之时，这也是世界大多数国家和地区继承法律的通行做法。《法国民法典》第785条规定，放弃继承的继承人，视其自始非继承人，不享有继承权益。《日本民法典》第939条也有同样规定。我国台湾地区"民法"

第1175条、我国澳门特别行政区民法第1900条也有放弃继承的效力追溯至继承开始的明确规定。如果放弃继承的效力不追溯至继承开始之时，就只能从放弃继承之日开始计算，那么放弃继承的人还是要继承从继承开始到放弃继承这个期间的遗产权利义务。这显然不符合放弃继承人的本意。因此，放弃继承的意思表示一经作出，即具有追溯效力，自继承伊始即不享有继承权。

二、对放弃继承人的效力

放弃继承的效力溯及至继承开始发生时。基于此种溯及力，继承人放弃继承权后，视为无继承权人，被继承人死亡时遗留下的一切财产上的权利义务，视为从继承开始就与该放弃继承人无关。其既不享有继承遗产等任何继承权利，也不承担任何继承义务。被继承人生前与继承人的债权债务关系，也不会因为继承人放弃继承而消灭，而为遗产债权债务。继承人放弃继承的，放弃继承人仍可行使其对被继承人所享有的财产权利，如继承人享有对被继承人的债权，则仍可在遗产范围内主张；放弃继承人也应清偿其对被继承人所负的债务，但具有人身专属性、因被继承人死亡而消灭的债务除外。放弃继承人的财产与被继承人的遗产相互独立，不发生混同。此外，还应明确的是，只限于被继承人遗产上的一切权利义务，是继承人放弃继承的效力范围。被继承人在生前对继承人所为的赠与，不因继承人放弃继承权而受影响。如父亲生前与保险公司订立的保险合同中指定的保险受益人是自己的儿子。父亲死亡后儿子放弃了继承权，但儿子的保险金请求权不因此而受到影响。这是因为保险金请求权是保险合同中所确立的权利，该保险金的取得权系父亲生前对儿子的赠与，与儿子放弃继承行为是否发生无关。即该请求权在父亲生前就已经确定，不因儿子放弃继承而发生变化。

放弃继承人在法定考虑期限内，可参与遗产的保管及安置，但放弃继承人按照法定方式作出放弃继承的意思表示之后，就不再承担遗产上的义务。这不仅意味着继承人对遗产丧失继承权，还意味着其不得占有、使用、收益和处分遗产，原来由其保管的遗产也应当向其他继承人或遗产管理人移交。虽然放弃继承人不能取得遗产，但是其对遗产的责任却不会因为其作出放弃继承的意思表示而免除。为保护遗产，防止遗产在放弃继承后其他继承人接受继承或遗产管理人接管前因无人管理而遭受损失，放弃继承人在这段时间内仍应继续履行对该遗产的管理义务。此义务并不与放弃继承人的地位相悖，而是从诚信出发，为保护其他继承人、受遗赠人、遗产酌分请求权人和遗产债权人的利益而要求放弃继承人履行的继续管理义务。当今世界大多数国家或地区的继承法都承认放弃继承人对遗产的继续管理义务，但是关于放弃继承人对遗产保管的要求则有不同的规定。比较有代表性的有两种：一种以《日本民法典》为代表，认为放弃继承人对遗产应负善良管理人的注意，应尽和对自己的财产一样的注意义务。这在对放弃继承人的要求方面过于严格；另一种以《德国民法典》为代表，认为放弃继承人对遗产应负与无因管理人相同的义务，这对放弃继承人的要求相对更为合理。我们认为，要求放弃继承人尽善良管理人的注意义务，即要求其尽到和对自己财产一样的注意义务，过于苛刻。无因管理义务只要求符合本人意思，以有利于本人的方式进行适当管理，更符合放弃继承人当时所处的地位。因为继承人放弃继承后，就溯及至继承开始时与继承关系完全脱离，只是出于诚信原则，为保护他人的利益才承担对遗产的继续管理义务。因此，这种义务对放弃继承人而言不能过于严格，否则将不利于继承人自由行使放弃继承权，对放弃继承人也不公平。

三、放弃继承人的应继份的处理

继承人放弃继承除了会对自己发生法律约束力,还将对其他继承人以及其直系晚辈血亲产生一定的法律效果。继承人放弃继承后,对其应继份产生何种法律效力,各国和地区主要存在两种不同的观点:一种是以日本、法国为代表,认为放弃继承人自始即非继承人,自然也就没有应继份额,因此就不存在应继份的归属问题。在决定继承人的应继份时,应将放弃继承人除外。如《日本民法典》第939条规定,放弃继承权者,视为自始不为继承人。该观点也为我国澳门特别行政区民法所采用;另一种观点则认为,继承人在继承开始时就已取得了继承权,其应继份也已经确定,只是还没有实际取得遗产。在继承人放弃继承权后,其应继份自然应当确定归属。这种主张为《瑞士民法典》和我国台湾地区"民法典"所采用。有学者认为这两种理论上的争论在法律上并无多大意义。[①] 虽然这两种观点的理论出发点不同,但是最终都要解决应继份的归属问题。事实上,各国都在其继承立法中对放弃继承人的应继份归属问题进行了规定。如采纳第一种主张的法国,虽在《法国民法典》第785条中规定,放弃继承的继承人自始没有应继份,不发生应继份的归属。但第786条又规定,抛弃的应继份归属于其他共同继承人;无其他共同继承人时,归属于按亲等为第二顺序的继承人。《德国民法典》亦规定继承人放弃的遗产,由其他同一顺序的继承人继承。因此,这两种立法例的最终结果并没有什么差别。我国《民法典》对此问题并没有明文规定。但从《民法典》第1154条规定来看,遗嘱继承人放弃继承,遗产中有关部分按照法定继承办理,似对遗嘱继承人放弃继承采纳的是上述第二种观点。根据继承

---

① 李双元主编:《比较民法学》,武汉大学出版社1998年版,第980页。

人取得遗产的继承方式不同，继承人放弃应继份的归属主要有两种情况：（1）法定继承人放弃继承权的应继份归属；（2）遗嘱继承人放弃继承权的应继份归属。

（一）法定继承人放弃继承权的应继份归属

法定继承人放弃继承以后，关于其应继份的归属，有两种不同的做法：

1. 依法律规定由其他法定继承人继承。这里所指的法定继承人可以是与放弃继承人同一顺序的其他继承人，也可以是次顺序的继承人。在具体的分配份额上，有三种不同的理论：（1）划一说。继承权人放弃继承权后，其应继份均应转归于其他继承人，不论该继承人是血亲继承人还是配偶继承人，并且在他们之间平均分配。同一顺序的继承人都放弃继承权的，由次顺序继承人行使继承选择权。《俄罗斯民法典》第1161条采纳此说。（2）分股说。因被继承人的血亲和配偶是不同的继承系列，故应继份被划分为配偶继承人和血亲继承人两大股。有血亲继承人放弃继承权时，其应继份在其余同一顺序的血亲继承人中平均分配，而对配偶无影响。先顺序血亲继承人全部放弃继承权时，则由次顺序的血亲继承人，以其顺序按其法定应继份与配偶共同继承，配偶的应继份在此时也可以相应增加。但如果是配偶放弃继承，与其共同继承的血亲继承人就会平均分配其应继份。这种学说主要被实行亲系继承制的国家采用，体现了遗产必须留在家中的立法意旨，即血亲的应继份不外流原则，属于血亲的应继份只在血亲中分配。（3）限制分股说。配偶的应继份得随直系卑亲属的放弃继承增加，配偶与第一顺序血亲继承人一起继承时，血亲继承人有人拒绝继承，配偶的应继份增加。配偶与次顺序继承人一起继承时，其应继份是固定的比例，血亲继承人放弃继承不会对其应继份产生影响。该学说实际是第一顺序继承人实行划一说，其后的顺序实行分股说。

我国继承立法并没有将继承人区分为血亲继承人和配偶继承人。根据《民法典》第1127条关于法定继承的规定，遗产按照下列顺序继承：第一顺序：配偶、子女、父母；第二顺序：兄弟姐妹、祖父母、外祖父母。继承开始后，由第一顺序继承人继承，第二顺序继承人不继承。没有第一顺序继承人继承的，由第二顺序继承人继承。丧偶儿媳对公、婆，丧偶女婿对岳父、岳母，尽了主要赡养义务的，作为第一顺序继承人。同一顺序继承人继承遗产的份额，一般应当均等。分股说和限制分股说均明显限制了配偶的继承权。这不仅与我国的实际家庭生活状况不相符，也与现代婚姻继承制度的基本原则和精神相违背。

2.由放弃继承人的直系晚辈血亲继承。放弃继承对放弃继承人直系晚辈血亲的效力，就是继承人放弃继承后，其直系晚辈血亲能否代位继承其应继份。世界各国和地区继承法律有两种截然相反的观点：一种观点认为，继承人放弃继承后，即视为自始非继承人，没有继承权，其直系晚辈血亲不得代位继承。采该观点的有修改前的《法国民法典》第744条。另一种观点则认为，放弃继承人的直系晚辈血亲对其应继份可以代位继承。《意大利民法典》采纳了该立法例，规定尊亲属拒绝继承时，卑亲属代替尊亲属地位参加继承。《意大利民法典》第467条将代位继承界定为：卑亲属在尊亲属不能或不欲承认继承或遗赠的一切场合，即可居于其尊亲属的地位继承。该条第2款还对遗嘱代位继承进行了规定。其第468条更是明确规定"卑亲属，即使在纳入其地位的人放弃继承，或者关于其不得继承或资格欠缺的场合，亦得依代位进行继承"。《瑞士民法典》第572条、《德国民法典》第1953条第2款、我国澳门特别行政区民法第1880条及第1881条、修改后的《法国民法典》第805条都承认对放弃继承人的应继份可以代位继承。其中，《瑞士民法典》和我国澳门特别行政区民法还有关于遗嘱代位继承的规定。《最高人民法院关于民法典继承编的立法建议稿》中，也曾提出类似立法建议。之所以有这样的分歧，是因为对于代位继承的性质，理论界有固有权和代表权两大学说。代表权说认为，代位继承人是代替被代位人的地位而继承的，放弃继承人被视为自始没有继承权，当然也就不能代位继承。固有权说则认为，代位继承人是根据自己的固有权利继承被继承人的遗产。故，即使被代位人丧失抑或放弃继承权，其直系晚辈血亲还是可以依据自己的固有权利来继承。有学者认为，规定由放弃继承人的直系晚辈血亲代位继承并不妥当。因为代位继承是代位继承人代替被继承人的地位而继承，既然被代位继承人已经自动放弃了自己的继承权，其继承地位已经失去，就没有发生代位继承的可能。我国《民法典》虽未对此作出明文规定，但从该法第1128条"被继承人的子女先于被继承人死亡的，由被继承人的子女的直系晚辈血亲代位继承。被继承人的兄弟姐妹先于被继承人死亡的，由被继承人的兄弟姐妹的子女代位继承。代位继承人一般只能继承被代位继承人有权继承的遗产份额"的规定可知，我国立法者仍坚持代表权说。在继承开始后，继承人放弃继承的，并不是客观上不能行使继承权，而是对自己权利的一种处分，法律应当尊重当事人的选择。如果允许代位继承，可能违背继承人的意愿，也容易产生纠纷。为此，《民法典》继承编没有将继承人放弃继承作为代位继承发生的原因。[1]

（二）遗嘱继承人放弃继承权的应继份归属

大多数国家的继承法规定，遗嘱继承人放弃继承权时，其应继份按法定继承处理。如《德国民法典》规定，如果是遗嘱继承的，放弃继承后，其应继承份额归属法定继承人。继承人在考虑期间届满前死亡的，其考虑期间并不因继承人的死亡而终止。继承人的两

---

[1] 黄薇主编：《中华人民共和国民法典释义》，法律出版社2020年版，第2163页。

个以上继承人中的任何一人,可以拒绝与其应继份额相当的遗产。我国《民法典》第1154条第1项规定:"有下列情形之一的,遗产中的有关部分按照法定继承办理:(一)遗嘱继承人放弃继承或者受遗赠人放弃受遗赠"。在遗嘱继承中,遗嘱继承人一旦作出放弃继承权的意思表示,就会发生继承权消灭的效果,一般不得撤销。在这种情况下,遗嘱继承人放弃继承的遗产,按照法定继承的有关规定办理,即不再按照遗嘱继承方式办理。若数个遗嘱继承人中有一人放弃继承,则其放弃的应继份就由法定继承人继承;若全体遗嘱继承人放弃继承,则被继承人的所有遗产均按法定继承处理;若此时没有法定继承人或全体法定继承人也放弃继承,则被继承人的所有遗产,除去交纳税款、清偿债务、给付遗赠人或遗赠扶养协议受遗赠人后的剩余部分,收归国家或集体所有制组织所有。

值得一提的是,有些国家在承认这一原则时,还允许遗嘱继承人放弃继承后,再指定替补继承人和替补受遗赠人来接受自己的遗产。补充继承制度渊源于古罗马法,《法学阶梯》中规定遗嘱人可随其所愿指定许多补充继承人。现代各国立法也大都予以认可,我国《民法典》虽未明文规定,但对此也没有明确禁止。实践中,也有允许指定替补继承人的做法。从遗嘱制度的价值取向来看,尊重遗嘱人的遗嘱自由,尊重其对财产最终安排的意愿是各国继承法律均应具有的价值追求。而遗嘱自由的核心就是被继承人能通过遗嘱来自由决定自己遗产的归属。遗嘱继承人放弃继承的情形在实际生活中也时有发生,若不承认该制度,遗嘱继承人所放弃的那部分遗产就要依法定继承处理。即使遗嘱人不愿意以法定继承处理该部分遗产,亦不能在遗嘱中预先安排来实现自己的意愿,这不合情理。故在不损害公共利益和他人的合法权利时,应当最充分地体现被继承人的愿望,最充分地保护被继承人的遗嘱处分权。

【审判实践中应注意的问题】

继承人放弃继承的,应于继承开始后、遗产处理前作出放弃继承的表示。但在司法实践中,凡是于遗产处理中尚未实际取得遗产份额,作出放弃继承意思表示的,亦得认定为有效。故在以上期间内依法作出放弃继承之意思表示的,其效力亦追溯到继承开始的时间。

> **第三十八条** 继承开始后，受遗赠人表示接受遗赠，并于遗产分割前死亡的，其接受遗赠的权利转移给他的继承人。

【条文主旨】

本条是关于受遗赠人在遗产分割前死亡的法律后果的规定。

【条文理解】

关于受遗赠人在遗产分割前死亡法律后果的规定，在1985年《继承法意见》第53条便予以明确，该条规定了，"继承开始后，受遗赠人表示接受遗赠，并于遗产分割前死亡的，其接受遗赠的权利转移给他的继承人"。最高人民法院民事审判第一庭编的《民事审判指导与参考》2019年第1辑（总第77辑）中对这一问题也予以进一步的阐释与说明，即最高人民法院认为"在受遗赠人对于遗赠财产表示接受的情况下，其继承人享有接受遗赠财产的权利；而如果受遗赠人生前放弃受遗赠或者对于遗赠到期没有表示的，则因受遗赠人不享有权利，受赠人的继承人也不再享有接受遗赠财产的权利"。

对继承（法定继承与遗嘱继承）中继承人于遗产分割前死亡的规定，《民法典》第1152条在1985年《继承法意见》的基础上作出了进一步的完善，规定"继承开始后，继承人于遗产分割前死亡，并没有放弃继承的，该继承人应当继承的遗产转给其继承人，但是遗嘱另有安排的除外"。这也就是学界所称"转继承"制度。但是,《民法典》第1152条的适用对象仅为"继承人",对受遗赠人在遗产分割前死亡、受遗赠的遗产如何处理的问题并未加以明确。对此,我们经研究认为,1985年《继承法意见》第53条的规定并未违背《民法典》相关规定的精神,可予以保留,也就是本条规定之来源。在对本条文进行理解时,可从以下几个方面着手。

一、遗赠、遗嘱继承、赠与相关概念比较

遗赠,最早起源于罗马法,优士丁尼《法学阶梯》将其释为"死者遗留下的赠与"。同时,罗马法中对其作了进一步细化,将遗赠分为直接遗赠、间接遗赠、容许遗赠、先取遗赠等多种特定类型。基于此,各大陆法系国家对遗赠制度进行了继受。我国对遗赠制度的明确规定体现在《民法典》第1133条。该条是关于遗嘱制度的基本规定。其中第2款和第3款分别对遗嘱继承和遗赠进行了规定,这也说明,遗嘱继承和遗赠均以遗嘱的存在为前提,都属于遗嘱的内容。遗嘱继承与遗赠最主要的区别在于,遗产接收人身份的不同。根据我国《民法典》的相关规定,遗嘱继承的遗产接收人为"继承人"范围内的人,即遗嘱人的配偶、子女、父母、兄弟姐妹、祖父母、外祖父母,以及对公婆或对岳父母尽了主要赡养义务的丧偶儿媳、丧偶女婿、代位继承的直系晚辈血亲、被继承人的兄弟姐妹的子女等。遗嘱继承人与遗嘱人之间一般存在法定的亲属关系,其间存在着一定的权利与义务关系。而前述已及,遗赠的遗产接收人为法定继承人之外的主体,既可是国家、集体、组织,也可是法定继承人之外的自然人。遗赠人与受遗赠人间并无法定亲缘关系,也无法定的权利义务关系。概言之,在遗嘱中若指定的遗产接收人为法定继承人之外的主体,即为遗赠;若遗嘱中指定的遗产接收人为法定继承人,即为遗嘱继承。

至于赠与,《民法典》第 657 条规定:"赠与合同是赠与人将自己的财产无偿给予受赠人,受赠人表示接受赠与的合同。"其中出赠财产的一方为赠与人,接受赠与方为受赠人。赠与与遗赠存在一定的共同之处,即两者均为一方将其财产无偿转让给另一方的财产转让方式。但两者间仍存在一定的不同之处:(1)法律性质不同。遗赠属于单方民事法律行为,只需表意人一方的意思表示即可成立,无需他人(受遗赠人)的同意即可成立。[1] 而赠与合同则为一种双方法律行为,其需要赠与人作出将其财产无偿给予受赠人的意思表示(要约),受赠人明确作出接受的意思表示(承诺)才可成立。(2)有效形式要件不同。前述已提及,遗赠需以遗嘱的存在为前提,而遗嘱是一种要式法律行为,故遗赠也是一种要式民事法律行为。而赠与是非要式民事法律行为,其并不需要特定的形式即可成立。赠与可以通过书面形式订立,也可通过口头等方式订立。(3)生效时间不同。遗赠是典型的死因行为,自遗赠人死亡时发生效力。故而,受遗赠人不能在遗赠人死亡前就请求交付遗赠物。而赠与合同是诺成性合同,在受赠人表示接受赠与时,即已经生效。(4)变更与撤销不同。遗赠人在生前可随意变更或撤回与遗赠相关的内容,但不能撤销。至于赠与,虽然《民法典》第 658 条规定,赠与人在赠与财产的权利转移之前可以撤销赠与,但涉及具有救灾、扶贫、助残等公益、道德义务性质的赠与合同及经过公证的赠与合同不得撤销。

---

[1] 佟柔:《继承法教程》,法律出版社 1986 年版,第 130 页;魏振瀛主编:《民法》,北京大学出版社 2013 年版,第 607 页。

二、如何理解本条中"继承开始后，受遗赠人表示接受遗赠，并于遗产分割前死亡的，其接受遗赠的权利转移给他的继承人"

《民法典》第 1121 条第 1 款规定：继承从被继承人死亡时开始。遗赠作为单方民事法律行为、死因行为，自遗嘱人死亡时才生效。换言之，遗赠人尚未死亡时，遗赠不发生效力，遗赠是否被遗赠人撤回以及赠与标的物是否将来还存在也有变数，故受遗赠人尚不存在接受遗赠的对象和必要，此时即使受遗赠人作出了接受遗赠的意思表示，也不能产生接受遗赠的法律效果。因此，本条将受遗赠人作出接受遗赠的意思表示时间限定在"继承开始后"。至于受遗赠人作出是否接受受遗赠的意思表示的截止时间，则根据《民法典》第 1124 条规定，受遗赠人应当在知道受遗赠后 60 日内，作出接受或者放弃受遗赠的意思表示。由于受遗赠人接受或放弃受遗赠的意思表示，将单方改变遗赠财产的归属，从法律效果上与形成权行使类似。故可类推《民法典》第 199 条规定，将"知道"扩张解释为包括"应当知道"，且"60 日"不适用有关诉讼时效中止、中断和延长的规定。受遗赠人到期没有表示的，视为放弃受遗赠。受遗赠人已放弃遗赠，则其自身不享有接受遗赠的权利。在受遗赠人不享有受遗赠权的情况下，自然也就不存在该权利通过继承等方式转移给其继承人的问题。应注意的是，继承或受遗赠从被继承人死亡之时开始，故而此处的最早"知道"起算点是从被继承人死亡之日起计算。例如，某甲在 2020 年 8 月做了遗嘱公证，在 2020 年 12 月死亡，此时虽受遗赠人在遗嘱公证时便知晓遗赠，但也不能认为其应在 2020 年 10 月之前明确表示接受遗赠，故而"60 日"的最早起算点是自被继承人死亡之日起算。若受遗赠人在遗赠人死亡后才知晓遗赠之事，则其应当在知晓受遗赠后 60 日内作出接受或者放弃遗赠的表示。

至于受遗赠人接受或放弃受遗赠意思表示的效力，应根据受遗赠人的具体情况不同而区别对待：在受遗赠人为自然人的情形，受遗赠人为完全民事行为能力人，可自主作出上述意思表示，自无疑义。但在受遗赠人不具备完全民事行为能力时，则应作进一步细分：如受遗赠人为无民事行为能力人，则根据《民法典》第20条及第21条的规定，由其法定代理人代理作出接受或放弃受遗赠的意思表示；如受遗赠人为限制民事行为能力人，有观点认为，接受遗赠是具有限制民事行为能力的受遗赠人根据《民法典》第19条、第22条的规定，可以独立实施的纯获利益的民事法律行为。主要理由是我国法上规定的接受遗赠并不包括对遗产权利义务的概括承受，而只是单纯的利益取得，不承担继承人的相应义务，与遗赠人之间不发生身份关系，也与其他继承人之间不存在遗产共有关系。我们认为，《民法典》第1163条规定，税款和债务超过法定继承遗产实际价值部分，由遗嘱继承人和受遗赠人按比例以所得遗产清偿，故特定情形下，受遗赠人与遗嘱继承人承担同样的清偿遗嘱人债务的义务。这势必会增加受遗赠人时间、精力等方面的额外付出，故原则上限制民事行为能力的受遗赠人作出接受或放弃受遗赠的意思表示也应由其法定代理人代理或者经法定代理人同意、追认。在受遗赠人为组织的情形，受遗赠人被依法注销登记或被有关部门撤销主体资格前，原则上都可作出接受或放弃受遗赠的意思表示。此外，还应考虑受遗赠人是否有丧失受遗赠权的情形。根据《民法典》第1125条规定，受遗赠人有下列情形之一的，丧失受遗赠权：（1）故意杀害被继承人；（2）为争夺遗产而杀害其他继承人；（3）遗弃被继承人，或者虐待被继承人情节严重；（4）伪造、篡改、隐匿或者销毁遗嘱，情节严重；（5）以欺诈、胁迫手段迫使或者妨碍被继承人设立、变更或者撤回遗嘱，情节严重。值得注意的是，该条并未规定受遗赠人可以因确有悔改表现、被继承人表示宽恕或者事后在遗嘱中将其列为受遗赠人，而不丧失继承权。故只要受遗赠人具有上述情形之一，则绝对丧失受遗赠权。因此，丧失受遗赠权的受遗赠人作出的接受遗赠的意思表示没有法律效力。进而，他的继承人也不能依据本条主张权利。就本条中"受遗赠人表示接受遗赠"的法律性质而言，有观点认为，接受遗赠类似于合同订立中的承诺，而遗赠的意思表示则为要约。理由在于，受遗赠人需要积极作出"接受遗赠"的意思表示，才可主张受遗赠权。而这里作出的"接受遗赠"的意思表示，正好回应遗赠人作出的遗赠意思表示。我们认为，该观点不能成立，理由主要有：第一，如"接受遗赠"的意思表示为承诺，就应向遗赠人作出，但遗赠本身应在遗赠人死亡后才生效，此时，所谓送达遗赠人已经客观不能；第二，遗赠人生前可以随时撤回遗赠，这将导致受遗赠人在遗赠人生前作出的上述意思表示没有任何法律约束力；第三，遗赠依附于遗嘱行为，而遗嘱行为是典型的单方民事法律行为，故遗赠如解释为双方民事法律行为，将与遗嘱性质产生矛盾。因此，我们更倾向于认为，这里的"接受遗赠"意思表示是受遗赠人行使权利的意思表示。至于行使的权利的性质，则有物权说和债权说两种不同观点：一种观点认为，受遗赠人若在法定期间接受遗赠，则其效力溯及于继承开始时生效。受遗赠人自此时起获得遗赠物所有权，基于所有权而有权请求遗赠义务人交付标的物，该请求权是物上请求权。[①]相应地，《物权法》第29条曾规定，因受遗赠取得物权的，自受遗赠开始时发生效力。但如果认为遗赠具有物权效力，遗赠物于遗赠人死亡时即直接发生物权变动，则在受遗赠人按比例清除被继承人税款与债务时，无异于用受遗赠人之财产清偿遗赠人之债务。而且无疑会产生"债权（遗产债权）优先于物权"之怪象。此外，继承不论是法定继承抑或是遗嘱继承，继承人均为法定继承人范围内之

---

① 王丽萍：《婚姻家庭继承法学》，北京大学出版社2004年版，第451页。

人，如前所述在一定范围内继承本身具有一定的社会记忆功能，加之"未经登记不能处分规则"的配置，因继承而直接导致物权变动不至过分影响财产秩序与交易安全。反之，受遗赠人为法定继承人以外的任何人，且遗嘱通常具有私密性，外界难以知晓，所以在此种情况下赋予遗赠以与继承同一的物权变动效力，不利于维护财产秩序和实现物权的可识别性。[①]故我们更倾向于受遗赠人行使的应为债权请求权。事实上，《最高人民法院关于民法典继承编的立法建议稿》就已经提出了"清偿遗产债务后的剩余遗产，按下列顺序分配：（一）遗赠扶养协议；（二）遗赠和遗嘱继承；（三）法定继承。剩余遗产不足以同时满足遗赠和遗嘱继承的，依照被继承人立遗赠或者遗嘱的时间先后为序，时间在后，顺序在先"的立法建议。其中清偿遗产债务后的剩余遗产才对受遗赠人分配的建议，后被《民法典》第1162条"执行遗赠不得妨碍清偿遗赠人依法应当缴纳的税款和债务"之规定吸收。从而，《民法典》第230条在继受《物权法》第29条时将"受遗赠取得物权的，自受遗赠开始时发生效力"的表述予以删除。进而，在受赠人实际取得受赠遗产物权前，受遗赠人的配偶不能依据《民法典》第1162条规定，主张该受赠遗产为夫妻共同财产。

由于遗赠生效时，遗赠人已经死亡，故受遗赠人客观上不能向遗赠人作出接受或放弃受遗赠的意思表示，而《民法典》第1124条又没有明确受遗赠人作出接受或放弃受遗赠意思表示的对象，故实务中对此存在分歧意见：一种观点认为，受遗赠人放弃或接受遗赠是单方民事法律行为，只需作出意思表示即可，无需有明确意思表示对象；另一种观点则认为，受遗赠人放弃或接受遗赠直接影响到遗嘱人的可分遗产大小，故与遗产有关的利害关系人都可为

---

① 刘耀东：《论基于继承与遗赠发生的不动产物权变动》，载《现代法学》2015年第1期。

意思表示的对象。我们认为，目前可以类推适用本解释第33条规定，向遗产管理人或者其他继承人作出意思表示即可。值得注意的是，当存在多个继承人时，该受遗赠人仅向其中一个继承人表示接受遗赠，能否认为其已作出"接受遗赠"的意思表示？例如：某甲有4个儿子，某甲立遗嘱将一套房子遗赠给老大的儿子某乙。某甲死亡后，某乙向自己的父亲表示愿意接受，但没有向某甲的另外3个儿子作出愿意接受的意思表示。此时应如何进行处理？若径自认定某乙的接受无效，则其被视为放弃遗赠。此时，某甲的意志未得到充分的尊重，也损害了某乙的利益，同时也与我们社会一般公众的认知相悖。对此，我们认为，在此类案件中对受遗赠人接受遗赠表示的认定不宜过于严苛，只要有证据足以证明该事实存在即可予以认定。至于接受遗赠的具体表示方式，则书面抑或口头等方式在所不限。受遗赠人表示接受遗赠只是确认了其对遗产管理人或继承人享有交付受遗赠财产的请求权，而不等于已经实际取得了对受遗赠财产的权利。进而，受遗赠人要想取得受遗赠财产的权利，还应另行通过遗产分割等处理方式实现。如果受遗赠人在通过遗产分割实际取得了受遗赠财产的权利，则该财产权既可能成为夫妻共同财产，也可能在受遗赠人死亡后成为其遗产的一部分，可由其继承人继承。由于受遗赠人主张受遗赠权只能向遗产管理人或其他继承人提出请求，而后者执行遗赠又应以清偿遗赠人依法应缴纳的税款和债务为前提，而缴纳税款和清偿债务之前还需要清理遗产、制作遗产清单、报告遗产情况、采取措施保全遗产等，这都需要时间，再加之受遗赠人自身也可能未及时主张分割遗产以取得受遗赠财产，故不排除在遗产分割前，接受遗赠的受遗赠人已经死亡，但尚未实际取得受遗赠财产。故在遗产分割前，受遗赠人的继承人不能对该受遗赠财产进行继承。鉴于受遗赠人死亡前已经通过接受遗赠的意思表示取得了请求给付受遗赠财产的权利，而依据该权利将来又可以实际取得受遗赠财产,这直接关涉受遗赠人的继承人的可得利益。故本条规定将上述情形下,受遗赠人接受遗赠的权利转移给他的继承人。之所以用"转移"一词,是与继承相区分。《民法典》第1124条已经规定继承权、受遗赠权都可由继承人或受遗赠人自行决定是否接受或放弃。这也间接说明继承权、受遗赠权本身并非夫妻共同享有的权利。进而,继承权、受遗赠权指向的遗产在未通过分割等处理方式由继承人、受遗赠人实际取得相应部分之前,也不存在夫妻共同财产的问题。相应地,对于《民法典》第1152条规定的转继承中"该继承人应当继承的遗产",该继承人的配偶也不能以夫妻共同财产为由,主张分割。对此,《民法典婚姻家庭编解释(一)》第81条对继承权指向的财产在实际分割前不能作为夫妻共同财产分割也有规定。既然上述遗产尚未由继承人、受遗赠人取得,故不存在其继承人可以继承的问题。相应地,《民法典》第1152条采用了"该继承人应当继承的遗产转给其继承人"的表述以表明其继承人取得该遗产并非通过继承方式。由于本条规定情形与《民法典》第1152条规定的情形类似,故我们仍保留了1985年《继承法意见》第53条规定的"转移"表述。

【审判实践中应注意的问题】

现实生活中,经常出现受遗赠人对遗赠财产转让、灭失、毁损后,取得的相应对价、补偿款、赔偿款等主张权利的情形,对此,实务颇有争议,试以房屋为例,简要分析如下:

首先,遗嘱人在立遗嘱将特定房屋遗赠他人后,又将该房屋转让、赠与或抵债给他人的情形。遗嘱人实施该民事法律行为的后果是受赠人、买受人或债权人取得房屋所有权,而受遗赠人将无法取得该遗赠房屋。对此,可根据《民法典》第1142条第2款认定,遗嘱人实施了与遗嘱内容相反的民事法律行为，撤回了该遗赠。进而，受遗赠人将无法主张受遗赠权。其次，遗嘱人与房屋征收部门签订征收补偿协议导致遗赠房屋灭失的情形。根据《国有土地上房屋征收与补偿条例》第25条"房屋征收部门与被征收人依照本条例的规定，就补偿方式、补偿金额和支付期限、用于产权调换房屋的地点和面积、搬迁费、临时安置费或者周转用房、停产停业损失、搬迁期限、过渡方式和过渡期限等事项，订立补偿协议"之规定，标的物被拆迁后的对价是由房屋征收部门与被征收人在补偿协议中约定的补偿金或者产权调换后的房屋。也即，标的物所有权人同意标的物被拆迁的行为是导致标的物灭失的重要因素。标的物所有权人在遗嘱中将标的房屋遗赠给他人后，又以补偿协议形式同意将标的房屋拆迁，这应被视为其在立遗嘱后又以行为作出了与遗嘱内容相反的意思表示并导致了标的房屋的灭失。同样根据《民法典》第1142条第2款规定，该遗嘱涉及标的房屋遗赠部分应被视为撤回。而原遗赠房屋被拆迁后所获得的补偿金或产权调换房屋与原遗赠房屋属于不同的物。对于遗嘱人而言，该补偿金或产权调换房屋属于其立遗嘱后新获得的财产。如果遗嘱人并未明确表示将该补偿金或产权调换后的房屋作为原遗赠房屋的替换财产，则受遗赠人不能对其主张受遗赠的权利。值得注意的是，如果房屋征收部门与被征收人在征收补偿方案确定的签约期限内达不成补偿协议，则根据上述条例第26条规定，由房屋征收部门报请作出房屋征收决定的市、县级人民政府依照本条例的规定，按照征收补偿方案作出补偿决定。此时，并不能得出遗嘱人实施了与遗嘱内容相反的民事法律行为，不能视为对遗嘱相关内容的撤回，而相应的补偿款也可仍作为遗赠财产。类似的，还有遗赠房屋因天灾人祸等原因毁损所获得的赔偿款等，对此，《日本民法典》第999条和我国台湾地区"民法"第1203条已有类似规定。

> **第三十九条** 由国家或者集体组织供给生活费用的烈属和享受社会救济的自然人，其遗产仍应准许合法继承人继承。

【条文主旨】

本条是关于国家或者集体组织供给生活费用的烈属和享受社会救济的自然人遗产继承的规定。

【条文理解】

国家保护自然人的继承权。保护自然人的继承权不仅是《民法典》的重要内容，还是《民法典》继承编的基本原则之一。本条在一定意义上强调，烈属和享受社会救济的自然人，虽由国家或者集体组织供给生活费用，但只要有合法继承人的，其遗产依然准许继承，不应收归国家和集体组织所有，而不取决于国家或者集体组织是否供给生活费用。

关于国家和集体组织能否取得特定人遗产问题，早在1985年《继承法》中就有规定，其中第32条规定：无人继承又无人受遗赠的遗产，归国家所有；死者生前是集体所有制组织成员的，归所在集体所有制组织所有。该条所称的"无人继承遗产"实际就是通常所讲的"绝产"，是指没有法定继承人、遗嘱继承人和遗赠受领人以及上述三类人均丧失继承权或放弃继承权后公民死亡时留下的财产。该条对无人继承遗产的处理规定包括以下两个方面：一是无人继承又无人受遗赠的遗产归国家所有；二是死者生前是集体所有制组织成员的，归所在集体所有制组织所有。《民法典》第1160条基本沿用了《继承法》第32条规定，为更好地体现"取之于民，用之于民"的宗旨，将第一句话调整为"无人继承又无人受遗赠的遗产，归国家所有，用于公益事业"，这里的公益事业可以是教育事业、医疗事业、慈善事业等。该条在实践过程中，关于国家或者集体组织供给生活费用的烈属和享受社会救济的居民的遗产是否应收归国家或者集体组织所有，存在一定争议：一种观点认为，即便是遗产有人继承，只要是国家或者集体组织供给生活费用的，其遗产也应归国家或者集体组织所有；另一种观点认为，只要遗产有人继承，不管是否由国家或者集体组织供给生活费用，遗产都应归个人所有，即应由继承人继承。最后，《继承法意见》第54条基本采用了第二种观点。本次调研过程中，曾有观点认为该条已经过时。我们认为，该条适用以来未有过多争议，且我国一直以来高度重视烈士、烈属的权益保护以及困难人群的社会救助工作，烈士褒扬以及社会救助制度也在不断完善，为更好地保护该二类人群的合法权益，弘扬社会主义核心价值观，本条仍具备其存在的重要意义，因此本次基本沿用了《继承法意见》第54条内容，未作实质变动，仅在文字表述上对应《民法典》和现行政策规范进行完善，将"城市居民"调整为"自然人"。

理解和适用本条规定时，应注意以下几个方面。

一、如何理解"由国家或者集体组织供给生活费用的烈属"

（一）烈士及烈士家属的概念

根据《烈士褒扬条例》第8条规定，公民牺牲符合下列情形之一的，评定为烈士：（1）在依法查处违法犯罪行为、执行国家安全工作任务、执行反恐怖任务和处置突发事件中牺牲的；（2）抢险救灾或者其他为了抢救、保护国家财产、集体财产、公民生命财产牺牲的；（3）在执行外交任务或者国家派遣的对外援助、维持国际和平任务中牺牲的；（4）在执行武器装备科研试验任务中牺牲的；（5）其他牺牲情节特别突出，堪为楷模的。现役军人牺牲，预备役人员、民兵、民工以及其他人员因参战、参加军事演习和军事训练、执行军事勤务牺牲应当评定烈士的，依照《军人抚恤优待条例》的有关规定评定。《军人抚恤优待条例》第8条规定：现役军人死亡，符合下列情形之一的，批准为烈士：（1）对敌作战死亡，或者对敌作战负伤在医疗终结前因伤死亡的；（2）因执行任务遭敌人或者犯罪分子杀害，或者被俘、被捕后不屈遭敌人杀害或者被折磨致死的；（3）为抢救和保护国家财产、人民生命财产或者执行反恐怖任务和处置突发事件死亡的；（4）因执行军事演习、战备航行飞行、空降和导弹发射训练、试航试飞任务以及参加武器装备科研试验死亡的；（5）在执行外交任务或者国家派遣的对外援助、维持国际和平任务中牺牲的；（6）其他死难情节特别突出，堪为楷模的。现役军人在执行对敌作战、边海防执勤或者抢险救灾任务中失踪，经法定程序宣告死亡的，按照烈士对待。革命烈士家属称为烈属，烈属包括烈士的配偶、子女、父母和未满18周岁的弟妹以及抚养烈士成长的其他亲属。

（二）烈士褒扬制度的有关立法

褒扬烈士，弘扬烈士精神，是国家的责任和社会的义务。保障好、照顾好、关爱好烈士遗属，也是烈士褒扬工作的一项重要任务。我国历来高度重视烈士褒扬和纪念工作，改革开放以来，我国的烈士褒扬立法也在不断完善：1980年6月，我国第一部专门规范烈士褒扬工作的行政法规《革命烈士褒扬条例》颁布，为批准和褒扬烈士工作提供了法律依据。《军人抚恤优待条例》（2004年）公布实施，进一步完善了涉及烈士褒扬和烈士遗属抚恤优待的制度。2011年，国务院颁布《烈士褒扬条例》，建立烈士褒扬金制度，规定烈士褒扬金标准为烈士牺牲时上一年度全国城镇居民人均可支配收入的30倍。此外，还调整完善了烈士一次性抚恤金制度。自此烈士遗属享受的烈士褒扬金和一次性抚恤金标准大幅提高，充分保障了烈士遗属的基本生活，还不断加大烈士遗属医疗、住房、入学入伍、就业等方面的优待力度，较好地解决了烈士遗属的后顾之忧。党的十八大以来，在以习近平同志为核心的党中央领导下，坚持把英烈保护和褒扬工作纳入全面依法治国战略布局，政策制度和法规出台频率加快。2019年8月1日，国务院发布修订后的《烈士褒扬条例》，主要内容是将英雄烈士保护纳入党和国家功勋荣誉表彰制度体系，包括调整烈士评定程序，增加由国务院退役军人事务部门将烈士名单呈报党和国家功勋荣誉表彰委员会的工作程序；彰显烈士荣誉属性，将烈士证书改以党和国家功勋荣誉表彰工作委员会办公室名义制发；体现对烈士及其遗属的敬仰和尊重，规定县级以上人民政府每年在烈士纪念日举行颁授仪式，向烈士遗属颁授纪念证书等。英雄烈士事迹和精神是中华民族的共同历史记忆和社会主义核心价值观的重要体现。全社会都应当崇尚、学习、捍卫英雄烈士。本条关于烈属遗产的规定，强化了对英雄烈士遗属合法权益的保护，弘扬了社会主义核心价值观，为烈士褒扬工作的开展提供一定的司法保障。

（三）关于烈士褒扬金的规定

关于烈士的褒扬金，根据现行《烈士褒扬条例》第14~16条规定，（1）烈士褒扬金标准为烈士牺牲时上一年度全国城镇居民人均可支配收入的30倍；战时，参战牺牲的烈士褒扬金标准可以适当提高；（2）烈士遗属除享受上述烈士褒扬金外，属于《军人抚恤优待条例》以及相关规定适用范围的，还享受因公牺牲一次性抚恤金；属于《工伤保险条例》以及相关规定适用范围的，还享受一次性工亡补助金以及相当于烈士本人40个月工资的烈士遗属特别补助金；（3）符合下列条件之一的烈士遗属，享受定期抚恤金：其一，烈士的父母或者抚养人、配偶无劳动能力、无生活来源，或者收入水平低于当地居民的平均生活水平的；其二，烈士的子女未满18周岁，或者已满18周岁但因残疾或者正在上学而无生活来源的；其三，由烈士生前供养的兄弟姐妹未满18周岁，或者已满18周岁但因正在上学而无生活来源的。此外，该条例还规定了烈属的其他优待制度，包括：烈士的子女、兄弟姐妹可在同等条件下优先录用为公务员；烈士子女在公办幼儿园接受学前教育的，免交保教费；在公办学校就读的，免交学费、杂费，并享受国家规定的各项助学政策；符合住房保障条件的烈士遗属承租廉租住房、购买经济适用住房的，给予优先、优惠照顾；家住农村的烈士遗属住房有困难的，由当地人民政府帮助解；男年满60周岁、女年满55周岁的孤老烈士遗属本人自愿的，可以在光荣院、敬老院集中供养；烈士遗属享受相应的医疗优惠待遇等。上述享受定期抚恤金的烈属，即属于由国家或者集体组织供给生活费用，根据本条规定，其遗产仍应准许合法继承人继承。

二、"享受社会救济的自然人"的范围

社会救济，又称社会救助，现代意义的社会救助是指国家对于遭受灾害、失去劳动能力的公民以及低收入的公民给予物质救助，以维持其最低生活水平的一项社会保障法律制度。社会救助的实质是保障生存权，目标是扶危济贫，救助社会弱势群体，主要对象是社会的低收入人群和困难人群。我国的社会救助具有法定性、无偿性、目的性等特征，我国社会救助体系的基本内容包括最低生活保障制度、灾害救助制度、农村社会救助制度、城市流浪乞讨人员救助制度等几个方面，享受社会救济的自然人大致如下。

(一)享有最低生活保障的自然人

最低生活保障制度是指政府对收入低于政府公告最低生活标准的公民，按照法定程序和标准提供的现金或实物救助，以保证该公民基本生活之所需。在我国，享有最低生活保障的自然人主要指享有城市居民最低生活保障和农村居民最低生活保障的自然人。《城市居民最低生活保障条例》第2条第1款规定：持有非农业户口的城市居民，凡共同生活的家庭成员人均收入低于当地城市居民最低生活保障标准的，均有从当地人民政府获得基本生活物质帮助的权利。该条例第6条规定：城市居民最低生活保障标准，按照当地维持城市居民基本生活所必需的衣、食、住费用，并适当考虑水电燃煤（燃气）费用以及未成年人的义务教育费用确定。直辖市、设区的市的城市居民最低生活保障标准，由市人民政府民政部门会同财政、统计、物价等部门制定，报本级人民政府批准并公布执行；县（县级市）的城市居民最低生活保障标准，由县（县级市）人民政府民政部门会同财政、统计、物价等部门制定，报本级人民政府批准并报上一级人民政府备案后公布执行。城市居民最低生活保障标准需要提高时，依照前两款的规定重新核定。《国务院关于在全国建立农村最低生活保障制度的通知》规定了农村最低生活保障标准和对象范围：农村最低生活保障标准由县级以上地方人民政府按照能够维持当地农村居民全年基本生活所必需的吃饭、穿衣、用水、用电等费用确定，并报上一级地方人民政府备案后公布执行。农村最低生活保障标准要随着当地生活必需品价格变化和人民生活水平提高适时进行调整。农村最低生活保障对象是家庭年人均纯收入低于当地最低生活保障标准的农村居民，主要是因病残、年老体弱、丧失劳动能力以及生存条件恶劣等原因造成生活常年困难的农村居民。

(二)享有灾害救济的自然人

灾害救济,是指政府对因遭遇各种自然灾害及其他特定灾害事件而陷入生活困难的公民给予一定的现金、实物或服务救援,以帮助其度过特殊困难时期的一种社会救助制度。被救助的公民即为享有灾害救济的自然人。在发生自然灾害时,救灾募捐主体开展募捐活动,以及自然人、法人或者其他组织向救灾捐赠受赠人捐赠财产,用于支援灾区、帮助灾民的,适用《救灾捐赠管理办法》。

(三)享有农村社会救助的自然人

农村社会救助并非我国社会求助制度的特殊救助项目,但鉴于我国城乡二元特殊国情,将农村社会救助制度单独列出。目前我国农村救助制度主要有"五保"供养制度、特困户救济制度等。根据《农村五保供养工作条例(2006)》规定,农村五保供养,是指依照本条例规定,在吃、穿、住、医、葬方面给予村民的生活照顾和物质帮助。老年、残疾或者未满16周岁的村民,无劳动能力、无生活来源又无法定赡养、抚养、扶养义务人,或者其法定赡养、抚养、扶养义务人无赡养、抚养、扶养能力的,享受农村五保供养待遇。另外还包括享受特困户救济、农村医疗救助和其他临时救济措施的自然人。

除此之外,根据《城市生活无着的流浪乞讨人员救助管理办法》等规定,享受救助的城市流浪乞讨人员等也属于享受社会救济的自然人。

三、如何理解"仍应准许合法继承人继承"

合法继承人依法享有继承被继承人死亡时遗留的遗产的权利。自然人死亡后遗留的个人财产,可以通过法定继承和遗嘱继承两种方式进行分配,在立有合法有效的遗嘱时,优先适用遗嘱分配遗产。继承人可以分为法定继承人和依据被继承人所立遗嘱确定的继承人，根据《民法典》第1127条规定，法定继承人包括：第一顺序：配偶、子女、父母；第二顺序：兄弟姐妹、祖父母、外祖父母。子女，包括婚生子女、非婚生子女、养子女和有扶养关系的继子女；父母，包括生父母、养父母和有扶养关系的继父母；兄弟姐妹，包括同父母的兄弟姐妹、同父异母或者同母异父的兄弟姐妹、养兄弟姐妹、有扶养关系的继兄弟姐妹。在此，"合法"要求继承人的顺序及范围如上述规定，不得任意变更。

在遗嘱继承的情况下，自然人可将个人财产指定由法定继承人的一人或者数人继承，也可以订立遗嘱将个人财产赠给国家、集体或者法定继承人以外的组织、个人。据此，"合法"即要求遗嘱继承人须为法定继承人，不是法定继承人范围内的人不能成为遗嘱继承人。此外，在继承开始后财产分割前明确表示放弃继承权的，则不再适用本条调整。需要注意的是，当继承人丧失继承权时，继承人因继承遗产的资格被剥夺而不能成为合法继承人继承被继承人的遗产。根据《民法典》第1125条规定，继承人丧失继承权的情形有：第一，故意杀害被继承人；第二，为争夺遗产而杀害其他继承人的；第三，遗弃被继承人，或者虐待被继承人情节严重的；第四，伪造、篡改、隐匿或者销毁遗嘱，情节严重的；第五，以欺诈、胁迫手段迫使或者妨碍被继承人设立、变更或者撤回遗嘱，情节严重的。继承人有前述第3项至第5项行为，确有悔改表现，被继承人表示宽恕或者事后在遗嘱中将其列为继承人的，该继承人不丧失继承权。继承权丧失适用于法定继承及遗嘱继承，不论是法定继承人还是遗嘱继承人，只要有《民法典》第1125条规定的情形出现，即依法丧失继承权。

【审判实践中应注意的问题】

《民法典》第1123条规定：继承开始后，按照法定继承办理；有遗嘱的，按照遗嘱继承或者遗赠办理；有遗赠抚养协议的，按照协议办理。本条虽只规定国家或者集体组织供给生活费用的烈属和享受社会救济的自然人的遗产准许合法继承人继承，审判实践中，如有遗赠或者遗赠扶养协议的情况，一般也应准许，即该部分被继承人的遗产还可以依被继承人生前的意思表示而由法定继承人以外的取得。此外，对于缺乏劳动能力又没有生活来源的继承人，原则上遗嘱仍应按照《民法典》有关规定为其保留必要的遗产份额。

> **第四十条** 继承人以外的组织或者个人与自然人签订遗赠扶养协议后,无正当理由不履行,导致协议解除的,不能享有受遗赠的权利,其支付的供养费用一般不予补偿;遗赠人无正当理由不履行,导致协议解除的,则应当偿还继承人以外的组织或者个人已支付的供养费用。

【条文主旨】

本条是关于解除遗赠扶养协议条件和法律后果的规定。

【条文理解】

遗赠扶养协议源自我国民间习俗。在民间,特别是农村,有的老人与扶养人签订遗赠扶养协议,规定扶养人承担扶养老人的义务,享有受遗赠的权利。实践证明,从我国目前实际情况出发,采取这些办法,有利于对老人的照顾、扶养,对老人安度晚年很有好处。[①] 故1985年《继承法》第31条对遗赠扶养协议作了规定。由于该条文只原则性规定了扶养人范围和权利、义务,并没有就实务中存在的争议予以回应,故1985年《继承法意见》第55条、第56条分别就涉及"五保户"的遗赠扶养协议以及遗赠扶养协议的解除问题作了规定。在《民法典》起草过程中,有意见认

---

① 王汉斌:《全国人大常委会关于〈中华人民共和国继承法(草案)〉的说明》,载中国人大网,最后访问日期:2021年11月30日。

为，上述第 31 条中的"扶养人""集体所有制组织"范围相对宽泛，容易引发实务争议，故《民法典》第 1158 条进一步将其明确为"继承人以外的组织或者个人"。在本解释制定过程中，关于上述 1985 年《继承法意见》第 55 条、第 56 条内容是否保留、修改抑或废止的问题，存有争议。依据最新修改的《农村五保供养工作条例》第 11 条规定，目前"五保户"的供养资金主要来源于地方政府预算。在此情况下，不仅"五保"对象遗产归农村集体经济组织所有失去了依据，集体组织要求扣回"五保"费用也失去了依据。故本解释制定时，不仅废止了《最高人民法院关于如何处理农村五保对象遗产问题的批复》（法释〔2000〕23 号），而且对《继承法意见》第 55 条也同时予以废止。司法实践中，如果存在"五保户"的遗产纠纷，可以根据本解释第 39 条规定的精神予以处理。至于 1985 年《继承法意见》第 56 条，从本解释制定中收集的反馈意见来看，争议不大，故本条仅仅是按照《民法典》第 1158 条表述，对 1985 年《继承法意见》第 56 条内容予以修改。主要表现为：（1）将"扶养人或集体组织"修改为"继承人以外的组织或者个人"；（2）将"公民"修改为"自然人"。司法实务中，在具体理解和适用本条时，可重点把握以下几个方面：

一、如何理解本条中的"继承人以外的组织或者个人与自然人签订遗赠扶养协议后，无正当理由不履行，导致协议解除的，不能享有受遗赠的权利，其支付的供养费用一般不予补偿"

就遗赠扶养协议的法律性质而言，遗赠扶养协议具有合同属性，当无疑义。但就其能否适用《民法典》合同编的规定则存有分歧：一种观点认为，遗赠扶养协议不是民事合同。其理由在于，从我国遗赠扶养协议的历史渊源来看，其与"五保"协议具有历史传承关系，而"五保"协议的功能是对弱势群体的社会保障而非商品交换。扶养人签订该协议的目的一般并非取得遗赠财产,而是为扶助老弱病残,帮助其安度晚年。另一种观点认为,遗赠扶养协议是民事合同中的身份合同。在遗赠扶养协议中,既包括了遗赠人死后依约定将遗产无偿转让给扶养人的内容,也包含了扶养人生前对遗赠人尽赡养义务的内容,而赡养行为本身属于身份行为的范畴,它既包括为遗赠人提供物质上的帮助,也包括对遗赠人的生活料理、精神抚慰等多项非财产性质的行为。[1] 我们认为,早期的遗赠扶养协议,特别是"五保户"签订的遗赠扶养协议的目的确实主要是扶助老弱病残、弥补社会保障不足。但随着社会经济的发展,人民群众个人财产的增多和国家社会保障的增强,上述遗赠扶养协议的目的日益淡化,反而更呈现出等价有偿的民事合同特征。至于身份协议的观点,则与现行法规定不一致。从立法条文表述来看,遗赠扶养协议不仅不需要以当事人之间具有身份关系为前提,《民法典》第1158条反而将"扶养人或集体组织"明确为"继承人以外的组织或者个人"。这也表明立法者不认可具有密切身份关系的继承人签订遗赠扶养协议。故遗赠扶养协议不但不以身份关系为前提,反而还排斥具有密切身份关系的当事人之间签订遗赠扶养协议。因此,遗赠扶养协议原则上应可以适用《民法典》合同编的有关规定。退一步而言,即便遗赠扶养协议具有身份属性,根据《民法典》第464条第2款规定,婚姻、收养、监护等有关身份关系的协议,适用有关该身份关系的法律规定;没有规定的,可以根据其性质参照适用本编规定。既然现行法并未就遗赠扶养协议的解除作出专门规定,故本条规定至少也可以参照适用《民法典》合同编的规定。对此,《最高人民法院关于民法典继承编的立法建议稿》中曾明确提出过相关建议。

---

[1] 陈本寒:《我国遗赠扶养协议制度之完善》,载《政治与法律》2014年第6期。

从司法实践情况看，遗赠扶养协议的解除纠纷主要存在以下情形：（1）扶养人未依约履行扶养义务；（2）遗赠人拒绝接受扶养人的扶养；（3）遗赠财产处分或灭失；（4）遗产管理人或继承人拒绝给付遗赠财产等。具体到扶养人未依约履行扶养义务而言，扶养人的扶养义务通常表现为扶养费的给付、劳务的投入、吃穿住行的提供等日常生活方面的扶养甚至精神的慰藉等。而扶养人未依约履行上述扶养义务则包括拒绝履行、延迟履行、不完全履行、履行不能等。对此，遗赠人可以根据不履行的具体情形依据《民法典》合同编第八章"违约责任"的相关规定要求扶养人承担继续履行、采取补救措施、承担损害赔偿和负担第三人代为履行的费用等违约责任，当无疑义。这里需要注意的是，如果是夫妻一方与遗赠人签订遗赠扶养协议，由此产生的债务不是用于家庭日常生活需要，根据《民法典》第1064条规定，一般不属于夫妻共同债务，遗赠人不得要求夫妻另一方承担继续履行等违约责任。实务中，判断某一行为是否符合"家庭日常生活需要"，应考虑以下几点：一是该行为是否满足夫妻日常生活需要；二是该行为是否会对夫妻共同生活产生决定性影响，是否改变家庭生活状态，只有符合家庭生活水平的行为才是"家庭日常生活需要"的行为。[①]而夫妻一方与遗赠人签订遗赠扶养协议约定取得的对价往往因遗赠人死亡时间不确定而只能在未来不确定的时间取得，这显然不能用于当前家庭日常生活。与此同时，遗赠人也可适用《民法典》合同编的解除规定，通过协议解除、行使单方解除权的方式解除遗赠扶养协议。其中，行使单方解除权的方式可以分为行使约定单方解除权和法定单方解除权两种。根据《民法典》第562条规定，遗赠人和扶养人可以在协

[①] 肖峰编著：《民法典婚姻家庭编条文精释与案例实务》，法律出版社2020年版，第135页。

议中将扶养人不履行扶养义务的特定情形,约定为遗赠人单方解除合同的事由,该事由发生时,遗赠人即可行使单方解除权,解除该协议。此外,遗赠人还可以适用《民法典》第563条第1款规定,在扶养人明确表示或以自己行为表明不履行扶养义务、迟延履行扶养义务,经催告后在合理期限内仍未履行或因迟延履行扶养义务等致使不能实现遗赠扶养协议目的的情形下,单方解除遗赠扶养协议。遗赠人行使解除权期限,则根据《民法典》第564条规定,有约定,按约定;没有约定,则自遗赠人知道或应当知道解除事由之日起1年内行使或经扶养人催告后在合理期限内行使。至于解除程序,也可按照《民法典》第565条规定,解除通知到达扶养人时解除。通知载明扶养人在一定期限内不履行债务则合同自动解除,扶养人在该期限内未履行债务的,合同自通知载明的期限届满时解除。扶养人对解除合同有异议的,双方均可以请求人民法院确认解除行为的效力。遗赠人未通知对方,直接以提起诉讼的方式依法主张解除合同,人民法院确认该主张的,合同自起诉状副本送达对方时解除。至于遗赠扶养协议解除的法律后果,根据《民法典》第566条规定,合同解除后,尚未履行的,终止履行;已经履行的,根据履行情况和合同性质,当事人可以请求恢复原状或者采取其他补救措施,并有权请求赔偿损失。合同因违约解除的,解除权人可以请求违约方承担违约责任,但是当事人另有约定的除外。主合同解除后,担保人对债务人应当承担的民事责任仍应当承担担保责任,但是担保合同另有约定的除外。具体到本条规范对象"扶养人无正当理由不履行,导致协议解除",其中"不履行"包括扶养人明确表示或以自己行为表明不履行扶养义务、迟延履行扶养义务,经催告后在合理期限内仍未履行或因迟延履行扶养义务等致使不能实现遗赠扶养协议目的等情形。根据《民法典》第566条规定,遗赠人解除遗赠扶养协议后的法律后果是终止履行;已经履行的,根据履行情况和合同性质，当事人可以请求恢复原状或者采取其他补救措施，并有权请求赔偿损失。这里的终止履行意味着，遗赠扶养协议约定的权利义务即行终止，扶养人无须继续履行扶养义务，而遗赠人也不再受遗赠条款约束。换言之，扶养人不能再依据该协议主张享有受遗赠的权利。至于"恢复原状或者采取其他补救措施"，由于遗赠扶养协议约定的扶养人义务主要包括遗赠人在世时的"生养"和去世后的"死葬"，而遗赠人的义务则为将遗赠财产给扶养人，也即遗赠人生前只会因扶养人履行扶养义务而单纯受益，不存在对扶养人履行义务的问题，故在遗赠人单方解除遗赠扶养协议的情形下，一般只存在扶养人请求恢复原状或采取其他补救措施的可能。由于扶养人履行扶养义务意味着人力、物力、时间甚至情感的投入，其中人力、时间等投入不具有恢复原状的可能，故实务中，扶养人多只能向遗赠人主张返还已给付的扶养费用。对该主张能否支持，存有两种不同意见：一种观点认为，应支持扶养人有关返还扶养费用的主张。理由在于，合同解除意味着双方当事人不再受到合同的约束，遗赠人没有付出对价却保有扶养人给付的扶养费用，既缺乏依据，也有违实质公平。故扶养人有权依据《民法典》第122条"因他人没有法律根据，取得不当利益，受损失的人有权请求其返还不当利益"之规定，主张不当得利返还。即便因扶养人存在违约行为而导致遗赠扶养协议解除，遗赠人也可以请求扶养人承担违约责任，而该违约责任承担与扶养费用的返还性质不同，不能互相替代；另一种观点则认为，不应支持扶养人有关返还扶养费用的主张。理由在于，既然遗赠扶养协议因扶养人不履行扶养义务而解除，说明扶养人一般都有过错，故应自行承担该扶养费用损失。而且，如果支持扶养人在未按约履行扶养义务情形下返还扶养费的请求，则扶养人即便违约也没有不利后果，这会变相刺激扶养人随时恶意违约，有违合同严守原则。我们认为，应根据扶养人不履行扶养义务有无正当理由而区分情况处理。这里的正当理由，主要是指约定或法定免责事由。如果当事人在遗赠扶养协议中约定了扶养人不履行扶养义务的免责事由，则尊重当事人的意思自治。在遗赠扶养协议因扶养人不履行扶养义务而被单方解除情形下，扶养人可以存在约定免责事由为由，向遗赠人主张返还扶养费用。至于法定免责事由，根据《民法典》第180条规定，不可抗力导致扶养人不能履行扶养义务的，不承担民事责任。此外，由于在遗赠人生前只有扶养人履行扶养义务，而遗赠人只是单纯受益，故扶养人此时地位类似于单向付出的赠与人，故可参考《民法典》第666条"赠与人的经济状况显著恶化，严重影响其生产经营或者家庭生活的，可以不再履行赠与义务"的规定，在扶养人经济状况显著恶化，严重影响其生产经营或家庭生活时，考虑认定扶养人不再履行扶养义务有正当理由。在扶养人不履行扶养义务有正当理由的情形下，可以考虑支持或部分支持扶养人或其承继者向遗赠人提出的返还扶养费用请求。反过来，如果扶养人没有上述正当理由且不履行扶养义务导致遗赠扶养协议被解除的，则基于扶养人的过错因素，而一般不应支持其要求返还扶养费用的请求。由上，本条仍维持了1985年《继承法意见》第56条规定的基本内容。最后需要注意的是，对于扶养人无正当理由不履行扶养义务的情形，本条表述的是"其支付的供养费用一般不予补偿"。这里的"一般"是指通常不予返还，但在扶养人已经履行扶养义务很长时间，付出了高昂扶养费用的情形下，则可从双方实质公平、过失相抵等角度酌情部分支持其扶养费用返还请求。

二、如何理解本条中的"遗赠人无正当理由不履行，导致协议解除的，则应当偿还继承人以外的组织或者个人已支付的供养费用"

从遗赠扶养协议的权利义务安排来看，遗赠人生前并无对扶养人的约定义务。司法实务中，因遗赠人原因导致遗赠扶养协议无法顺利履行的常见情形是，遗赠人无正当理由拒绝接受扶养人依约提供的扶养，构成受领迟延。但是，遗赠人对扶养人提供的扶养予以受领，是不真正义务。因此，遗赠人受领迟延并非构成违约行为，故扶养人不能依据《民法典》第577条、第563条第1款主张违约责任或解除合同，而只能依据第589条请求遗赠人赔偿增加的费用。故前述"遗赠人无正当理由不履行"应包含以下两层含义：第一，虽然遗赠人生前不必实际履行遗赠义务，故不可能构成实际违约，但这并不排除遗赠人预期违约的可能，尤其是在遗赠人生前任意处分财产时而导致合同目的不能实现，扶养人可以遗赠人预期违约为由请求解除合同。第二，根据目的扩张解释，这里的遗赠人还应该包括遗赠人的继承人以及遗产管理人。遗赠人死亡后，遗赠扶养协议中约定的遗赠义务由上述当事人继受，因他们的违约行为，也可导致解除合同。① 出现上述"遗赠人无正当理由不履行"情形，则扶养人可以单方解除遗赠扶养协议，进而可以根据《民法典》第566条中"根据履行情况和合同性质，当事人可以请求恢复原状或者采取其他补救措施，并有权请求赔偿损失"的规定，要求遗赠人返还已经支付的扶养费用。这里的返还一般是指全额返还，因为在遗赠人无正当理由不履行遗赠义务的情形下，扶养人签订遗赠扶养协议的目的已经完全落空，不可能通过受赠财产得到任何补偿。除

---

① 张平华、刘耀东：《继承法原理》，中国法制出版社2009年版，第402页。

了已支付的扶养费用，还可要求支付相应利息以及赔偿其他损失。这里需要注意的是，根据《民法典》第566条第2款和第3款规定，在遗赠扶养协议履行过程中，不管因哪方当事人违约导致协议被解除的，解除权人可以请求违约方承担违约责任，但是当事人另有约定的除外。主合同解除后，如果该遗赠扶养协议有担保人的，担保人对债务人应当承担的民事责任仍应当承担担保责任，但是担保合同另有约定的除外。

【审判实践中应注意的问题】

司法实践中，对遗赠扶养协议的解除问题，还有一个问题争议较大，即遗赠扶养协议的当事人能否以感情不和、关系不睦等情感理由单方解除该协议。换言之，遗赠扶养协议的当事人是否有任意解除权。对此，一种观点认为，遗赠扶养协议的当事人不具有任意解除权。其理由在于：第一，遗赠扶养协议应严格适用本条规定，只有在一方当事人不履行协议约定义务时，才可以主张解除协议，而感情不和等并不必然导致协议无法继续履行；第二，遗赠扶养协议是双方法律行为，对双方当事人都有约束力，故从合同严守原则出发，不应允许在双方当事人未协商一致的情形下，随意解除或变更协议内容。另一种观点则认为，遗赠扶养协议的当事人具有任意解除权。其理由在于，扶养人和遗赠人之间的信任是扶养人愿意承担扶养义务的原因之一。由于丧葬在我国文化中具有重要意义，遗赠人指定扶养人处理自己的身后事务，体现了遗赠人对扶养人的信任。因此，遗赠扶养协议属于以当事人之间特别信任关系为基础的合同。准此，如果遗赠扶养协议双方当事人之间的信任关系已经丧失，应当允许任何一方解除协议，即双方当事人享有任意解除权。这一任意解除权不同于因违约产生的法定解除权，不要求一方当事人具有违约行为。在法律适用上，由于生养死葬接近于委托，因此，在扶养人和遗赠人之间的信任关系遭到破坏时，可参照适用《民法典》第933条第1句，承认双方当事人享有任意解除权。[1]我们认为，目前不宜认可遗赠扶养协议当事人的任意解除权。首先，立法规定遗赠扶养协议的初衷是允许年老体弱的遗赠人通过遗产处理得到安享晚年和死后安葬的保证。在某种意义上，仍具有填补社会保障不足的功能。在当前社会尤其是农村居民社会保障尚不完善的情况下，如果允许当事人随意解除遗赠扶养协议，一方面将破坏当事人对该协议可得利益的稳定预期，另一方面也与国家保障体系政策精神不匹配。其次，任意解除权有违合同严守原则，必须由法律规定或当事人约定。在现行法并未对遗嘱扶养协议明确规定任意解除权的情形下，人民法院不宜违反合同严守原则对其予以确认。最后，本条已经规定了遗赠扶养协议单方解除的情形，如果再认可当事人遗赠扶养协议的任意解除权，将导致本条规范目的落空。因此，如果实务中出现当事人以感情不和等为由拒绝履行扶养义务或拒绝接受扶养义务的情形，仍应通过现有合同解除规则处理，而不宜直接认可其任意解除权。

---

[1] 缪宇：《遗赠扶养协议中的利益失衡及其矫治》，载《环球法律评论》2020年第5期。

> 第四十一条　遗产因无人继承又无人受遗赠归国家或者集体所有制组织所有时，按照民法典第一千一百三十一条规定可以分给适当遗产的人提出取得遗产的诉讼请求，人民法院应当视情况适当分给遗产。

【条文主旨】

本条是关于遗产酌给请求权人有权适当取得无人继承又无人受遗赠遗产的规定。

【条文理解】

现实生活中，遗产出现无人继承又无人受遗赠的情形时有出现。为尽快明确遗产最终归属、提高遗产利用效率，各国立法都规定了相应制度设计。除了在遗产最终归属于国家这一点基本形成共识之外，各国在国家以何种形式取得遗产问题上，存在分歧：一种观点为，将国家作为法定继承人取得遗产，由国家对清偿被继承人的债务承担限定责任，例如《德国民法典》第1936条；另一种观点为，国家虽不是继承人，但在遗产管理人清偿债务后，可取得剩余遗产，例如《法国民法典》第539条；还有一种观点为，国库作为遗产归属人，例如《日本民法典》第951条规定。就我国而言，早在1985年《继承法》第32条就规定："无人继承又无人受遗赠的遗产，归国家所有；死者生前是集体所有制组织成员的，归所在集体所有制组织所有。"就该表述而言，最大特点在于除国家外，增加了可以取得该遗产的主体，即集体所有制组织，但其并未明确国家、集体所有制组织是以何种资格或身份取得该遗产，也没有明确国家、集体所有制组织取得遗产的性质是原始取得抑或继受取得。进一步而言，国家、集体所有制组织取得遗产后是否应承担清偿遗产债务等责任，并未明确。尽管如此，在《民法典》起草过程中，关于无人继承且无人受遗赠的遗产，多数建议仍集中在应尽量避免遗产因无人继承而归国家的情况，让遗产的处理能尽量体现被继承人的真实意愿。为此，《民法典》第1128条新增规定了被继承人的兄弟姐妹先于被继承人死亡的，由被继承人的兄弟姐妹的子女代位继承，以扩大继承人的范围。在已适当扩大继承人范围以缩小无人继承遗产情形发生的前提下，《民法典》第1160条仍基本继受了1985年《继承法》第32条，只是增加了"用于公益事业"的表述，以明确该遗产的用途。虽然遗产无人继承又无人受遗赠，排除了继承人和受遗赠人主张权益的可能，但就继承人以外的依靠被继承人扶养的人或者继承人以外的对被继承人扶养较多的人而言，其能否从该遗产中分得遗产则立法并未明确。对此，司法实践中，一直持肯定态度。早在1985年《继承法意见》第57条中就规定"遗产因无人继承收归国家或集体组织所有时，按继承法第十四条规定可以分给遗产的人提出取得遗产的要求，人民法院应视情况适当分给遗产。"该条在具体适用中，争议不大，故本条司法解释对其内容基本保留，只是增补了"又无人受遗赠"的情形，并将"或集体组织"修改为"或者集体所有制组织""按继承法第十四条"修改为"按照民法典第一千一百三十一条""分给遗产的人提出取得遗产的要求"修改为"分给适当遗产的人提出取得遗产的诉讼请求"，以与《民法典》的表述保持一致。司法实践中，就本条的适用，可从以下几个方面把握：

一、如何理解"遗产因无人继承又无人受遗赠归国家或者集体所有制组织所有时"

确定遗产的归属是《民法典》继承编立法的主要价值目标。本质而言，继承关系并非简单的财产流转关系，而是基于血缘关系和婚姻关系的身份财产关系。其中，"家庭扶养"和"被继承人意愿"是确定遗产最终归属的主要依据。"家庭扶养"直接体现了我国养老扶幼、家庭和谐的继承立法取向。遗嘱继承和遗赠直接体现了"被继承人意愿"，而法定继承也可被理解为是对"被继承人意愿"的一种推定。但就本条所指无人继承又无人受遗赠的遗产而言，发生在没有继承人、继承人丧失继承权、放弃继承权、其他人放弃受遗赠的特殊情形。此时，"家庭扶养"已无必要，但"被继承人意愿"仍应作为确定遗产归属的重要参考。由于对无人继承又无人受遗赠的遗产归属，被继承人并无明确处分意愿，故只能综合社会公众一般继承观念、风俗习惯等因素对其意愿予以推定。对于城镇居民而言，调查问卷统计结果显示，被调查民众选择最多的是国家（占34.38%）；其次是"不是继承人的其他亲属"（占24.66%）；再次是"死者生前所在地民政部门的社会福利机构"（占19.08%）。而对于农村居民而言，调查问卷统计结果显示，被调查民众选择最多的是"不是继承人的其他亲属"（占25.98%）；其次是"死者生前所在地的国库"（占20.32%）；再次是"死者生前所在地民政部门的社会福利机构"（占19.13%）。[①] 由上可见，无人继承又无人受遗赠遗产归国家所有，用于公益事业是多数民众的共识。但是该调查问卷在选项设计上并未将依靠被继承人扶养的非继承人以及对被继承人扶养较多的非继承人作为遗产归属对象，故该调查问卷并不能得出无人

---

① 曹贤信、曾瑞玉：《我国无人承受遗产归属主体的立法构建——基于十省市问卷调查的分析》，载《学术论坛》2018年第4期。

继承又无人受遗赠遗产归国家所有后，上述与被继承人存在扶养关系的主体不能主张遗产继承的结论。这也是本条起草的背景之一。

司法实践中，适用本条时，首先应明确的是本条适用的遗产范围。顾名思义，无人继承又无人受遗赠的遗产，一般是指被继承人死亡后，在没有继承人存活或继承人放弃、丧失继承权的前提下，又没有受遗赠人接受遗赠的遗产。具体而言，"无人继承"是指不可以通过法定继承、遗嘱继承方式进行继承的情形，即在没有遗嘱继承人或遗嘱继承人放弃继承、丧失继承权、先于遗嘱人死亡或终止等情形下，没有法定继承人、法定继承人放弃继承、丧失继承权。而"无人受遗赠的遗产"则同时包括没有受遗赠人、受遗赠人放弃受遗赠、丧失受遗赠权、受遗赠人先于遗嘱人死亡或终止等情形。显然，上述情形的查明是明确遗产是否满足本条要求进而归国家或集体所有制组织所有的前提。对此，1985年《继承法》中并未对如何确定遗产处于无人继承又无人受遗赠状态作出规定，而是直接将遗产无人继承且无人受遗赠作为一种毋庸置疑的法律事实。但从日常生活经验可知，该事实经常会因后来出现的继承人或受遗赠人而被推翻，从而导致本条的适用前提不复存在。对此，域外立法则通过无人承认继承制度加以完善。所谓无人承认继承制度是指继承人有无不明之继承，需经过寻找继承人和受遗赠人的公告程序后，确实无继承人和受遗赠人出现并主张权利的才是无人继承遗产。[①] 无人承认继承制度主要包括确定遗产管理人、公告搜索继承人和受遗赠人以及遗产清算等几个先后承继的环节。通过这些法定环节，才能确定继承人和受遗赠人存在与否，也才能更有效保护遗产利害关系人的切身利益。《民法典》制定过程中，立法者也

---

① 陈苇：《外国继承法比较与中国民法典继承编制定研究》，北京大学出版社2011年版，第647页。

注意到了无人承认继承制度缺失可能导致的弊端，并在第1145条规定了遗产管理人确定方式、在第1147条规定了遗产管理人的职责，其中第4项"处理被继承人的债权债务"就是遗产清算的内容。虽然《民法典》没有对"公告搜索继承人和受遗赠人"作出明确规定，但可以通过第1147条关于遗产管理人职责的规定第6项"实施与管理遗产有关的其他必要行为"这一兜底条款将"公告搜索继承人和受遗赠人"解释为管理遗产有关的必要行为，从而让遗产管理人履行实施上述公告行为的职责。对于无人继承和受遗赠的遗产，经过遗产清算后剩余的遗产，才可根据《民法典》第1160条规定，归国家或集体所有制组织所有。一般情况下，如果死者为城镇居民而非农村居民，其遗留的无人继承遗产归国家所有。归国家所有就是收归国库，由政府有关部门负责处理。在《民法典》起草过程中，考虑到无人继承遗产由国家无偿取得，为了充分发挥这部分财产的价值，更好地体现"取之于民、用之于民"的宗旨，故明确规定归国家所有的无人继承遗产必须用于公益事业。[1]对于农村居民而言，由于其都是集体所有制组织成员，一般都从集体所有制组织获得了土地承包经营权、分红等权益，故该无人继承遗产由集体所有制组织所有，比较合理。这里要注意的是，根据《民法典》第96条、第101条规定，机关法人、农村集体经济组织法人、城镇农村的合作经济组织法人、基层群众性自治组织法人为特别法人。而居民委员会、村民委员会具有基层群众性自治组织法人资格。未设立村集体经济组织的，村民委员会可以依法代行村集体经济组织的职能。可见，集体经济组织是与村民委员会并列的机构，只有在没有村集体经济组织的情形下，才由村民委员会代行其职能。换言之，本条所指集体所有制组织一般是指村集体经济组

---

[1] 黄薇主编：《中华人民共和国民法典释义》，法律出版社2020年版，第2227页。

织，不包括城镇农村的合作经济组织和基层群众性自治组织。而作为基层群众性自治组织的村民委员会只在没有村集体经济组织的情形下，才可代其取得无人继承且无人受遗赠遗产。从《民法典》第1160条的规定表述来看，其是直接确认无人继承又无人受遗赠的遗产归国家或集体所有制组织所有，是基于被继承人死亡且其遗产无人继承又无人受遗赠的法律事实而发生的物权变动。因此，国家或集体所有制组织可以对保管遗产的人主张的是物权请求权而非债权请求权。换言之，因该遗产归属、内容发生争议时，国家或集体所有制组织可以依据《民法典》第233条至第239条规定，可以单独或合并采取以下措施保护其对该遗产的物权：（1）请求确认其所有权。（2）他人侵害该遗产时，请求其承担返还原物、排除妨害或消除危险、修理、重作、更换或者恢复原状、损害赔偿等民事责任。

二、如何理解"按照民法典第一千一百三十一条规定可以分给适当遗产的人提出取得遗产的诉讼请求，人民法院应当视情况适当分给遗产"

日常生活中，常见的遗产分配对象包括遗产债权人、继承人、受遗赠人、签订遗赠扶养协议的受遗赠人。此外，还存在一种特殊对象，即与被继承人生前有扶养关系的非继承人。根据《民法典》第1131条规定，对继承人以外的依靠被继承人扶养的人，或者继承人以外的对被继承人扶养较多的人，可以分给适当的遗产。这里与被继承人生前有扶养关系的非继承人即为学理上所谓遗产酌给请求权人。遗产酌给与继承的不同点在于：首先，是否承担遗产债务不同。遗产酌给仅限于积极遗产的给予，不包括消极遗产，也即不承担遗产债务，而对于继承，继承人应对遗产债务承担有限或无限责任。其次，权利实现不同。遗产酌给权是一种请求权，必须通过遗产酌给请求权人依法主张，才能实现。如果遗产酌给请求权人没有主张，则遗产管理人或继承人无须考虑是否存在遗产酌给情况。原因在于，虽然被继承人与遗产酌给请求权人之间一旦存在扶养事实，遗产酌给法律关系即可成立。但考虑遗产的归属性决定所有权关系，而遗产并非归受遗产酌给人所有且遗产酌给关系的成立是基于扶养事实等因素，遗产酌给请求权人的权利应有一定期限限制。故遗产酌给请求权并非物权。而继承权则由继承人依法当然享有，只要继承人在遗产处理前没有以书面形式作出放弃继承的表示，就视为接受继承。根据上述条文规定，遗产酌给请求权人应该满足一个前提和两个条件：前提是非继承人；两个条件满足其一即可，一是被继承人扶养的人；二是对被继承人扶养较多的人。不应将遗产酌给请求权主体局限在与被继承人存在血亲、姻亲关系的自然人中，而应该以扶养事实行为的存在为准。因此，遗产酌给请求权的主体是非继承人中，被继承人生前扶养的人或扶养被继承人的人。养子女、继子女、生育辅助治疗出生的子女对被继承人扶养较多的，可成为遗产酌给请求权主体。[1] 根据1985年《继承法》第14条规定，受扶养人是缺乏劳动能力又没有生活来源的人时，其享有遗产酌给请求权。《民法典》第1131条将受扶养人定义为"依靠被继承人扶养的人"，删去了"缺乏劳动能力又没有生活来源"的规定。《民法典》扩大遗产酌分请求权人的范围，可以更好地适应现实需要。实务中，依靠被继承人扶养的人常见的是被继承人死亡时与其同居的人。这主要包括未婚同居情形和婚姻无效或被撤销情形。对此，《民法典》第1051条至第1054条对婚姻无效和撤销情形作了规定。由于上述情形，同居一方不具有夫妻的权利和义务，不能作为合法配偶取得法定继承人身份，故只能依据《民法典》第1131条规定的"依靠被

---

[1] 李佳伦：《民法典编纂中遗产酌给请求权的制度重构》，载《法学评论》2017年第3期。

继承人扶养的人"，主张遗产酌给请求权。当然，对于婚姻无效或被撤销有过错的一方主张遗产酌给请求权的，应综合其过错程度、个人情况等因素酌定是否支持其请求及其请求数额。此外，根据《民法典》第1074条规定，有负担能力的祖父母、外祖父母对于父母已经死亡或者父母无力抚养的未成年子女、外孙子女有抚养的义务。因此，当作为被继承人的祖父母、外祖父母死亡时，未成年孙子女、外孙子女因不是《民法典》第1127条规定的法定继承人而不能主张继承，但可主张其满足《民法典》第1131条规定的"依靠被继承人扶养的人"这一条件，主张遗产酌给请求权。

就扶养被继承人的非继承人而言，现实生活中，还有一种常见情形，即养子女、继子女对父母进行扶养。就养子女对父母的扶养而言，由于《民法典》第1111条规定，自收养关系成立之日起，养父母与养子女间的权利义务关系，适用父母子女关系的规定，而养子女与生父母以及其他近亲属间的权利义务关系，因收养关系的成立而消除。故养子女对养父母的扶养法律上应评价为子女履行对父母的赡养义务，有权作为法定继承人继承养父母的遗产。与此同时，虽然养子女与生父母之间没有法定的权利义务关系，不能作为法定继承人继承其生父母的遗产，但是基于血缘亲情，现实中养子女对生父母进行扶养的情形也屡见不鲜。对此，可视情形将其归入《民法典》第1131条规定的"继承人以外的对被继承人扶养较多的人"，可以主张遗产酌给请求权。本解释第10条也规定，被收养人对养父母尽了赡养义务，同时又对生父母扶养较多的，除可以依照《民法典》第1127条的规定继承养父母的遗产外，还可以依照《民法典》第1131条的规定分得生父母适当的遗产。

至于继子女，根据《民法典》第1072条规定，继父或者继母和受其抚养教育的继子女间的权利义务关系，适用父母子女关系的规定。因此，对于已经与继父或者继母之间形成抚养教育关系的继子女,对继父或继母的扶养在法律上应评价为履行子女对父母的赡养义务,有权以法定继承人身份继承继父或继母的遗产。与此同时,由于在法律上继子女与其生父母之间的父母子女关系并未消除,故继子女仍可以法定继承人身份继承其生父母的遗产。进而,其也不存在适用本条主张遗产酌给请求权的问题。本解释第11条也规定,继子女继承了继父母遗产的,不影响其继承生父母的遗产。对于没有与继父或者继母之间形成抚养教育关系的继子女,当然有权以法定继承人身份继承其生父母的遗产。至于对其继父或继母的遗产,由于没有形成父母子女关系,故不能直接以法定继承人身份继承其遗产,但其如能证明对继父或继母扶养较多,也可作为《民法典》第1131条规定的"继承人以外的对被继承人扶养较多的人",主张遗产酌给请求权。同样,根据《民法典》第1074条的规定,有负担能力的孙子女、外孙子女,对于子女已经死亡或子女无力赡养的祖父母、外祖父母,有赡养的义务。根据《民法典》第1127条的规定,孙子女、外孙子女并非祖父母、外祖父母的法定继承人,故如果孙子女、外孙子女对祖父母、外祖父母履行了赡养义务,则可作为《民法典》第1131条规定的"继承人以外的对被继承人扶养较多的人",主张遗产酌给请求权。上述遗产酌给请求权人主张取得遗产时,《民法典》第1131条规定的是"可以分给适当的遗产"。这里的"可以"并非"应当",意味着法院在是否分给其遗产的问题上可自由裁量。例如,对已经通过被继承人生前赠与或遗赠等方式取得较多财产的人,由于该生前赠与和遗嘱已经达到了死后扶养意思的延续和生前扶养的报偿,故可以不支持其提出的取得遗产请求,从而让继承人或受遗赠人等其他遗产利害关系人可以分得更多财产。而本条之所以用的是"应当",则是因为对于无人继承又无人受遗赠的遗产而言,已不存在支持遗产酌给请求会减少其他继承人或受遗赠人可得遗产数额的可能,相对于归属国家或集体所有制组织,分给遗产酌给请求权人适当遗产可能更符合被继承人的意愿。至于本条中"人民法院应当视情况适当分给遗产"则可区分不同情况处理：对依靠被继承人扶养的人来说，可以考虑被继承人生前所给予其扶养的状况，是独自扶养还是与他人共同扶养；受扶养人与被继承人之间是否存在亲情、友情等关系及其关系远近；遗产价值的大小；被扶养人当地的生活标准、身体状况等。对扶养被继承人的请求权人，则可考虑扶养的方式和时间长短；彼此间感情亲疏远近；扶养人的经济状况；以及遗产的多少等。

【审判实践中应注意的问题】

司法实务中，由于无人继承又无人受遗赠的遗产，不存在继承人和受遗赠人主张权利的问题，故一般不会发生遗产酌给请求权人和继承权、受遗赠权之间的权利冲突。但鉴于被继承人个人债务、遗产管理人报酬以及遗产管理费用等都要由该遗产支出，故当遗产价值不够时就可能出现遗产酌给请求与上述支出之间如何分配遗产的争议。对此，由于遗产管理人报酬、遗产管理费用等都是为遗产保值增值所应支出的必要费用，故可参照破产法中相关规定，认定其优先于遗产酌给请求和被继承人个人债务从遗产中得到分配。对此，《最高人民法院关于民法典继承编的立法建议稿》也曾提出对无人继承又无人受遗赠遗产可参照破产程序进行的相应建议。至于遗产酌给请求与被继承人个人债务之间的清偿先后关系，一种观点认为，遗产酌给请求权是对遗产的一种法定请求权，本质为债权性质，应与被继承人个人债务的债权人按同一顺序清偿，不够则按比例清偿。另一种观点认为，遗产酌给请求权是法律基于照顾弱势群体和鼓励助人为乐、互帮互助的优良风尚所规定，并非当事人之间权利义务的对价关系，在清偿顺序上应劣后于已经支付对价的被继承人债权人。我们认为,《民法典》第 1131 条规定的遗产酌给请求权人包括依靠被继承人扶养的人和对被继承人扶养较多的人。对于前者,遗产酌给请求权人一般并未对被继承人有精神或物质付出,故相对于已经支付对价的被继承人的债权人,在遗产分配时,可考虑优先保护被继承人的债权人。对于后者,遗产酌给请求权人取得权利是因为对被继承人扶养较多,可以将这些扶养付出作为其取得权利的对价,故对其遗产分配可参照被继承人的债权人处理。

"继承人以外"的人是否包括不享有继承既得权的后顺序法定继承人或代位继承人。对此,有观点认为,法定继承中,当由第一顺序的继承人继承遗产时,继承人以外的人便包括第二顺序的继承人、代位继承人。我们认为,该观点值得商榷。首先,《民法典》关于"继承人"本身的表述并未区分顺序和是否代位。《民法典》第 1131 条中的"继承人"并未有顺序的限定,而第 1130 条中的"同一顺序继承人"的表述说明立法者通过在"继承人"前增加"第一顺序",对该条中"继承人"的范围加以限定。故从两个条文整体解释可知,没有特别注明的情形下,《民法典》中的"继承人"都不区分先后顺序。进而,《民法典》第 1131 条规定的遗产酌分请求权人不包括第二顺序法定继承人。至于代位继承人因也是继承人,亦不属于本条规范对象。其次,作为第二顺序继承人的祖父母、外祖父母、兄、姐在特定情形下与作为被继承人的未成年孙子女、外孙子女或弟、妹之间的扶养,分别属于《民法典》第 1074 条、第 1075 条规定的法定义务,不存在通过行使遗产酌分请求权得到补偿的必要。

> **第四十二条** 人民法院在分割遗产中的房屋、生产资料和特定职业所需要的财产时,应当依据有利于发挥其使用效益和继承人的实际需要,兼顾各继承人的利益进行处理。

【条文主旨】

本条是关于特殊遗产分割原则的规定。

【条文理解】

财产继承法律关系具有避免因被继承人死亡造成其生前所处的各种法律关系受到破坏,使法律关系尽量平稳地过渡给其他主体的作用。为了取得属于自己应继承份额遗产的所有权,共同继承人通过遗产分割,可以尽快结束遗产的暂时共有状态,使自己成为遗产的实际占有和管理人。[①] 遗产分割是结束遗产共有,实现继承人利益最为关键的一环。继承开始后,继承人之间如能通过遗产分割尽快结束这种共有状态,不仅可以避免此类纠纷的发生,而且由继承人各自取得遗产的所有权比各共同继承人之间共有遗产更有利于发挥遗产的效用。因为在遗产尚未分割之前,继承人难以有效行使对于遗产的权利,即使以不动产遗产出租或者维持遗产原来的使用方式获取市场价值,也极容易导致继承利害关系人之间的矛盾。只有

[①] 陈苇主编:《外国继承法比较与中国民法典继承编制定研究》,北京大学出版社2011年版,第572页。

完成遗产分割，了结遗产法律关系，确立新的财产所有权关系，使财产摆脱不确定的状态，才能借由所有权主体的参与使财产的市场价值得到体现。因此，有必要促使当事人尽快完成遗产分割。

为明晰房屋、生产资料和特定职业所需要的财产作为遗产予以分割时的具体标准，1985年《继承法意见》第58条规定："人民法院在分割遗产中的房屋、生产资料和特定职业所需要的财产时，应依据有利于发挥其使用效益和继承人的实际需要，兼顾各继承人的利益进行处理。"本条予以承继。本条规定体现了遗产分割中的重要原则——物尽其用原则。《民法典》实施后，物尽其用原则具体规定于第1156条第1款，即"遗产分割应当有利于生产和生活需要，不损害遗产的效用"。

遗产分割不应仅关注于遗产的归属，更应关注遗产效用的发挥，在分割遗产时，应坚持利用优先，并同时关注意思自治价值、伦理价值和社会价值。意思自治价值主要体现为对被继承人意愿的尊重，伦理价值则体现为遗产分割时要顾及具备亲密关系的家庭成员，社会价值体现为物尽其用原则。审判实践中，人民法院应注意发挥遗产的效用，通过保障继承人请求遗产分割的自由和依法适用特殊遗产等分配原则来实现此目的。

一、遗产的分割

遗产分割因其依据不同，可以分为遗嘱分割、继承人协议分割和裁判分割三种。

（一）遗嘱分割

遗嘱是被继承人生前依法处分自己的财产及有关事务并于其死亡后发生效力的单方法律行为。遗嘱执行人依照被继承人的遗嘱在各共同继承人之间所进行的分配应当属于法律行为。在依据被继承人遗嘱指示分割遗产时，应以遗嘱自由原则为最高价值。只有依据遗嘱分割遗产才能充分体现被继承人有处分其生前财产的自由，该自由包括被继承人有权自行决定其遗产由谁来继承、继承的具体份额、遗产的分割方法等。此时，公平、平等、效率、秩序价值等都应予以退让，但被继承人分割遗产的自由应受到特留份或必留份的限制。

（二）继承人协议分割

数个继承人对于遗产分割的具体事宜达成协议后，以此作为遗产分割的依据。继承人达成的协议是多个继承人对于如何分割遗产的意思表示，此种分割方式属于民事法律行为。在继承人采取协议分割遗产的方式时，继承人应基于其相互平等的地位，按照各自的意愿进行平等协商。一方面要尊重继承人根据真实意愿签订协议的效力，另一方面继承人的自由也要受到基于公平原则而设立的必留份等强制性规定的约束。

（三）裁判分割

在裁判分割时，裁判程序的启动是因继承人之间对遗产分割事宜无法达成一致而向人民法院提出请求引发的，也属于法律行为。裁判分割的结果使共同继承人间对遗产的共有关系变更为单独所有，共同继承人间之权利义务关系被创设，此类诉讼属于形成之诉。人民法院进行裁判分割时，应当依据法律的规定在各共同继承人间平等、公平地分割遗产，并以能最大程度发挥遗产的效用为宜。

二、特殊遗产的分割原则

如果被继承人未以遗嘱的形式对遗产进行指示分割，继承人又无法通过协商进行分配时，继承人可以请求人民法院通过裁判的方式分割遗产。人民法院进行遗产分割时，对于特殊遗产应当按照有利于发挥其使用效益和继承人的实际需要，兼顾各继承人利益的原则进行处理。

(一) 特殊遗产的范围

很多国家都规定了特定人对于特殊遗产可以行使优先权。如《法国民法典》规定特殊遗产的范围包括：继承人实际参与或曾经参与经营的任何农业、商业、工业、手工业或自由职业企业的整体、部分或该企业的共有份额及公司权益；在被继承人死亡时其实际居住的场所及其内配备的动产所有权或租赁权；其实际从事职业活动的场所以及这些场所内配备的从业用的动产物品所有权或租赁权；其继续租赁被继承人生前以佃农身份或分成制佃农身份经营的农村财产所必须的全部动产。《德国民法典》规定特殊遗产的范围包括：不属于土地从物的婚姻家计的标的和结婚礼物作为先取份归生存配偶所有，而且可以先取的物品不仅包括日常生活用品，如家具、衣物、冰箱、电视，也包括一些奢侈品，如古董、名画、挂毯等。《瑞士民法典》规定：农业经营的用益承租人死亡，且由其继承人中一人继续承租的，该继承人可请求按经营价值和应继份额进行折算后，将所有经营所需的动产（牲畜、工具、仓储等）划归其继承。《俄罗斯联邦民法典》规定：对于遗产中的不可分物，经常使用该物的继承人有以其应继份额取得该物的优先权；对于不能实物分割的遗产中的住房，继承开始前居住在该处且没有其他住房的继承人，对非房屋所有人的其他继承人享有以其应继份额取得该房屋的优先权；直至继承开始时一直与被继承人共同生活的继承人，享有以其应继份额取得家居和日常生活用品的优先权；对遗产中的企业部分，在继承开始之日已被登记为个体企业的继承人或为遗嘱继承人的商业组织，有权以其继承份额优先获得该企业。

根据本条规定，遗产中的房屋、生产资料和特定职业所需要的财产可以作为特殊遗产。房屋作为特殊遗产不仅在于其作为不动产具有的经济价值，还在于其对于与被继承人共同生活的继承人而言,更重要的是具有与被继承人共同生活的情感上的联系。生产资料的范围比较广泛,如经营的企业、公司权益等可以作为生产资料。特定职业所需要的财产则与职业密切相关,如从事养殖业所需要的工具等;从事绘画职业所需要的画具等。生产资料、特定职业所需要的财产作为特殊遗产与实现遗产效用最大化密不可分。

(二)分割特殊遗产的原则

为妥善分配遗产,各国对于遗产分割需要考量的因素作出专门规定,如《日本民法典》规定:分割遗产需要考虑属于遗产的物或权利的种类及性质,各继承人的年龄、职业、身心状态、生活状况及其他相关情况。为实现特殊遗产的公平分配,本条规定:分割遗产中的房屋、生产资料和特定职业所需要的财产时,应当依据有利于发挥其使用效益和继承人的实际需要,兼顾各继承人的利益进行处理。

1. 分割特殊遗产应体现物尽其用的价值。在继承法领域,法的效率价值主要体现为能以较少的投入实现遗产在继承人之间的公平分配,最大程度地使遗产能够"物尽其用"。这就要求在对特殊遗产进行分配时,应坚持有利于发挥其使用效益的原则,以发挥遗产的最大效用,提高遗产分配的效率。

房屋作为遗产中的不可分物,可由继承人中的一人或数人所有,再由其向其他继承人给予补偿。在多个继承人均愿意取得房屋的所有权而又不能达成一致意见时,根据有利于发挥其使用效益和继承人的实际需要的原则,应当考虑将房屋分配给最能发挥遗产使用效益和满足实际需求的继承人。一般而言,将房屋分配给在继承开始时就居住在房屋中共同生活的继承人,可以更好地发挥房屋的价值。此外,与被继承人共同生活的继承人共同使用房屋里的家具及日常生活用品,因此将房屋、家具及生活用品等一起分配给共同生活的继承人,可以最大程度地发挥遗产的效用,同时也能最大程度地满足继承人的需求。

此外，在分割遗产时，还应考虑继承人的职业、继承人配偶及子女的职业、需求等与遗产的关联性。如遗产中有乐器，将乐器分配给从事音乐职业的继承人将最大程度发挥其价值。如果分配给对音乐没有兴趣的继承人，则乐器就无法发挥其价值。在遗产中有企业时，如果将变卖企业出资额、股权等财产权益的价值在各继承人之间平均分配的形式不能实现企业的传承，且违背被继承人意愿的情况下，人民法院可将对企业的出资额、股权等财产权益分配给有经营能力和经验的继承人，由该继承人对其他继承人通过现金和分红等方式予以补偿方能更好地发挥遗产的使用效益。在确定继承企业的人选时，除了考虑继承人的经营能力外，还应考虑继承人配偶及子女的职业等。如果继承人的配偶或子女具有经营能力，例如，其在被继承人生前即在企业中担任管理人员，那么将企业出资额、股权等财产权益分配给该继承人更有助于实现遗产效用的最大化。

2.分割特殊遗产应体现利益协调平衡原则。家庭，对于国人来说，是生命之根、幸福之源，每个人都是始于家庭又终于家庭。[①]遗产分割的合理、公正与否关乎养老育幼、照顾弱者、维护家庭、家族和社会和谐等价值的实现。分割特殊遗产时，应注意兼顾各继承人的利益，保持各继承人私权之间的利益平衡。在分割特殊遗产时，应当通盘考虑遗产的价值性与现实性功能，将权利义务相一致原则具体化，在遗产分配中要以实现个人之善、家庭之善、社会之善为价值追求。如对于遗产中的企业出资额、股权等财产权益，如各继承人达成继续维持共有的意见，那么按照该份额进行收益分配既能兼顾各继承人的利益，又能达到最大程度发挥企业效益的目的。

---

① 刘练军：《民法典应承载宪法对家庭之制度性保障》，载《法制与社会发展》2018年第24期。

【审判实践中应注意的问题】

大数据时代，合法的数字财产作为依托于互联网或者电子介质的新型财产，在被继承人死亡之后会变成数字遗产，在多个继承人之间同样存在遗产分割问题。

分割数字遗产时，一方面要尽量保证发挥其最大经济价值，另一方面要充分考虑被继承人的意愿。对于兼具人格利益性质的数字遗产，例如网络相册、微博账号等，由于照片可以被复制、微博账号等客户端可以在多个网络终端同时登陆，一般情况下不存在遗产分割的问题，可以由多个继承人共同继承，实现共用。如果具有人格利益性质的数字遗产涉及被继承人较多的隐私，则要根据被继承人的意愿或按照最密切利益原则确定继承人。对于纯粹财产利益性质的数字遗产，例如网络店铺、游戏装备等，可以作为特殊遗产予以分割。继承人请求人民法院裁判分割时，可以按照以下方式处理：首先，如果所有继承人都放弃继承，可以将该数字遗产进行拍卖，拍卖价款中除去拍卖等费用后所得价款由各继承人按照应得份额分配；其次，如果有部分继承人愿意继承，则由该继承人继承，同时采取折价的方式补偿其他继承人；最后，如果所有继承人都愿意继承数字遗产，如淘宝店铺，则可将店铺分配给有经营能力和经验的继承人，也可在继承人协商一致的情况下保持共有状态，按照继承份额分配在经营期间所得的收益。对于游戏装备而言，由于仅可由一人占有，故可以采用协商的方式确定继承人，由其补偿没有占有的继承人。如协商不成，可以采用竞价形式，由价高者得。

> **第四十三条** 人民法院对故意隐匿、侵吞或者争抢遗产的继承人,可以酌情减少其应继承的遗产。

【条文主旨】

本条是关于法定继承人少分遗产认定标准的规定。

【条文理解】

继承人在遗产分配过程中出现不法、不道德等行为时,人民法院可以依法判令该继承人承受不利益,以此保障遗产的继承秩序,弘扬社会主义核心价值观。《继承法》第24条规定:"存有遗产的人,应当妥善保管遗产,任何人不得侵吞或者争抢。"《民法典》第1151条在《继承法》第24条规定基础上,增加了"任何组织"不得侵吞或者争抢遗产的规定,即"存有遗产的人,应当妥善保管遗产,任何组织或者个人不得侵吞或者争抢"。对于法定继承人少分遗产的规定,最早存在于1985年《继承法意见》中,该意见第59条规定:"人民法院对故意隐匿、侵吞或争抢遗产的继承人,可以酌情减少其应继承的遗产。"本条予以承继,未作修订。

一、酌情分割遗产的价值考量

(一)公正价值观

公正是自古以来社会追求的重要核心价值。《民法典》继承编未对公正价值作出独立的规则性规范，仅以原则性规范体现在继承立法之中。其原因在于继承关系具有财产与身份双重属性，存在诸多不确定的价值判断因素，进行统一的量化处理存在客观不能。公正是遗产分割的价值追求之一。通过对符合社会主义核心价值观的行为给予肯定性评价，对有违道义的行为给予否定性评价可以实现遗产的公平分配，从而使得个人可以感知到社会、家庭的实质公正，并能够进一步推动尊重被继承人意志自由的价值观念与权利义务相一致的价值准则在继承法律中的发展与共生。

（二）利益平衡

酌情增加、减少遗产分配的规定是实现继承过程中利益衡平的必要手段，有助于保护具有遗产分配请求权主体的相关权益，有利于实现各继承主体之间的利益平衡。酌情增加、减少遗产分配的规定可以赋予司法机关较大的遗产酌分裁量权，增加遗产分配的灵活性，有利于通过利益衡量实现分配的实质性公平。

二、酌情减少被继承人应继承遗产的构成要件

减少继承人继承遗产的份额对继承人的权益有着重要的影响，因此有关标准应当具体明确，以免因个人价值观或道德观等因素，而作出有利或不利于相关继承人的认定。根据本条的规定，酌情减少继承遗产情形的构成要件有以下四点。

（一）须是继承人本人的行为

继承人有故意隐匿、侵吞或者争抢遗产的行为，人民法院才可以减少其应继承的遗产。继承人本人可以不是直接正犯，可以是间接正犯、教唆犯或从犯。如果是继承人的配偶或者其他亲属存在上述行为，亦不应减少继承人应继承的遗产。

（二）须以被继承人的遗产为对象

继承人必须对被继承人的遗产采取了故意隐匿、侵吞或者争抢

的行为，才可以减少其应继承的遗产。

（三）主观上须以故意为要件

所谓"故意"是指明知并有意使某事实发生（直接故意）；或者"预见"事实的发生，且其发生并不违背其本意（间接故意）。故意行为与过失行为相比，前者更具可归责性或可非难性。继承人对于遗产不论是基于直接故意或间接故意，只要存有隐匿、侵吞或者争抢遗产的故意，就可以减少其应继承的遗产。如果仅是主观上存有过失，并不当然减少其应继承的遗产。人民法院在判断继承人的行为是否存在故意时，可以援引经验法则进行事实的推定。

（四）须是继承开始后的行为

遗产是自然人死亡时留下的个人合法财产。鉴于故意隐匿、侵吞或者争抢行为的客体是遗产，因此继承人故意隐匿、侵吞或者争抢的行为，应为继承开始后的行为。继承人作出隐匿、侵吞或者争抢遗产行为时，如果尚未具有继承人的身份，其在事后才取得继承人资格时，那么其在作为非继承人时所为行为不符合酌情减少遗产情形的构成要件。

三、可以酌情减少遗产分配的行为

当继承人存在故意隐匿、侵吞或者争抢遗产的行为时，如果其仍然可以正常继承遗产，则有违法感情，并且会助长不当行为的发生，故人民法院可以酌情减少其应继承的遗产，以示惩戒。酌情减少遗产分配的行为具体有三种。

（一）隐匿

隐匿遗产即将遗产隐藏起来。继承人存在隐匿遗产的行为，可以酌情少分遗产。人民法院原则上可责令隐藏财产的继承人交出，特殊情况下也可把隐藏的遗产作为隐藏方分得的遗产份额，对其他继承人应得的份额以其他遗产折抵，不足折抵的，差额部分由隐藏方折价补偿其他继承人。

（二）侵吞

"侵吞"的字面文义，就是非法占有，因为"侵吞"的"侵"是非法之意，"吞"就是占有。广义上"侵吞"包括非法占有的种种手段。狭义上的"侵吞"必须结合其语境确定具体含义。如《刑法》第382条第1款规定："国家工作人员利用职务上的便利，侵吞、窃取、骗取或者以其他手段非法占有公共财物的，是贪污罪。"该贪污罪中"侵吞、窃取、骗取或者以其他手段非法占有公共财物"的规定，说明"侵吞"当然是非法手段，同时，"侵吞"作为列举的三种情况之一，说明"侵吞"与非法手段在外延和内涵上并不重合，即"侵吞"不能作广义的理解。根据本条规定，酌情减少继承人应继承遗产的行为包括故意隐匿、侵吞或者争抢遗产，此条文中规定的"侵吞"同样不能作广义的理解，因为隐匿等行为也是非法占有的手段之一。该条规定中的侵吞是指继承人非法地将遗产直接据为己有或者转归他人的行为，一般表现为公开（非秘密窃取）而不加掩饰（非欺骗）地侵占遗产，拒不退还或拒不交出。

（三）争抢

争抢的字面含义就是争相抢夺，一般认为以实施一定的强力为必要。一方面，继承人实施强力行为的目的是取得遗产，因此争抢中的强力行为一般系针对遗产实施，而非针对人身实施；另一方面，争抢遗产的行为是公然的行为，行为本身是不加掩饰的，不同于秘密窃取的行为。《民法典》第235条规定："无权占有不动产或者动产的，权利人可以请求返还原物"。权利人可以向人民法院提起诉讼，请求侵吞遗产的继承人返还原物，返还不能的应折价赔偿。

【审判实践中应注意的问题】

存在法定酌情减少遗产份额情形时,如何确定具体酌减的标准,本条并未作出明确规定。我们认为,酌情减少的标准应当根据案件的具体情况,由法官自由裁量决定,但在确定具体标准时可以着重考虑以下因素:一是继承人违法行为的严重性及其过错程度;二是其他继承人因实施故意隐匿、侵吞或者争抢遗产继承人的违法行为所受损害的大小;三是故意隐匿、侵吞或者争抢遗产继承人因违法行为的获利情况等。总之,在确定酌减遗产份额时要因时制宜,既不能过度惩罚,又要达到惩戒的目的,充分保护其他继承人的合法权益。当存在以下情形时,人民法院可以视情不予减少故意隐匿、侵吞或者争抢遗产的继承人继承份额:一是其他继承人同意不予酌减的;二是故意隐匿、侵吞或者争抢遗产的继承人存在缺乏劳动能力又没有生活来源情形的;三是其他不宜减少继承份额的情形。

> **第四十四条** 继承诉讼开始后,如继承人、受遗赠人中有既不愿参加诉讼,又不表示放弃实体权利的,应当追加为共同原告;继承人已书面表示放弃继承、受遗赠人在知道受遗赠后六十日内表示放弃受遗赠或者到期没有表示的,不再列为当事人。

【条文主旨】

本条是关于继承诉讼中追加共同诉讼当事人的规定。

【条文理解】

在民事诉讼中,通常以单一原告和单一被告为基本形态,但在一些纠纷中,也存在当事人一方或双方为多数的情况,这种情况下就形成了共同诉讼这一特殊的诉讼形态。据此,我国《民事诉讼法》明确规定了民事诉讼中的共同诉讼制度。因我国《民法典》规定的继承人大多产生于被继承人的近亲属或者有密切关系的主体之中,经常会出现被继承人的遗产存在多个继承人的情形,因此,《民事诉讼法司法解释》第70条"在继承遗产的诉讼中,部分继承人起诉的,人民法院应通知其他继承人作为共同原告参加诉讼;被通知的继承人不愿意参加诉讼又未明确表示放弃实体权利的,人民法院仍应将其列为共同原告"的规定对继承诉讼中的共同诉讼作出原则性规定。本条规定即是关于在继承诉讼中,人民法院经审查认定继承开始后被继承人的遗产存在不止一个继承人的情况下，为保障所有继承人、受遗赠人的合法权益，在继承诉讼中适用共同诉讼的理论，追加共同诉讼的原告或者不列为共同诉讼的当事人而作出的进一步规定。

理解本条规定，应从以下几个方面。

一、本条规定的法理依据

（一）民事诉讼中的共同诉讼

共同诉讼属于诉讼主体的合并，原告为二人以上的，称为共同原告；被告为二人以上的，称为共同被告。共同诉讼实质上是把两个以上的单一诉讼进行合并，依据我国《民事诉讼法》第52条之规定，适用共同诉讼的前提，首先要求各个单一的诉是可以合并的，即要求要么主体间的诉讼标的是共同的，要么诉讼标的是同一种类的；其次，要经过当事人的同意。

法律在民事诉讼中确立共同诉讼制度，出于以下几个方面的考虑：（1）贯彻执行民事实体法的需要。民事诉讼法与民事实体法是配套法，共同调整民事关系，维护社会秩序、经济秩序。民事实体法规定了民事主体的各种民事权利，如财产所有权、债权、继承权、知识产权等，不乏共同共有、不可分债权、连带债权的情况。同时，民事实体法在规定民事主体承担民事责任时，也不乏共同责任、连带责任等情况。基于上述实体法的规定，民事诉讼法必须确立共同诉讼制度。（2）符合诉讼经济原则。诉讼经济原则要求民事诉讼以最少的投入，获得最大的收益。共同诉讼能使法院通过一次审理同时解决与案件有关的众多当事人的民事纠纷，避免重复审理，而被世界各国民事诉讼法所采纳。（3）防止人民法院在关联诉讼中作出互相矛盾的判决。相互关联的民事诉讼，如果由不同人民法院或者同一法院的不同审判组织进行审理，可能产生不同结果，不仅严重影响司法权威,也不利于维护当事人的合法权益。

根据共同诉讼成立的不同条件,可以将共同诉讼分为必要的共同诉讼和普通的共同诉讼。其中,"必要的共同诉讼"是指当事人一方或者双方为二人以上,其诉讼标的是共同的,人民法院必须合并审理并作出同一判决的诉讼形式。除当事人一方或双方为二人以上这一共同诉讼的基本条件以外,必要的共同诉讼具有以下两个方面的特征:(1)诉讼标的具有共同性,即当事人的诉讼标的是同一的。共同诉讼的主体在民事权利义务上具有共同的利害关系,因此必须一同起诉或应诉。如果人民法院发现必须共同诉讼的当事人没有参加诉讼的,应当追加其为当事人,通知其参加诉讼。而诉讼标的是否具有共同性,通常可以从以下两个方面进行考察:一是共同诉讼人对诉讼标的具有共同的权利或义务。例如,合伙人对合伙财产的共同所有,各共同诉讼人之间存在连带债权或连带债务等。二是共同诉讼人的诉讼权利或义务是基于同一事实或法律上的原因而产生。在这类必要共同诉讼中,共同诉讼人之间原来没有共同的权利或义务,是因为发生了同一事实或法律上的原因,使他们之间具有了共同的权利或义务。例如,数人共同致人损害,数人之间本无共同义务,由于共同实施了侵权行为这一事实,在法律上应负连带赔偿责任,成为共同诉讼人。(2)必要的共同诉讼是不可分之诉,人民法院必须合并审理、合一判决。必须适用同一诉讼程序进行审理,并对共同诉讼人的权利义务作出内容相同的裁判。

"普通的共同诉讼",则是指当事人的一方或双方为二人以上,其诉讼标的属于同一种类,人民法院认为可以合并审理并经当事人同意的诉讼。普通共同诉讼中的共同诉讼人相互间没有共同的利害关系,属于诉的形式上的合并,成立普通的共同诉讼仅是以数诉并一诉,以便同时辩论及裁判而已。因此,普通共同诉讼是一种可分之诉,既可以作为共同诉讼合并审理,也可以作为单独诉讼分别审理。是否合并审理，由当事人意思以及人民法院具体确定。由此，需要注意的是，人民法院经过审理后，对于普通共同诉讼的各个请求并不是合一确定，而是分别确定。对普通共同诉讼人的诉讼请求及其证据的审查应当分别进行，并根据审查的结果，对普通共同诉讼的不同当事人可以分别作出实体结果完全不同的裁判，即裁判结果应是独立的。

（二）必要的共同诉讼人的追加

根据共同诉讼的概念，在必要的共同诉讼中，共同诉讼人一方，无论是共同原告还是共同被告，都必须共同参加诉讼。人民法院对其民事权利义务关系进行裁判时，所有的共同诉讼人都必须以自己的名义参加诉讼，人民法院对他们所主张的权利或应履行的义务必须合并进行审理，一并作出判决。必要的共同诉讼人如不全体参加诉讼，就会影响查明案件事实，难以作出正确的裁判，未参加诉讼的当事人的合法权益就可能得不到保护。

依据《民事诉讼法司法解释》第73条之规定，必要的共同诉讼人未参加诉讼的，人民法院可依职权通知其参加诉讼。依据该条规定，必要共同诉讼人的追加，是指人民法院在诉讼中，发现必须共同进行诉讼的当事人没有参加诉讼的，应当通知其参加诉讼，这是国家干预原则的一种具体体现。由于共同诉讼人对诉讼标的有共同的权利或义务关系，致使这种共同诉讼成为一种不可分之诉，要求共同诉讼人必须一同起诉或者一同应诉，人民法院必须合并审理并作出同一裁判。在司法实践中，由于主、客观原因，常常发生必须共同进行诉讼的人没有参加诉讼的情况，因而人民法院应当及时追加当事人，通知未参加诉讼的当事人参加诉讼，或者为共同原告，或者为共同被告。必要共同诉讼人的追加有两种方式：一种是人民法院依职权追加，即通知未参加诉讼的当事人参加诉讼；另一种是当事人向人民法院申请追加。人民法院对当事人提出的申请，应当进行审查，申请无理的，以裁定驳回；申请有理的，应当书面通知被追加的当事人参加诉讼。

但是，依据《民事诉讼法司法解释》第74条之规定，人民法院追加共同诉讼当事人时，应当通知其他当事人。应当追加的原告，已明确表示放弃实体权利的，可不予追加；既不愿意参加诉讼，又不放弃实体权利的，仍应追加为共同原告，其不参加诉讼，不影响人民法院对案件的审理和依法作出判决。人民法院追加必须共同进行诉讼的当事人，是因为该被追加的当事人与案件中的一方当事人对诉讼标的具有共同的权利义务，且需要合一确定。被追加的共同原告明确表示放弃实体权利的，按照权利义务对等原则，人民法院不再需要合一确定其与其他共同诉讼人的实体权利义务，自然也就不需要再要求其参加诉讼，在此情形下，人民法院可不予追加其参加诉讼。被追加的共同原告不愿意参加诉讼，又不放弃实体权利的，考虑到该被追加的原告仅是放弃程序权利，其实体权利义务仍应当合一确定，人民法院仍应将其列为共同原告。又鉴于其明确表示不参加诉讼，根据《民事诉讼法》有关缺席审理和缺席判决的规定，人民法院可以对案件进行审理并依法判决。

二、本条规定的具体理解

（一）继承诉讼中适用共同诉讼的原因

我国《民法典》第1120条规定：国家保护自然人的继承权。继承权，是指继承人依法取得被继承人遗产的权利。近代以来，关于继承权属于期待权之论已经式微，主流观点认为，继承权属于既得权，因此，在《民法典》出台以前，原《物权法》第29条就已经作出规定，继承一经开始，继承人对遗产的权利便由继承权转变为所有权。

因在遗产分割前，无法确定继承人继承遗产的种类、数额，故一般认为若干继承人对遗产享有共有权。但对何种性质的共有权却有不同的制度及不同的学说。第一，共同共有说。该学说主张，既然在遗产分割前不能确定各继承人继承遗产的份额，全体继承人对遗产便应当是不分份额地共同共有。《瑞士民法典》以及我国台湾地区现行"民法"持共同共有说，我国《民通意见》也曾采纳过这一学说，其理由是，中华民族对遗产具有共同共有的历史传统，共同共有有利于保护遗产债权人的利益，尤其是现代民法由个人本位向社会本位转换，共同共有符合现代民法的发展趋势。第二，按份共有说。该学说主张，继承开始后，共同继承人对遗产整体就存在应继份，并且在应继份范围内有处分权和承担债务清偿责任。这一学说被日本民法、德国民法所采纳，也存在一定的影响力。第三，有条件的共同共有说。该学说则认为，继承人之间的共同共有关系随着传统意义上的"家庭"的解体而不复存在。因此，遗产分割前，继承人之间的关系是按份共有关系，只有在继承人之间共同生活关系存在的前提下，方能形成共同共有关系。我们认为，关于继承开始后继承人对遗产的所有权性质，应当以《民法典》的规定为基础，在尊重被继承人的意志和继承人所有权的实际样态的前提下作出界定。但是，对于在遗产实际分割之前是由全体继承人共有，已经达成共识。而根据共同诉讼的理论，因共有财产争议而发生的共同诉讼，是引发必要的共同诉讼的重要原因。

（二）本条规定追加共同原告的情形

1.被追加的主体包括继承人以及受遗赠人。根据继承法的理论，继承法律关系有身份关系属性，通常发生于一定的亲属关系人之间。我国继承法律制度规定，继承从被继承人死亡时开始，依法享有继承权的继承人有权依照继承法规定的继承方式、继承人范围和顺序继承被继承人的遗产。就同一顺序的继承人而言，除有特殊情形之外，每个人均享有同等的继承权，当然也包括程序意义的诉权。对于遗产，同一顺序继承人具有共同的权利义务，在遗产被他人侵占，或者继承涉及遗嘱继承、遗赠时，同一顺序的继承人具有同样的利害关系。即当同一顺序的继承人之一或者部分继承人提起诉讼时，基于同一顺序继承人享有的同等继承权这一前提，其他未起诉的同一顺序的继承人实际上属于同一原告的主体地位，属于必须共同进行诉讼的当事人。此时，人民法院可以依职权通知未起诉的同一顺序的其他继承人参加诉讼，已经参加诉讼的当事人也可以申请人民法院追加未起诉的同一顺序的其他继承人参加诉讼，以便查清案件事实，对遗产分割作出全面、妥善处理，依法保护继承人的合法权益。

2. 继承人或受遗赠人未放弃实体权利。继承发生后，继承人或受遗赠人在继承中的实体权利，主要是指继承人和受遗赠人对可供继承的遗产具有的"特定利益"。因此，现行立法针对继承权规定的继承诉权，则是对该特定利益所赋予的"法律之力的保护"。被追加为共同原告的继承人或者受遗赠人明确表示放弃对遗产的实体权利的，按照权利义务对等原则，人民法院不再需要合一确定其与其他共同诉讼人的实体权利义务关系，自然也就不需要其必须参加诉讼。被追加的共同原告不愿意参加诉讼，但不放弃实体权利的，考虑到该被追加的原告不参加诉讼仅是放弃"法律之力的保护"的程序性权利，其对遗产具有的"特定利益"仍然存在，其在继承中的实体权利义务仍应当合一确定，人民法院仍应将其列为共同原告。鉴于其明确表示不参加诉讼，根据《民事诉讼法》有关缺席审理和缺席判决的规定，人民法院可以对案件进行审理并依法判决。

（三）本条规定不列为当事人的情形

1. 继承人放弃继承。放弃继承，是指继承人在继承开始后遗产处理前放弃对被继承人的遗产依法所享有的实体权利义务的意思表示。依据《民法典》的相关规定，继承人放弃继承的，会产生以下两方面的效力。一是不履行法定义务的效力。从我国现行民事法律的规定看，继承人与被继承人之间的财产关系是独立的，继承人不因与被继承人之间有血缘关系而对被继承人的债务承担责任，继承人对被继承人的债务承担责任仅是因为继承了被继承人的遗产。因此，在现行《民法典》的框架下，继承人放弃继承意味着继承人放弃本应由其继承的遗产份额，并从被继承人遗留的财产涉及的各种法律关系中脱离出来，对被继承人的财产不享受权利，对被继承人的义务不承担责任。二是时间方面的效力。除法律规定的不允许放弃继承的情形外，放弃继承的效力追溯到继承开始的时间。继承人或者受遗赠人放弃继承后，被继承人的权利人不能再向继承人或者受遗赠人主张权利。但值得注意的是，继承人或者受遗赠人放弃继承并不构成对被继承人的债务人的债务免除。

放弃继承是一种单方要式法律行为。首先，只要继承人按照一定的方式明确作出放弃继承的意思表示，就能发生相应的法律效力。其次，通常来讲，继承开始后，继承人放弃继承的，应当在遗产处理前以书面形式向遗产管理人、其他继承人作出表示。其中，书面形式一般指通过有形载体表现的放弃继承的声明书、信函、公证书等，特定情形下，也可通过电子邮件、传真、电传、电报及其他数据电文等形式。

2. 受遗赠人放弃受遗赠或者未在规定期间内接受遗赠。依据《民法典》第1133条第3款之规定，自然人可以立遗嘱将个人财产赠与国家、集体或者法定继承人以外的组织、个人。依据上述规定，本条规定中的受遗赠人是指由被继承人采取设立遗嘱所确定的国家、集体或者法定继承人以外的组织、个人。从受遗赠人取得与被继承人财产相关权利义务的原因，以及受遗赠人的范围可知，受遗赠人与继承人具有明显区别，继承权是依据身份关系而对被继承人遗产享有的法定权利，非因法定事由不被剥夺。而受遗赠人取得遗产相关权利义务则是来源于被继承人生前的意思，对此，必须由受遗赠人明确作出意思表示是接受或放弃，否则不能产生意思表示一致的法律后果。也就是说，除放弃受遗赠外，受遗赠人接受遗赠的意思也必须作出明确的表示，而不能以默示的形式确定接受，在法定期限内未表示明确接受的，视为放弃接受遗赠。

值得注意的是，受遗赠人接受遗赠的意思表示应在其应当知道受遗赠后的合理期限内作出，否则将使被继承人对财产的处分意思长期处于悬而未决的状态。至于何为合理的期限，《继承法》规定为2个月，为保持与《民法典》关于期间规定规则的一致性，本条规定采用了60日的规定方式。

【审判实践中应注意的问题】

一、遗赠、遗赠扶养协议的追加

继承纠纷案件审理中，当事人分别提出法定继承、遗嘱继承、遗赠、遗赠扶养协议等分属不同案由的继承类请求的，人民法院原则上应一并予以审理。此时，因遗赠抚养协议受遗赠人、遗产酌分请求权人与案件中的其他当事人对诉讼标的具有共同的权利义务，需要合一确定，在遗赠抚养协议受遗赠人、遗产酌分请求权人未能参加相关诉讼时，应当依据本条规定追加遗赠抚养协议受遗赠人、遗产酌分请求权人为案件当事人。

二、人民法院依职权追加当事人

在继承案件中，人民法院经过审理，发现有初步证据表明可能有其他未参加诉讼的继承人存在，人民法院在实体审判中应依职权进行调查核实。但依已有证据及依职权调查核实的证据均无法确证该自然人的存在及继承人身份的，人民法院可不予追加。

五、附则

> 第四十五条 本解释自2021年1月1日起施行。

【条文主旨】

本条是关于本解释生效日期的规定。

【条文理解】

2021年1月1日《民法典》正式施行，有关《继承法》的司法解释也相应废止，本解释在1985年《继承法意见》及相关规范性司法文件既有基础之上进行系统性整合和梳理，为确保《民法典》统一、正确实施，保障当事人依法行使诉讼权利，本解释施行的时间确定为2021年1月1日。本解释是针对《民法典》有关继承制度在审判实践中如何具体应用问题进行的解释，属于对《民法典》有关继承制度的释明，《民法典时间效力规定》有关溯及效力的原则和适用规则均应适用于本解释。

一、关于司法解释的生效时间

司法解释生效时间，是指司法解释对其所调整的社会关系开始发生法律效力的时间。司法解释的生效时间能否被正确理解，关系到人民法院在审理案件过程中是否能够准确适用法律，继而影响判决结果和当事人权益。我国《立法法》对法律的时间效力提出明确要求，其中第 57 条规定："法律应当明确规定施行日期。"司法解释作为最高人民法院对审判工作中具体适用法律问题作出的解释，亦应执行这一标准。施行日期，也即生效日期，关系到法律规范在何时具备拘束力，这是法律规范得以被适用于具体问题解决的前提。最高人民法院 2007 年 3 月 9 日发布的《最高人民法院关于司法解释工作的规定》第 25 条第 3 款规定："司法解释自公告发布之日起施行，但司法解释另有规定的除外。"《最高人民法院办公厅关于规范司法解释施行日期有关问题的通知》进一步要求："一、今后各部门起草的司法解释对施行日期没有特别要求的，司法解释条文中不再规定'本解释（规定）自公布之日起施行'的条款，施行时间一律以发布司法解释的最高人民法院公告中明确的日期为准。二、司法解释对施行日期有特别要求的，应当在司法解释条文中规定相应条款，明确具体施行时间，我院公告的施行日期应当与司法解释的规定相一致。"2015 年 9 月 2 日，《最高人民法院办公厅关于规范司法解释发布、施行日期问题的通知》第 1 条规定："司法解释的施行日期是司法解释的实质性内容，应在司法解释主文中以自'×年×月×日起施行'形式予以明确。"从此前适用的婚姻法司法解释，也可以看出这种生效时间表述上的变化，2001 年《婚姻法司法解释（一）》第 34 条规定："本解释自公布之日起施行。"2003 年《婚姻法司法解释（二）》第 29 条规定："本解释自 2004 年 4 月 1 日起施行。"

一般情况下，司法解释自公告之日起即开始施行，但也有特定情形下的特殊安排。我国的司法解释根据不同情况规定了不同的生效时间，通常由司法解释的具体性质和实际需要决定，主要可分为以下三类：

（一）自公布之日起立即生效

此种方式多适用于急需司法解释尽快出台，且立即施行时机较为成熟的情况，为了使其尽早发挥规范作用，而采取此类一经公布立即生效的做法。例如，此前适用的《婚姻法司法解释（一）》第34条规定："本解释自公布之日起施行。"之所以这样规定，主要原因在于当时《婚姻法》新修，增加若干新制度，对于一些原来规定的制度内容进行了丰富和完善。由于立法技术所限，法律不可能规定得过于详细，使得实践中如何正确理解成为当务之急。而《婚姻法》修改后一经公布立即适用，迫切需要尽快出台可操作性强的司法解释指导审判实践工作；此外，《婚姻法》从修订到公布的过程中，基本已在各领域都得到广泛宣传和学习，一些重大变化已经为群众所知。加上面向社会各界的征求意见、宣传准备工作也已持续较长时间，该司法解释具备了公布后马上实施的条件。需要注意的是，如司法解释条文未规定施行时间，也未发布相关公告，其生效时间应理解为"自发布之日起施行"。

（二）自公布一段时间之后的某日起施行

采取这种方式主要考虑到司法解释从公布到施行需有一个学习宣传贯彻的过程，以使广大审判人员理解和掌握司法解释的原则和精神，在实际审判工作中正确适用相关规定。具体而言，每件司法解释公布与施行的时间间隔各不相同。这主要根据司法解释的内容、急缓程度等确定。如此前施行的《婚姻法司法解释（二）》于2003年12月25日公布，但实施日期是2004年4月1日，正是考虑到该解释对家庭财产的分割和认定以及债权债务关系的处理等问题作出了新的规定。而这些恰是其时婚姻家庭纠纷审判中的难点问题，人民群众和具体办案法官及其他工作人员需要一个较长的时间理解和消化，以保证解释的规定能够得以正确实施。

本解释的生效时间规定也属此类。主要考量因素有二：第一，我国首部《民法典》于2021年1月1日起正式施行，本解释与《民法典》的施行时间保持一致，能够更好地适应社会经济发展的需要，妥善与《民法典》及相关法律规范进行衔接，进一步保障法律适用的正确性。其二，考虑到本解释对《继承法意见》以及其他相关规范性司法文件逐一进行清理和整合，其内容涉及现阶段继承纠纷案件审理中的众多重点、难点问题。因此，本解释的公布和施行有必要留出相应的准备和衔接工作的时间，亦可更好地保证本解释在审判实践中全面、正确实施。

（三）在一项司法解释中规定两个施行时间

例如，《最高人民法院关于建设工程价款优先受偿权问题的批复》（法释〔2002〕16号，2021年1月1日起废止）第5条规定："本批复第一条至第三条自公布之日起施行，第四条自公布之日起六个月后施行。"这种情况较为少见，主要根据司法解释的内容和实际需要进行规定。

（四）待另一法律公布一段时间后施行

有的法律公布后由该法律或者专门的决定来规定具体的施行时间。如《最高人民法院关于建设工程价款优先受偿权问题的批复》第5条规定："本批复第一条至第三条自公布之日起施行，第四条自公布之日起六个月后施行。"该批复虽已废止，但其具有典型性，相关实体性规范自批复公布之日起施行，但对承包人行使优先受偿权的时间限制从该批复公布之日起6个月后施行，其目的就是更好地保护建设工程施工人工程价款的优先受偿权。这种情况也较为少见，主要根据司法解释的内容和实际需要进行规定。

二、关于司法解释的溯及力问题

法的溯及力，又称法的溯及既往的效力，是指法律生效后，对其生效之前的事件、行为和法律关系是否适用的问题。通说认为，法律不具有溯及力，也即"法不溯及既往"。实践中，绝大多数国家也采用此原则。其基本含义是，一部新法施行后，对新法施行之前人们的行为判断不得适用新法，而只能适用旧法。

（一）司法解释的溯及力

司法解释的溯及力问题，实践中一直存在争论。一种观点认为，司法解释虽然理论上是对既有法律的解释，但其在一定程度上起着填补立法空白甚至创设新规则的作用。按照法不溯及既往原则，司法解释只能适用于公布施行后人民法院新受理的案件，即只要案件的一审程序是在司法解释生效施行之前启动的，都不能适用该司法解释。另一种观点则认为，司法解释是对现行立法的解释，故应当自公布之日起，对于人民法院尚未审结的一审、二审案件均应适用。这种对司法解释施行前人民法院已经受理、司法解释施行后尚未审结的案件加以适用司法解释的主张，实际上是赋予了司法解释一定的溯及力。

审判实践中，对适用法不溯及既往之例外，必须以有明确规定为依据，没有明确规定的，不得推定法律、司法解释溯及既往。就民事案件而言，一般情况下，新发布的司法解释施行后尚未审结的一审、二审案件适用新解释，而施行前已经终审、施行后当事人申请再审或者按照审判监督程序决定再审的案件不适用新的解释。

（二）本解释的溯及力

本解释作为《民法典》继承编的配套司法解释，溯及力应与《民法典》保持一致，这也是生效时间确定为《民法典》正式实施的2021年1月1日的重要原因之一。可参考《民法典时间效力规定》。具体而言：

1.在《民法典》和本解释施行后发生的法律事实引起的民事纠纷案件，适用本解释。即对于法律事实完全发生在《民法典》实施之后的情况，适用《民法典》及本解释的相关规定，在理论和实践中均不存在任何障碍。

2.发生在《民法典》和本解释施行前的法律事实引起的民事纠纷案件，一般适用当时的法律及司法解释。但是，对于此类案件，《民法典时间效力规定》规定，适用《民法典》的规定更有利于保护民事主体合法权益，更有利于维护社会和经济秩序，更有利于弘扬社会主义核心价值观的除外。当时的法律、司法解释没有规定而《民法典》有规定的，可以适用《民法典》的规定，但是明显减损当事人合法权益、增加当事人法定义务或者背离当事人合理预期的除外。我们认为，此原则也可类推适用于本解释。即对于《民法典》和本解释施行前的法律事实引起的民事纠纷案件，如果适用本解释更有利于保护民事主体合法权益，更有利于维护社会和经济秩序，更有利于弘扬社会主义核心价值观的，亦适用本解释。当时的法律、司法解释没有规定，本解释有规定的，除明显减损当事人合法权益、增加当事人法定义务或者背离当事人合理预期的，适用本解释。

3.本解释施行前已经终审、施行后当事人申请再审或者按照审判监督程序决定再审的案件，不适用本解释。通常情况下，案件裁判的既判力应当优于司法解释的溯及力，即不得以个案的裁判理由不同于司法解释的规定为由推翻已经生效的裁判。因为即使允许司法解释在有限情形下溯及既往，也要以不违反法的稳定性和信赖利益保护原则为前提，而维护裁判的既判力是维护法稳定性的一项基本要求，若溯及力优于既判力，则很可能导致大量既有生效裁判失去效力，既不利于稳定市场主体的权利义务关系，也不利于维护司法权威。

第四部分　本解释新旧条文及关联条文对照表

第四部分 本解释新旧条文及关联条文对照表

一、本解释新旧条文对照表

最高人民法院关于适用《中华人民共和国民法典》继承编的解释（一） （黑体部分为修改或增加的内容）	最高人民法院关于贯彻执行《中华人民共和国继承法》若干问题的意见 （阴影部分为修改或删除的内容）
一、一般规定	一、关于总则部分
第一条　继承从被继承人生理死亡或者被宣告死亡时开始。 宣告死亡的，**根据民法典第四十八条规定确定的死亡日期**，为继承开始的时间。	1. 继承从被继承人生理死亡或被宣告死亡时开始。 失踪人被宣告死亡的，以法院判决中确定的失踪人的死亡日期，为继承开始的时间。
	2. 相互有继承关系的几个人在同一事件中死亡，如不能确定死亡先后时间的，推定没有继承人的人先死亡。死亡人各自都有继承人的，如几个死亡人辈份不同，推定长辈先死亡；几个死亡人辈份相同，推定同时死亡，彼此不发生继承，由他们各自的继承人分别继承。
	3. 公民可继承的其他合法财产包括有价证券和履行标的为财物的债权等。
第二条　承包人死亡时尚未取得承包收益的，可**以将**死者生前对承包所投入的资金和所付出的劳动及其增值和孳息，由发包单位或者接续承包合同的人合理折价、补偿。其价额作为遗产。	4. 承包人死亡时尚未取得承包收益的，可把死者生前对承包所投入的资金和所付出的劳动及其增值和孳息，由发包单位或接续承包合同的人合理折价、补偿。其价额作为遗产。
第三条　被继承人生前与他人订有遗赠**扶**养协议，同时又立有遗嘱的，继承开始后，如果遗赠**扶**养协议与遗嘱没有抵触，遗产分别按协议和遗嘱处理；如果有抵触，按协议处理，与协议抵触的遗嘱全部或**者**部分无效。	5. 被继承人生前与他人订有遗赠抚养协议，同时又立有遗嘱的，继承开始后，如果遗赠抚养协议与遗嘱没有抵触，遗产分别按协议和遗嘱处理；如果有抵触，按协议处理，与协议抵触的遗嘱全部或部分无效。

427

续表

最高人民法院关于适用《中华人民共和国民法典》继承编的解释（一） （黑体部分为修改或增加的内容）	最高人民法院关于贯彻执行《中华人民共和国继承法》若干问题的意见 （阴影部分为修改或删除的内容）
第四条 遗嘱继承人依遗嘱取得遗产后，仍有权依照民法典第一千一百三十条的规定取得遗嘱未处分的遗产。	6. 遗嘱继承人依遗嘱取得遗产后，仍有权依继承法第十三条的规定取得遗嘱未处分的遗产。
	7. 不满六周岁的儿童、精神病患者，应当认定其为无行为能力人。 已满六周岁，不满十八周岁的未成年人，应当认定其为限制行为能力人。
	8. 法定代理人代理被代理人行使继承权、受遗赠权，不得损害被代理人的利益。法定代理人一般不能代理被代理人放弃继承权、受遗赠权。明显损害被代理人利益的，应认定其代理行为无效。
第五条 在遗产继承中，继承人之间因是否丧失继承权发生纠纷，向人民法院提起诉讼的，由人民法院依据民法典第一千一百二十五条的规定，判决确认其是否丧失继承权。	9. 在遗产继承中，继承人之间因是否丧失继承权发生纠纷，诉讼到人民法院的，由人民法院根据继承法第七条的规定，判决确认其是否丧失继承权。
第六条 继承人是否符合民法典第一千一百二十五条第一款第三项规定的"虐待被继承人情节严重"，可以从实施虐待行为的时间、手段、后果和社会影响等方面认定。 虐待被继承人情节严重的，不论是否追究刑事责任，均可确认其丧失继承权。	10. 继承人虐待被继承人情节是否严重，可以从实施虐待行为的时间、手段、后果和社会影响等方面认定。 虐待被继承人情节严重的，不论是否追究刑事责任，均可确认其丧失继承权。
第七条 继承人故意杀害被继承人的，不论是既遂还是未遂，均应当确认其丧失继承权。	11. 继承人故意杀害被继承人的，不论是既遂还是未遂，均应确认其丧失继承权。
第八条 继承人有民法典第一千一百二十五条第一款第一项或者第二项所列之行为，而被继承人以遗嘱将遗产指定由该继承人继承的，可以确认遗嘱无效，并确认该继承人丧失继承权。	12. 继承人有继承法第七条第（一）项或第（二）项所列之行为，而被继承人以遗嘱将遗产指定由该继承人继承的，可确认遗嘱无效，并按继承法第七条的规定处理。

续表

最高人民法院关于适用《中华人民共和国民法典》继承编的解释（一）（黑体部分为修改或增加的内容）	最高人民法院关于贯彻执行《中华人民共和国继承法》若干问题的意见（阴影部分为修改或删除的内容）
	13. 继承人虐待被继承人情节严重的，或者遗弃被继承人的，如以后确有悔改表现，而且被虐待人、被遗弃人生前又表示宽恕，可不确认其丧失继承权。
第九条　继承人伪造、篡改、隐匿或者销毁遗嘱，侵害了缺乏劳动能力又无生活来源的继承人的利益，并造成其生活困难的，应当认定为民法典第一千一百二十五条第一款第四项规定的"情节严重"。	14. 继承人伪造、篡改或者销毁遗嘱，侵害了缺乏劳动能力又无生活来源的继承人利益，并造成其生活困难的，应认定其行为情节严重。
	15. 在诉讼时效期间内，因不可抗拒的事由致继承人无法主张继承权利的，人民法院可按中止诉讼时效处理。
	16. 继承人在知道自己的权利受到侵犯之日起的二年之内，其遗产继承权纠纷确在人民调解委员会进行调解期间，可按中止诉讼时效处理。
	17. 继承人因遗产继承纠纷向人民法院提起诉讼，诉讼时效即为中断。
	18. 自继承开始之日起的第十八年至第二十年期间内，继承人才知道自己的权利被侵犯的，其提起诉讼的权利，应当在继承开始之日起的二十年之内行使，超过二十年的，不得再行提起诉讼。
二、法定继承	二、关于法定继承部分
第十条　被收养人对养父母尽了赡养义务，同时又对生父母扶养较多的，除可以依照民法典第一千一百二十七条的规定继承养父母的遗产外，还可以依照民法典第一千一百三十一条的规定分得生父母适当的遗产。	19. 被收养人对养父母尽了赡养义务，同时又对生父母扶养较多的，除可依继承法第十条的规定继承养父母的遗产外，还可依继承法第十四条的规定分得生父母的适当的遗产。

续表

最高人民法院关于适用《中华人民共和国民法典》继承编的解释（一） （黑体部分为修改或增加的内容）	最高人民法院关于贯彻执行《中华人民共和国继承法》若干问题的意见 （阴影部分为修改或删除的内容）
	20. 在旧社会形成的一夫多妻家庭中，子女与生母以外的父亲的其他配偶之间形成抚养关系的，互有继承权。
第十一条 继子女继承了继父母遗产的，不影响其继承生父母的遗产。 继父母继承了继子女遗产的，不影响其继承生子女的遗产。	21. 继子女继承了继父母遗产的，不影响其继承生父母的遗产。 继父母继承了继子女遗产的，不影响其继承生子女的遗产。
	22. 养祖父母与养孙子女的关系，视为养父母与养子女关系的，可互为第一顺序继承人。
第十二条 养子女与生子女之间、养子女与养子女之间，系养兄弟姐妹，可以互为第二顺序继承人。 被收养人与其亲兄弟姐妹之间的权利义务关系，因收养关系的成立而消除，不能互为第二顺序继承人。	23. 养子女与生子女之间、养子女与养子女之间，系养兄弟姐妹，可互为第二顺序继承人。 被收养人与其亲兄弟姐妹之间的权利义务关系，因收养关系的成立而消除，不能互为第二顺序继承人。
第十三条 继兄弟姐妹之间的继承权，因继兄弟姐妹之间的扶养关系而发生。没有扶养关系的，不能互为第二顺序继承人。 继兄弟姐妹之间相互继承了遗产的，不影响其继承亲兄弟姐妹的遗产。	24. 继兄弟姐妹之间的继承权，因继兄弟姐妹之间的扶养关系而发生。没有扶养关系的，不能互为第二顺序继承人。 继兄弟姐妹之间相互继承了遗产的，不影响其继承亲兄弟姐妹的遗产。
第十四条 被继承人的孙子女、外孙子女、曾孙子女、外曾孙子女都可以代位继承，代位继承人不受辈数的限制。	25. 被继承人的孙子女、外孙子女、曾孙子女、外曾孙子女都可以代位继承，代位继承人不受辈数的限制。
第十五条 被继承人的养子女、已形成扶养关系的继子女的生子女可以代位继承；被继承人亲生子女的养子女可以代位继承；被继承人养子女的养子女可以代位继承；与被继承人已形成扶养关系的继子女的养子女也可以代位继承。	26. 被继承人的养子女、已形成扶养关系的继子女的生子女可代位继承；被继承人亲生子女的养子女可代位继承；被继承人养子女的养子女可代位继承；与被继承人已形成扶养关系的继子女的养子女也可以代位继承。

第四部分　本解释新旧条文及关联条文对照表

续表

最高人民法院关于适用《中华人民共和国民法典》继承编的解释（一）（黑体部分为修改或增加的内容）	最高人民法院关于贯彻执行《中华人民共和国继承法》若干问题的意见（阴影部分为修改或删除的内容）
第十六条　代位继承人缺乏劳动能力又没有生活来源，或者对被继承人尽过主要赡养义务的，分配遗产时，可以多分。	27. 代位继承人缺乏劳动能力又没有生活来源，或者对被继承人尽过主要赡养义务的，分配遗产时，可以多分。
第十七条　继承人丧失继承权的，其晚辈直系血亲不得代位继承。如该代位继承人缺乏劳动能力又没有生活来源，**或**者对被继承人尽赡养义务较多的，可以适当分给遗产。	28. 继承人丧失继承权的，其晚辈直系血亲不得代位继承。如该代位继承人缺乏劳动能力又没有生活来源，或对被继承人尽赡养义务较多的，可适当分给遗产。
第十八条　丧偶儿媳对公婆、丧偶女婿对岳父母，无论其是否再婚、**依照民法典第一千一百二十九条**规定作为第一顺序继承人时，不影响其子女代位继承。	29. 丧偶儿媳对公婆、丧偶女婿对岳父、岳母，无论其是否再婚、依继承法第十二条规定作为第一顺序继承人时，不影响其子女代位继承。
第十九条　对被继承人生活提供了主要经济来源，或者在劳务等方面给予了主要扶助的，应当认定其尽了主要赡养义务或主要扶养义务。	30. 对被继承人生活提供了主要经济来源，或在劳务等方面给予了主要扶助的，应当认定其尽了主要赡养义务或主要扶养义务。
第二十条　**依照民法典第一千一百三十一条**规定可以分给适当遗产的人，分给他们遗产时，按具体情况可以多于或者少于继承人。	31. 依继承法第十四条规定可以分给适当遗产的人，分给他们遗产时，按具体情况可多于或少于继承人。
第二十一条　**依照民法典第一千一百三十一条**规定可以分给适当遗产的人，在其依法取得被继承人遗产的权利受到侵犯时，本人有权以独立的诉讼主体资格向人民法院提起诉讼。	32. 依继承法第十四条规定可以分给适当遗产的人，在其依法取得被继承人遗产的权利受到侵犯时，本人有权以独立的诉讼主体的资格向人民法院提起诉讼。但在遗产分割时，明知而未提出请求的，一般不予受理；不知而未提出请求的，在二年以内起诉的，应予受理。

续表

最高人民法院关于适用《中华人民共和国民法典》继承编的解释（一）（黑体部分为修改或增加的内容）	最高人民法院关于贯彻执行《中华人民共和国继承法》若干问题的意见（阴影部分为修改或删除的内容）
第二十二条 继承人有扶养能力和扶养条件，愿意尽扶养义务，但被继承人因有固定收入和劳动能力，明确表示不要求其扶养的，分配遗产时，一般不应因此而影响其继承份额。	33．继承人有扶养能力和扶养条件，愿意尽扶养义务，但被继承人因有固定收入和劳动能力，明确表示不要求其扶养的，分配遗产时，一般不应因此而影响其继承份额。
第二十三条 有扶养能力和扶养条件的继承人虽然与被继承人共同生活，但对需要扶养的被继承人不尽扶养义务，分配遗产时，可以少分或者不分。	34．有扶养能力和扶养条件的继承人虽然与被继承人共同生活，但对需要扶养的被继承人不尽扶养义务，分配遗产时，可以少分或者不分。
三、遗嘱继承和遗赠	三、关于遗嘱继承部分
	35．继承法实施前订立的，形式上稍有欠缺的遗嘱，如内容合法，又有充分证据证明确为遗嘱人真实意思表示的，可以认定遗嘱有效。
第二十四条 继承人、受遗赠人的债权人、债务人，共同经营的合伙人，也应当视为与继承人、受遗赠人有利害关系，不能作为遗嘱的见证人。	36．继承人、受遗赠人的债权人、债务人，共同经营的合伙人，也应当视为与继承人、受遗赠人有利害关系，不能作为遗嘱的见证人。
第二十五条 遗嘱人未保留缺乏劳动能力又没有生活来源的继承人的遗产份额，遗产处理时，应当为该继承人留下必要的遗产，所剩余的部分，才可参照遗嘱确定的分配原则处理。 继承人是否缺乏劳动能力又没有生活来源，应当按遗嘱生效时该继承人的具体情况确定。	37．遗嘱人未保留缺乏劳动能力又没有生活来源的继承人的遗产份额，遗产处理时，应当为该继承人留下必要的遗产，所剩余的部分，才可参照遗嘱确定的分配原则处理。 继承人是否缺乏劳动能力又没有生活来源，应按遗嘱生效时该继承人的具体情况确定。
第二十六条 遗嘱人以遗嘱处分了国家、集体或者他人财产的，应当认定该部分遗嘱无效。	38．遗嘱人以遗嘱处分了属于国家、集体或他人所有的财产，遗嘱的这部分，应认定无效。

续表

最高人民法院关于适用《中华人民共和国民法典》继承编的解释（一） （黑体部分为修改或增加的内容）	最高人民法院关于贯彻执行《中华人民共和国继承法》若干问题的意见 （阴影部分为修改或删除的内容）
	39. 遗嘱人生前的行为与遗嘱的意思表示相反，而使遗嘱处分的财产在继承开始前灭失、部分灭失或所有权转移、部分转移的，遗嘱视为被撤销或部分被撤销。
第二十七条　自然人在遗书中涉及死后个人财产处分的内容，确为死者的真实意思表示，有本人签名并注明了年、月、日，又无相反证据的，可以按自书遗嘱对待。	40. 公民在遗书中涉及死后个人财产处分的内容，确为死者真实意思的表示，有本人签名并注明了年、月、日，又无相反证据的，可按自书遗嘱对待。
第二十八条　遗嘱人立遗嘱时必须具有完全民事行为能力。无民事行为能力人或者限制民事行为能力人所立的遗嘱，即使其本人后来具有完全民事行为能力，仍属无效遗嘱。遗嘱人立遗嘱时具有完全民事行为能力，后来成为无民事行为能力人或者限制民事行为能力人的，不影响遗嘱的效力。	41. 遗嘱人立遗嘱时必须有行为能力。无行为能力人所立的遗嘱，即使其本人后来有了行为能力，仍属无效遗嘱。遗嘱人立遗嘱时有行为能力，后来丧失了行为能力，不影响遗嘱的效力。
	42. 遗嘱人以不同形式立有数份内容相抵触的遗嘱，其中有公证遗嘱的，以最后所立公证遗嘱为准；没有公证遗嘱的，以最后所立的遗嘱为准。
第二十九条　附义务的遗嘱继承或者遗赠，如义务能够履行，而继承人、受遗赠人无正当理由不履行，经受益人或者其他继承人请求，人民法院可以取消其接受附义务部分遗产的权利，由提出请求的继承人或者受益人负责按遗嘱人的意愿履行义务，接受遗产。	43. 附义务的遗嘱继承或遗赠，如义务能够履行，而继承人、受遗赠人无正当理由不履行，经受益人或其他继承人请求，人民法院可以取消他接受附义务那部分遗产的权利，由提出请求的继承人或受益人负责按遗嘱人的意愿履行义务，接受遗产。

续表

最高人民法院关于适用《中华人民共和国民法典》继承编的解释（一） （黑体部分为修改或增加的内容）	最高人民法院关于贯彻执行《中华人民共和国继承法》若干问题的意见 （阴影部分为修改或删除的内容）
四、遗产的处理	四、关于遗产的处理部分
第三十条　人民法院在审理继承案件时，如果知道有继承人而无法通知的，分割遗产时，要保留其应继承的遗产，并确定该遗产的保管人或者保管单位。	44. 人民法院在审理继承案件时，如果知道有继承人而无法通知的，分割遗产时，要保留其应继承的遗产，并确定该遗产的保管人或保管单位。
第三十一条　应当为胎儿保留的遗产份额没有保留的，应从继承人所继承的遗产中扣回。 　　为胎儿保留的遗产份额，如胎儿出生后死亡的，由其继承人继承；如胎儿娩出时是死体的，由被继承人的继承人继承。	45. 应当为胎儿保留的遗产份额没有保留的应从继承人所继承的遗产中扣回。 　　为胎儿保留的遗产份额，如胎儿出生后死亡的，由其继承人继承；如胎儿出生时就是死体的，由被继承人的继承人继承。
第三十二条　继承人因放弃继承权，致其不能履行法定义务的，放弃继承权的行为无效。	46. 继承人因放弃继承权，致其不能履行法定义务的，放弃继承权的行为无效。
第三十三条　继承人放弃继承应当以书面形式向遗产管理人或者其他继承人表示。	47. 继承人放弃继承应当以书面形式向其他继承人表示。用口头方式表示放弃继承，本人承认，或有其它充分证据证明的，也应当认定其有效。
第三十四条　在诉讼中，继承人向人民法院以口头方式表示放弃继承的，要制作笔录，由放弃继承的人签名。	48. 在诉讼中，继承人向人民法院以口头方式表示放弃继承的，要制作笔录，由放弃继承的人签名。
第三十五条　继承人放弃继承的意思表示，应当在继承开始后、遗产分割前作出。遗产分割后表示放弃的不再是继承权，而是所有权。	49. 继承人放弃继承的意思表示，应当在继承开始后、遗产分割前作出。遗产分割后表示放弃的不再是继承权，而是所有权。
第三十六条　遗产处理前或者在诉讼进行中，继承人对放弃继承反悔的，由人民法院根据其提出的具体理由，决定是否承认。遗产处理后，继承人对放弃继承反悔的，不予承认。	50. 遗产处理前或在诉讼进行中，继承人对放弃继承翻悔的，由人民法院根据其提出的具体理由，决定是否承认。遗产处理后，继承人对放弃继承翻悔的，不予承认。

续表

最高人民法院关于适用《中华人民共和国民法典》继承编的解释（一） （黑体部分为修改或增加的内容）	最高人民法院关于贯彻执行《中华人民共和国继承法》若干问题的意见 （阴影部分为修改或删除的内容）
第三十七条　放弃继承的效力，追溯到继承开始的时间。	51. 放弃继承的效力，追溯到继承开始的时间。
	52. 继承开始后，继承人没有表示放弃继承，并于遗产分割前死亡的，其继承遗产的权利转移给他的合法继承人。
第三十八条　继承开始后，受遗赠人表示接受遗赠，并于遗产分割前死亡的，其接受遗赠的权利转移给他的继承人。	53. 继承开始后，受遗赠人表示接受遗赠，并于遗产分割前死亡的，其接受遗赠的权利转移给他的继承人。
第三十九条　由国家或者集体组织供给生活费用的烈属和享受社会救济的自然人，其遗产仍应准许合法继承人继承。	54. 由国家或集体组织供给生活费用的烈属和享受社会救济的城市居民，其遗产仍应准许合法继承人继承。
	55. 集体组织对"五保户"实行"五保"时，双方有扶养协议的，按协议处理；没有抚养协议，死者有遗嘱继承人或法定继承人要求继承的，按遗嘱继承或法定继承处理，但集体组织有权要求扣回"五保"费用。
第四十条　继承人以外的组织或者个人与自然人签订遗赠扶养协议后，无正当理由不履行，导致协议解除的，不能享受遗赠的权利，其支付的供养费用一般不予补偿；遗赠人无正当理由不履行，导致协议解除的，则应偿还继承人以外的组织或者个人已支付的供养费用。	56. 扶养人或集体组织与公民订有遗赠扶养协议，扶养人或集体组织无正当理由不履行，致协议解除的，不能享有受遗赠的权利，其支付的供养费用一般不予补偿；遗赠人无正当理由不履行，致协议解除的，则应偿还扶养人或集体组织已支付的供养费用。
第四十一条　遗产因无人继承又无人受遗赠归国家或者集体所有制组织所有时，按照民法典第一千一百三十一条规定可以分给适当遗产的人提出取得遗产的诉讼请求，人民法院应当视情况适当分给遗产。	57. 遗产因无人继承收归国家或集体组织所有时，按继承法第十四条规定可以分给遗产的人提出取得遗产的要求，人民法院应视情况适当分给遗产。

续表

最高人民法院关于适用《中华人民共和国民法典》继承编的解释（一） （黑体部分为修改或增加的内容）	最高人民法院关于贯彻执行《中华人民共和国继承法》若干问题的意见 （阴影部分为修改或删除的内容）
第四十二条　人民法院在分割遗产中的房屋、生产资料和特定职业所需要的财产时，应当依据有利于发挥其使用效益和继承人的实际需要，兼顾各继承人的利益进行处理。	58. 人民法院在分割遗产中的房屋、生产资料和特定职业所需要的财产时，应依据有利于发挥其使用效益和继承人的实际需要，兼顾各继承人的利益进行处理。
第四十三条　人民法院对故意隐匿、侵吞或者争抢遗产的继承人，可以酌情减少其应继承的遗产。	59. 人民法院对故意隐匿、侵吞或争抢遗产的继承人，可以酌情减少其应继承的遗产。
第四十四条　继承诉讼开始后，如继承人、受遗赠人中有既不愿参加诉讼，又不表示放弃实体权利的，应当追加为共同原告；继承人已书面表示放弃继承、受遗赠人在知道受遗赠后六十日内表示放弃受遗赠或者到期没有表示的，不再列为当事人。	60. 继承诉讼开始后，如继承人、受遗赠人中有既不愿参加诉讼，又不表示放弃实体权利的，应追加为共同原告；已明确表示放弃继承的，不再列为当事人。
	61. 继承人中有缺乏劳动能力又没有生活来源的人，即使遗产不足清偿债务，也应为其保留适当遗产，然后再按继承法第三十三条和民事诉讼法第一百八十条的规定清偿债务。
	62. 遗产已被分割而未清偿债务时，如有法定继承又有遗嘱继承和遗赠的，首先由法定继承人用其所得遗产清偿债务；不足清偿时，剩余的债务由遗嘱继承人和受遗赠人按比例用所得遗产偿还；如果只有遗嘱继承和遗赠的，由遗嘱继承人和受遗赠人按比例用所得遗产偿还。
五、附则	五、关于附则部分
	63. 涉外继承，遗产为动产的，适用被继承人住所地法律，即适用被继承人生前最后住所地国家的法律。

续表

最高人民法院关于适用《中华人民共和国民法典》继承编的解释（一） （黑体部分为修改或增加的内容）	最高人民法院关于贯彻执行《中华人民共和国继承法》若干问题的意见 （阴影部分为修改或删除的内容）
第四十五条　本解释自 2021 年 1 月 1 日起施行。	64. 继承法实行前，人民法院已经审结的继承案件，继承法施行后，按审判监督程序提起再审的，适用审结时的有关政策、法律。 人民法院对继承法生效前已经受理，生效时尚未审结的继承案件，适用继承法。但不得再以超过诉讼时效为由驳回起诉。

二、与《民法典》继承编条文关联表

最高人民法院关于适用《中华人民共和国民法典》继承编的解释（一）	《中华人民共和国民法典》继承编
一、一般规定	
第一条 继承从被继承人生理死亡或者被宣告死亡时开始。 宣告死亡的，根据民法典第四十八条规定确定的死亡日期，为继承开始的时间。	**第一千一百二十一条** 继承从被继承人死亡时开始。 相互有继承关系的数人在同一事件中死亡，难以确定死亡时间的，推定没有其他继承人的人先死亡。都有其他继承人，辈份不同的，推定长辈先死亡；辈份相同的，推定同时死亡，相互不发生继承。
第二条 承包人死亡时尚未取得承包收益的，可以将死者生前对承包所投入的资金和所付出的劳动及其增值和孳息，由发包单位或者接续承包合同的人合理折价、补偿。其价额作为遗产。	**第一千一百二十二条** 遗产是自然人死亡时遗留的个人合法财产。 依照法律规定或者根据其性质不得继承的遗产，不得继承。
第三条 被继承人生前与他人订有遗赠扶养协议，同时又立有遗嘱的，继承开始后，如果遗赠扶养协议与遗嘱没有抵触，遗产分别按协议和遗嘱处理；如果有抵触，按协议处理，与协议抵触的遗嘱全部或者部分无效。	**第一千一百二十三条** 继承开始后，按照法定继承办理；有遗嘱的，按照遗嘱继承或者遗赠办理；有遗赠扶养协议的，按照协议办理。
第四条 遗嘱继承人依遗嘱取得遗产后，仍有权依照民法典第一千一百三十条的规定取得遗嘱未处分的遗产。	**第一千一百三十条** 同一顺序继承人继承遗产的份额，一般应当均等。 对生活有特殊困难又缺乏劳动能力的继承人，分配遗产时，应当予以照顾。 对被继承人尽了主要扶养义务或者与被继承人共同生活的继承人，分配遗产时，可以多分。 有扶养能力和有扶养条件的继承人，不尽扶养义务的，分配遗产时，应当不分或者少分。 继承人协商同意的，也可以不均等。

续表

最高人民法院关于适用《中华人民共和国民法典》继承编的解释（一）	《中华人民共和国民法典》继承编
第五条 在遗产继承中，继承人之间因是否丧失继承权发生纠纷，向人民法院提起诉讼的，由人民法院依据民法典第一千一百二十五条的规定，判决确认其是否丧失继承权。	**第一千一百二十五条** 继承人有下列行为之一的，丧失继承权： （一）故意杀害被继承人； （二）为争夺遗产而杀害其他继承人； （三）遗弃被继承人，或者虐待被继承人情节严重； （四）伪造、篡改、隐匿或者销毁遗嘱，情节严重； （五）以欺诈、胁迫手段迫使或者妨碍被继承人设立、变更或者撤回遗嘱，情节严重。 继承人有前款第三项至第五项行为，确有悔改表现，被继承人表示宽恕或者事后在遗嘱中将其列为继承人的，该继承人不丧失继承权。 受遗赠人有本条第一款规定行为的，丧失受遗赠权。
第六条 继承人是否符合民法典第一千一百二十五条第一款第三项规定的"虐待被继承人情节严重"，可以从实施虐待行为的时间、手段、后果和社会影响等方面认定。 虐待被继承人情节严重的，不论是否追究刑事责任，均可确认其丧失继承权。	**第一千一百二十五条第一款第三项** 继承人有下列行为之一的，丧失继承权： （三）遗弃被继承人，或者虐待被继承人情节严重；
第七条 继承人故意杀害被继承人的，不论是既遂还是未遂，均应当确认其丧失继承权。	**第一千一百二十五条第一款第一项** 继承人有下列行为之一的，丧失继承权： （一）故意杀害被继承人；
第八条 继承人有民法典第一千一百二十五条第一款第一项或者第二项所列之行为，而被继承人以遗嘱将遗产指定由该继承人继承的，可以确认遗嘱无效，并确认该继承人丧失继承权。	**第一千一百二十五条第一款第一项、第二项** 继承人有下列行为之一的，丧失继承权： （一）故意杀害被继承人； （二）为争夺遗产而杀害其他继承人；

续表

最高人民法院关于适用《中华人民共和国民法典》继承编的解释（一）	《中华人民共和国民法典》继承编
第九条　继承人伪造、篡改、隐匿或者销毁遗嘱，侵害了缺乏劳动能力又无生活来源的继承人的利益，并造成其生活困难的，应当认定为民法典第一千一百二十五条第一款第四项规定的"情节严重"。	第一千一百二十五条第一款第四项　继承人有下列行为之一的，丧失继承权： （四）伪造、篡改、隐匿或者销毁遗嘱，情节严重；
二、法定继承	
第十条　被收养人对养父母尽了赡养义务，同时又对生父母扶养较多的，除可以依照民法典第一千一百二十七条的规定继承养父母的遗产外，还可以依照民法典第一千一百三十一条的规定分得生父母适当的遗产。	第一千一百二十七条　遗产按照下列顺序继承： （一）第一顺序：配偶、子女、父母； （二）第二顺序：兄弟姐妹、祖父母、外祖父母。 继承开始后，由第一顺序继承人继承，第二顺序继承人不继承；没有第一顺序继承人继承的，由第二顺序继承人继承。 本编所称子女，包括婚生子女、非婚生子女、养子女和有扶养关系的继子女。 本编所称父母，包括生父母、养父母和有扶养关系的继父母。 本编所称兄弟姐妹，包括同父母的兄弟姐妹、同父异母或者同母异父的兄弟姐妹、养兄弟姐妹、有扶养关系的继兄弟姐妹。 第一千一百三十一条　对继承人以外的依靠被继承人扶养的人，或者继承人以外的对被继承人扶养较多的人，可以分给适当的遗产。

第四部分 本解释新旧条文及关联条文对照表

续表

最高人民法院关于适用《中华人民共和国民法典》继承编的解释（一）	《中华人民共和国民法典》继承编
第十一条　继子女继承了继父母遗产的，不影响其继承生父母的遗产。 继父母继承了继子女遗产的，不影响其继承生子女的遗产。	第一千一百二十七条　遗产按照下列顺序继承： （一）第一顺序：配偶、子女、父母； （二）第二顺序：兄弟姐妹、祖父母、外祖父母。 继承开始后，由第一顺序继承人继承，第二顺序继承人不继承；没有第一顺序继承人继承的，由第二顺序继承人继承。 本编所称子女，包括婚生子女、非婚生子女、养子女和有扶养关系的继子女。 本编所称父母，包括生父母、养父母和有扶养关系的继父母。 本编所称兄弟姐妹，包括同父母的兄弟姐妹、同父异母或者同母异父的兄弟姐妹、养兄弟姐妹、有扶养关系的继兄弟姐妹。
第十二条　养子女与生子女之间、养子女与养子女之间，系养兄弟姐妹，可以互为第二顺序继承人。 被收养人与其亲兄弟姐妹之间的权利义务关系，因收养关系的成立而消除，不能互为第二顺序继承人。	第一千一百二十七条　遗产按照下列顺序继承： （一）第一顺序：配偶、子女、父母； （二）第二顺序：兄弟姐妹、祖父母、外祖父母。 继承开始后，由第一顺序继承人继承，第二顺序继承人不继承；没有第一顺序继承人继承的，由第二顺序继承人继承。 本编所称子女，包括婚生子女、非婚生子女、养子女和有扶养关系的继子女。 本编所称父母，包括生父母、养父母和有扶养关系的继父母。 本编所称兄弟姐妹，包括同父母的兄弟姐妹、同父异母或者同母异父的兄弟姐妹、养兄弟姐妹、有扶养关系的继兄弟姐妹。

续表

最高人民法院关于适用《中华人民共和国民法典》继承编的解释（一）	《中华人民共和国民法典》继承编
第十三条　继兄弟姐妹之间的继承权，因继兄弟姐妹之间的扶养关系而发生。没有扶养关系的，不能互为第二顺序继承人。 继兄弟姐妹之间相互继承了遗产的，不影响其继承亲兄弟姐妹的遗产。	第一千一百二十七条　遗产按照下列顺序继承： （一）第一顺序：配偶、子女、父母； （二）第二顺序：兄弟姐妹、祖父母、外祖父母。 继承开始后，由第一顺序继承人继承，第二顺序继承人不继承；没有第一顺序继承人继承的，由第二顺序继承人继承。 本编所称子女，包括婚生子女、非婚生子女、养子女和有扶养关系的继子女。 本编所称父母，包括生父母、养父母和有扶养关系的继父母。 本编所称兄弟姐妹，包括同父母的兄弟姐妹、同父异母或者同母异父的兄弟姐妹、养兄弟姐妹、有扶养关系的继兄弟姐妹。
第十四条　被继承人的孙子女、外孙子女、曾孙子女、外曾孙子女都可以代位继承，代位继承人不受辈数的限制。	第一千一百二十八条　被继承人的子女先于被继承人死亡的，由被继承人的子女的直系晚辈血亲代位继承。 被继承人的兄弟姐妹先于被继承人死亡的，由被继承人的兄弟姐妹的子女代位继承。 代位继承人一般只能继承被代位继承人有权继承的遗产份额。
第十五条　被继承人的养子女、已形成扶养关系的继子女的生子女可以代位继承；被继承人亲生子女的养子女可以代位继承；被继承人养子女的养子女可以代位继承；与被继承人已形成扶养关系的继子女的养子女也可以代位继承。	第一千一百二十八条　被继承人的子女先于被继承人死亡的，由被继承人的子女的直系晚辈血亲代位继承。 被继承人的兄弟姐妹先于被继承人死亡的，由被继承人的兄弟姐妹的子女代位继承。 代位继承人一般只能继承被代位继承人有权继承的遗产份额。

第四部分　本解释新旧条文及关联条文对照表

续表

最高人民法院关于适用《中华人民共和国民法典》继承编的解释（一）	《中华人民共和国民法典》继承编
第十六条　代位继承人缺乏劳动能力又没有生活来源，或者对被继承人尽过主要赡养义务的，分配遗产时，可以多分。	第一千一百二十八条　被继承人的子女先于被继承人死亡的，由被继承人的子女的直系晚辈血亲代位继承。 被继承人的兄弟姐妹先于被继承人死亡的，由被继承人的兄弟姐妹的子女代位继承。 代位继承人一般只能继承被代位继承人有权继承的遗产份额。
第十七条　继承人丧失继承权的，其晚辈直系血亲不得代位继承。如该代位继承人缺乏劳动能力又没有生活来源，或者对被继承人尽赡养义务较多的，可以适当分给遗产。	第一千一百二十八条　被继承人的子女先于被继承人死亡的，由被继承人的子女的直系晚辈血亲代位继承。 被继承人的兄弟姐妹先于被继承人死亡的，由被继承人的兄弟姐妹的子女代位继承。 代位继承人一般只能继承被代位继承人有权继承的遗产份额。
第十八条　丧偶儿媳对公婆、丧偶女婿对岳父母，无论其是否再婚，依照民法典第一千一百二十九条规定作为第一顺序继承人时，不影响其子女代位继承。	第一千一百二十八条　被继承人的子女先于被继承人死亡的，由被继承人的子女的直系晚辈血亲代位继承。 被继承人的兄弟姐妹先于被继承人死亡的，由被继承人的兄弟姐妹的子女代位继承。 代位继承人一般只能继承被代位继承人有权继承的遗产份额。 第一千一百二十九条　丧偶儿媳对公婆，丧偶女婿对岳父母，尽了主要赡养义务的，作为第一顺序继承人。
第十九条　对被继承人生活提供了主要经济来源，或者在劳务等方面给予了主要扶助的，应当认定其尽了主要赡养义务或主要扶养义务。	第一千一百二十九条　丧偶儿媳对公婆，丧偶女婿对岳父母，尽了主要赡养义务的，作为第一顺序继承人。

续表

最高人民法院关于适用《中华人民共和国民法典》继承编的解释（一）	《中华人民共和国民法典》继承编
第二十条　依照民法典第一千一百三十一条规定可以分给适当遗产的人，分给他们遗产时，按具体情况可以多于或者少于继承人。	第一千一百三十一条　对继承人以外的依靠被继承人扶养的人，或者继承人以外的对被继承人扶养较多的人，可以分给适当的遗产。
第二十一条　依照民法典第一千一百三十一条规定可以分给适当遗产的人，在其依法取得被继承人遗产的权利受到侵犯时，本人有权以独立的诉讼主体资格向人民法院提起诉讼。	第一千一百三十一条　对继承人以外的依靠被继承人扶养的人，或者继承人以外的对被继承人扶养较多的人，可以分给适当的遗产。
第二十二条　继承人有扶养能力和扶养条件，愿意尽扶养义务，但被继承人因有固定收入和劳动能力，明确表示不要求其扶养的，分配遗产时，一般不应因此而影响其继承份额。	第一千一百三十条　同一顺序继承人继承遗产的份额，一般应当均等。 对生活有特殊困难又缺乏劳动能力的继承人，分配遗产时，应当予以照顾。 对被继承人尽了主要扶养义务或者与被继承人共同生活的继承人，分配遗产时，可以多分。 有扶养能力和有扶养条件的继承人，不尽扶养义务的，分配遗产时，应当不分或者少分。 继承人协商同意的，也可以不均等。
第二十三条　有扶养能力和扶养条件的继承人虽然与被继承人共同生活，但对需要扶养的被继承人不尽扶养义务，分配遗产时，可以少分或者不分。	第一千一百三十条　同一顺序继承人继承遗产的份额，一般应当均等。 对生活有特殊困难又缺乏劳动能力的继承人，分配遗产时，应当予以照顾。 对被继承人尽了主要扶养义务或者与被继承人共同生活的继承人，分配遗产时，可以多分。 有扶养能力和有扶养条件的继承人，不尽扶养义务的，分配遗产时，应当不分或者少分。 继承人协商同意的，也可以不均等。

续表

最高人民法院关于适用《中华人民共和国民法典》继承编的解释（一）	《中华人民共和国民法典》继承编
三、遗嘱继承和遗赠	
第二十四条 继承人、受遗赠人的债权人、债务人，共同经营的合伙人，也应当视为与继承人、受遗赠人有利害关系，不能作为遗嘱的见证人。	第一千一百四十条 下列人员不能作为遗嘱见证人： （一）无民事行为能力人、限制民事行为能力人以及其他不具有见证能力的人； （二）继承人、受遗赠人； （三）与继承人、受遗赠人有利害关系的人。
第二十五条 遗嘱人未保留缺乏劳动能力又没有生活来源的继承人的遗产份额，遗产处理时，应当为该继承人留下必要的遗产，所剩余的部分，才可参照遗嘱确定的分配原则处理。 继承人是否缺乏劳动能力又没有生活来源，应当按遗嘱生效时该继承人的具体情况确定。	第一千一百四十一条 遗嘱应当为缺乏劳动能力又没有生活来源的继承人保留必要的遗产份额。
第二十六条 遗嘱人以遗嘱处分了国家、集体或者他人财产的，应当认定该部分遗嘱无效。	第一千一百四十三条 无民事行为能力人或者限制民事行为能力人所立的遗嘱无效。 遗嘱必须表示遗嘱人的真实意思，受欺诈、胁迫所立的遗嘱无效。 伪造的遗嘱无效。 遗嘱被篡改的，篡改的内容无效。
第二十七条 自然人在遗书中涉及死后个人财产处分的内容，确为死者的真实意思表示，有本人签名并注明了年、月、日，又无相反证据的，可以按自书遗嘱对待。	第一千一百三十四条 自书遗嘱由遗嘱人亲笔书写，签名，注明年、月、日。

续表

最高人民法院关于适用《中华人民共和国民法典》继承编的解释（一）	《中华人民共和国民法典》继承编
第二十八条 遗嘱人立遗嘱时必须具有完全民事行为能力。无民事行为能力人或者限制民事行为能力人所立的遗嘱，即使其本人后来具有完全民事行为能力，仍属无效遗嘱。遗嘱人立遗嘱时具有完全民事行为能力，后来成为无民事行为能力人或者限制民事行为能力人的，不影响遗嘱的效力。	第一千一百四十三条 无民事行为能力人或者限制民事行为能力人所立的遗嘱无效。 遗嘱必须表示遗嘱人的真实意思，受欺诈、胁迫所立的遗嘱无效。 伪造的遗嘱无效。 遗嘱被篡改的，篡改的内容无效。
第二十九条 附义务的遗嘱继承或者遗赠，如义务能够履行，而继承人、受遗赠人无正当理由不履行，经受益人或者其他继承人请求，人民法院可以取消其接受附义务部分遗产的权利，由提出请求的继承人或者受益人负责按遗嘱人的意愿履行义务，接受遗产。	第一千一百四十四条 遗嘱继承或者遗赠附有义务的，继承人或者受遗赠人应当履行义务。没有正当理由不履行义务的，经利害关系人或者有关组织请求，人民法院可以取消其接受附义务部分遗产的权利。
四、遗产的处理	
第三十条 人民法院在审理继承案件时，如果知道有继承人而无法通知的，分割遗产时，要保留其应继承的遗产，并确定该遗产的保管人或者保管单位。	第一千一百五十条 继承开始后，知道被继承人死亡的继承人应当及时通知其他继承人和遗嘱执行人。继承人中无人知道被继承人死亡或者知道被继承人死亡而不能通知的，由被继承人生前所在单位或者住所地的居民委员会、村民委员会负责通知。
第三十一条 应当为胎儿保留的遗产份额没有保留的，应从继承人所继承的遗产中扣回。 为胎儿保留的遗产份额，如胎儿出生后死亡的，由其继承人继承；如胎儿娩出时是死体的，由被继承人的继承人继承。	第一千一百五十五条 遗产分割时，应当保留胎儿的继承份额。胎儿娩出时是死体的，保留的份额按照法定继承办理。

第四部分 本解释新旧条文及关联条文对照表

续表

最高人民法院关于适用《中华人民共和国民法典》继承编的解释（一）	《中华人民共和国民法典》继承编
第三十二条　继承人因放弃继承权，致其不能履行法定义务的，放弃继承权的行为无效。	第一千一百二十四条　继承开始后，继承人放弃继承的，应当在遗产处理前，以书面形式作出放弃继承的表示；没有表示的，视为接受继承。 受遗赠人应当在知道受遗赠后六十日内，作出接受或者放弃受遗赠的表示；到期没有表示的，视为放弃受遗赠。
第三十三条　继承人放弃继承应当以书面形式向遗产管理人或者其他继承人表示。	第一千一百二十四条　继承开始后，继承人放弃继承的，应当在遗产处理前，以书面形式作出放弃继承的表示；没有表示的，视为接受继承。 受遗赠人应当在知道受遗赠后六十日内，作出接受或者放弃受遗赠的表示；到期没有表示的，视为放弃受遗赠。
第三十四条　在诉讼中，继承人向人民法院以口头方式表示放弃继承的，要制作笔录，由放弃继承的人签名。	第一千一百二十四条　继承开始后，继承人放弃继承的，应当在遗产处理前，以书面形式作出放弃继承的表示；没有表示的，视为接受继承。 受遗赠人应当在知道受遗赠后六十日内，作出接受或者放弃受遗赠的表示；到期没有表示的，视为放弃受遗赠。
第三十五条　继承人放弃继承的意思表示，应当在继承开始后、遗产分割前作出。遗产分割后表示放弃的不再是继承权，而是所有权。	第一千一百二十四条　继承开始后，继承人放弃继承的，应当在遗产处理前，以书面形式作出放弃继承的表示；没有表示的，视为接受继承。 受遗赠人应当在知道受遗赠后六十日内，作出接受或者放弃受遗赠的表示；到期没有表示的，视为放弃受遗赠。

续表

最高人民法院关于适用《中华人民共和国民法典》继承编的解释（一）	《中华人民共和国民法典》继承编
第三十六条　遗产处理前或者在诉讼进行中，继承人对放弃继承反悔的，由人民法院根据其提出的具体理由，决定是否承认。遗产处理后，继承人对放弃继承反悔的，不予承认。	第一千一百二十四条　继承开始后，继承人放弃继承的，应当在遗产处理前，以书面形式作出放弃继承的表示；没有表示的，视为接受继承。 受遗赠人应当在知道受遗赠后六十日内，作出接受或者放弃受遗赠的表示；到期没有表示的，视为放弃受遗赠。
第三十七条　放弃继承的效力，追溯到继承开始的时间。	第一千一百二十四条　继承开始后，继承人放弃继承的，应当在遗产处理前，以书面形式作出放弃继承的表示；没有表示的，视为接受继承。 受遗赠人应当在知道受遗赠后六十日内，作出接受或者放弃受遗赠的表示；到期没有表示的，视为放弃受遗赠。
第三十八条　继承开始后，受遗赠人表示接受遗赠，并于遗产分割前死亡的，其接受遗赠的权利转移给他的继承人。	第一千一百五十四条　有下列情形之一的，遗产中的有关部分按照法定继承办理： （一）遗嘱继承人放弃继承或者受遗赠人放弃受遗赠； （二）遗嘱继承人丧失继承权或者受遗赠人丧失受遗赠权； （三）遗嘱继承人、受遗赠人先于遗嘱人死亡或者终止； （四）遗嘱无效部分所涉及的遗产； （五）遗嘱未处分的遗产。
第三十九条　由国家或者集体组织供给生活费用的烈属和享受社会救济的自然人，其遗产仍应准许合法继承人继承。	第一千一百二十条　国家保护自然人的继承权。

续表

最高人民法院关于适用《中华人民共和国民法典》继承编的解释（一）	《中华人民共和国民法典》继承编
第四十条　继承人以外的组织或者个人与自然人签订遗赠扶养协议后，无正当理由不履行，导致协议解除的，不能享有受遗赠的权利，其支付的供养费用一般不予补偿；遗赠人无正当理由不履行，导致协议解除的，则应当偿还继承人以外的组织或者个人已支付的供养费用。	第一千一百五十八条　自然人可以与继承人以外的组织或者个人签订遗赠扶养协议。按照协议，该组织或者个人承担该自然人生养死葬的义务，享有受遗赠的权利。
第四十一条　遗产因无人继承又无人受遗赠归国家或者集体所有制组织所有时，按照民法典第一千一百三十一条规定可以分给适当遗产的人提出取得遗产的诉讼请求，人民法院应当视情况适当分给遗产。	第一千一百六十条　无人继承又无人受遗赠的遗产，归国家所有，用于公益事业；死者生前是集体所有制组织成员的，归所在集体所有制组织所有。
第四十二条　人民法院在分割遗产中的房屋、生产资料和特定职业所需要的财产时，应当依据有利于发挥其使用效益和继承人的实际需要，兼顾各继承人的利益进行处理。	第一千一百五十六条　遗产分割应当有利于生产和生活需要，不损害遗产的效用。 不宜分割的遗产，可以采取折价、适当补偿或者共有等方法处理。
第四十三条　人民法院对故意隐匿、侵吞或者争抢遗产的继承人，可以酌情减少其应继承的遗产。	第一千一百五十一条　存有遗产的人，应当妥善保管遗产，任何组织或者个人不得侵吞或者争抢。
第四十四条　继承诉讼开始后，如继承人、受遗赠人中有既不愿参加诉讼，又不表示放弃实体权利的，应当追加为共同原告；继承人已书面表示放弃继承、受遗赠人在知道受遗赠后六十日内表示放弃受遗赠或者到期没有表示的，不再列为当事人。	第一千一百三十二条　继承人应当本着互谅互让、和睦团结的精神，协商处理继承问题。遗产分割的时间、办法和份额，由继承人协商确定；协商不成的，可以由人民调解委员会调解或者向人民法院提起诉讼。
五、附则	
第四十五条　本解释自2021年1月1日起施行。	

三、《民法典》中其他涉及继承编的条文

第十六条 涉及遗产继承、接受赠与等胎儿利益保护的,胎儿视为具有民事权利能力。但是,胎儿娩出时为死体的,其民事权利能力自始不存在。

第二十九条 被监护人的父母担任监护人的,可以通过遗嘱指定监护人。

第四十八条 被宣告死亡的人,人民法院宣告死亡的判决作出之日视为其死亡的日期;因意外事件下落不明宣告死亡的,意外事件发生之日视为其死亡的日期。

第一百二十四条 自然人依法享有继承权。

自然人合法的私有财产,可以依法继承。

第一百七十四条 被代理人死亡后,有下列情形之一的,委托代理人实施的代理行为有效:

(一)代理人不知道且不应当知道被代理人死亡;

(二)被代理人的继承人予以承认;

(三)授权中明确代理权在代理事务完成时终止;

(四)被代理人死亡前已经实施,为了被代理人的继承人的利益继续代理。

作为被代理人的法人、非法人组织终止的,参照适用前款规定。

第一百九十四条 在诉讼时效期间的最后六个月内,因下列障碍,不能行使请求权的,诉讼时效中止:

(一)不可抗力;

（二）无民事行为能力人或者限制民事行为能力人没有法定代理人，或者法定代理人死亡、丧失民事行为能力、丧失代理权；

（三）继承开始后未确定继承人或者遗产管理人；

（四）权利人被义务人或者其他人控制；

（五）其他导致权利人不能行使请求权的障碍。

自中止时效的原因消除之日起满六个月，诉讼时效期间届满。

第二百三十条 因继承取得物权的，自继承开始时发生效力。

第三百六十九条 居住权不得转让、继承。设立居住权的住宅不得出租，但是当事人另有约定的除外。

第三百七十一条 以遗嘱方式设立居住权的，参照适用本章的有关规定。

第五百七十条 有下列情形之一，难以履行债务的，债务人可以将标的物提存：

（一）债权人无正当理由拒绝受领；

（二）债权人下落不明；

（三）债权人死亡未确定继承人、遗产管理人，或者丧失民事行为能力未确定监护人；

（四）法律规定的其他情形。

标的物不适于提存或者提存费用过高的，债务人依法可以拍卖或者变卖标的物，提存所得的价款。

第五百七十二条 标的物提存后，债务人应当及时通知债权人或者债权人的继承人、遗产管理人、监护人、财产代管人。

第六百六十四条 因受赠人的违法行为致使赠与人死亡或者丧失民事行为能力的，赠与人的继承人或者法定代理人可以撤销赠与。

赠与人的继承人或者法定代理人的撤销权，自知道或者应当知道撤销事由之日起六个月内行使。

第九百三十五条　因委托人死亡或者被宣告破产、解散，致使委托合同终止将损害委托人利益的，在委托人的继承人、遗产管理人或者清算人承受委托事务之前，受托人应当继续处理委托事务。

第九百三十六条　因受托人死亡、丧失民事行为能力或者被宣告破产、解散，致使委托合同终止的，受托人的继承人、遗产管理人、法定代理人或者清算人应当及时通知委托人。因委托合同终止将损害委托人利益的，在委托人作出善后处理之前，受托人的继承人、遗产管理人、法定代理人或者清算人应当采取必要措施。

第九百九十二条　人格权不得放弃、转让或者继承。

第一千零六条　完全民事行为能力人有权依法自主决定无偿捐献其人体细胞、人体组织、人体器官、遗体。任何组织或者个人不得强迫、欺骗、利诱其捐献。

完全民事行为能力人依据前款规定同意捐献的，应当采用书面形式，也可以订立遗嘱。

自然人生前未表示不同意捐献的，该自然人死亡后，其配偶、成年子女、父母可以共同决定捐献，决定捐献应当采用书面形式。

第一千零六十一条　夫妻有相互继承遗产的权利。

第一千零六十二条　夫妻在婚姻关系存续期间所得的下列财产，为夫妻的共同财产，归夫妻共同所有：

（一）工资、奖金、劳务报酬；

（二）生产、经营、投资的收益；

（三）知识产权的收益；

（四）继承或者受赠的财产，但是本法第一千零六十三条第三项规定的除外；

（五）其他应当归共同所有的财产。

夫妻对共同财产，有平等的处理权。

第一千零六十三条　下列财产为夫妻一方的个人财产：

（一）一方的婚前财产；

（二）一方因受到人身损害获得的赔偿或者补偿；

（三）遗嘱或者赠与合同中确定只归一方的财产；

（四）一方专用的生活用品；

（五）其他应当归一方的财产。

第一千零七十条　父母和子女有相互继承遗产的权利。

后 记

《最高人民法院关于适用〈中华人民共和国民法典〉继承编的解释（一）》[以下简称《民法典继承编解释（一）》]已于 2020 年 12 月 29 日由最高人民法院公告公布，并自 2021 年 1 月 1 日起施行。为了准确理解和正确适用《民法典继承编解释（一）》，帮助读者了解和把握该解释的制定背景、内容和相关理论，特编写本书。

本书紧密结合实务和理论，力争完整反映该解释起草过程中的争议以及最终定稿的理由。全书在行文上力求"繁简得当、言之有物"，尽可能在系统全面阐释条文原意的同时重点分析司法实务中亟待解决的问题，并就当前案件处理给出了倾向性的意见。此外，为便于广大读者深入理解《民法典继承编解释（一）》，本书还增加了该解释的新旧条文及关联条文对照表，以供参考。

本书由最高人民法院民事审判第一庭组织下列同志参与编写，具体撰写分工如下：

郑学林、刘敏、王丹（重点问题理解与适用）；

李赛敏（第 1~4 条）；

肖峰（第 5~10 条、第 22~29 条、第 38 条、第 40~41 条，本解释新旧条文及关联条文对照表）；

唐倩（第 11~13 条、第 20~21 条、第 44 条）；

徐上（第 14~18 条）；

张艳（第 19 条、第 42~43 条）；

陈思（第 30~31 条、第 39 条、第 45 条）；

王楠楠（第 32-37 条）。

本书由肖峰担任执行编辑，负责全书统稿工作。

后 记

在《民法典继承编解释（一）》清理过程中，全国各高级人民法院和广大民事法官通过各种形式提供了实务素材和修改意见，全国人大常委会法工委、最高人民检察院、国务院妇女儿童工作委员会、司法部、民政部、全国妇联等中央有关单位也对《民法典继承编解释（一）》涉及的诸多重点问题提出了重要建议，在此一并致谢！

各位作者对本书的写作都付出了艰辛努力，但仍难避免疏漏和不足，敬请社会各界和各位读者批评指正，以便我们更好地开展继承案件审判相关工作。

编者

二〇二一年十二月